87

ivan de renty

lexique quadrilingue des affaires

anglais / américain
français · allemand · espagnol

hachette
79 Boulevard Saint-Germain, Paris

© Librairie Hachette, 1977

AVANT-PROPOS

Dans chaque pays, chefs d'entreprise, banquiers et hommes d'affaires prêtent aujourd'hui autant d'attention à la démographie, au budget de l'État, à la balance des comptes, aux questions monétaires internationales, que les hauts fonctionnaires de l'État attachent d'importance à la Bourse, aux possibilités de crédit et d'assurance, à la recherche opérationnelle et au système de gestion intégrée. Ces préoccupations réciproques, orchestrées par la presse, la radio et la télévision, provoquent l'éclosion d'une langue nouvelle : la langue vivante de l'économie et des affaires. Cette langue des affaires ne s'apprend guère dans les lycées, les livres et les dictionnaires usuels. Envoyé à Londres il y a quelque 25 ans, je croyais savoir l'anglais pour l'avoir appris de la sorte. Très vite, je réalisai que j'avais tout à apprendre des tournures familières et expressions d'affaires utilisées par les Anglais et Américains dans leur vie professionnelle. C'est le souvenir de cette expérience qui m'a conduit à publier d'abord un « Lexique de l'Anglais des Affaires ».

La promotion sur divers continents de nouvelles puissances économiques et le développement de la Communauté économique européenne m'ont amené à penser qu'un véritable Lexique des Affaires devait, dans notre monde sans frontières, comporter désormais quatre langues.

Ce premier Lexique quadrilingue rassemble l'anglais/américain, le français, l'allemand, l'espagnol, langues parlées par plus d'un milliard d'hommes et les plus pratiquées dans les milieux d'affaires et les cercles gouvernementaux du monde entier. On pourrait même dire cinq langues, car des locutions américaines signalées par la mention U.S.A., accompagnent assez souvent le mot anglais plus classique et immuable.

Reflétant la richesse de cinq langues d'affaires, ce Lexique comprend environ treize mille mots et expressions présentés sur la même ligne de la manière la plus précise et la plus cohérente possible. C'est le fruit de la collaboration de spécialistes de chaque pays et de chaque matière traitée.

Ce Lexique est classé par professions et divisé en chapitres, eux-mêmes classés suivant les cas dans un ordre logique ou chronologique. Il comporte de nombreuses expressions employées couramment dans chaque métier et dans les circonstances de la vie professionnelle et quotidienne. Pour utiliser commodément ce Lexique, il y a lieu de se reporter à la table des matières très détaillée, afin de retrouver plus rapidement les mots et locutions effectivement utilisés pour rencontrer un banquier, donner des ordres en bourse, discuter avec un avocat, un contrôleur du fisc, un syndicaliste, affréter un bateau, assurer ses usines, organiser un voyage, dîner en ville, etc.

Ce Lexique n'est pas de moi. Il est l'œuvre commune de tous les amis anglais, américains, allemands et espagnols, appartenant à tous les milieux professionnels, que j'ai rencontrés dans les circonstances et les lieux les plus divers. Qu'il me soit permis de les remercier de l'aide qu'il m'ont apportée dans ma tentative de favoriser une meilleure compréhension entre les hommes d'affaires du monde entier.

IVAN DE RENTY

PAGES	Table of contents	Table des matières
2	**1** THE BUSINESS COMMUNITY	**1** GENS ET PERSONNAGES DU MONDE DES AFFAIRES
16	**2** EXPRESSIONS USED IN THE BUSINESS WORLD	**2** EXPRESSIONS UTILISÉES ENTRE HOMMES D'AFFAIRES
44	**3** TELEPHONE—TELEGRAMS	**3** TÉLÉPHONE—TÉLÉGRAMMES
50	RADIO—TELEVISION	RADIO—TÉLÉVISION
54	**4** CORRESPONDENCE :	**4** CORRESPONDANCE :
54	Office equipment	Mobilier et matériel de bureau
56	Secretariat	Secrétariat
64	Mail	La poste
66	Press	La presse
72	Publishing	L'édition
76	Advertising and publicity	Annonces et publicité
82	Letters and expressions	Lettres et expressions
92	**5** BUSINESS TRAVEL	**5** VOYAGES D'AFFAIRES
102	**6** TOURISM AND BUSINESS	**6** TOURISME ET AFFAIRES
114	**7** ENTERTAINMENT AND SOCIAL EVENTS	**7** MANIFESTATIONS SOCIALES ET MONDAINES
114	People met	Personnes rencontrées
124	Clothing	Vêtements
124	Receptions	Réceptions
134	Drinks	Boissons
136	Meals	Repas
142	Speeches	Discours
144	Entertainments	Distractions
146	Sports	Sports
154	**8** BUSINESS EXPRESSIONS	**8** EXPRESSIONS UTILISÉES DANS LES AFFAIRES
182	**9** COMPANIES	**9** SOCIÉTÉS
182	Types of companies	Types de sociétés
192	Boards of directors and annual meetings	Conseils d'administration et assemblées générales
202	Management	Direction et gestion

Inhaltsverzeichnis / Índice de materias

		PAGES
1 GESCHÄFTSLEUTE UND PERSÖNLICHKEITEN DER WIRTSCHAFT	**1** HOMBRES Y PERSONAJES DEL MUNDO DE LOS NEGOCIOS	3
2 UNTER GESCHÄFTSLEUTEN ÜBLICHE AUSDRÜCKE	**2** EXPRESIONES UTILIZADAS ENTRE HOMBRES DE NEGOCIOS	17
3 TELEFON—TELEGRAMME RUNDFUNK—FERNSEHEN	**3** TELÉFONO—TELEGRAMAS RADIO—TELEVISIÓN	45 51
4 SCHRIFTVERKEHR :	**4** CORRESPONDENCIA :	55
Büroausstattung und Büromaterial	Mobiliario y material de oficina	55
Sekretariat	Secretaría	57
Die Post	Correo	65
Die Presse	La prensa	67
Das Verlagswesen	Edición	73
Anzeigen und Werbung	Anuncios y publicidad	77
Briefe und Ausdrücke	Cartas y expresiones	83
5 GESCHÄFTSREISEN	**5** VIAJES DE NEGOCIOS	93
6 TOURISMUS UND GESCHÄFTE	**6** TURISMO Y NEGOCIOS	103
7 GESELLSCHAFTLICHE UND MONDÄNE VERANSTALTUNGEN	**7** ACTIVIDADES SOCIALES Y MUNDANAS	115
Personen und Persönlichkeiten	Personas y personajes	115
Kleidung	Indumentaria	125
Empfänge	Recepciones	125
Getränke	Bebidas	135
Mahlzeiten	Comidas	137
Reden	Discursos	143
Zerstreuungen	Distracciones	145
Sport	Deportes	147
8 GESCHÄFTSAUSDRÜCKE	**8** EXPRESIONES DE LOS NEGOCIOS	155
9 GESELLSCHAFTEN	**9** SOCIEDADES COMERCIALES	183
Gesellschaftsformen	Formas de sociedades	183
Aufsichtsräte und Hauptversammlungen	Consejos de administración y juntas generales	193
Vorstand und Geschäftsführung	Dirección y gestión de empresas	203

212	Employment of personnel	Engagement du personnel
222	Summary of activities during a period of service	Service dans la société
236	Salaries and wages	Traitements et salaires
	Leaves and vacations	Congés
240	Termination of service	Départ de la société

248	**10** BANKS	**10** BANQUES
248	Banking community	Le monde de la banque
254	Central banks, gold and currencies	Banques d'émission, or et devises
262	Foreign exchange	Change
266	Accounts	Comptes
272	Deposits and interest	Dépôts et intérêts
274	Cashier's office	Caisse
278	Cheques (Checks U.S.A.)	Chèques
282	Discount and bills of exchange	Escompte et effets
286	Credits and loans	Crédits et avances
294	Safe custody and safe deposits	Conservation et dépôts dans un coffre-fort
296	Current banking expressions	Expressions bancaires courantes

310	**11** SAVINGS	**11** ÉPARGNE
314	**12** VARIOUS TYPES OF SECURITIES	**12** DIFFÉRENTS TYPES DE TITRES
322	**13** ISSUE OF SECURITIES	**13** ÉMISSION DE TITRES
330	**14** ISSUE OF INTERNATIONAL LOANS	**14** ÉMISSION D'EMPRUNTS INTERNATIONAUX
336	**15** STOCK-BROKERS	**15** AGENTS DE CHANGE
344	**16** THE STOCK EXCHANGE	**16** LA BOURSE DES VALEURS
352	**17** STOCK EXCHANGE OPERATIONS	**17** OPÉRATIONS DE BOURSE
360	**18** SPECULATION	**18** SPÉCULATION
368	**19** COMMODITY EXCHANGE	**19** BOURSE DES MATIÈRES PREMIÈRES ET DENRÉES

Personaleinstellung	Contratación de personal	213
Kurze Darstellung des Dienstablaufs in der Firma	Resumen de las actividades relacionadas con el servicio en la empresa	223
Gehälter und Löhne	Sueldos y salarios	237
Urlaub	Vacaciones	
Ausscheiden aus der Gesellschaft	Cese en el servicio	241

10 BANKEN	**10** BANCOS	249
Die Welt der Banken	La comunidad bancaria	249
Notenbanken, Gold und Währungen	Bancos de emisión, oro y divisas	255
Devisenhandel	Mercado de divisas (cambio)	263
Konten	Cuentas	267
Bankeinlagen und Zinsen	Depósitos e intereses	273
Bankkasse	La caja del banco	275
Schecks	Cheques	279
Diskont und Wechsel	Descuento y letras de cambio	283
Kredite und Darlehen	Créditos y préstamos	287
Aufbewahrung von Wertpapieren und Bankschließfächer	Custodia de valores y cajas de seguridad	295
Ausdrücke des Bankwesens	Expresiones corrientes de la vida bancaria	297

11 SPARWESEN	**11** AHORROS	311
12 VERSCHIEDENE WERTPAPIERARTEN	**12** DIVERSAS CLASES DE VALORES	315
13 EMISSIONEN	**13** EMISIÓN DE VALORES	323
14 AUFLAGE VON INTERNATIONALEN ANLEIHEN	**14** EMISIÓN DE EMPRÉSTITOS INTERNACIONALES	331
15 BÖRSENMAKLER	**15** AGENTES DE CAMBIO Y BOLSA	337
16 DIE EFFEKTENBÖRSE	**16** LA BOLSA DE VALORES	345
17 BÖRSENOPERATIONEN	**17** OPERACIONES DE BOLSA	353
18 SPEKULATION	**18** ESPECULACIONES	361
19 WARENBÖRSE	**19** BOLSA DE PRODUCTOS	369

378	**20** SPECIAL MARKETS	**20** MARCHÉS SPÉCIAUX
382	**21** INSURANCE	**21** ASSURANCE
382	In general	Généralités
398	Insurance policy	Police d'assurance
414	**22** SHIPPING AND AIR FREIGHT	**22** ARMEMENT MARITIME ET FRET AÉRIEN
430	**23** DOMESTIC TRADE	**23** COMMERCE INTÉRIEUR
430	The merchants	Les commerçants
436	Sales	Les ventes
442	Prices	Les prix
450	The market	Le marché
456	Payments	Paiements
458	Delivery of goods	Livraison de marchandises
460	Other commercial operations	Autres opérations commerciales
466	**24** INTERNATIONAL TRADE	**24** COMMERCE INTERNATIONAL
466	In general	Généralités
472	Customs	Douanes
478	**25** AGRICULTURE	**25** AGRICULTURE
490	**26** INDUSTRY	**26** INDUSTRIE
490	In general	Généralités
500	Industrial management	Gestion industrielle
510	Labour	Main-d'œuvre
524	**27** TRANSPORTS	**27** TRANSPORTS
524	In general	Généralités
524	Air transport	Transports aériens
528	Rail transport	Transports ferroviaires
532	Road transport	Transports routiers
534	Sea transport	Transports maritimes
536	**28** ROADS	**28** ROUTES
542	**29** ECONOMY	**29** ÉCONOMIE
558	**30** ACCOUNTANCY	**30** LA COMPTABILITÉ
558	Accountancy and accounts	Comptabilité et comptes
572	Balance sheets, statements and budgets	Bilans, états et budgets
582	Special accounting	Comptabilités spéciales
590	**31** TAXES	**31** LES IMPÔTS

20 SPEZIALMÄRKTE	**20** MERCADOS ESPECIALES	379
21 VERSICHERUNGSWESEN	**21** SEGUROS	383
Allgemeines	Generalidades	383
Versicherungspolice	Póliza de seguro	399
22 SEESCHIFFAHRT UND LUFTFRACHT	**22** NAVEGACIÓN MARÍTIMA Y FLETE AÉREO	415
23 BINNENHANDEL	**23** COMERCIO INTERIOR	431
Die Kaufleute	Los comerciantes	431
Der Verkauf	Las ventas	437
Die Preise	Los precios	443
Der Markt	El mercado	451
Zahlungen	Pagos	457
Warenauslieferung	Entrega de mercancías	459
Andere Geschäftsvorgänge	Otras operaciones comerciales	461
24 AUSSENHANDEL	**24** COMERCIO INTERNACIONAL	467
Allgemeines	Generalidades	467
Zölle	Aduanas	473
25 LANDWIRTSCHAFT	**25** AGRICULTURA	479
26 INDUSTRIE	**26** INDUSTRIA	491
Allgemeines	Generalidades	491
Industrielle Betriebswirtschaft	Gestión industrial	501
Arbeitskräfte	Mano de obra	511
27 TRANSPORTWESEN	**27** TRANSPORTES	525
Allgemeines	Generalidades	525
Lufttransport	Transportes aéreos	525
Eisenbahntransport	Transportes ferroviarios	529
Straßentransport	Transportes por carretera	533
Seetransport	Transportes marítimos	535
28 STRASSEN	**28** CARRETERAS	537
29 WIRTSCHAFT	**29** ECONOMÍA	543
30 BUCHHALTUNG	**30** LA CONTABILIDAD	559
Buchhaltung und Konten	Contabilidad y cuentas	559
Bilanzen, Status und Budgets	Balances, estados de cuentas y presupuestos	573
Sonderbuchhaltungen	Contabilidades especiales	583
31 DAS STEUERWESEN	**31** LOS IMPUESTOS	591

602	**32** LEGAL MATTERS	**32** AFFAIRES JURIDIQUES
602	Laws	Lois
604	Deeds	Actes
616	Contracts	Contrats
624	Legal proceedings	Actions judiciaires
634	The courts of justice	Les tribunaux
650	**33** POLITICAL LIFE	**33** LA VIE POLITIQUE
650	Political regimes	Régimes politiques
654	The elections	Les élections
660	The parliament	Le parlement
664	**34** BUSINESS PROVERBS AND OTHERS	**34** PROVERBES D'AFFAIRES ET AUTRES
664	About money	Sur l'argent
666	About work	Sur le travail
668	About courage	Sur le courage
670	About silence	Sur le silence
672	About prudence	Sur la prudence
674	About patience	Sur la patience
674	About common sense	Sur le bon sens
678	About life	Sur l'existence
682	About fate	Sur le destin
682	Miscellaneous	Divers
686	**35** EXPRESSIONS OF DAILY LIFE	**35** EXPRESSIONS DE LA VIE QUOTIDIENNE

32 RECHTSFRAGEN	**32** ASUNTOS JURÍDICOS	603
Gesetze	Leyes	603
Urkunden	Escrituras	605
Verträge	Contratos	617
Gerichtliche Maßnahmen	Acciones legales	625
Die Gerichte	Los tribunales de justicia	635
33 DAS POLITISCHE LEBEN	**33** LA VIDA POLÍTICA	651
Politische Regime	Regímenes políticos	651
Die Wahlen	Las elecciones	655
Das Parlament	El parlamento	661
34 SPRICHWÖRTER IM GESCHÄFTSLEBEN UND SONSTIGE	**34** PROVERBIOS DE LOS NEGOCIOS Y OTROS	665
Über das Geld	Sobre el dinero	665
Über die Arbeit	Sobre el trabajo	667
Über den Mut	Sobre el valor	669
Über das Schweigen	Sobre el silencio	671
Über die Vorsicht	Sobre la prudencia	673
Über die Geduld	Sobre la paciencia	675
Über den gesunden Menschenverstand	Sobre el buen sentido	675
Über das Leben	Sobre la vida	679
Über das Schicksal	Sobre el destino	683
Verschiedenes	Diversos	683
35 AUSDRÜCKE DES TÄGLICHEN LEBENS	**35** EXPRESIONES DE LA VIDA CORRIENTE	687

1 The business community / Gens et personnages du monde des affaires

Legal entity Corporate body	Personne morale
Natural person	Personne physique
Any Tom, Dick, or Harry	Pierre, Paul ou Jacques
Anybody and everybody	Le tiers et le quart
One and all	Tous sans exception
A private individual	Un simple particulier
The human factor	Le facteur humain
The man in the street The general public	L'homme de la rue Le grand public
By all accounts By common consent	Au dire de tout le monde
Corporate feeling	L'esprit de corps
Team spirit	L'esprit d'équipe
A lobby	Un groupe d'intérêts Un groupe de pression
Business community	Le monde des affaires
Moneyed interests	Les intérêts capitalistes
Small and medium size firms	Les petites et moyennes entreprises
The professions	Les professions libérales
Labor as opposed to business	Le monde du travail par opposition au monde des affaires
The proprietary classes	Les classes possédantes
Class consciousness	La conscience de classe
A spokesman	Un porte-parole
A consultant	Un conseiller, un expert
Consultancy	Le conseil de gestion
An advisor (U.S.A.)	Un conseiller, un informateur
A surrogate	Un suppléant, un substitut
The contact man The public relations man (P.R.)	L'homme des relations publiques

Geschäftsleute und Persönlichkeiten der Wirtschaft

Hombres y personajes del mundo de los negocios 1

Juristische Person	Persona jurídica
Natürliche Person	Persona física
Jeder Müller, Meyer, Schulze	Pedro, Juan y Pablo
Jedermann	Todo el mundo
Alle ohne Ausnahme	Todos sin excepción
Ein einfacher Privatmann	Un simple particular
Der menschliche Faktor	El factor humano
Die breite Masse	El hombre de la calle El gran público
Der allgemeinen Meinung nach	Según dice todo el mundo
Der Korpsgeist	El sentido de solidaridad
Der Mannschaftsgeist	La solidaridad del equipo
Eine Interessenvertretung Ein Lobby	Una representación de intereses particulares Un grupo de presión
Die Geschäftswelt	El mundo de los negocios
Die Interessen des Kapitals	El interés de los capitalistas
Die Klein- und Mittelbetriebe	Las pequeñas y medianas empresas
Die freien Berufe	Las profesiones liberales
Die Welt der Arbeit im Gegensatz zur Geschäftswelt	El mundo laboral opuesto al mundo de los negocios
Die besitzenden Klassen	Las clases pudientes
Das Klassenbewußtsein	El sentido de clase
Ein Sprecher	Un portavoz
Ein Berater, ein Experte	Un consejero, un perito
Die Betriebsberatung	Los consultores de empresas
Ein Berater	Un consejero
Ein Vertreter, ein Stellvertreter	Un suplente, un remplazante
Der Verbindungsmann Der Public-Relations-Mann	El perito de relaciones públicas

A business connection	Une relation d'affaires
A fair weather friend	Un ami jusqu'à la bourse
Ruling spirit	Personne ayant la haute main sur…
The key man	L'homme clé
The driving force	L'animateur
The prime mover (U.S.A.)	Le promoteur
The main spring The master mind	La cheville ouvrière
A newcomer	Un homme nouveau
A coming man	Un homme en train d'arriver
A tycoon A magnate A mogul (U.S.A.)	Un magnat
To wheel and deal (U.S.A.)	Faire des affaires d'une façon dynamique et arbitraire
His words are holy writ	Ce qu'il dit est parole d'évangile
A man with many irons in the fire	Un homme avec beaucoup d'affaires en train
A harassed man	Un homme surchargé d'occupations
A tycoon with his top aides (U.S.A.)	Un magnat avec ses principaux collaborateurs
A subordinate	Un collaborateur
Someone high up	Quelqu'un de haut placé
To coin money To pile money To make stacks of money	Entasser beaucoup d'argent
To make boodle (slang) (U.S.A.)	Faire du fric
An angel (U.S.A.)	Un mécène
A backer	Un bailleur de fonds
To bankroll	Financer largement
A standout A standouter	Une personne de grande classe
A crack	Un as
A brain	Une lumière, un cerveau
The old boy net	Le réseau, la mafia des camarades d'université

Ein Streber, ein Arrivist	Un arrivista, un ambicioso
Eine Frau, die Karriere gemacht hat	Una mujer que hizo carrera
Eine Person mit großem Titel und nichts dahinter Ein Frühstücksdirektor	Un figurón Un título de ceremonia sin influencia
Ein Double Ein momentaner Ersatz	Un suplente Una persona de doblaje
Er zählt für nichts	Un don Nadie
Ein Berichterstatter des Ausschusses	El ponente de la junta
Keinen offiziellen Status haben	Estar sin encargo oficial No tener misión oficial
Ein kleiner Wichtigtuer	Un don Nadie dándoselas de jefe
Ein kleiner Beamter, der sich wichtig tut	Un funcionario engreído de sí mismo
Dieser Beamte ist mit seinem Posten verwachsen	Ese funcionario está casado con su plaza
Gegen eine schwerfällige Bürokratie kämpfen	Estar en frente de una burocracia pesada
Ein Vatersöhnchen	Un señorito
Ein Witzbold	Un bromista, un farsante
Ein Salonlöwe	Un héroe de tertulia
Eine Null	Un don Nadie
Ein Erfolgloser	Un olvidado, una persona que no llegó a nada
Ein ausführendes Organ	Un ejecutante sin iniciativa
Ein Arbeitstier	Un empollón
Ein guter Theoretiker Ein Bücherwurm	Un sabihondo
Engstirnigkeit	Mentalidad limitada
Ein kleiner Angestellter	Un subalterno
Ein Federfuchser, ein Aktenwälzer	Un chupatintas
Ein Krämer Eine kleine Wurst	Una persona de poca monta Un tendero de poca monta
Jemand, der bessere Tage gesehen hat	Persona que fue alguien Persona que fue célebre en su día

A never was	Quelqu'un n'ayant jamais rien fait de saillant dans sa vie
A muff	Un ballot, un bousilleur
A rabbit	Une mazette, un poltron
He is patronized by nobody	Personne ne le soutient
He is under a cloud	Il est mal vu
He is doing odd jobs	C'est un bricoleur
A flop	Un raté
A hex A voodoo A jinx	Un oiseau de mauvais augure
A sucker (U.S.A.) A mug A patsy	Une bonne poire Une dupe
Cake and pie Pushover Sitting duck Sitter	Du tout cuit Quelqu'un ou quelque chose n'offrant aucune difficulté
A turncoat A trimmer A timeserver	Un opportuniste Une girouette Un caméléon
A wirepuller A string puller	Un intrigant (voulant arriver par le piston)
An upstart	Un parvenu
An artful dodger	Un rusé compère
A downy old bird	Un vieux renard
A grab-all	Une personne âpre au gain
A scrape-penny	Un grippe-sou
A smart aleck	Un gars qui sait tout
The one time whiz-kid (U.S.A.)	Le type formidable d'alors
A dinner hunter	Un pique-assiette

Jemand, der es nie zu etwas gebracht hat	Un fracasado Una persona que nunca fue nada
Ein Pfuscher, ein Stümper	Un ceporro, un chapucero
Ein Hasenfuß, ein Feigling	Un cobarde, un calzonazos
Er hat keinen Beschützer	No le apoya nadie
Er ist in Ungnade gefallen Er steht nicht hoch im Kurs	Ha caído en desgracia Sus superiores no le ven de buen ojo
Er ist ein Gelegenheitsarbeiter Er ist ein Pfuscher	Hace toda clase de oficios Es un chapucero
Eine verkrachte Existenz	Un fracasado
Jemand, der kein Glück bringt	Un pájaro de mal agüero
Ein Trottel Jemand, der sich ausnehmen läßt	Un primo
Eine kinderleichte Sache Ein leichtes Opfer	Es coser y cantar
Ein Opportunist Eine Wetterfahne	Un oportunista Un chaquetero
Ein Intrigant (der durch Beziehungen sein Ziel erreichen will)	Un intrigante (que lo hace todo por medio de enchufes)
Ein Emporkömmling	Un arrivista Un advenedizo
Ein raffinierter Bursche	Un tramposo
Ein alter Fuchs	Un pícaro Una persona taimada
Jemand, der vom Stamme Nimm ist Ein habgieriger Bursche	Una persona ávida de ganancias Un codicioso
Ein Geizhals	Un roñoso Un agarrado
Ein Besserwisser Ein Alleswisser	Un sábelotodo
Das ehemalige Wunderkind	El tío que fue una maravilla en su día
Ein Nassauer Ein Schmarotzer	Un gorrón

Beware of spongers / scroungers / hangers-on	Méfiez-vous des parasites vivant à vos crochets et des piliers d'antichambres
A deadbeat (U.S.A.)	Un « tapeur » / Un quémandeur
A scratch (U.S.A.)	Un tapeur fui par tout le monde
A quitter	Un lâcheur
A racket	Une pratique illégale ou malhonnête
A rogue	Un fripon
A heel	Une fripouille
A complete scoundrel	Un parfait chenapan
A crook / A swindler / A sharper	Un escroc
A boodler (U.S.A.)	Un tripoteur
A shady financier / A wheeler-dealer (U.S.A.)	Un brasseur d'affaires douteux
A con artist (U.S.A.)	Un truand / Un filou
A diddler	Un carotteur
A scofflaw	Une personne faisant bon marché de la loi et des règlements
A private investigator	Un détective privé
A loan shark (U.S.A.)	Un usurier
Under numerous aliases	Sous de nombreux noms d'emprunt
A straw man	Un homme de paille
A front	Un homme de paille / Une façade pour affaires véreuses
A stooge	Un comparse, un compère
A cockroach	Un combinard, un margoulin / Un spéculateur de petite envergure
A shyster (U.S.A.) / A mouthpiece (U.S.A.)	Un avocassier / Un homme d'affaires sans scrupules

Höchste Vorsicht bei Nassauern und Vorzimmerstammgästen!	¡Ojo con los parásitos y los chupones de las antesalas!
Ein Pumpgenie Ein lästiger Bittsteller	Un sablista Un pedigüeño
Ein Pumpgenie, das alle in die Flucht treibt	Un sablista que todos evitan como la peste
Ein Treuloser Jemand, der leicht aufgibt	Un amigo infiel Persona que abandona todo pronto
Ein Racket Unzulässige oder unehrliche Praktiken	Procedimientos ilegales o de poca honradez
Ein Spitzbube	Un granuja
Ein Schurke	Un pillastre consumado
Ein Lump	Un granuja consumado
Ein Betrüger	Un estafador
Ein Schwindler	Un timador Un fullero
Ein zweifelhafter Geschäftsmann	Un manejador de negocios dudosos
Ein Hochstapler	Un timador Un fullero
Ein Schwindler	Un tramposo Un estafador
Jemand, der auf das Gesetz und die Vorschriften pfeift	Una persona que hace poco caso de la ley y los reglamentos
Ein Privatdetektiv	Un detective particular
Ein Wucherer	Un usurero
Unter vielen falschen Namen	Con muchos nombres falsos
Ein Strohmann	Un hombre de paja
Ein Strohmann Eine Fassade für zweifelhafte Geschäfte	Un hombre de paja Una fachada para negocios dudosos
Ein Komparse, ein Statist	Un compinche, un compadre
Ein kleiner Schieber Ein kleiner Spekulant	Un mercachifle Un especulador de poca monta
Ein Winkeladvokat Ein gewissenloser Geschäftsmann	Un abogadillo Un picapleitos Un hombre de negocios sin escrúpulos

A jury fixer	Quelqu'un pratiquant la corruption pour influencer un jury
A horse dealer	Un maquignon
An interloper	Un faux jeton
An odd ball	Un type farfelu Un drôle de numéro
The counterpart in the take-over company The opposite number in the take-over company	L'homologue dans la société absorbante
To have the freedom of someone's house	Avoir ses entrées libres chez quelqu'un
On the recommendation of...	Sur la recommandation de...
Private ends	Des intérêts personnels
To refer someone to someone	Adresser quelqu'un à quelqu'un
Backstairs gossip	Des propos d'antichambre
What Mrs. Grundy says	Le qu'en-dira-t-on

Jemand, der die Geschworenen besticht	Persona que soborna los jurados
Ein Pferdehändler Ein Teppichhändler	Un chalán
Ein falscher Fünfziger Ein Faux Jeton	Un hipócrita Una persona falsa
Eine komische Nummer Ein Eigenbrödler	Un tipo raro Un tipo descocado
Das Gegenstück in der aufnehmenden Gesellschaft	El homólogo que ocupa la misma plaza en la sociedad que absorbe la otra
Bei jemand(em) jederzeit willkommen sein	Tener libre entrada en casa de alguien
Auf Empfehlung von...	Por recomendación de...
Persönliche Interessen	Intereses particulares
Jemand(en) an jemand(en) verweisen	Dirigir una persona a otra
Der Vorzimmerklatsch	El chismorreo de las antesalas
Das Geschwätz der Leute	El chismorreo de la gente

2 Expressions used in the business world — Expressions utilisées entre hommes d'affaires

To get hold of someone	Joindre quelqu'un
Does X... have any pull in the Ministry?	X... a-t-il ses entrées au ministère?
He has a nose for a bargain	Il a du flair pour les affaires
We get on well together We hit it off	Nous sympathisons
He is holding out on us	Il nous cache bien son jeu
To be hand in glove with him	Être très lié avec lui
To stand up to someone	Tenir tête à quelqu'un
To tell him off	Lui dire ses quatre vérités
To get even with...	Se venger de...
I am counting on it I am set on it I have my heart set on it	J'y tiens beaucoup
I ran into my old friend	J'ai rencontré par hasard mon vieil ami
I have no use for people who lie all the time and are only bluffing	Je n'ai pas de temps à perdre avec des gens qui mentent et ne font que bluffer
I have a bone to pick with you	J'ai un compte à régler avec vous
Count me out	Je ne marche pas
The events bear me out	Les événements m'ont donné raison
Do you want to bet on it?	Voulez-vous parier?
To go along with him	Jouer le jeu avec lui
Watch out for him, he wasn't born yesterday	Soyez sur vos gardes avec lui, il n'est pas né d'hier
You brought the whole situation on yourself	C'est vous qui avez provoqué cette situation
All for the best	Tout pour le mieux

Unter Geschäftsleuten übliche Ausdrücke

Expresiones utilizadas entre hombres de negocios 2

Jemand(en) erreichen	Ponerse en contacto con alguien
Hat X... gute Beziehungen im Ministerium?	¿Tiene X... buenas aldabas en el Ministerio?
Er hat eine Nase für gute Geschäfte	Tiene buen olfato para los negocios
Wir verstehen uns gut	Nos llevamos bien
Er spielt uns gegenüber nicht mit offenen Karten	Nos está ocultando su juego
Mit ihm unter einer Decke stecken	Ser uña y carne con él
Sich nicht einschüchtern lassen	Hacer frente a alguien
Ihm seine Meinung sagen	Decirle las cuatro verdades
Sich an... rächen	Desquitarse con...
Ich lege großen Wert darauf	Confío mucho en ello
Ich habe zufällig meinen alten Freund getroffen	Me tropecé con mi viejo amigo
Ich habe keine Zeit für Leute, die lügen und nur bluffen	No tengo tiempo para gente que miente continuamente y sólo fanfarronea
Ich habe mit Ihnen ein Hühnchen zu rupfen	Tengo que habérmelas con usted
Rechnen Sie nicht mit mir!	No cuente conmigo
Die Entwicklung hat mir Recht gegeben	Los acontecimientos me dan razón
Wollen Sie wetten?	¿Quiere apostar?
Mit ihm mitmachen	Formar pareja con él
Nehmen Sie sich in acht vor ihm, er ist nicht gestern geboren!	Tenga cuidado con él, no nació ayer
Sie haben sich die Sache selbst eingebrockt	Fue Vd. quien provocó esta situación
Alles zum besten	Todo para lo mejor

To put them off with false hopes	Les berner de faux espoirs
To kiss it good bye (U.S.A.)	En faire son deuil
He had no idea of the difficulty	Il n'avait aucune idée de la difficulté
Have you a hand in it?	Y êtes-vous pour quelque chose?
To do everything possible	Faire tout son possible
Joking apart, what do you think of it?	Blague à part, qu'en pensez-vous?
I am dead against it	J'y suis absolument opposé
Do you get the hang of it? (U.S.A.) Have you caught on?	Avez-vous compris?
To hush up a matter	Étouffer une affaire
I venture to suggest	Je me permets de suggérer
My share in...	Ma participation dans...
My shareholding in this concern is...	Ma part d'actions dans cette entreprise est de...
His strength His skill	Son fort
To be always on the go To keep things on the move To keep the pot boiling	Ne pas faire traîner les choses
A clincher	Un argument décisif
Dead secret	Ultra secret
Mandatory	Obligatoire
To tide over the difficult interval by selling some shares	Faire la soudure en vendant quelques actions
The odds are ten to one	La cote est à dix contre un
To have no choice To have no alternative	N'avoir pas le choix
In the aggregate	A tout prendre
To bilk To cheat To deceive	Rouler Refaire
To incur an expense	Encourir une dépense
His words will carry weight	Ses paroles porteront

Sie mit falschen Hoffnungen an der Nase herumführen	Engañarles con falsas esperanzas
Etwas abschreiben	Decir adiós a algo
Er hatte keine Ahnung von der Schwierigkeit	No tenía ni idea de la dificultad
Haben Sie Ihre Hand da im Spiel?	¿Tiene Vd. parte en ello?
Sein möglichstes tun	Hacer todo lo posible
Scherz beiseite, was halten Sie davon?	Sin broma ¿qué piensa?
Ich bin unbedingt dagegen	Estoy completamente en contra
Haben Sie das verstanden?	¿Ha comprendido Vd. la idea? ¿Comprendido?
Eine Angelegenheit vertuschen	Echar tierra a un asunto
Ich gestatte mir, vorzuschlagen	Me permito proponer
Meine Beteiligung an...	Mi participación en...
Mein Aktienanteil an diesem Unternehmen beträgt...	Mi participación en las acciones de esta empresa es de...
Seine Stärke	Su fuerte
Die Dinge nicht verschleppen Nichts auf die lange Bank schieben	No dejar las cosas para mañana Mantener los asuntos en movimiento
Ein ausschlaggebendes Argument	Un argumento decisivo
Streng geheim	Secretísimo
Obligatorisch, verbindlich	Obligatorio
Durch den Verkauf einiger Aktien den kritischen Punkt überwinden	Pasar el momento difícil vendiendo algunas acciones
Die Wetten stehen zehn zu eins	La apuesta es de diez contra uno
Keine Wahl haben	No tener otra alternativa No tener más remedio
Alles in allem	En total Considerándolo todo
Begaunern Betrügen Beschwindeln	Engañar Defraudar Timar
Eine Ausgabe verursachen Kosten verursachen	Ocasionar un gasto
Seine Meinung wird beachtet werden Seine Meinung hat Gewicht	Sus palabras cuentan Sus palabras son de peso

For your guidance	Pour votre gouverne
To be in the way To be a bore	Être de trop
To come into the picture	Entrer en scène
Make up your mind	Prenez une décision
To bring him round to see sense	L'amener à une évaluation réaliste
Decision taken by hunch Decision arrived at by following one's hunch	Décision prise par intuition
I call your attention to...	J'attire votre attention sur...
To unravel a plot	Dénouer une intrigue
To vouchsafe to do...	Condescendre à faire... Daigner faire
To thrash out a question	Vider une question
To play possum (U.S.A.)	Faire le mort Cacher son jeu
At one's own discretion	A sa seule discrétion
To husband To use sparingly To make good use of...	Faire bon usage de...
To put in order	Mettre de l'ordre
Under the stress of... Under the strain of...	Sous la pression de...
To be proficient in... To be sound in...	Être versé en...
To be well to-do To be well-heeled *(slang)*	Être dans l'aisance Avoir du fric
To have the skill To have the know-how	Avoir les connaissances techniques
To have the savvy (*slang* U.S.A.)	Avoir de la dextérité, de la jugeotte
To have the knack	Avoir le tour de main Être doué pour...
Let's get down to work	Mettons-nous au travail

Als Ihre Richtschnur	Para su gobierno
Überflüssig sein Ein Störenfried sein	Estar de más
Eingreifen Auf der Bildfläche erscheinen	Entrar en escena Intervenir
Entscheiden Sie sich!	Decídase Vd.
Ihn zu einer realistischen Auffassung bringen	Persuadirle para que vea las realidades
Intuitive Entscheidung	Decisión tomada por intuición
Ich mache Sie auf... aufmerksam Ich lenke Ihre Aufmerksamkeit auf...	Llamo su atención sobre...
Eine Machenschaft unschädlich machen	Descubrir un juego sucio
Sich herablassen... zu tun Geruhen... zu tun	Condescender a hacer... Dignarse de hacer...
Eine Frage erledigen	Liquidar una cuestión
Sich nicht rühren Nicht reagieren	Ocultar su juego Ocultar su reacción
Ganz nach seinem Belieben	A su parecer A su gusto
Rationell nutzen	Hacer buen uso de... Utilizar de manera racional
Ordnung schaffen	Poner en orden
Unter dem Druck von...	Bajo la presión de...
In... beschlagen sein	Ser fuerte en... Saber mucho de...
Gut situiert sein Wohlhabend sein	Tener dinero Tener mucha pasta
Technische Kenntnisse haben	Tener la destreza Tener los conocimientos técnicos
Den Dreh heraus haben	Tener la pericia
Die Handfertigkeit besitzen Wissen, wie man eine Sache anpacken muß	Tener buena mano para algo
Machen wir uns ernsthaft an die Arbeit!	Pongámonos a trabajar

He had a brain wave	Il a eu un trait de génie
What is your point of view? What is your standpoint? What is your slant? (U.S.A.)	Quel est votre point de vue?
It is difficult to assess at this juncture	Il est difficile de faire une estimation dans les circonstances présentes
To have cut-and-dried opinions	Avoir des opinions toutes faites
To bring it off	Enlever l'affaire
To win the day	Remporter la victoire
To have an eye on the main chance	Avoir une attitude intéressée
His approach is certainly a disinterested one	Son attitude est certainement désintéressée
To squander one's money To fritter one's money away To play at ducks and drakes with one's money To blow one's money *(slang)* (U.S.A.)	Gaspiller son argent Jeter son argent par les fenêtres
To squander the stake-money To blow the pool *(slang)* (U.S.A.)	Manger la cagnotte
I prefer him My preference lies with him	Ma préférence va à lui
To state one's view	Exposer son point de vue
I have no way of knowing	Je n'ai pas les moyens de savoir
To shut oneself up in one's office	Se claquemurer dans son bureau
I pass the information on to our technical department	Je transmets l'information à notre service technique
To win over the French	Gagner la confiance des Français
I'm not likely to forget	Je n'ai garde d'oublier
To take something in one's stride	Faire quelque chose sans le moindre effort
To hoax To cheat	Mystifier Flouer
To ridicule	Tourner en dérision
To lead by the nose	Mener par le bout du nez
To jockey for position	Intriguer pour obtenir un poste

Er hatte einen genialen Einfall	Tuvo un rasgo de ingenio
Was ist Ihr Standpunkt?	¿Cuál es su punto de vista?

Zu diesem Zeitpunkt ist es schwer, sich ein Urteil zu bilden	Es difícil hacerse una opinión en esta coyuntura
Vorgefaßte Meinungen haben	Tener opiniones hechas
Es machen Das Geschäft machen	Llevarse el negocio
Den Sieg davontragen	Conseguir la victoria
Ein eigennütziges Verhalten haben	Tener una actitud interesada
Sein Verhalten ist bestimmt uneigennützig	Su actitud es evidentemente desinteresada
Sein Geld vergeuden Sein Geld zum Fenster herausschmeißen	Malgastar su dinero Despilfarrar su hacienda

Den Notgroschen ausgeben	Despilfarrar la hucha
Ich gebe ihm den Vorzug	Tiene mi preferencia
Seinen Standpunkt vortragen	Exponer su punto de vista
Ich habe nicht die Möglichkeit, zu wissen	No dispongo de medios de saber
Sich in seinem Büro verkriechen	Encerrarse en su despacho
Ich gebe die Information an unsere technische Abteilung weiter	Pasaré la información a nuestro servicio técnico
Das Vertrauen der Franzosen gewinnen	Ganarse la confianza de los franceses
Das werde ich sobald nicht vergessen	No es probable que se me olvide
Etwas im Handumdrehen machen	Hacer algo sin esfuerzo
Zum Narren halten Betrügen	Engañar Timar
Ins Lächerliche ziehen Lächerlich machen	Ridiculizar
An der Nase herumführen	Llevar a uno de los cabezones
Intrigieren, um eine Position zu bekommen	Intrigar para conseguir un puesto

To be taken in	Être mis dedans
Let us settle this vexed question	Réglons cette question souvent débattue
My briefcase is too small for all these documents, I have to use my attaché case	Ma serviette est trop petite pour tous ces documents, je dois utiliser ma mallette
He likes to rush things He likes to hurry things on	Il aime faire aller les choses tambour battant
He is magnetism itself in action	Il est le magnétisme en action
To look into a question	Examiner à fond une question
At the moment of decision When it comes to a show-down When it comes to the pinch	Au moment décisif
To start from scratch	Partir de zéro
He has good common sense	Il a un grand bon sens
Not an ounce of common sense	Pas une once de bon sens
That's a cinch *(slang)* (U.S.A.)	C'est couru d'avance
To bite the dust	Mordre la poussière
To keep something in reserve To keep something for a rainy day	Garder une poire pour la soif
Without any fanfare, noiselessly	Sans fanfare, sans bruit
After making one's pile	Après avoir fait sa pelote
A snag A hitch A rub (U.S.A.)	Un accroc, une anicroche
To make no case of... To ignore To flout To set at naught To disregard	Ne faire aucun cas de... Ignorer
To rush about	Se démener
The stumbling block	La pierre d'achoppement
To start off from the same point	Partir à égalité

Hinters Licht geführt werden	Caer en la trampa
Regeln wir endlich diese schon so oft erörterte Frage!	Saldemos esta cuestión enojosa
Meine Aktentasche ist zu klein für alle diese Dokumente, ich muß meine Attaché case benützen	Mi portafolios es demasiado pequeño para todos estos documentos, tengo que utilizar mi maletín
Er bringt die Dinge gern schnell voran	Le gusta acelerar los asuntos
Er ist wie eine magnetische Kraft	Es el mismísimo magnetismo en acción
Eine Frage gründlich überprüfen	Examinar une cuestión de cabo a rabo
Im entscheidenden Moment	En el momento decisivo
Mit nichts anfangen	Partir de cero
Er hat einen gesunden Menschenverstand	Tiene mucho sentido común
Kein Gramm gesunden Menschenverstand haben	No tiene ni pizca de sentido común
Das ist im voraus entschieden	Es cosa decidida de antemano
Ins Gras beißen	Morder el polvo
Einen Notpfennig zurücklegen	Guardar algo en reserva
In aller Stille	Sin alharacas, sin ruido
Nachdem das Schäfchen ins Trockene gebracht worden ist	Después de haber hecho su agosto
Ein Haken	Una pega, un engorro
Sich nicht stören an... Etwas unbeachtet lassen	No hacer caso de... Ignorar
Überall herumlaufen Viel Wind machen	Ajetrearse
Der Stein des Anstosses	El escollo
Unter gleichen Verhältnissen beginnen Vom gleichen Punkt starten	Comenzar en iguales condiciones

25

An underhand plan A weasel plan (U.S.A.)	Un plan sournois
I cannot assume this responsibility	Je ne peux assumer cette responsabilité
To figure out	Supputer, calculer, se représenter
That's how I see things	Voilà comme je me représente les choses
It takes up too much time	Cela absorbe trop de temps
It's hypothetical	C'est du domaine de l'hypothèse
He was bought out for FF...	On lui racheta sa part pour FF...
If you set up a Co., you will have to go through with it	Si vous fondez une société, il vous faudra aller jusqu'au bout
It will be better for you to wait until the results are known	Il vaudra mieux pour vous attendre que les résultats soient connus
It's personal service	C'est le service personnalisé
His family will never live down this disgrace	Sa famille ne surmontera jamais cette honte
It never occurred to me	Il ne m'est jamais venu à l'esprit
Due to a lot of troubles, he is always keyed up	En raison de nombreux soucis, il est toujours tendu
To pester someone	Importuner quelqu'un en le harcelant
To butter up To kowtow	Faire des courbettes, être à plat ventre
The last argument won him over	Le dernier argument l'a convaincu
To stand for Parliament (U.K.) To run for Congress (U.S.A.)	Se présenter à la députation
You got it as a matter of course	Vous l'avez obtenu sans difficultés
You are at liberty to do so	Vous êtes libre de le faire
To force someone's hand	Forcer la main à quelqu'un
Thanks to his father his career is mapped out	Grâce à son père, sa carrière est toute tracée
To be hard up To be in straits To be in straitened circumstances	Être dans la gêne

Ein hinterlistiger Plan	Un plan solapado
Ich kann diese Verantwortung nicht übernehmen	No puedo asumir esta responsabilidad
Kalkulieren, sich vorstellen	Calcular, imaginarse
So stelle ich mir die Dinge vor	Así es como yo veo las cosas
Das nimmt zuviel Zeit in Anspruch	Eso lleva demasiado tiempo
Das ist eine Hypothese	Es hipotético
Man hat ihm seinen Anteil für FF... abgekauft	Le compraron su parte por FF...
Wenn Sie eine Gesellschaft gründen, dann müssen Sie ganzen Kram machen	Si Vd. funda una sociedad, tiene que ir hasta el final
Für Sie ist es besser, erst einmal die Ergebnisse abzuwarten	Será mejor para Vd. que espere hasta que se conozcan los resultados
Es ist persönlicher Kundendienst	Es servicio personalizado
Seine Familie wird diese Schande nicht verwinden	Su familia no se sobrepondrá de esta deshonra
Es kam mir niemals in den Sinn	Nunca se me ocurrió
Wegen seiner vielen Sorgen, ist er niemals entspannt	Debido a muchos problemas, siempre está tenso
Jemand(em) dauernd auf die Nerven gehen Jemand(en) dauernd belästigen	Importunar a alguien acosándolo
Kriecherisch sein Tiefe Bücklinge machen	Hacer muchas zalemas Hacer la pelota
Das letzte Argument hat ihn überzeugt	El último argumento le convenció
Parlamentskandidat sein Kongreßkandidat sein	Hacer candidatura para el Parlamento
Es ist Ihnen in den Schoß gefallen	Vd. lo consiguió sin problemas
Es steht Ihnen frei, es zu tun	Es Vd. libre de hacerlo
Jemand(em) etwas aufzwingen	Obligar a alguien a hacer algo
Dank seines Vaters, ist seine Karriere gesichert	Gracias a su padre, su carrera está trazada
In Geldverlegenheiten sein Knapp bei Kasse sein	Estar sin blanca Estar apurado de dinero

To get things straight	Mettre les choses au point
To forge ahead	Devancer tous ses concurrents
To lead someone up the garden To take someone in	Duper quelqu'un
To weather the storm To come through	Se tirer d'affaire
To overcome one's difficulties	Surmonter ses difficultés
To live from hand to mouth	Vivre au jour le jour
Don't be inconsiderate	Ne soyez pas irréfléchi
To fulfill the task entrusted to someone else	Remplir la tâche confiée à quelqu'un d'autre
He is said to be very rich	On le dit très riche
He puts on a good act He maintains a perfect facade He puts up a very good front	Il maintient une parfaite façade
To patronize	Patronner, subventionner Accorder sa clientèle Traiter de haut
To keep one long in suspense To make one pay through the nose	Tenir la dragée haute à quelqu'un
To aggravate someone beyond endurance	Pousser à bout quelqu'un
To draw in one's horns To put in one's horns	Se faire petit Rentrer dans sa coquille
Nothing upsets him He never gets confused	Rien ne le démonte
To sense To nose out	Flairer Éventer
To be on Christian name terms To be thick with someone *(slang)*	Être à tu et à toi avec quelqu'un
He is bound to succeed	Il va forcément réussir
To be as thick as thieves	S'entendre comme larrons en foire
They are hand in glove together	Ils sont comme les deux doigts de la main
As sly as a fox	Un fin matois
To draw with someone	Faire match nul avec quelqu'un
To bribe To grease the palm	Corrompre Graisser la patte

Die Dinge richtigstellen	Poner las cosas en claro
Alle Konkurrenten überflügeln	Adelantar a la concurrencia
Jemand(en) hinter das Licht führen	Dar el pego a alguien
Gut davonkommen Sich aus der Sache ziehen	Tirarse bien de un asunto Capear el temporal
Seine Schwierigkeiten überwinden	Vencer sus dificultades
Von der Hand in den Mund leben	Vivir al día
Seien Sie nicht unüberlegt!	No sea Vd. irreflexivo
Eine einem anderen anvertraute Aufgabe erledigen	Realizar la tarea confiada a otro
Er gilt als sehr reich	Dicen que tiene mucho dinero
Er wahrt den Schein nach außen	Conserva una fachada perfecta
Begünstigen, unterstützen Ein guter Kunde sein Von oben herab behandeln	Patrocinar, subvencionar Dar su clientela Condescender con altivez
Jemand(em) den Brotkorb höher hängen Jemand(en) lange warten lassen	Hacer pagar caro un favor Mantener alguien esperando
Jemand(en) zur Verzweiflung bringen	Exasperar a alguien más allá de su resistencia
Sich klein machen Sich zurückziehen	Achicarse Meterse en su cáscara
Nichts bringt ihn aus der Fassung	Nada le saca de sus casillas Nunca se desconcierta
Wittern Etwas in der Nase haben	Olfatear
Mit jemand(em) auf Du und Du sein	Llamarse de tú Estar muy liado con alguien
Sein Erfolg ist unvermeidlich	Debe triunfar inevitablemente
Unter einer Decke stecken	Hacer buenas migas
Sie sind unzertrennlich	Son uña y carne
Ein schlauer Fuchs	Más astuto que un zorro
Sich gegenseitig ausstechen Null zu Null mit jemand(em) sein	Quedar en tablas con alguien
Bestechen Schmieren	Sobornar Untar la mano

For a living	Pour gagner sa vie
To draw a blank	Éprouver une déception Ne pas avoir de chance
To satisfy his ambition	Pour satisfaire son ambition
He was not received with red carpet but with red tape	Il fut reçu non pas avec les honneurs, mais avec la routine administrative
To draw someone from a course	Détourner quelqu'un d'un projet
To keep in with them To be on good terms with them	Rester en bons termes avec eux
I have come to terms with him	Je me suis mis d'accord avec lui
I hope you will not misunderstand my remark	J'espère que vous ne prendrez pas ma remarque en mauvaise part
He drives a hard bargain	Il pose des conditions trop dures
I hope you will back me up	J'espère que vous confirmerez ce que j'avance
I hope you will back me through	J'espère que vous me soutiendrez jusqu'au bout
I happened to meet him yesterday	Je l'ai rencontré hier par hasard
I am in the dark about this business	J'ignore tout de cette affaire
I can see where he wants to go	Je vois où il veut en venir
On this point we agree with you	Sur ce point, nous sommes d'accord avec vous
The happy medium	Le juste milieu
There is no denying this statement	Cette déclaration est indiscutable
Situated as I am	Bien placé comme je le suis
To explore the possibilities of a scheme	Tâter le terrain avant de lancer un projet
To give a flat refusal	Opposer une fin de non-recevoir
Can you spare it?	Je ne vous en prive pas?
To stay the distance To stay the route (U.S.A.) To stick it out to the end	Supporter l'épreuve jusqu'au bout
We are getting in touch with...	Nous nous mettons en rapport avec...

Um sein tägliches Brot zu verdienen	Para ganarse la vida
Keine Chance haben Eine Niete ziehen	No tener suerte
Um seinen Ehrgeiz zu befriedigen	Para satisfacer su ambición
Er wurde nicht mit einem roten Teppich, sondern mit dem Amtsschimmel empfangen	No le recibieron con honores sino con la rutina administrativa
Jemand(en) von einem Vorhaben abbringen	Apartar alguien de un proyecto
Mit ihnen gute Beziehungen aufrechterhalten	Mantenerse en buenos términos con ellos
Ich bin mit ihm übereingekommen	Me he puesto de acuerdo con él
Ich hoffe, daß Sie meine Bemerkung nicht übel auffassen werden	Espero que no interprete mal mi observación
Er stellt zu harte Bedingungen	Ofrece unas condiciones muy duras
Ich hoffe, Sie werden meine Worte bestätigen	Espero que me respalde con su confirmación
Ich hoffe, daß Sie mich bis zum Schluß unterstützen werden	Espero que me respalde hasta el final
Ich habe ihn gestern zufällig getroffen	Le encontré ayer por casualidad
Ich weiß überhaupt nicht von dieser Sache	Ignoro todo lo referente a este asunto
Ich sehe, wo er hinaus will	Ya veo adonde quiere llegar
In diesem Punkt sind wir einig	En este punto estamos de acuerdo con Vd.
Der gute Mittelweg	El justo medio
Diese Feststellung ist unbestreitbar	Esa declaración no admite discusión
In meiner Position	Bien situado como estoy
Die Möglichkeiten eines Projektes sondieren	Explorar las posibilidades de un proyecto
Etwas strikt ablehnen	Dar una negativa rotunda
Können Sie es entbehren?	¿Puede Vd. pasarse de ello?
Bis zum Schluß durchstehen	Aguantar hasta el final
Wir werden mit... Kontakt aufnehmen	Nos estamos poniendo en contacto con...

To team up with an old pal	Faire équipe avec un vieux copain
To have had a rough time of it	En avoir vu de toutes les couleurs
To be stuck with it to the end	Ne pas pouvoir s'en dépêtrer
That is cold comfort	C'est une piètre consolation
It's just small fry	C'est du menu fretin
It's no great catch It's no cop *(slang)*	Ce n'est pas le Pérou
To blow up at... To blow out To bawl out To dress down To administer a dressing-down	Attraper, reprocher vigoureusement, « engueuler »
Loud-mouthed	Fort en gueule
To be of assistance to... To be instrumental for...	Contribuer à... Être utile à...
To pull one's weight	Faire jouer son influence
To give sterling assistance	Procurer une aide de bon aloi
To talk someone down	Réduire quelqu'un au silence Rabaisser les prétentions de quelqu'un
To put someone in his place To sit on someone	Remettre quelqu'un à sa place
To volunteer information	Donner spontanément des renseignements
To think the whole thing over	Repenser l'ensemble de la situation
To stand pat on that	Ne pas en démordre
To sit tight	Faire le mort
To bide one's time	Attendre son heure
To act furtively To act sneakingly To act on the QT	Agir furtivement Agir en douce
To practise underdealings	Agir en sous-main
To have secret negotiations	Avoir des négociations secrètes

Mit einem alten Freund gemeinsame Sache machen	Formar equipo con un antiguo compañero
Viel durchgemacht haben	Haberlas visto moradas
Etwas nicht loswerden können	No poder desembarazarse de algo
Das ist ein schwacher Trost	Es un triste consuelo Es un consuelo de tontos
Das sind kleine Fische	No es más que morralla
Eine Welt ist das nicht Das ist kein großer Fisch	No es un Potosí No es gran cosa
Jemand(em) eine Lektion erteilen Jemand(em) eine Zigarre verpassen Jemand(em) zurechtweisen	Echar una bronca a alguien Regañar

Eine große Klappe haben Großmäulig	Vocinglero Deslenguado
Von Hilfe sein Beitragen	Ser de utilidad Contribuir a...
Seinen Einfluß geltend machen	Tirar de sus influencias Utilizar sus relaciones
Eine goldwerte Hilfe leisten	Prestar una ayuda de oro
Jemand(en) zum Schweigen bringen Jemand(en) zurechtstutzen	Hacer callar a uno Rebatir las pretensiones de uno
Jemand(en) an seinen Platz verweisen	Hacer saber a alguien el lugar que le corresponde
Aus freien Stücken Auskunft erteilen	Proporcionar información espontáneamente
Die gesamte Lage noch einmal überdenken	Repasar la totalidad de la cuestión
Nicht locker lassen Auf etwas bestehen	No dar su brazo a torcer Mantenerse en sus trece
Sich nicht rühren Nicht reagieren	Hacerse el muerto
Seine Stunde abwarten	Esperar su hora
Heimlich handeln In aller Stille handeln	Actuar furtivamente Actuar a la chita callando
Heimliche Machenschaften betreiben	Actuar bajo cuerda
Geheimverhandlungen führen	Tener negociaciones secretas

To pack a house To pack a jury To weigh a jury in one's favour	Remplir une réunion, un jury, de gens vous étant favorables
To be privy to...	Avoir connaissance de... Tremper dans...
To do the donkey work	Faire le travail de routine
To give him an advantage over you To give him an edge over you	Lui donner barre sur vous
For love or money	Pour tout l'or du monde
The day of reckoning	La minute de vérité
To shop about	Courir la place pour obtenir les meilleures conditions
To make a play for favor or money To put on all one's charm to obtain favor or money	User de tout son charme pour obtenir faveur ou argent
To touch someone *(slang)*	Taper quelqu'un
To take a cut (U.S.A.) To take a rake-off (U.S.A.)	Accepter un pot-de-vin
To ruin To drive bankrupt	Ruiner
To scrape acquaintance with someone (U.S.A.)	Trouver moyen d'entrer en relations avec quelqu'un
Thanks for introducing me to Mr. So-and-so	Merci de m'avoir présenté à M. X...
To cut it fine To cut it close	Gagner tout juste la partie
To scrape home	Réussir d'extrême justesse
He had a good start with both capital and connections	Il a eu un bon départ, avec capital et relations
To start with a bang (U.S.A.)	Faire un bon début
To drop a highly placed civil servant into private industry	Parachuter un haut fonctionnaire dans l'industrie privée
To drop out To fall out	Laisser tomber, se retirer

Die Zusammensetzung einer Jury oder eines Kollegiums mit Ihnen gewogenen Leuten betreiben	Reunir personas en una junta, un gremio, una asamblea que le sean favorables a Vd.
Kenntnis haben von... Beteiligt sein an...	Ser copartícipe de... Estar en el secreto de...
Die Routinearbeit verrichten	Hacer el trabajo rutinario
Ihm eine Waffe gegen Sie geben	Darle ventaja sobre Vd. Darle un arma contra Vd.
Für alles Gold der Welt	Por todo el oro del mundo
Die Stunde der Wahrheit	El momento de la verdad
Auf den Markt gehen, um den besten Preis zu suchen	Recorrer el mercado en busca de las mejores condiciones
Seinen ganzen Charm aufbieten, um Gunst oder Geld zu bekommen	Emplear todos sus encantos para conseguir favores o dinero
Jemand(en) anpumpen	Dar un sablazo a alguien
Ein Bestechungsgeld annehmen	Aceptar un sobre
Ruinieren	Arruinar
Die Mittel finden, um mit jemand(em) in Kontakt zu kommen	Trabar conocimiento con alguien Encontrar los enchufes par trabar conocimiento con alguien
Ich bedanke mich bei Ihnen für meine Einführung bei Herrn X...	Le agradezco haberme presentado al Sr. Fulano de Tal
Mit knapper Not gewonnen haben Mit knapper Not das Ziel erreicht haben	Ganar por los pelos
Mit knapper Not Erfolg haben Mit Haaresbreite gewinnen	Tener éxito con escaso margen
Er hat gut angefangen, mit Kapital und Beziehungen	Tuvo un buen comienzo, con capital y relaciones
Einen guten Anfang machen	Dio un buen brinco ya al comenzar
Einen hohen Beamten in der Privatwirtschaft unterbringen	Lanzar un alto funcionario en la industria privada
Aufgeben, sich zurückziehen	Abandonar, retirarse

To back out To climb down To knuckle under To give in To wilt	Mettre les pouces, se démettre
To dwell on	S'attarder sur Insister
To weaken	S'adoucir
To water down	Mettre de l'eau dans son vin
To tone down	Baisser le ton
I don't see what he is driving at	Je ne vois pas où il veut en venir

To be in cash	Être en fonds
To be out of cash	Être à court d'argent
To give evidence	Faire la preuve
Business is looking well Business looks promising	Les affaires sont prometteuses
To look after one's interests	Veiller à ses intérêts
To alienate someone	S'aliéner quelqu'un
To antagonize someone	S'attirer l'inimitié de quelqu'un Contrecarrer quelqu'un
By any standard In all respects	A tous points de vue
To do the trick	Faire l'affaire
I'll fix you up *(slang)* (U.S.A.)	Je vais vous arranger ça
It's common practice	C'est l'usage
To put in touch To bring into touch To bring into contact	Mettre en rapport
To be entrusted with	Se voir confier
To hand over To hand in	Remettre à...

Klein beigeben Nachgeben Demissionieren Kleine Brötchen backen	Darse por vencido Acabar por ceder
Immer auf einer Sache herumhacken Auf etwas bestehen bleiben	Insistir Quedarse siempre con el mismo tema
Sich mässigen Schwach werden	Ceder Moderarse
Vom hohen Roß steigen Keine großen Töne mehr spucken	Echar agua al vino
Gelindere Saiten aufziehen Einen gemässigten Ton anschlagen	Bajar el tono
Ich weiß nicht, was er damit bezwecken will Ich weiß nicht, worauf er hinaus will	No comprendo lo que intenta No veo adonde quiere llegar
Gut bei Kasse sein	Tener fondos
Knapp bei Kasse sein	No tener fondos, no tener dinero
Einen Beweis erbringen Beweisen	Dar la prueba
Die Geschäftsaussichten sind gut	Los negocios son prometedores
Seine Interessen wahrnehmen	Cuidar sus propios intereses
Sich jemand(en) zum Feind machen Jemand(en) verstimmen	Enajenarse alguien
Sich jemand(en) zum Feind machen Gegen die Pläne eines anderen handeln	Hacerse un enemigo de alguien Obrar contra alguien
In jeder Beziehung	En todos los aspectos A todos los efectos
Das Ding drehen Das Geschäft machen	Hacer el negocio Hacer marchar el asunto
Das werde ich für Sie in Ordnung bringen	Se lo arreglaré
Das ist so üblich	Es la costumbre
Mit... in Verbindung bringen Einen Kontakt herstellen	Poner en contacto
Anvertraut bekommen	Estar encargado de...
Überreichen Aushändigen	Entregar Remitir

To hold over	Retenir, différer
To finalize	Mener à bonne fin
To hold talks on...	Tenir des conversations sur...
If I can be of service to you	Si je peux vous rendre service
Will you be so kind as to spare me a few minutes?	Auriez-vous l'obligation de m'accorder quelques minutes?
In confidence Keep this under your hat	En confidence Gardez-le pour vous
To swallow one's medicine (U.S.A.)	Avaler la pilule Supporter les conséquences de son action
To take one's own medicine	Pratiquer soi-même ce que l'on conseille
To give someone a dose of his own medicine	Rendre la pareille à quelqu'un
Do you happen to know whether...?	Sauriez-vous par hasard si...?
Waiting for an enterprise to get off the ground to take the brunt of criticism	En attendant qu'une entreprise démarre pour essuyer le choc des critiques
To have leverage on somebody	Avoir prise sur quelqu'un
To put a different complexion on a matter	Présenter une affaire sous un autre aspect
To have the ball at one's feet	Avoir la partie belle
To carry the day	Avoir cause gagnée
To implicate someone	Mettre quelqu'un en cause
I am not to be put off with words	Je ne me paie pas de paroles
To outmatch someone	Mettre quelqu'un dans sa poche
It's his pet argument	C'est son grand cheval de bataille
To join hands with...	Faire cause commune avec...
That is not my line That is not my province	Ce n'est pas de mon domaine
To make a masterly move	Réaliser un coup de maître
A put-up job	Un coup monté

Auf die lange Bank schieben Aufchieben	Demorar
Finalisieren Zum guten Ende bringen	Terminar un asunto Llevar a buen fin
Gespräche führen über...	Mantener conversaciones sobre...
Wenn ich Ihnen helfen kann	Si puedo serle de alguna utilidad
Haben Sie einige Minuten Zeit für mich, bitte?	¿Sería tan amable de concederme unos minutos?
Vertraulich, im Vertrauen Behalten Sie das für sich!	Confidencialmente No diga nada a nadie de esto
Die bittere Pille schlucken Die Konsequenzen tragen	Tragarse la píldora Apechar con las consecuencias
Selbst seinen eigenen Ratschlägen folgen	Aplicarse su propio criterio Tomar su propia medicina
Gleiches mit gleichem vergelten Jemand(en) mit dessen eigenen Mitteln schlagen	Pagar con la misma moneda
Wissen Sie zufällig, ob...?	¿Sabe Vd., por casualidad, si...?
Abwarten, daß ein Unternehmen gut gestartet ist, um den Angriff der Kritik zu überstehen	En la espera que una empresa despliegue bien para recibir el choque de la crítica
Jemand(en) in der Hand haben Auf jemand(en) Einfluß haben	Tener mucho ascendiente sobre uno
Eine Angelegenheit unter einem anderen Aspekt darstellen	Presentar un asunto bajo otro aspecto
Alle Trümpfe in der Hand haben	Llevar las de ganar
Erfolg haben Gewinnen	Ganar la partida
Jemand(en) in eine Sache verwickeln Jemand(en) anschuldigen	Acusar a alguien Implicar a alguien en un asunto
Ich lasse mich nicht mit Worten abspeisen	No me dejo pagar con palabras
Jemand(en) in seine Tasche stecken	Meterse alguien en el bolsillo
Das ist sein Lieblingsargument	Es su argumento preferido
Mit... gemeinsame Sache machen	Hacer causa común con...
Das ist nicht meine starke Seite	Eso no es mi fuerte
Einen meisterhaften Streich machen	Dar un golpe maestro
Das ist eine vorher abgemachte Sache Das ist ein gedrehtes Ding	Es un golpe preparado

To hurry through one's work	Mettre les bouchées doubles
By sheer hard work	A la force du poignet
To catch a Tartar	Trouver plus fort que soi
To steal a march on someone	Gagner quelqu'un de vitesse
To push oneself forward	Jouer des coudes
To run the show	Faire marcher l'affaire
To steer clear of the blow	Parer le coup
To be double-tongued	Avoir deux paroles
To give the go-ahead To give the green light	Donner le feu vert
Give him an inch and he'll take a mile	Donnez-lui long comme un doigt, et il prendra long comme un bras
To do someone To diddle someone	Rouler quelqu'un
To take a back seat	Passer au second plan
To play second fiddle	Jouer un rôle secondaire
Mere words Hot air	Rien du tout, du vent
To be in someone's pay	Être à la solde de quelqu'un
Without any obligation on your part	Sans obligation de votre part
To give somebody a free hand	Donner carte blanche à quelqu'un
To show initiative	Faire preuve d'initiative
To conduct a survey	Effectuer une enquête
To make nothing out of it	Oublier l'histoire Laisser tomber
To be game for anything	Être prêt à tout N'avoir pas froid aux yeux
To make light of... To shrug it off...	Faire peu de cas de... Attacher peu d'importance à...
To give and take	Se faire des concessions mutuelles

Seine Arbeit schnell erledigen	Hacer (una cosa) en un dos por tres
Nur durch harte Arbeit	Solamente trabajando duro
Auf eine harte Nuß beißen	Encontrarse con alguien más fuerte
Jemand(em) den Rang ablaufen Früher aufstehen als ein anderer	Adelantarse a uno
Die Ellenbogen gebrauchen	Abrirse paso con los codos
Der Chef sein Die Triebkraft sein	Ser el gran jefe Ser el motor de la empresa
Die Klippe vermeiden Dem Schlag ausweichen	Evitar el golpe
Doppelzüngig sein	Tener dos palabras
Freie Bahn geben	Dar paso libre
Gib ihm den kleinen Finger und er nimmt die ganze Hand	Dale el dedo y él tomará el brazo
Jemand(en) betrügen	Engañar a alguien Timar a alguien
Sich im Hintergrund halten Sich in den Hintergrund zurückziehen	Pasar al fondo Tomar sus distancias
Die zweite Geige spielen	Jugar un papel secundario
Hohle Worte Heiße Luft Nur Wind	Solamente palabras Palabras en el aire
Von jemand(em) bezahlt werden Von jemand(em) abhängig sein	Estar a sueldo de alguien
Ohne jede Verpflichtung Ihrerseits	Sin obligación de su parte
Jemand(em) freie Hand geben	Dar carta blanca a alguien
Initiative beweisen	Dar prueba de iniciativa
Eine Untersuchung vornehmen	Llevar a cabo una encuesta
Die Geschichte vergessen Fallen lassen	Olvidar el asunto Abandonar el asunto
Zu allem entschlossen sein Vor nichts Angst haben	Estar decidido a todo Estar dispuesto todo
Etwas auf die leichte Schulter nehmen Wenig Bedeutung beimessen	Hacer poco caso de... No dar importancia a...
Sich gegenseitig Zugeständnisse machen	Hacerse concesiones mutuamente Es un dar y tomar recíproco

To get back into the swing of things	Se remettre dans le coup
To try to worm it out of me	Tenter de me tirer les vers du nez
To be cool on someone To be down on someone	Battre froid à quelqu'un
That's an old dodge	C'est un coup classique
To enter into business with...	Entrer en affaires avec...
To enlist your help To enlist your services	S'assurer de votre concours
I've got him I've cornered him	Je le tiens
To feel someone out To sound someone out	Tâter le terrain auprès de quelqu'un
To trick someone into... To rope someone into... (U.S.A.)	Embobiner quelqu'un
To have one's work cut out To have one's work carved out To have work in hand	Avoir du pain sur la planche
To do someone out of something To chisel someone out of something	Soutirer frauduleusement quelque chose à quelqu'un
To know which side one's bread is buttered on	Savoir où est son intérêt
I say	A propos
To retract a statement	Retirer une déclaration
To take part To participate	Prendre part
For a reason which escapes me	Pour une raison qui m'échappe
There is growing speculation about...	L'on parle de plus en plus de...
To resign or to be impeached	Démissionner ou être destitué
He has two alternatives	Il a deux possibilités
It's Hobson's choice (U.K.)	C'est la carte forcée Il n'a pas le choix

Sich wieder einleben Sich wieder ins Geschäftsleben begeben	Volver a participar en los negocios Volver a ponerse al corriente de las cosas
Versuchen, mir die Würmer aus der Nase zu ziehen	Intentar de sonsacarme Intentar de tirarme de la lengua
Jemand(em) die kalte Schulter zeugen	Estar tirante con alguien
Das ist ein klassischer Streich	Eso es un golpe clásico
Geschäftsverbindungen mit... aufnehmen	Entrar en relaciones de negocios con...
Sich Ihre Unterstützung sichern	Asegurarse de su ayuda de Vd.
Ich habe ihn auf Numero sicher Ich habe ihn in der Hand	Lo tengo acorralado Lo tengo en la mano
Das Terrain sondieren Jemand(en) aushorchen	Tomar el pulso de una persona Sondear el terreno con una persona
Jemand(en) hereinlegen Jemand(en) beschwatzen	Embaucar a alguien Engatusar a alguien
Eine Menge Arbeit haben Viel Arbeit zu erledigen haben	Tener trabajo para rato
Jemand(em) etwas abschwatzen Jemand(en) um etwas betrügen	Obtener algo de alguien por timo Obtener algo de alguien fraudulosamente
Wissen, wo die Butter auf dem Brot herkommt	Saber donde está su interés
Was ich sagen wollte Nebenbei	A propósito
Eine Behauptung zurücknehmen Eine Erklärung zurücknehmen	Retirar une declaración
Teilnehmen	Participar Tomar parte
Aus einem mir unbekannten Grund	Por una razón que no veo
Man spricht immer mehr von...	Se habla siempre más de...
Abdanken oder abgesetzt werden	Dimisionar o ser destituido
Er hat zwei Möglichkeiten	Tiene dos posibilidades
Das ist eine Zwangslage Er hat keine Wahl	No tiene alternativa

3 Telephone-Telegrams Radio-Television

Téléphone-Télégrammes Radio-Télévision

Telephone - Telegrams

Téléphone - Télégrammes

The telephone directory (U.K.) The telephone book (U.S.A.)	L'annuaire téléphonique
To look up the telephone directory	Consulter l'annuaire
The business telephone number	Le numéro de téléphone du bureau
The extension	Le poste
The telephone contact	Le numéro de téléphone où l'on peut vous joindre
The home telephone number	Le numéro de téléphone privé
A telephone box (U.K.) A telephone booth (U.S.A.)	Une cabine téléphonique publique
A coin (U.K.) A token (U.S.A.)	Un jeton de téléphone
A dial	Un cadran téléphonique
A digit	Un signe sur le cadran
To dial	Composer un numéro
The dial tone	La tonalité
No buzz (U.S.A.)	Pas de sonnerie
To dial a wrong number	Composer un faux numéro
Operator, keep redialing the number until the call is completed	Standardiste, continuez à faire le numéro jusqu'à ce que la communication soit obtenue
The telephone exchange	Le central téléphonique
The trunk dialing code The toll telephone code (U.S.A.)	Le numéro de code téléphonique du département
The switch board	Le standard téléphonique
A switch board operator An operator A telephone operator	Une standardiste

Telephon-Telegramme Rundfunk-Fernsehen

Teléfono-Telegramas Radio-Televisión   3

Telefon - Telegramme

Teléfono - Telegramas

Das Telefonbuch	El guía de teléfonos El listín
Im Telefonbuch nachschlagen	Consultar el guía telefónico
Die Telefonnummer des Büros	El número de teléfono del despacho
Die Nebenstelle Der Hausruf	El aparato La extensión
Die Telefonnummer, unter der man Sie erreichen kann	El número de teléfono donde se puede llamarle
Die Privatnummer Die private Telefonnummer	El número de teléfono particular
Eine öffentliche Fernsprechzelle	Una cabina telefónica pública
Eine Telefonmünze	Una ficha de teléfono
Eine Wählerscheibe	Un disco selector de teléfono
Eine Nummer der Wählerscheibe	Un signo en el disco del teléfono
Eine Nummer wählen	Marcar un número
Das Amtszeichen Der Amtston	La señal de llamada
Kein Klingelzeichen	No hay timbre No llama
Eine falsche Nummer wählen	Marcar un número equivocado
Wählen Sie die Nummer solange, bis die Verbindung hergestellt ist	Por favor, marque el número hasta que tenga la conferencia
Das Fernsprechamt Die Telefonzentrale	La central telefónica Los teléfonos
Die Vorwahlnummer	El prefijo de la provincia, de la ciudad
Die Haustelefonzentrale	La centralilla
Eine Telefonistin	Una telefonista

45

To use a house phone	Utiliser un téléphone intérieur
To call operator, lift handset	Pour appeler la standardiste, décrochez l'écouteur
To use a direct outside line	Utiliser une ligne directe avec l'extérieur
To bug (U.S.A.) To tap To wire	Brancher sur la table d'écoute
There are mikes all over the place	Il y a des micros partout
A teeny-weeny microphone	Un minuscule microphone
To monitor	Surveiller Être à l'écoute
A scrambler	Appareil de téléphone secret
A personal call	Un appel téléphonique avec préavis
A reverse-charge call (U.K.) A collect call (U.S.A.) A transferred charge call	Une communication payable à l'arrivée en P.C.V.
Please reverse the charge	Je voudrais téléphoner en P.C.V.
From room to room call	Une communication intérieure
A local call	Une communication urbaine
A trunk call (U.K.) A long distance call A toll call (U.S.A.)	Une communication interurbaine
An international call	Une communication internationale
Home is just a phone call away	Un simple coup de téléphone et je suis chez moi
Will you please put me through to... Will you please connect me with...	Ayez l'obligeance de me passer...
I want to put a call through to London, please I want to call London, please	Je veux appeler Londres, S.V.P.
Will you please transfer the call to... Will you please put the call through to...	Veuillez faire passer la communication à...
Operator, please call him back	Téléphoniste, veuillez le rappeler, S.V.P.

Ein Haustelefon benützen	Servirse de un teléfono interior
Um die Hauszentrale anzurufen, nehmen Sie den Hörer ab	Para llamar la centralilla, descuelgue el auricular
Eine direkte Amtsleitung benützen	Llamar por línea directa
Auf Abhördienst schalten	Conectar con la estación de escucha
Überall sind Abhörmikrofone	Hay micrófonos en todas partes
Ein Miniaturmikrofon	Un micrófono miniatura
Überwachen	Vigilar
Abhören	Estar a escucha telefónica
Telefon mit Abhörschutz	Un teléfono con dispositivo anti-escucha
Gespräch mit Voranmeldung	Una conferencia con aviso
Ein R- Gespräch	Una llamada con cobro revertido
Ein R-Gespräch, bitte	Por favor, una llamada con cobro revertido
Ein Hausgespräch	Una llamada interior
Ein Ortsgespräch	Una llamada urbana / Una llamada local
Ein Ferngespräch	Una conferencia interurbana
Ein Auslandsgespräch	Una conferencia con el extranjero
Meine Wohnung ist nur ein Telefonanruf weit	Una llamada telefónica, y estoy en casa
Verbinden Sie mich, bitte, mit...!	Por favor, póngame el señor... al habla
Bitte, ein Gespräch mit London	Una conferencia con Londres, por favor
Leiten Sie das Gespräch, bitte, weiter an...!	Pase la conferencia al señor...
Zentrale, rufen Sie ihn, bitte, noch einmal an	Centralilla, llame otra vez, por favor

Operator, please trace the call	Téléphoniste, veuillez déterminer d'où vient la communication, S.V.P.
To keep an eye on the phone	Surveiller le téléphone
To note all the incoming calls	Noter tous les appels qui arrivent
Three minutes up	Les trois minutes sont passées
The number is engaged (U.K.) The number is busy	Le numéro est occupé
The line is out of order	La ligne est en dérangement
There is some interference on the line	Il y a des parasites sur la ligne
There is no reply There is no answer	Personne ne répond
Is your conversation over? Have you finished? Are you through? (U.S.A.)	Avez-vous terminé ?
You are wanted on the phone	On vous demande au téléphone
When you ring up somebody, it's better to introduce yourself When you give someone a call, better to identify yourself	Lorsque vous téléphonez à quelqu'un, il vaut mieux vous présenter
Mr. X... speaking	Monsieur X... à l'appareil
Please hang on Please hold on	Veuillez ne pas quitter
Please hold the line	Veuillez rester en ligne
Please speak up louder	Veuillez parler plus fort
I have not gathered what you have said	Je n'ai pas bien entendu ce que vous avez dit
Please hear me out	Veuillez m'écouter jusqu'au bout
Please hang up	Veuillez raccrocher
I'll be phoning you later on	Je vous téléphonerai plus tard
I'll ring you up for a definite appointment	Je vous téléphonerai pour un rendez-vous bien déterminé
We were cut off	Nous avons été coupés
Make a point of ringing him up at 10 a.m.	N'oubliez pas de l'appeler (au téléphone) à 10 heures du matin
You have Mr. X... on the phone	Vous avez M. X... en ligne

Bitte, stellen Sie fest, von wo der Anruf kommt!	Por favor, averigüe de donde viene la llamada
Das Telefon überwachen	Vigilar el teléfono
Alle ankommenden Gespräche notieren	Anotar todas las llamadas que llegan
Die drei Minuten sind vorbei	Han transcurrido tres minutos
Die Nummer ist besetzt	El número comunica
Die Leitung ist gestört	No funciona la línea
Es sind Störgeräusche in der Leitung	Hay interferencias en la línea
Es meldet sich niemand	El número no contesta
Ist das Gespräch beendet?	¿Está terminada la conferencia?
Sie werden am Telefon verlangt	Le llaman a Vd. al teléfono
Wenn Sie jemand(en) anrufen, ist es besser, Ihren Namen zu nennen	Cuando llama a alguien por teléfono, es mejor dar su apellido
Herr X... am Apparat	El señor X... al habla
Bleiben Sie am Apparat, bitte!	No se retire, por favor
Bleiben Sie, bitte, in der Leitung!	No cuelgue, por favor
Sprechen Sie, bitte, lauter!	Hable más alto, por favor
Ich habe nicht gut verstanden, was Sie gesagt haben	No he entendido bien lo que ha dicho
Bitte, hören Sie mich bis zum Ende an!	Por favor, déjeme terminar
Bitte, hängen Sie ein!	Cuelgue, por favor
Ich rufe Sie später an	Le llamaré más tarde
Ich rufe Sie an, um einen genauen Termin zu vereinbaren	Le llamo para fijar una cita definitiva
Wir sind getrennt worden	Nos han cortado
Vergessen Sie nicht, ihn morgen früh um 10 Uhr anzurufen!	No se olvide de llamarle mañana por la mañana a las diez
Herr X... übernimmt das Gespräch	Tiene usted el señor X... al teléfono

On the telephone Over the telephone	Au téléphone
In the City all the business is done over the phone	A la Cité, toutes les affaires se font par téléphone
A telegram A wire A cable	Un télégramme Un câble
A cable address	Une adresse télégraphique
Be sure to wire us	Ne manquez pas de nous télégraphier
Write your cable in cipher	Rédigez votre câble en langage chiffré
A stream of cables coming in from New York	Un flot de câbles venant de New York
A telex A ticker-tape	Un télex Un téléscripteur
A teleprinter operator	Un télétypiste
Telex rate	Le tarif télex
A teletype	Un télétype
Teleprocessing	Le télétraitement
Watching the news ticking out on a teleprinter's tape	Regardant les nouvelles se dérouler sur une bande de téléscripteur

Radio-Television

Radio-Télévision

Communication systems including all satellites, radio, telephone, telegraph hook-ups	Les systèmes de communication comprenant tous les postes conjugués de satellites, radio, téléphone, télégraphe
Radio stations in Egypt, Iran, hook in with Ryad radio to broadcast coverage of the funeral	Les stations émettrices d'Égypte et d'Iran se conjuguent avec la radio de Ryad pour radiodiffuser le reportage complet des funérailles
To begin readying a radio transmitter	Commencer à apprêter un émetteur radio
A radio transmitter able to blanket Africa	Un émetteur radio capable de couvrir l'ensemble de l'Afrique
On the air	Radiodiffusé

Am Apparat	Al teléfono
In der City werden alle Geschäfte telefonisch abgeschlossen	En la City todos los negocios se hacen por teléfono
Ein Telegramm	Un telegrama
Eine Telegrammadresse	Una dirección telegráfica
Versäumen Sie nicht, uns zu telegrafieren!	No se olvide de telegrafiarnos
Fassen Sie Ihr Telegramm verschlüsselt ab!	Mande un telegrama cifrado
Eine Flut von Telegrammen aus New York	Una oleada de telegramas de Nueva York
Ein Fernschreiber	Un telex
Person, die einen Ferndrucker bedient	Un teletipista
Die Fernschreibgebühren	La tarifa de telex
Ein Ferndrucker	Un teleimpresor
Die Ferndatenverarbeitung	El teleproceso informático
Beim Ablesen der Nachrichten auf dem Fernschreiberband	Leyendo las noticias en la cinta del telex

Rundfunk-Fernsehen — *Radio-Televisión*

Übermittlungssysteme, die auf dem Zusammenwirken aller Übertragungsmittel beruhen (Nachrichtensatelliten, Rundfunk, Fernsprecher und Telegraf)	Los sistemas de comunicaciones comprendiendo todas las estaciones conjugadas de satélites, radio, teléfono, telégrafo
Die Rundfunksender Ägyptens und des Irans arbeiten für die Übertragung der vollständigen Reportage der Begräbnisfeierlichkeiten zusammen	Las emisoras de Egipto y de Irán colaboran con la radio de Ryad para la transmisión completa de los funerales
Einen Rundfunksender für die Sendung vorbereiten	Preparar una emisora para la emisión
Ein Rundfunksender, dessen Reichweite ganz Africa erfaßt	Una emisora capaz de cubrir toda África
Im Rundfunk übertragen	Difundido por la radio

To make radio addresses	Faire des appels radiodiffusés
To pick up a station	Capter une station
The TV scanner is watching	Le scrutateur de Télévision («Télé») surveille
Television network	Réseau de stations de télévision
Four television channels	Quatre chaînes de télévision
Television news	Le journal télévisé
A television announcer	Un présentateur à la télévision
On television	A la télévision
The speech was televised live	Le discours fut télévisé en direct
Televised over 8 consecutive nights	Télévisé 8 soirs de suite

Durch Rundfunk bekanntmachen	Avisar por la radio
Einen Sender im Gerät haben Einen Sender empfangen	Captar una emisora
Die Fernsehkamera überwacht	La cámara de televisión vigila
Fernsehsendernetz	Red de emisoras de televisión
Vier Fernsehprogramme	Cuatro canales de televisión
Der Fernsehtagesschau	El Telediario
Ein Fernsehsprecher	Un locutor de la televisión
Im Fernsehen	A la televisión
Die Rede ist direkt übertragen worden	El discurso se televisó en directo
8 Abende hintereinander im Fernsehen	8 noches consecutivas en la televisión

4 Correspondence — Correspondance

Office equipment — Mobilier et matériel de bureau

An office desk / A bureau (U.S.A.)	Un bureau
A desk set	Une garniture de bureau
A card index	Un répertoire sur fiches
Filing cards	Un fichier
A filing book	Un classeur répertoire
An index card	Une fiche
A pigeonhole	Une case / Un casier
A folder	Une chemise pour classement
A pad	Un bloc-notes
A blotting pad / A writing pad	Un sous-main
IN-tray	La corbeille du « courrier arrivé »
Office requisites / Office stationery	Les fournitures de bureau
Writing paper	Du papier à lettres
A sheet / A fly sheet / A loose sheet	Une feuille volante
A ream (500 sheets)	Une rame (500 feuilles de papier)
A blank book	Un registre
A slip of paper	Une fiche
A filing cabinet	Un classeur
Looking through our files	En compulsant nos dossiers
A photocopy	Une photocopie
To sell stencilled lectures	Vendre des conférences polycopiées
A handout / A leaflet / A handbill	Un prospectus / Une circulaire

Schriftverkehr | Correspondencia 4

Büroausstattung und Büromaterial | Mobiliario y material de oficina

Ein Schreibtisch	Un escritorio
Eine Schreibtischgarnitur	Un juego de escritorio
Ein Karteikartenindex	Un fichero de tarjetas
Ein Ablage-Kartenindex	Un archivo de fichas
Ein Ablageregister	Un libro índice de los archivos
Ein Karteikarte	Una ficha índice
Ein Schrankfach Ein Fach	Un casillero
Ein Aktendeckel	Un clasificador
Ein Notizblock	Un block de notas
Eine Schreibunterlage	Una carpeta de escritorio Un cartapacio
Der Korb für die Eingangspost	La bandeja del correo de entrada
Das Büromaterial	El material de escritorio
Schreibpapier	Papel de cartas
Ein loses Blatt	Una hoja suelta
Ein Ries Papier (500 Blatt)	Una resma de papel (500 hojas)
Ein Register	Un libro registro
Ein Zettel	Una ficha
Ein Aktenordner Ein Aktenschrank	Un mueble de archivos
Bei Durchsicht unserer Akten	Examinando nuestros archivos
Eine Fotokopie	Una fotocopia
Vorlesungsvervielfältigungen verkaufen Kopien eines Vortrages verkaufen	Vender copias de conferencias
Ein Prospekt, ein Rundschreiben, eine Handzettel, eine Reklamezettel	Un folleto Una circular

Secretariat | Secrétariat

An office manager	Un chef de secrétariat
A chief clerk	Un chef de bureau
A clerk	Un employé de bureau
A secretary	Un(e) secrétaire
A gal Friday (U.S.A.)	Une personne à la fois secrétaire, sténodactylo, et assistante
An executive secretary	Une secrétaire de direction
A stenographer	Une sténo
Take this down in shorthand	Prenez ceci en sténo
A typist	Une dactylo
A shorthand typist	Une sténo-dactylo
To go through the mail	Dépouiller le courrier
To deal out letters among one's aides	Répartir les lettres entre ses collaborateurs
I enclose for your perusal	Je vous remets pour examen
Please deal with... Please follow up	Pour attribution
Note and return	Notez et retournez
Note and send to...	Notez et envoyez à...
See and phone me	Voyez et téléphonez-moi
Kindly return this document after perusal	Veuillez me retourner ce document après examen
Return with reply	Retournez avec réponse
Please file	Pour classement
Please take up with me Please speak to me	Veuillez m'en parler
See to it as usual Please do the needful as usual	Faites le nécessaire comme d'habitude
Please keep me posted	Veuillez me tenir au courant
Keep me posted on all the goings-on Keep me up to date on what happens Fill me in (U.S.A.) Clue me in (U.S.A.)	Tenez-moi au courant de ce qui se passe

Sekretariat	*Secretaría*
Ein Sekretariatschef	Un jefe de la secretaría
Ein Bürochef	Un jefe de un servicio administrativo
Ein Angestellter	Un empleado administrativo
Ein Sekretär, eine Sekretärin	Una secretaria, un secretario
Eine universale Chefsekretärin	Una secretaria que reune diversas aptitudes
Eine Direktionssekretärin	Una secretaria de dirección
Eine Stenotypistin	Una taquígrafa Una estenógrafa
Nehmen Sie das als Stenogramm auf!	Tome esto a taquigrafía
Eine Maschinenschreiberin	Una mecanógrafa
Eine Stenotypistin	Una taquimecanógrafa
Die Eingangspost durchsehen Die Eingangspost sortieren	Abrir y clasificar el correo
Die Eingangspost an seine Mitarbeiter verteilen	Distribuir las cartas entre sus colaboradores
Ich übersende Ihnen zur Prüfung	Adjunto se lo remito para que lo examine
Mit der Bitte um Bearbeitung	Rogamos cumplimente Rogamos se ocupe de...
Nach Durchsicht, zurük an Absender	Tome nota y devuelva
Zur Kenntnisnahme und Weiterleitung an...	Tome nota y mande a...
Nach Kenntnisnahme mich anrufen	Llámeme después de leer
Nach Durchsicht dieses Dokuments, bitte um Rückgabe	Devuelva este documento después de haberlo examinado
Erbitte Rückgabe mit Antwort	Devolver con respuesta
Zur Ablage	Archivar
Bitte um Rücksprache	Consúlteme por favor Infórmeme por favor
Wie üblich, das Notwendige veranlassen	Le ruego haga lo necesario como de costumbre
Bitte, halten Sie mich auf dem laufenden!	Le ruego me tenga al corriente
Halten Sie mich über alles auf dem laufenden!	Manténgame al corriente de lo que pasa

Oversee what goes on	Ayez un œil sur ce qui se passe
Kindly annotate this draft	Veuillez annoter ce projet
For your comment For your approval For your signature	Pour observation Pour approbation Pour signature
Think this memo over	Réfléchissez bien à cette note
Please hand in this memo	Veuillez remettre cette note
Read this report through	Lisez ce rapport en entier
Please circulate this note	Veuillez faire circuler cette note
Please get rid of these incriminating papers	Veuillez vous débarrasser de ces papiers compromettants
May be destroyed	Peut être détruit
Please keep track of this question	Veuillez garder (la) trace de cette question
Paperwork	La paperasserie administrative
An abridgement	Un abrégé, un sommaire
A verbatim report	Un compte rendu in extenso
Addendum to the memorandum	Complément à la note
Appendices	Les annexes
Better to set this down in writing	Mieux vaut coucher cela par écrit
A tentative draft	Un avant-projet
A draft	Un projet
To amplify a draft	Donner plus de corps à un projet
To prune a draft	Élaguer un projet
A recast A rehash	Une seconde mouture d'un projet
The drawing of a letter The wording of a letter	Le libellé d'une lettre
This letter worded as follows This letter thus reading This letter couched in these terms	Cette lettre libellée comme suit

Behalten Sie das alles im Auge!	Observe lo que pasa Vigile lo que se hace
Ihre Anmerkungen zu diesem Vorschlag, bitte! Bitte, überarbeiten Sie diesen Entwurf!	Sírvase anotar sus comentarios al proyecto
Zur Stellungnahme Zur Genehmigung Zur Unterschrift	Para su comentario Para su aprobación Para su firma
Prüfen Sie diese Aktennotiz genau!	Estudie atentamente esta nota
Bitte, übergeben Sie diese Aktennotiz!	Remita esta nota
Lesen Sie diesen Bericht ganz durch!	Lea por completo este informe
Bitte, geben Sie diese Aktennotiz in Umlauf!	Haga circular esta nota
Schaffen Sie diese kompromettierenden Unterlagen aus der Welt!	Deshágase de esos papeles comprometedores
Kann vernichtet werden	Se puede destruir
Verfolgen Sie diese Frage!	Siga la pista de esta cuestión
Der Papierkrieg	El papeleo administrativo
Eine Zusammenfassung	Un resumen
Ein Verbatimbericht	Un informe literal Un informe palabra por palabra
Ergänzung der Aktennotiz	Apéndice a la memoria
Die Anlagen	Los anexos
Es ist besser, das schriftlich festzulegen	Mejor vale fijar esto por escrito
Ein Vorentwurf	Un anteproyecto
Ein Entwurf	Un proyecto
Einem Entwurf mehr Gehalt geben	Ampliar un proyecto
Einen Entwurf straffen	Recortar un proyecto Podar un proyecto
Eine zweite Fassung eines Entwurfs	Una refundición de un proyecto
Der Wortlaut eines Briefes	La redacción de una carta El texto de una carta
Dieser Brief mit dem folgenden Wortlaut	Esta carta redactada de la forma siguiente

To write someone a snorter	Écrire une lettre carabinée à quelqu'un
To give the finishing touch to a letter	Mettre la dernière main à une lettre
Cryptic terms	Termes énigmatiques Termes couverts
A cross reference to...	Un renvoi à...
Please turn over Please see overleaf	Tournez la page, S.V.P.
Letter dated 19th March (U.K.) Letter dated March 19 (U.S.A.)	Lettre en date du 19 mars
From the voices of secretaries (fawning, evasive, faintly hostile) you may often detect how you stand in the company	Au ton de voix des secrétaires, (obséquieux, évasif, légèrement hostile) l'on peut souvent détecter sa cote dans l'entreprise
As detailed overleaf	Comme détaillé au verso
A covering letter	Une lettre d'envoi Une lettre d'accompagnement
An intermediate reply A dilatory reply A provisional reply	Une réponse d'attente Une réponse dilatoire Une réponse provisoire
A comprehensive reply	Une réponse d'ensemble
Form letter	Lettre type Lettre modèle
A reminder	Une lettre de rappel
A follow-up letter	Une lettre de relance
A collection letter	Une lettre de recouvrement
A graph	Un graphique Un diagramme
Particulars mailed	Lettre suit Détails suivent

Jemand(em) einen gesalzenen Brief schreiben	Escribir a alguien una carta muy rotunda
Einem Brief den letzten Schliff geben	Dar el toque final a una carta
Undurchsichtiger Wortlaut Zweideutige Begriffe	Términos en clave Términos ocultos
Erneuter Hinweis auf...	Una remisión a...
Bitte wenden!	Vuelva la página, por favor
Brief vom 19. März	Carta del 19 de marzo
Nach dem Verhalten der Sekretärinnen (bewundernd, ausweichend, leicht feindlich), kann man oft seinen Status in der Gesellschaft beurteilen	Según el comportamiento de las secretarias (admirativo, evasivo, un poco hostil) se puede muchas veces determinar su posición en la empresa
Einzelheiten auf der Rückseite	Tal como se detalla al reverso
Ein Begleitbrief Ein Anschreiben Ein Begleitschreiben	Una carta de envío Una carta acompañante
Ein Zwischenantwort Ein hinhaltender Antwort Ein vorläufiger Antwort	Una respuesta interina Una respuesta dilatoria Una respuesta provisoria
Eine umfassende Antwort Eine alle Fragen berührende Antwort Eine globale Antwort	Una respuesta completa Una respuesta global
Einheitsschreiben	Carta modelo
Ein Mahnschreiben Eine Anmahnung	Un recordatorio Una carta recordatorio
Ein Mahnschreiben Ein Schreiben zur Wiederankurbelung einer Angelegenheit	Una carta de insistencia Una carta de reactivación
Ein Mahnbrief Eine Aufforderung zur Zahlung einer Schuld	Una carta de cobro
Ein Schema Ein Diagramm Eine graphische Darstellung	Un diagrama Una representación gráfica
Brief folgt Die Einzelheiten folgen per Brief	Siguen detalles por escrito Sigue escrito Una carta con los detalles sigue

Series	Série Séries Suite
A complimentary copy	Un exemplaire en hommage Un exemplaire gratuit (donné comme faveur)
To send him a snorter which was a settler for him	Envoyer une lettre qui lui a cloué le bec
To confine oneself to a bare acknowledgement	Se borner à un simple accusé de réception
A guarded answer	Une réponse qui n'engage en rien Une réponse circonspecte
Afore-mentioned letter	Lettre mentionnée ci-dessus
Your remark against the second paragraph	Votre remarque apposée au second paragraphe Votre annotation au second paragraphe
Your remark regarding the second paragraph	Votre observation concernant le second paragraphe
Every word of our reply was well thought out	Nous avons pesé chaque mot de notre réponse
To write off long screeds	Écrire au courant de la plume de longues tartines
To write up a report at one sitting (at one go)	Rédiger un rapport d'un seul jet
Stenographers operating their stenotypers	Sténographes tapant sur leurs machines à sténographier
Typists tapping at full speed at their typewriters	Dactylos tapant à toute vitesse
One top and three copies	Un original et trois doubles
To space out the lines	Espacer les lignes
A misprint A typing mistake	Une coquille, une faute de frappe, une erreur typographique
To find fault with the work of the typist	Trouver à redire au travail de la dactylo

Serie Serien Reihe Reihen	Serie Series
Ein Geschenkexemplar Ein kostenloses Exemplar	Un ejemplar de obsequio
Ihm einen gesalzenen Brief schicken, der ihn zum Schweigen bringt	Enviarle una carta salada que le cerrará el pico
Sich auf eine einfache Empfangsbestätigung beschränken	Limitarse (atenerse) a un simple acuse de recibo
Eine unverbindliche Antwort Eine zu nichts verpflichtende Antwort	Una respuesta no comprometedora Una respuesta prudente (sin compromiso)
Oben erwähnter Brief	Carta susodicha Carta mencionada arriba Carta mencionada anteriormente
Ihre Anmerkung zu Paragraph 2	Su anotación al segundo párrafo
Ihre den Paragraphen 2 betreffende Bemerkung	Sus reparos (su observación) con respecto al segundo párrafo
Wir haben jedes Wort unserer Antwort genau überlegt	Cada una de las palabras de nuestra respuesta fue sopesada cuidadosamente
Lange Epistel in einem Zug schreiben	Escribir rollos de un golpe Hacer escritos pesados y largos sin pararse una vez
Einen Bericht in einem Zug schreiben	Redactar un informe de una sola sentada (de primera mano)
Stenografen, die mit ihren Stenografiermaschinen arbeiten	Taquígrafos trabajando a sus máquinas estenográficas
Mit Volldampf tippende Stenotypistinnen	Mecanógrafas aporreando sus máquinas de escribir
Ein Original und drei Kopien (und drei Durchdrucke)	Un original y tres copias
Den Zeilenabstand einstellen	Espaciar las líneas
Ein Tippfehler	Un error mecanográfico
Die Arbeit der Maschinenschreiberin bemängeln	Encontrar mal hecho el trabajo de la mecanógrafa

To cross out	Rayer, raturer, « ixer »
To erase	Gommer
To strike out words not required To delete words not required	Rayer les mots inutiles
Delete not applicable references	Rayez les mentions inutiles
Under plain cover	Sous pli discret
Apply in strictest confidence	Discrétion totale assurée
Under separate cover	Sous pli séparé
By surface mail	Par courrier ordinaire Par courrier maritime
By air mail	Par avion
By hand	Par porteur
To deliver a letter to your goodselves	Pour vous remettre une lettre
Sent in the official despatch bag Sent in the diplomatic pouch	Envoyé par la valise diplomatique

Mail / *La poste*

A pillar box A mail box (U.S.A.)	Une boîte aux lettres
The postal number The zip code (U.S.A.)	Le code postal
P.O. Box	Boîte postale
The post office distributor	Le bureau distributeur de courrier
To be called for	Poste restante
Please forward	Prière faire suivre
Care of : c/o	Aux bons soins de...
To frank a letter	Affranchir une lettre

Durchstreichen	Tachar Rayar
Ausradieren	Borrar Quitar
Nicht erforderliche Wörter durchstreichen	Tachar las palabras innecesarias
Nichtzutreffendes durchstreichen	Tachar lo que no interesa
In neutralem Umschlag	En sobre discreto
Schreiben Sie unter Zusicherung absoluter (unbedingter) Diskretion!	Diríjase con toda confianza a...
Mit getrennter Post	Por correo aparte
Mit normaler Post Mit Schiffspost	Por correo normal Por correo marítimo (o ferroviario) Por vía terrestre
Mit Flugpost	Por vía aérea
Durch Boten	Por recadero
Um Ihnen einen Brief zu überbringen	Para remitir una carta a Vds.
Mit diplomatischer Kurierpost	Enviado por valija diplomática

Die Post   *Correo*

Ein Briefkasten	Un buzón
Die Postleitzahl	El número postal El prefijo postal
Das Postschließfach	El apartado de correos
Das Zustellpostamt	El centro de distribución de correos
Postlagernd	Lista de correos
Bitte nachsenden	Remítase a las nuevas señas
Bei... In Firma...	c/o Para entregar a...
Einen Brief freimachen	Franquear una carta

Do not affix postage stamps	N'apposez pas de timbre
A machine to frank their mail and save the time spent on buying, affixing, and accounting for ordinary adhesive stamps	Une machine pour affranchir leur courrier et gagner le temps consacré à acheter, apposer et comptabiliser les timbres ordinaires
Registered letter with acknowledgment of receipt	Lettre recommandée avec accusé de réception
By return of post	Par retour du courrier
To dispatch by parcel post	Expédier par colis postal
A registered air-mail parcel	Un colis postal recommandé par avion
An undelivered parcel A hung-up parcel (U.S.A.)	Un colis en souffrance
Sample post	Échantillon sans valeur
Printed matter	Imprimés
Send this as registered printed matter	Envoyez cela comme imprimés recommandés
Free of charge Free of postage Postage paid	Sans frais, gratuit Franco de port
Against payment	Contre remboursement
Postal giro service	Service des virements postaux
Post office giro	Compte chèques postaux
By post office order	Par mandat-lettre
By money order	Par mandat-carte
To send off these cables	Faire partir ces câbles
In open language	En clair
Telegraphic test key	Code télégraphique de contrôle

Press

La presse

Liberty of the press	La liberté de la presse
Newsprint	Du papier journal
A rotary printing press	Une rotative
A galley proof	Une épreuve en placard

Kleben Sie keine Briefmarke darauf!	No ponga ningún sello
Eine Frankiermaschine für ihre Post und den Zeitgewinn durch Fortfall des Kaufens, des Aufklebens und der Buchungsarbeiten der Portokasse	Una máquina para franquear sus cartas y ganar tiempo para comprar, poner y contabilizar los sellos ordinarios
Einschreibebrief mit Empfangsbestätigung	Carta certificada con acuse de recibo
Postwendend	A vuelta de correo
Als Postpaket versenden	Enviar como paquete postal
Ein Luftpost-Einschreibepaket	Un paquete certificado por correo aéreo
Ein nicht zugestelltes Paket	Un paquete detenido
Muster ohne Wert	Muestra sin valor
Drucksachen	Impresos
Senden Sie das als eingeschriebene Drucksache!	Envíe esto como impresos certificados
Kostenfrei Gebührenfrei	Franco, libre de gastos Exento de franqueo Franco de porte
Gegen Zahlung von... Post : mit Nachnahme	Contra reembolso
Postüberweisungsamt	Servicio de los giros postales
Postscheckkonto	Cuenta de cheques postales
Durch Postanweisung	Por giro postal en forma de carta
Durch Postanweisungskarte	Por giro postal en forma de tarjeta postal
Diese Telegramme abschicken	Mandar estos telegramas
Nicht verschlüsselt	Sin cifrar
Telegrammkontrollschlüssel	Llave controladora de telegramas

Die Presse

La prensa

Die Pressefreiheit	La libertad de la prensa
Zeitungspapier	Papel de prensa
Eine Rotationspresse	Una prensa rotativa
Ein Fahnenabzug Eine Korrekturfahne	Una galerada Una prueba tipográfica

To correct the press To read for press	Corriger les épreuves
Stet	Bon (à maintenir)
Press	Bon à tirer
To pass the press for proof	Donner le bon à tirer
This edition is ready to roll This edition is ready to press	Cette édition est prête à être mise sous presse
Predate	Édition provinciale antidatée d'un journal
The editorial department	La rédaction
The editor	Le rédacteur en chef
To write for the press	Écrire dans les journaux
A contributing editor	Un journaliste écrivant régulièrement des articles
A press agency	Une agence de presse Une agence d'informations
A pressman A newsman A journalist	Un journaliste Un homme de presse
An inspired newsman	Un journaliste inspiré en haut lieu
A salted journalist	Un journaliste vénal
A poison-pen	Un journaliste à scandale
The news monger	Le colporteur de nouvelles La gazette
Ill news flies apace	Les mauvaises nouvelles se propagent rapidement
A flack (*slang* U.S.A.)	Un agent de presse, un publiciste
A press photographer	Un photographe de presse
The press gallery	La tribune de la presse
Round-up (U.K.) Roundup (U.S.A.)	Rassemblement de nouvelles
A scoop An exclusive story	Un reportage exclusif
To hold a piece of news on good authority	Tenir une nouvelle de bonne source

Probeabdrücke korrigieren	Corregir las pruebas tipográficas
Satzreif (Druck)	Consérvese (tipografía) Dejar el texto
Druckreif	Tírese (tipografía) Listo para imprimir
Zum Druck freigeben	Dar el tírese
Diese Auflage ist druckreif	Esta edición está lista para imprimir
Vordatierte Provinzauflage einer Zeitung	Edición antefechada (de un periódico) para las provincias
Die Redaktion	La redacción
Der Chefredakteur	El director (de un periódico)
Für die Zeitungen schreiben	Escribir para los periódicos
Ein Journalist, der regelmäßig Artikel für eine Zeitung schreibt	Un periodista que escribe regularmente para un periódico
Eine Presseagentur	Una agencia de prensa Una agencia de noticias
Ein Journalist	Un periodista
Ein von der Regierung beeinflußter Journalist	Un periodista gubernamental
Ein käuflicher Journalist	Un periodista venal Un periodista vendido
Ein runnenvergifter (Journalist)	Un periodista de escándalos
Eine Person, die wie ein Tageblatt ist Ein wahres Tageblatt	Un propalador de noticias
Schlechte Nachrichten reisen schnell	Las malas noticias viajan rápidamente
Ein Presseagent	Un agente de prensa
Ein Pressefotograf	Un fotógrafo de prensa
Die Pressetribüne	La tribuna de prensa
Nachrichtensammlung Nachrichtenerfassung	Recolección de noticias
Eine Exklusivreportage	Un reportaje exclusivo
Eine Nachricht aus guter Quelle haben	Tener una noticia de buena fuente

To play up	Monter en épingle
News items	Faits divers
Stop-press news	Informations de dernière heure
A scare headline	Une manchette sensationnelle
To throw a scare	Jeter la panique
Sensation-oriented tabloid-news	Nouvelles en une ligne orientées vers le sensationnel
The series	Les chroniques
The story is serialized	Feuilleton à suivre
An opinion poll	Un sondage d'opinion
A probe (U.S.A.)	Un enquête Un sondage
A pollster	Un spécialiste des sondages
A certain section of the press	Certains organes de presse Une certaine presse
The gutter press	La presse de bas étage
News	Les nouvelles, le journal
A piece of news	Une nouvelle
A newspaper	Un journal
Broadcast news	Le journal parlé
Television news	Le journal télévisé
Newsreel	Les actualités *(cinéma)*
To put out an English paper	Publier un journal anglais
Readership approaching the million	Nombre de lecteurs approchant le million
The circulation of a newspaper	Le tirage d'un journal
Owing to its big circulation *The Times* is very influential	En raison de son important tirage, le *Times* a beaucoup d'influence
The Times has a wide readership in the financial community	Le *Times* a une grande diffusion dans les milieux financiers
A paper depending on its advertising linage	Un journal dépendant de son lignage publicitaire

Hochspielen Aufbauschen	Hacer mucha noticia de poca cosa
Andere Nachrichten *(Titel)* Sonstige Nachrichten	Noticias diversas
Letzte Nachrichten	Últimas noticias
Eine Sensationsüberschrift Ein Sensationstitel	Una cabecera sensacional
Eine Panik verbreiten	Sembrar el pánico
Sensationsnachrichten	Noticias de la prensa de escándalos
Der Fortsetzungsartikel Die aktuelle Zeitgeschichte	Las crónicas Las crónicas actuales
Fortsetzungsgeschichte Fortsetzungsroman	Serial
Eine Meinungsforschung	Un sondeo de opinión Un escrutinio de opinión
Eine Untersuchung Ermittlungen	Una encuesta Un sondeo
Ein Meinungsforscher	Un especialista de sondeos
Gewisse Presseorgane Eine gewisse Presse	Ciertos periódicos Cierta prensa
Die Groschenblätter Die Groschenpresse	La prensa sin nivel ni escrúpulos
Die Nachrichten, die Zeitung	Las noticias, el periódico
Eine Nachricht	Una noticia
Eine Zeitung	Un periódico
Der Rundfunktagesschau	El Radiodiario, el Diario hablado
Der Fernsehtagesschau	El Telediario
Der Wochenschau	Las actualidades en el cine Las Cinenoticias
Eine englische Zeitung herausgeben	Publicar un periódico inglés
Die Anzahl der Leser ist fast eine Million	Casi un millón de lectores
Die Auflage einer Zeitung	La tirada de un periódico
Auf Grund ihrer großen Auflage, hat die *Times* einen bedeutenden Einfluß	Debido a su gran tirada, el *Times* tiene mucha influencia
Die *Times* ist in Finanzkreisen sehr verbreitet	El *Times* se lee mucho en los círculos financieros
Eine Zeitung, die vom dem Umfang ihres Anzeigenteils abhängt	Un periódico que depende de la cantidad de sus anuncios

To take out a subscription To subscribe to a newspaper	S'abonner à un journal
To take out a subscription to the *Financial Times* for this office for a period of one year commencing 1st December	Souscrire à un abonnement au *Financial Times* pour ce bureau, pour une durée d'un an, commençant le 1er décembre
The newspaper rate	Le tarif postal des périodiques
A news agent A news dealer (U.S.A.)	Un marchand de journaux
A newspaper kiosk A book-stall A news stand	Un kiosque à journaux
To insert an ad	Insérer une annonce
A handout	Un bulletin communiqué à la presse
A press campaign	Une campagne de presse
To get front page treatment	Avoir le privilège de la première page
To be a splash To be the talk of the town	Défrayer la chronique
To get a good press	Avoir une bonne presse
Press cuttings Newspaper clippings	Des coupures de presse

Publishing / *L'édition*

A publishing house	Une maison d'édition
A publisher	Un éditeur, le propriétaire d'un journal
To consult with one's publisher	Consulter son éditeur
Published by...	Publié, édité par...
Compiled and edited by...	Rassemblé et édité par...
Third reprint	Troisième réimpression
The editor-in-chief	Le rédacteur en chef
The editor (U.S.A.)	Le rédacteur d'une rubrique

Eine Zeitung abonnieren	Suscribirse a un periódico
Für dieses Büro die *Financial Times* für ein Jahr abonnieren, und zwar ab 1. Dezember	Suscribirse al *Financial Times* para esta oficina, por un año a partir del 1 de diciembre
Presse-Posttarif	La tarifa postal para periódicos
Ein Zeitungshändler	Un vendedor de periódicos
Ein Zeitungskiosk	Un quiosco de prensa
Eine Anzeige einsetzen Eine Anzeige veröffentlichen	Insertar un anuncio
Eine Pressemitteilung Ein Informationsblatt für die Presse	Un boletín de informaciones para la prensa El comunicado a la prensa
Eine Pressekampagne	Una campaña de prensa
Die Ehre der ersten Seite haben	Tener el honor de la primera página
Der Hauptgesprächstoff sein Das Stadtgespräch sein	Ser la comidilla de la actualidad Ser el pasto de los periódicos
Eine gute Presse haben	Tener buena prensa
Zeitungsausschnitte	Recortes de periódicos

Das Verlagswesen / *Edición*

Ein Verlag	Una casa editora, una editorial
Ein Herausgeber (einer Zeitung) Ein Verleger (Bücher)	Un editor, el propietario de un periódico
Seinen Herausgeber konsultieren	Consultar su editor
Herausgegeben von...	Editado por...
Zusammengestellt und herausgegeben von...	Compilado y editado por...
Dritter Nachdruck	Tercera reimpresión
Der Chefredakteur	El director de la publicación
Der Fachredakteur Der Bereichsredakteur	El redactor (para la política, para los deportes, etc.)

A theatre editor	Un critique dramatique
A reviewer	Un critique littéraire
A sports editor	Un rédacteur sportif
The editorial	L'article de fond, l'éditorial
A literary agent	Un agent littéraire
The literary property	La propriété littéraire, le droit d'auteur
Copyright	Droits de reproduction
Infringement of copyright	Contrefaçon littéraire
Term of copyright	Délai de protection littéraire
Out of copyright	Tombé dans le domaine public
Copyright reserved	Tous droits de reproduction réservés
All rights reserved, including the right to reproduce this book or parts thereof	Tous droits réservés, y compris celui de reproduire ce livre en entier ou en partie
An author, an authoress	Un auteur
A hack-writer	Un barbouilleur de papier
A penny-a-liner	
A playwright	Un auteur dramatique
Sole distributor	Distributeur exclusif
Book in the press	Livre à l'impression
A paper-back	Un livre broché
	Un livre de poche
A hard cover	Un livre relié
The book has just come out	Le livre vient de sortir
To "bring out" a business dictionary	Sortir, publier un dictionnaire de la langue des affaires
A well thought out lexicon	Un lexique bien pensé
Just ready	Vient de paraître
Now ready	
To autograph a book	Dédicacer un livre
To dedicate a book	
Out of print	Épuisé

Ein Literaturkritiker Ein Kritiker	El crítico literario
Ein Sportredakteur	El redactor de deportes
Der Leitartikel	El editorial
Ein Autorenagent Ein Literaturagent	Un agente literario
Das geistige Eigentum Autorenrechte, Verlagsrechte	La propiedad literaria
Abdruckrechte	Derecho de reproducción
Verletzung der Autorenrechte	Violación del derecho de reproducción
Dauer der Abdruckrechte	Periodo del derecho de reproducción
Die Autorenrechte sind abgelaufen	De dominio público
Abdrucksrechte vorbehalten	Reservado el derecho de reproducción
Alle Rechte vorbehalten, einschließlich des Rechtes der Vervielfältigung dieses Werkes ganz oder teilweise	Nos reservamos todos los derechos, incluido el derecho de reproducción de esta obra entera o parcialmente
Ein Autor, eine Autorin	Un autor, una autora
Ein Schreiberling Ein Hintertreppenjournalist	Un periodista de poca monta
Ein Bühnenschriftsteller	Un autor dramático Un autor de teatro
Alleinvertreter	Distribuidor exclusivo
Buch im Druck	Libro en prensa
Ein broschiertes Buch Eine Taschenbuchausgabe	Un libro en rústica Un libro de bolsillo
Ein gebundenes Buch	Un libro encuadernado
Das Buch ist soeben erschienen	El libro acaba de salir
Ein Wörterbuch der Geschäftssprache herausbringen	Publicar un diccionario para los negocios
Ein gut durchdachtes Fachwörterbuch	Un léxico bien construido
Soeben erschienen	Acaba de salir
Ein Buch mit einer Widmung versehen Ein Buch mit einem Autogramm versehen	Autografiar un libro Dedicar un libro
Vergriffen	Agotado

The first edition of this book has already sold out, the second released last week is selling so briskly that a third is upcoming	La première édition de ce livre est déjà épuisée, la seconde, sortie la semaine dernière, connaît une vente si accélérée qu'une troisième s'apprête à paraître
An excerpt	Un extrait, une citation d'une œuvre littéraire, un emprunt à un auteur
A free copy	Un exemplaire gratuit

Advertising and publicity

Annonces et publicité

Advertising	La publicité, la réclame, les annonces
Deceptive advertising	Publicité déloyale
An advertising message	Un message publicitaire
An advertising theme	Un thème publicitaire
A catchy advertisement A catchy ad (U.S.A.)	Une annonce publicitaire percutante
Advertising efficiency Advertising effectiveness	L'efficacité publicitaire
A sales meeting	Une réunion en vue de forcer les ventes
The best publicity is word of mouth	La meilleure publicité se fait de bouche à oreille
The advertising manager	Le chef de publicité
The ad man (U.S.A.) The advertising agent	L'agent de publicité
A publicist	Un publiciste
The press agent	L'agent de publicité d'un artiste, d'un théâtre
An attitude survey	Une enquête d'opinion
An advertising campaign A publicity campaign A drive (U.S.A.) A promotional campaign	Une campagne de publicité

Die erste Ausgabe dieses Buches ist schon ausverkauft. Die zweite Ausgabe, die letzte Woche herausgekommen ist, verkauft sich so schnell, daß eine dritte schon in Vorbereitung ist	La primera edición de esta obra ya se agotó; la segunda, salida la semana pasada, se vende tan rápidamente que ya se prepara una tercera
Ein Auszug eines Buches, ein Zitat aus einem Buch	Un extracto, una citación de una obra literaria
Ein Freiexemplar	Un ejemplar gratuito

Anzeigen und Werbung   *Anuncios y publicidad*

Die Werbung, die Reklame, die Anzeigen	La publicidad, los anuncios publicitarios
Unlautere Werbung	Publicidad desleal Publicidad embaucadora
Eine Werbesendung	Un comunicado publicitario
Ein Werbethema	Un tema publicitario
Ein einschlagendes Werbeinserat	Un anuncio publicitario percutante
Die Werbewirksamkeit	La eficacidad publicitaria
Eine Sitzung über die Steigerung des Verkaufs Eine Verkäuferkonferenz	Una reunión para la alza de las ventas
Die Mundwerbung ist die beste Werbung Von Mund zu Mund ist die beste Werbung	La mejor publicidad es la boca del cliente satisfecho
Der Werbechef	El jefe de la publicidad
Der Werbeagent Der Anzeigenvertreter	El agente de publicidad El agente publicitario
Ein Werbefachmann	Un especialista de la publicidad
Der Presseagent eines Künstlers, eines Theaters	El agente de prensa de un artista, de un teatro
Eine Untersuchung des Käuferverhaltens	Una encuesta sobre el comportamiento de los compradores
Ein Werbefeldzug	Una campaña de publicidad

A hoopla (U.S.A.)	Une publicité tapageuse
To ballyhoo (U.S.A.)	Faire de la publicité tapageuse
Advertising account	Le budget de publicité
Advertising expenditure Publicity expenses	Les dépenses de publicité
We must curtail our advertising expenses	Nous devons restreindre notre budget de publicité
Mass media	Les supports publicitaires de masse Les mass media
Media selection	La sélection des media
Advertising media	Les supports publicitaires de masse
Advertising in newspapers	La publicité dans la presse
Front page advertisement	La publicité en première page
A single page	Une simple page
A double page	Une double page
The headlines	Les gros titres
A copy-writer	Un rédacteur-concepteur
The body text	Le texte d'une annonce
The base-line	La signature
Classified advertisements	Les petites annonces classées
Graded advertising rates	Un tarif d'annonces dégressif
To advertise by posters To placard	Faire de la réclame par voie d'affiches
A teaser	Une amorce publicitaire
An advertising space	Un emplacement réservé à la publicité
A billboard	Un panneau d'affichage
A poster A bill A placard	Une affiche

Eine geräuschvolle Werbung Eine Holzhammerwerbung	Una publicidad chillona
Holzhammerwerbung betreiben	Hacer una publicidad chillona
Das Werbekonto Das Werbebudget	El presupuesto publicitario La cuenta de publicidad
Die Werbeausgaben Die Werbekosten	Los gastos de publicidad
Wir müssen unser Werbebudget einschränken	Tenemos que reducir nuestro presupuesto de publicidad
Die Media Die Werbeträger	Los medios de difusión en masa de la publicidad
Die Mediaauswahl	La selección de los medios de publicidad
Die Werbemedia Die Werbeträger	Los medios de publicidad
Die Pressewerbung	La publicidad en la prensa
Die Werbung auf der Titelseite	La publicidad en primera página
Eine einfache Seite	Una página suelta Una página sola
Eine Doppelseite	Una página doble
Die Schlagzeilen	Las cabeceras sensacionales
Ein Werbungsredakteur	Un redactor publicitario
Der Anzeigentext	El texto de un anuncio
Die Unterschrift	La firma
Die Kleinanzeigen	Los anuncios por secciones Los pequeños anuncios
Ein degressiver Anzeigentarif	Una tarifa degresiva de anuncios
Durch Plakate Reklame machen	Hacer publicidad por carteles
Ein Werbeanreiz Ein Werbegadget	Un cebo publicitario
Eine Werbefläche	Un espacio para la publicidad
Eine Plakatfläche	Una valla de publicidad Una valla para carteles
Ein Plakat Ein Werbeplakat	Un cartel de publicidad

A poster bearer	Un homme-sandwich
A poster designer	Un affichiste
A signboard	Une enseigne
	Une enseigne lumineuse
Coverage by press, radio and T.V.	Retransmission par la presse, la radio, la télévision
Live advertising program	Émissions publicitaires de radio ou TV en direct
To plug (U.S.A.)	Faire de la publicité, du tam-tam à la radio en faveur de...
The audience	Le nombre de lecteurs, d'auditeurs ou de téléspectateurs
Broadcast advertising	La publicité radiodiffusée
The advertising schedule	Le programme des annonces publicitaires
A pre-recorded spot radio	Un message radio enregistré
An announcer	Un annonceur
A commercial	Un film publicitaire
The shooting of a commercial	Le tournage d'un film publicitaire
Cutting	Le découpage d'un film
The art director	Le directeur artistique
The cast	La distribution des rôles
The casting	
The adaptation	L'adaptation
The super	La surimpression
The circulation	La diffusion
The visual	Le visuel d'une annonce
An animated cartoon	Un dessin animé
The launching of a product	Le lancement d'un produit
One winner per store	Un gagnant par magasin

Ein Plakatträger Ein Plakatmaler	Un hombre anuncio Un cartelista
Ein Werbeschild Eine Außenwerbung Eine Lichtreklame	Un rótulo publicitario Un letrero publicitario Un rótulo luminoso
Übertragung durch Rundfunk und Fernsehen, Pressebesprechungen (über die Firma oder ihre Erzeugnisse oder Tätigkeit)	Retransmisión por la radio y la televisión, comentarios en la prensa (sobre la empresa)
Direktwerbung im Rundfunk oder Fernsehen	Emisiones publicitarias en directo en la radio o la televisión
Für etwas im Rundfunk Reklame machen Im Rundfunk die Werbetrommel rühren	Hacer publicidad en la radio para una empresa, etc.
Die Anzahl der Leser, der Zuhörer *(Funk)* oder Zuschauer *(Fernsehen)*	El volumen de lectores, de radioyentes y televidentes
Die Rundfunkwerbung	La publicidad por radio La publicidad radiodifundida
Das Anzeigenprogramm	El programa de los anuncios
Ein Werbungsspot auf Kassette oder Magnetband für die Rundfunkübertragung	Un mensaje radio previamente enregistrado
Ein Sprecher	Un locutor
Ein Werbefilm	Una película publicitaria
Das Drehen eines Werbefilms	El rodaje de una película publicitaria
Der Schnitt eines Films	El montaje de una película
Der künstlerische Leiter	El director artístico
Die Rollenverteilung Die Besetzung	El reparto de los papeles
Die Anpassung	La adaptación
Die Doppelbelichtung	La sobreimpresión
Die Verbreitung	La distribución La difusión
Der Blickfang einer Anzeige	El impacto de un anuncio
Ein Zeichentrickfilm	Dibujos animados
Die Einführung eines Artikels	La introducción de un nuevo artículo
Ein Gewinner für jeden Verkaufspunkt	Un premiado por punto de venta

Letters and expressions	*Lettres et expressions*
THE INSIDE ADDRESS	L'ADRESSE
Mr. C.D. Smith	Monsieur C.D. Smith
Mrs. Peter Horman	Madame Peter Horman
Messrs. Hayes and Co.	Messieurs Hayes et Cie
Henry Fison Esq.	Monsieur Fison (*Esquire* = écuyer : titre donné autrefois aux magistrats et maintenant aux professions libérales)
Sir George Clark	Lorsqu'on met « Sir », le nom doit toujours être précédé du prénom
Messrs. (only for addresses and partnerships)	Messieurs
Sir, or Dear Sir,	Monsieur ou Cher Monsieur (suivant le degré d'intimité)
Dear Sirs, Gentlemen : (U.S.A.)	Messieurs
Dear Madam	Chère Madame
Mesdames	Mesdames
Dear Mr. Smith	Cher Monsieur (en français, on ne met jamais le nom propre)
Dear Mrs. Smith	Chère Madame
THE COMPLIMENTARY CLOSE	LA FORMULE FINALE DE POLITESSE
Yours faithfully	Formule la plus courante, correspondant à « Veuillez croire à mes sentiments distingués »
Yours truly Yours very truly Sincerely yours	Formules moins officielles pour correspondants déjà connus, et équivalant à : « Veuillez croire à mes sentiments les meilleurs » ou : « Sincèrement vôtre »

Briefe und Ausdrücke

Die Anschrift

Herrn C.D. Smith

Frau Peter Horman

Firma Hayes und Co.

Herrn Rechtsanwalt, Doktor, usw. (*Esquire* ist ein Titel, der früher für Amtspersonen und heute für Angehörige der freien Berufe angewendet wird)

Sir George Clark
Bei « Sir » vor dem Namen, muß immer der Vorname vorausgehen

Herren oder Firma

Herr... (Name muß folgen)
Briefe : Sehr geehrter Herr... oder Lieber Herr... (je nach dem Grad der Vertraulichkeit)

Sehr geehrte Herren!

Sehr geehrte Frau...! (immer mit Familiennamen)
Bei engerer Freundschaft : Liebe Frau...!

Meine Damen!

Sehr geehrter Herr...!
Unter guten Freunden : Lieber Herr...!

Sehr geehrte Frau...!
Liebe Frau...!

Schlußformeln

Hochachtungsvoll (formell und am gebräuchlichsten)

Weniger formell (für Personen, die man bereits besser kennt. Entspricht ungefähr : « Mit besten Grüßen » oder : « Ihr sehr ergebener »

Cartas y expresiones

La dirección

Sr. C.D. Smith

Sra. de Peter Hormann

Srs. Hayes y Cía.

Sr. D. Henry Fison (*Esquire* es un tratamiento dado antes a personajes oficiales. Ahora Esquire se aplica a los miembros de las profesiones liberales)

Sir George Clark (« Sir » es un título de baja nobleza y debe ir seguido del nombre de pila)

Señores

Muy Señor mío (nuestro) (según el grado de familiaridad)
Estimado amigo

Muy Señores nuestros (míos)

Muy Señora mía (nuestra)
(Va siempre seguido de dos puntos)

Muy Señoras nuestras (mías)
(Va siempre seguido de dos puntos)

Estimado Sr. Smith
En cartas comerciales, no suele emplearse el apellido. Se dice : Muy Señor mío (nuestro)

Estimada Sra. Smith

Fórmulas de despedida (antefirmas)

Fórmula más corriente : Quedo (Quedamos) de Vd. (Vds.) atto. (s) s.s. ss.ss. [seguro(s) servidor(es)]

Fórmulas menos formales para personas ya mejor conocidas
Corresponde más o menos a :
« Atentamente le(s) saluda (mos)»
« Atentamente suyo »

The signature
John Carter, Manager
(French: only signature)

La signature
John Carter
(Anglais: signature et position)

Business letters
In reply to your letter of the 15 th of this month

Lettres d'affaires
En réponse à votre lettre du 15 courant

I would be grateful if you could...

Je vous serais reconnaissant de bien vouloir...

An early reply will oblige us
A prompt answer would be appreciated

Une prompte réponse nous obligerait

I am pleased to acknowledge receipt...

J'ai l'honneur d'accuser réception...

We are sorry to let you know that...

Nous sommes au regret de vous informer que...

Would you be kind enough to examine these suggestions

Vous seriez bien aimable d'étudier ces suggestions

Would you be so kind as to let us know whether...

Voudriez-vous avoir l'obligeance de nous faire savoir si...

Would you object to our...
Would you have any objection to our...

Verriez-vous un inconvénient à ce que...

We venture to suggest...

Nous nous permettons de vous suggérer...

Please let us know by return...

Veuillez nous faire connaître par retour du courrier...

I would like to confirm the conversation we had last...

J'ai l'honneur de confirmer la conversation que j'ai eue avec vous le...

We suggest asking an expert for his arbitration

Nous suggérons de soumettre le litige à l'arbitrage d'un expert

The time schedule
The time table

Le tableau d'emploi du temps

My time is completely booked up just now

Pour l'instant mon temps est entièrement pris

DIE UNTERSCHRIFT	**LA FIRMA**
John Carter (Französisch : normalerweise nur die Unterschrift. Englisch : Vorname (oder Initialien), Name, und Stellung)	John Carter, Director (inglés : la firma va siempre acompañada del cargo; francés : solamente la firma)
GESCHÄFTSBRIEFE	**CARTAS COMERCIALES**
In Beantwortung Ihres Schreibens vom 15. d.M.	Contestando a su carta de 15 del... Como contestación a su carta de 15 (del corriente)
Ich wäre Ihnen dankbar, wenn Sie...	Le quedaría muy agradecido si pudiera...
Für eine schnelle Antwort wären wir dankbar	Agradeceríamos nos enviasen contestación lo más rápidamente posible
Ich bestätige den Empfang...	Me complazco en acusar recibo...
Wir bedauern, Ihnen mitteilen zu müssen, daß...	Sentimos tener que comunicarle que...
Wir bitten Sie, diese Anregungen zu prüfen	Le agradeceríamos tuviera la amabilidad de estudiar estas sugerencias
Teilen Sie uns, bitte, mit, ob...	Le agradeceríamos tuviera la amabilidad de informarnos si...
Wären Sie dagegen, wenn wir... Hätten Sie etwas dagegen, wenn wir...	¿Tendría Vd. inconveniente de que nosotros...?
Wir gestatten uns, Ihnen vorzuschlagen... Wir gestatten uns, anzuregen...	Nos permitimos sugerirle (s)...
Bitte, teilen Sie uns postwendend mit...	Les rogamos nos informen a vuelta de correo...
Hierdurch bestätige ich unsere Unterredung vom...	Me complace confirmar la conversación que mantuvimos el... último
Wir schlagen vor, den Streitfall einem Sachverständigen zur Entscheidung vorzulegen	Sugerimos que se consulte a un experto para su arbitraje
Der Arbeitsplan Der Terminplan	El programa de trabajo El horario
Gegenwärtig bin ich vollkommen in Anspruch genommen Im Moment ist mein Terminplan voll ausgelastet	Por el momento tengo el tiempo totalmente ocupado Actualmente mi programa está llenísimo

Time and pressure of business permitting	Si le temps et les exigences du service le permettent
It's my own concoction	C'est de mon propre cru
If you agree with my suggestion If you endorse my suggestion	Si vous vous rangez à mon avis
Please drop a note into our post box Please drop a note in our mail	Veuillez mettre un mot dans notre boîte aux lettres
Will you please take down a few notes	Voulez-vous avoir l'obligeance de prendre quelques notes
I'm afraid you will have to do this letter again	Je crains que vous ne deviez refaire cette lettre
Have you finished with your work? Are you through with your work?	Votre travail est-il à jour?
Out of consideration for... Out of respect for...	Par égard pour...
For regularity's sake	Pour la bonne règle
For reasons of propriety	Pour des raisons de bienséance
Apply to the proper party Apply to the right person	Adressez-vous à qui de droit
Time and again we have tried to get in touch with you	Plusieurs fois nous avons tenté de nous mettre en rapport avec vous
It's a work of time It can't be done in a day	C'est un travail de longue haleine
To put the finishing touches	Apporter la dernière main
With best thanks beforehand Thanking you in advance	Avec nos remerciements anticipés
He left me word that...	Il m'a fait dire que...
It's only a try It's only a feeler	Ce n'est qu'un ballon d'essai
We were unaware of your intentions	Nous n'étions pas au courant de vos intentions
Unlike you, we think that...	Contrairement à vous, nous pensons que...
You have had your way	Vous avez agi à votre guise

Wenn es die Zeit und die beruflichen Anforderungen gestatten	Si el tiempo y las exigencias del trabajo lo permiten
Das ist meine eigene Erfindung	Esto es de mi cosecha
Wenn Sie mit meinem Vorschlag einverstanden sind	Si está Vd. de acuerdo con mi sugerencia
Bitte, hinterlassen Sie ein paar Zeilen in unserem Briefkasten!	Le rogamos nos deje unas líneas en nuestro buzón
Bitte, nehmen Sie ein paar Notizen auf!	¿Sería tan amable de tomar unas notas?
Ich glaube, diesen Brief müssen Sie neumachen	Me temo que tenga Vd. que repetir esta carta
Sind Sie mit Ihrer Arbeit auf dem laufenden?	¿Ha terminado ya todo el trabajo? ¿Está Vd. al día con su trabajo?
Mit Rücksicht auf... Aus Respekt vor...	En consideración de... Por respeto hacia...
Der guten Ordnung halber...	Para el buen orden... Para que todo sea como se debe...
Aus Gründen der guten Lebensart	Por razones de conveniencia
Wenden Sie sich an den richtigen Mann! Gehen Sie zur richtigen Adresse!	Diríjase a la persona que corresponda
Wir haben mehrfach versucht, mit Ihnen Kontakt aufzunehmen	Intentamos muchas veces ponernos en contacto con Vd.
Das ist eine langwierige Arbeit	Es un trabajo de días Es un trabajo que necesita tiempo
Die letzte Hand anlegen Den Schlußschliff geben	Dar los últimos toques
Wir danken Ihnen im voraus	Les damos las gracias por anticipado Muchas gracias de antemano
Er ließ mir sagen... Er hinterließ mir die Nachricht, daß...	Me ha hecho saber que... Me dejó un mensaje diciendo que...
Das ist nur ein Versuchsballon	Es solamente un sondeo No es más que una toma del pulso
Wir waren mit Ihren Absichten nicht vertraut	No estábamos al corriente de sus intenciones
Im Gegensatz zu Ihnen, nehmen wir an, daß...	Contrariamente a Vds., creemos que...
Sie haben ganz nach Ihrem Gutdünken gehandelt Sie haben Ihre Meinung durchgesetzt	Ya se ha salido Vd. con la suya Ha actuado Vd. a su gusto

I am none the wiser for it	Je n'en suis pas plus avancé pour cela
To show zeal	Faire du zèle
Make it doubly sure	Assurez-vous-en pleinement
We beg to send you... We are taking the liberty of sending you...	Nous nous permettons de vous envoyer...
Please arrange for... Please see to it that...	Veuillez faire le nécessaire pour que...
For all useful purposes For all pertinent purposes To all intents and purposes	A toutes fins utiles
Thanking you for giving the matter your early attention	En vous remerciant de donner sans tarder votre attention à cette question
Further to your letter...	Faisant suite à votre lettre...
Assuming that you have not yet received...	Comprenant que vous n'avez pas encore reçu...
As we do not appear to have received your letter...	Comme il ne semble pas que nous ayons reçu votre lettre...
Please find attached...	Veuillez trouver ci-joint...
May I convey our earnest apologies for the delay in replying to your letter	Puis-je vous présenter nos vives excuses pour le retard à vous répondre
Kindly let us have your fresh instructions regarding...	Veuillez nous donner de nouvelles instructions concernant...
By order of...	D'ordre de...
In all inquiries quote...	Dans toutes vos demandes de renseignements, veuillez vous référer à...
We cannot trace having received your original instructions, please send us a duplicate	Nous n'avons pas réussi à retrouver vos premières instructions, veuillez nous en envoyer une copie
In support of my claim	A l'appui de ma requête

Ich weiß jetzt genau so viel wie vorher Dadurch weiß ich auch nicht mehr Damit komme ich auch nicht weiter	A pesar de ello, no sé nada más Esto no me ayuda mucho
Zu eifrig sein	Propasarse Demostrar demasiado celo
Versichern Sie sich diesbezüglich ganz und gar! Doppelt genäht, hält besser	Asegúrese por completo No deje ninguna salida
Wir gesttaten uns, Ihnen... zu senden	Nos permitimos enviarle(s)...
Veranlassen Sie, bitte, das Nötige, damit...	Le(s) rogamos haga(n) lo que es necesario para que...
Für alle Fälle	A todos los fines pertinentes Para todos los casos eventuales
Wir wären Ihnen für eine umgehende Behandlung dieser Frage dankbar	Agradeciéndoles haber atendido a este asunto sin retraso
Im Anschluß an Ihr Schreiben...	A continuación de su carta...
In der Annahme, daß Sie nocht nicht... erhalten haben...	Suponiendo que Vds. todavía no hayan recibido...
Nachdem wir anscheinend nicht Ihren Brief erhalten haben...	Como, al parecer, no hemos recibido su carta...
Beiliegend übersenden wir Ihnen...	Adjunto les remitimos...
Entschuldigen Sie, bitte, unsere verspätete Antwort!	Le ruego acepte nuestras más sinceras disculpas por el retraso de nuestra carta
Bitte, erteilen Sie uns Ihre neuen Anweisungen bezüglich...	Le rogamos nos envíe sus nuevas instrucciones sobre...
Im Auftrage von...	De orden de... Por orden de...
Bei allen etwaigen Anfragen, geben Sie, bitte, als Bezug an...	En todas sus demandas de informaciones cite nuestra referencia... Para todas las cuestiones rogamos cite nuestra referencia...
Da wir offensichtlich Ihre Originalanweisungen nicht erhalten haben, bitten wir um Übermittlung einer Kopie	Nos es imposible averiguar si recibimos el original de sus instrucciones, por lo que rogamos nos envíen un duplicado
Zur Rechtfertigung meines Ersuchens	En apoyo de mi solicitud

Under the date of...	En date du...
Received in error	Reçu par erreur
Barring error on our part	Sauf erreur de notre part
Enclosed for your ready reference	Ci-joint, pour faciliter vos recherches (ou : pour votre référence)
We refer to our inquiries about the fate of...	Nous nous référons à nos demandes concernant le sort de...
Kindly treat this as a matter of urgency	Ayez l'obligeance de traiter cela d'urgence
The subject company	La société en rubrique
To predate	Antidater
An adequate answer	Une réponse qui convient
My regards to...	Mes amitiés à...

Mit Datum vom... Vom...	Con fecha de...
Irrtümlich erhalten	Recibido por error
Wenn unsererseits kein Irrtum vorliegt... SEO (Irrtumsvorbehalt)	Salvo error de nuestra parte
Zur Erleichterungen Ihrer Nachforschungen senden wir Ihnen anbei...	Para facilitar sus averiguaciones, adjunto les enviamos...
Wir beziehen uns auf unsere Rückfrage nach dem Verbleib von...	Con referencia a nuestra demanda concerniente a lo que pasa a... (... lo que ocurrió con...)
Wir bitten Sie, diese Angelegenheit als dringend zu behandeln	Rogamos que Vds. acuerden toda urgencia a este asunto
Die oben angeführte Gesellschaft Die oben angegebene Gesellschaft	La compañía La compañía citada arriba La compañía precitada La compañía susodicha
Vordatieren	Antedatar
Eine hinreichende Antwort Eine entsprechende Antwort	Una respuesta correspondiente Una respuesta adecuada
Meine besten Grüße an...	Mis mejores saludos a...

5 Business travel — Voyages d'affaires

To travel on business	Voyager pour affaires
The traveller / The traveler (U.S.A.)	Le voyageur / Le touriste
The portfolio	Le porte-documents
The briefcase	La serviette d'affaires
The attaché case	La mallette d'affaires
The travelling case	Le nécessaire de voyage
The suitcase	La valise
The wardrobe case / The garment case (U.S.A.)	La valise porte-manteau
The toilet bag / The dressing case	La trousse de toilette
The hold-all	Le sac fourre-tout
The trunk	La malle
The camera	L'appareil photo
The cine-camera / The movie camera (U.S.A.)	La caméra
The tape recorder	Le magnétophone
The record player	L'électrophone
The radio set	Le poste de radio
The TV set	Le poste de télévision
The porter	Le porteur (de bagages)
The baggage cart / The baggage trolley	Le chariot à bagages
Luggage claim / Baggage delivery / Baggage counter (U.S.A.)	Les bagages à l'arrivée / La livraison de bagages
Lost luggage	Les bagages perdus
The lost luggage department	Le service des bagages perdus
The excess luggage	L'excédent de bagages

Geschäftsreisen | Viajes de negocios 5

Geschäftlich verreisen	Viajar por negocios
Der Reisende	El viajero
Der Tourist	El turista
Die Aktentasche	El portadocumentos
Die Dokumentenmappe	La cartera
	El portafolio
Der Aktenkoffer	El maletín de documentos, la cartera
Das Attachécase	El maletín de documentos
Das Dokumentenköfferchen	
Das Reisenecessaire	El neceser de viaje
Der Koffer	La maleta
Der Überseekoffer	El maletón
Der Schrankkoffer	El maletón guardarropa
Der Toilettebeutel	El estuche de aseo
Der Kulturbeutel	
Die Reisetasche	El bolso grande de viaje
Der Schrankkoffer	El baúl
Der Fotoapparat	El tomavistas
	La máquina fotográfica
Die Kamera	La cámara cinematográfica
Die Filmkamera	
Das Tonbandgerät	El magnetofón
Der Plattenspieler	El tocadiscos
Das Rundfunkgerät	El aparato de radio
Der Rundfunkempfänger	
Das Fernsehgerät	El aparato de televisión
Der Fernsehempfänger	El televisor
Der Gepäckträger	El mozo (de equipaje)
Der Gepäckkarren	La carretilla de equipajes
Die Gepäckausgabe	La taquilla de entrega de equipajes
Das verlorene Gepäck	La taquilla de equipajes perdidos
Der Fundsachenschalter	
Der Fundgepäckdienst	El servicio de los equipajes perdidos
Das Übergewicht-Gepäck	Los equipajes excesivos
Das gebührenpflichtige Gepäck	

The luggage office	La consigne
The cloakroom	La consigne, le vestiaire
The conveyor	Le tapis roulant livrant les bagages
The locker	Le casier de consigne automatique
The check-in counter	Le guichet d'enregistrement de départ à l'aéroport
The waiting list for this flight	La liste d'attente pour ce vol
While awaiting connecting aircraft, they go on conducting their business	En attendant une correspondance d'avion, ils continuent à traiter leurs affaires
Airlines serve the five continents	Les lignes aériennes desservent les cinq continents
We operate polar flights in conjunction with X Airlines	Nous assurons les vols polaires en association avec la compagnie d'aviation X
Long-distance services	Les lignes long-courrier
Local services Domestic services	Les lignes intérieures
Connecting services	Les lignes en correspondance
Direct flight	Vol direct, sans escale
To break a journey at... To stop over at... (U.S.A.) To stop off at... (U.S.A.)	Interrompre son voyage à... Faire escale à...
Between Paris and Athens there is an intermediate stop-over in Rome	Entre Paris et Athènes, il y a une escale intermédiaire à Rome
De luxe service	Service de luxe
First class	Première classe
Economy class	Classe économique
Tourist class	Classe touriste
To pay full fare	Payer plein tarif
Reduced fare	Tarif réduit
Half fare	Demi-tarif
Circular fare	Tarif circulaire
Incentive fare	Tarif promotionnel

Die Gepäckaufbewahrung	La consigna
Die Garderobeaufbewahrung Die Kleiderablage	El vestuario
Der Gepäckförderer Der Gepäckförderband	La cinta transportadora para equipajes
Das automatische Gepäckfach	El casillero de consigna automática
Der Abflugsschalter	La taquilla de salida (aeropuerto)
Die Warteliste für diesen Flug	La lista de espera para este vuelo
Während des Wartens auf eine Flugverbindung, setzen sie ihre Geschäftsverhandlungen fort	Esperando el enlace aéreo, continúan sus negociaciones
Die Fluglinien verbinden die fünf Erdteile	Las líneas aéreas ponen en comunicación los cinco continentes
Wir führen die Polarverbindungen gemeinsam mit der Fluggesellschaft X aus	Aseguramos los vuelos polares en colaboración con las líneas aéreas X
Die Langstreckenfluglinien	Los servicios transcontinentales
Die Inlandslinien	Las líneas interiores
Die Anschlußlinien	Los enlaces (aéreos)
Direktflug, ohne Zwischenlandung	Vuelo directo, sin escala
Seine Reise in... unterbrechen Zwischenlandung in... machen	Hacer escala en...
Zwischen Paris und Athen ist eine Zwischenlandung in Rom	Entre París y Atenas hay una escala en Roma
Luxusklasse	Servicio de lujo
Erste Klasse	Primera clase
Touristenklasse	Clase turista Clase económica
Touristenklasse	Clase turista
Den vollen Fahrpreis zahlen Den Normalfahrpreis zahlen	Pagar la tarifa normal
Ermäßigter Fahrpreis	Tarifa reducida
Halber Fahrpreis	Tarifa a medio precio Media tarifa
Rundreisetarif	Tarifa circular
Fahrpreis zum Werbetarif Sondertarif	Tarifa de promoción

An upgrading	Un surclassement
A downgrading	Un déclassement
At an extra cost...	Avec un supplément de...
Only 10 % down payment on round trip fare Paris - New York	Seulement 10 % de paiement comptant à effectuer sur le prix aller-retour Paris - New York
The travel allowance	L'indemnité de déplacement
The travelling expenses	Les frais de déplacement
Defrayable by...	A la charge de...
I am going over to New York on an official mission at Government expenses	Je vais à New York en mission officielle aux frais du Gouvernement
Since I travel for my Company (on the house), I receive travelling indemnity based on supporting vouchers	Depuis que je voyage aux frais de ma société, je reçois des indemnités de déplacement basées sur des pièces justificatives
To win a travelling scholarship	Gagner une bourse de voyage
In New York you can get by on $.. a day	A New York, l'on peut se débrouiller avec $... par jour
To hop over to the Continent	Faire un petit tour sur le Continent
Having a wanderlust, I have knocked about a good bit, I have been a rolling stone	Ayant la bougeotte, j'ai beaucoup roulé ma bosse
The booking office The ticket office (U.S.A.)	Le bureau de réservation
The deadline (reservation)	La date limite de réservation
Failing your advice to the contrary I shall book...	Sauf avis contraire de votre part, je retiens...
The cancellation	L'annulation
I have pleasure in enclosing herewith your return ticket and Mrs. X's and two tickets for the first sitting	J'ai le plaisir de vous remettre ci-joint votre billet aller-retour, ainsi que celui de Mme X, et deux tickets de réservation pour le premier service au wagon-restaurant
With this travelling card you avoid being overcharged or short of change	Avec cette carte vous éviterez d'être estampé ou à court d'argent

Eine Höherstufung	Una clasificación superior
Eine Zurückstufung	Una clasificación inferior
Mit einem Zuschlag von...	Con un suplemento de... Con una sobretasa de...
Für ein Rückflugbillet Paris-New York nur eine Baranzahlung von 10 %	Para un billete de ida y vuelta de París a Nueva York, solamente 10 % al contado
Die Reiseentschädigung Das Tagegeld	La dieta (viajes) La indemnización de viaje
Die Reisekosten	Los gastos de viaje
Zu Lasten von...	A cargo de...
Ich fahre auf Regierungskosten in offiziellem Auftrage nach New York	Voy a Nueva York en misión oficial a cargo del Gobierno
Seit ich auf Kosten meiner Gesellschaft reise, erhalte ich meine Spesenentschädigung laut Beleg	Desde que viajo a cargo de mi compañía, percibo una indemnización correspondiente a mis gastos efectivos
Ein Reisestipendium erhalten	Obtener una beca para viajes
In New York kann man sich mit $ ... durchschlagen	En Nueva York uno puede arreglárselas con... dólares
Eine Spritztour auf den Kontinent unternehmen	Dar un salto al continente
Durch meine ständige Reiselust habe ich viel gesehen	Teniendo un trasero de mal asiento corrí mucho mundo
Das Buchungsbüro	La oficina de reservaciones
Der letzte Reservierungstermin	La fecha límite de reservación
Bis auf Gegenorder, reserviere ich...	Salvo instrucciones contrarias de su parte, reservo...
Die Annulierung Die Abbestellung	La anulación
Anliegend überreiche ich Ihnen Ihre Hin- und Rückfahrkarte sowie die von Frau X und zwei Reservierungen für die erste Bedienung im Speisewagen	Me complace remitirle adjunto su billete de ida y vuelta y el de la Sra. X, así como dos reservaciones para el vagón restaurante
Mit dieser Kreditkarte werden Sie keine überhöhten Preise zahlen oder knapp bei Kasse sein	Con esta carta de crédito evitará Vd. las cuentas sobrecargadas y no estará apurado de dinero

To take a bus	Prendre l'autobus
To take a train	Prendre le train
To take a ship	Prendre le bateau
To catch a plane	Ne pas rater un avion
To fly off round the world	Faire le tour du monde en avion
To call for you To pick you up	Passer vous prendre
Ring up the taxi rank for a taxi Ring up the cab stand for a cab	Téléphonez à la station de taxis pour appeler un taxi
To avoid a fine, don't double-park	Ne vous garez pas en double file, pour éviter une contravention
To save time I'll see you off at the station	Pour gagner du temps, je vous accompagnerai à la gare
I have arranged for a car to meet you at Orly	J'ai fait le nécessaire pour qu'une voiture vienne vous prendre à Orly
A limousine	Une voiture avec chauffeur
A self-drive hire car	Une voiture louée sans chauffeur
Be at the airport by seven p.m.	Soyez à l'aéroport pour dix-neuf heures
Report in good time at the airport to meet me there	Trouvez-vous bien à temps à l'aéroport pour m'y chercher
Look up the time table	Consultez l'horaire
The new time table will come into operation on the 10th April	Le nouvel horaire entrera en vigueur le 10 avril
Our clocks are being put back one hour	Nos montres ont été retardées d'une heure
Set your watch ahead Friday night when the time telling station (speaking clock) beeps the long tone marking midnight	Avancez votre montre vendredi soir quand la station de l'horloge parlante émettra un long son marquant minuit
I have passed through so many time zones I have passed through so many time belts	J'ai franchi tant de fuseaux horaires
The perfect new convention centre	Le parfait nouveau centre de congrès
These congressmen will convene in Paris	Ces congressistes se réuniront à Paris
A main conference and cultural and theatrical presentation hall seating up to 4,300 people	Un grand hall de présentation pour conférences, manifestations culturelles et théâtrales disposant de 4 300 places

Den Bus nehmen	Tomar el autobús
Den Zug nehmen	Tomar el tren
Das Schiff nehmen	Tomar el barco
Das Flugzeug nicht verpaßen	No coger el avión
Einen Flug um die Welt machen	Dar la vuelta al mundo en avión
Sie abholen	Recogerle a Vd.
Die Taxistation anrufen, um ein Taxi zu bestellen	Llamar a la parada de taxis para un taxi
Parken Sie nicht in Doppelreihe, wenn Sie eine Strafanzeige vermeiden wollen!	No estacione Vd. nunca en fila doble, si quiere evitar que le echen una multa
Um keine Zeit zu verlieren, begleite ich Sie zum Bahnhof	Para no perder tiempo le acompañaré a Vd. a la estación
Ich habe veranlaßt, daß ein Wagen Sie in Orly abholt	Hice lo necesario para que le espere a Vd. un coche en Orly
Ein Wagen mit Fahrer	Un coche con chófer
Ein Mietwagen ohne Fahrer	Un coche de alquiler sin chófer
Seien Sie um neunzehn Uhr am Flugplatz!	Esté en el aeropuerto a las 19
Seien Sie rechtzeitig am Flughafen, um mich dort abzuholen!	Esté a tiempo en el aeropuerto para recogerme allí
Schlagen Sie im Fahrplan nach!	Consulte la guía de los horarios
Der neue Fahrplan (Flugplan) tritt am 10. April in Kraft	El nuevo horario será vigente a partir del 10 de abril
Unsere Uhren wurden um eine Stunde zurückgestellt	Nuestros relojes han sido retardados de una hora
Stellen Sie Ihre Uhr Freitag abend vor, wenn die Zeitansage durch einen langen Ton Mitternacht anzeigt!	Adelante Vd. su reloj cuando la estación del reloj parlante indica medianoche por un tono largo
Ich habe schon so viele Zeitzonen durchquert	Atravesé tantos husos horarios
Das perfekte neue Kongreßzentrum	El perfecto nuevo centro de congresos
Diese Kongreßteilnehmer werden in Paris ihre Sitzungen abhalten	Los congresistas se reunirán en París
Ein großer Saal für Vorträge, Kultur- und Theaterveranstaltungen mit 4300 Sitzplätzen	Un gran salón de actos para manifestaciones culturales y de teatro así como para conferencias de una capacidad de 4 300 personas

Twelve various capacity meeting halls, all linked by closed-circuit TV	Douze salles de conférences de capacité variable, toutes reliées par TV en circuit fermé
A panoramic banquet room	Une salle de banquets panoramique
Boutiques and shops	Boutiques et magasins
A car rental office	Un bureau de location de voitures
A car rental firm	Une société de location de voitures
Any group or private secretarial assistance in any language	L'assistance d'un secrétariat pour groupe ou particulier, en toutes langues
Seats equipped for simultaneous interpretation in six languages	Des sièges équipés pour traduction instantanée en six langues
A hall with impeccable acoustics	Une salle de conférences avec une acoustique impeccable
At the air terminal they are in the process of installing an electronic posting board	A l'aérogare, on est en train d'installer un tableau d'affichage électronique des horaires
Downtown	Le quartier des affaires

Zwölf Sitzungssäle mit unterschiedlichem Fassungsvermögen, verbunden durch Kabelfernsehen	Doce salones de conferencias todos conectados por TV en circuito cerrado
Ein panoramischer Bankettsaal Ein Bankettsaal mit panoramischer Aussicht	Una sala de banquetes con vista panorámica
Boutiques und Läden	Boutiques y tiendas
Ein Autovermietungsbüro	Una oficina para coches de alquiler
Eine Autovermietungsgesellschaft	Una compañía de coches de alquiler
Alle Sekretariatsdienste für Gruppen und Einzelpersonen in allen Sprachen	Todos los servicios de secretariado para grupos o particulares en todas las lenguas
Sitze mit einer Simultan-Übersetzungsanlage in sechs Sprachen	Asientos equipados para la traducción simultánea en seis idiomas
Ein Konferenzsaal mit ausgezeichneter Akustik	Una sala de conferencias de una acústica excelente
Auf dem Flughafen wird gerade eine elektronische Flugplananzeige installiert	En la estación terminal están montando un indicador electrónico de vuelos y horarios
Das Geschäftsviertel	El barrio de los negocios

6 Tourism and business — Tourisme et affaires

To travel for pleasure	Voyager par plaisir
Trouble-free holidays	Vacances sans souci
Thousands of tourists	Des milliers de touristes
Hordes of vacationers	Des hordes de vacanciers
Scores of visitors piloted by a guide	Des vingtaines de touristes pilotés par un guide
A lot of tourists shepherded by a guide	Des tas de touristes conduits par un guide
Tan seekers	Des chercheurs de soleil
To be all in the same boat	Être tous logés à la même enseigne
Take me to a good hotel	Conduisez-moi à un bon hôtel
The luxury hotel	L'hôtel de luxe
The top class hotel	L'hôtel de classe supérieure
A very comfortable hotel	Un hôtel très confortable
A good average hotel	Un hôtel moyen
A fairly comfortable hotel	Un hôtel assez confortable
A plain but adequate hotel	Un hôtel simple mais convenable
A quiet and secluded hotel	Un hôtel tranquille et isolé
A boarding house	Une pension de famille
The establishment is open all the year round	L'établissement est ouvert toute l'année
Full board in the season	Pension complète dans la saison
I want a suite atop the hotel	Je désire une suite au dernier étage de l'hôtel
I want a double room with twin beds	Je désire une chambre pour deux personnes avec des lits jumeaux
I want a single room with private bathroom and lavatory	Je désire une chambre à un lit avec salle de bains et w.-c.

Tourismus und Geschäfte | Turismo y negocios 6

Zum Vergnügen reisen	Hacer un viaje de recreo
Sorgenloser Urlaub Sorgenlose Ferien	Vacaciones sin preocupaciones
Tausende von Touristen	Millares de turistas
Horden von Urlaubern	Hordas de gente en vacaciones
Gruppen von Touristen unter der Leitung eines Fremdenführers	Grupos de turistas con sus guías
Haufen von Touristen unter der Leitung eines Reiseführers	Montones de turistas conducidos por un acompañante
Sonnenanbeter Leute, die braun werden wollen	Buscadores de bronzeado
Alle im gleichen Boot sein	Remar todos en la misma galera
Führen Sie mich zu einem guten Hotel! Fahren Sie mich zu einem guten Hotel!	Condúzcame a un buen hotel Lléveme a un buen hotel
Das Luxushotel	El hotel de lujo
Das erstklassige Hotel	El hotel de primera
Ein sehr behagliches Hotel	Un hotel muy confortable
Ein gutes Hotel mittlerer Preislage	Un buen hotel de precio moderado
Ein ziemlich behagliches Hotel	Un hotel bastante confortable
Ein einfaches, aber korrektes Hotel	Un hotel sencillo pero correcto
Ein ruhiges Hotel, das abseits vom Verkehr liegt	Un hotel tranquilo y apartado del tránsito
Eine Pension Eine Familienpension	Una pensión
Das Haus ist ganzjährig geöffnet	Esta casa está abierta todo el año
Vollpension während der Saison	Pensión completa durante la temporada
Ich möchte eine Suite im letzten Stockwerk des Hotels	Quisiera una suite en el último piso del hotel
Ich möchte ein Doppelzimmer mit zwei Betten	Quisiera una habitación doble con dos camas
Ich möchte ein Einzelzimmer mit Bad und Toilette	Quisiera una habitación sencilla con baño y aseo

I want a single room with private shower but no lavatory	Je désire une chambre à un lit avec douche mais sans w.-c.
I want a double room with a matrimonial bed	Je désire une chambre avec un lit pour deux personnes
I want a room facing south	Je désire une chambre au midi
I want a quiet room overlooking the court yard	Je désire une chambre tranquille sur cour
I want a room overlooking the street with breakfast only for one night	Je désire une chambre sur la rue avec petit déjeuner pour une nuit seulement
What are your terms per night?	C'est combien par nuit?
A starred restaurant well worth the journey	Un restaurant à étoiles qui vaut le voyage
The fare is exquisite	La chère est exquise
At this restaurant it was highway robbery	A ce restaurant, ce fut le coup de fusil
Plain but good restaurant with good meals at moderate prices	Simple mais bon restaurant avec de bons repas à des prix modérés
Set meals menu	Menu fixe Plat du jour
A la carte menu	Menu à la carte
A low grade table d'hôte	Une table d'hôte médiocre
Indifferent food	Une nourriture quelconque
Hotel facilities	Les services de l'hôtel
Free garage for one night only	Garage gratuit pour une nuit seulement
Charge made for garage	Garage payant
Car park for customers only	Parking réservé aux clients
Outdoor and indoor swimming pools	Piscines à l'extérieur et à l'intérieur de l'hôtel
Beach with bathing facilities	Plage avec installations de bain

Ich möchte ein Einzelzimmer mit Dusche, aber ohne Toilette	Quisiera una habitación sencilla con ducha pero sin aseo
Ich möchte ein Doppelzimmer mit einem Bett für zwei Personen	Quisiera una habitación con cama matrimonial
Ich möchte ein Zimmer mit Südlage	Quisiera una habitación dando al mediodía
Ich möchte ein ruhiges Innenzimmer haben	Quisiera una habitación tranquila dando al patio
Ich möchte für eine Nacht ein Zimmer mit Straßenlage und Frühstück	Quisiera para una sola noche una habitación dando a la calle y con desayuno
Was ist der Preis für eine Übernachtung (pro Tag)?	¿Cuánto es por día?
Ein ausgezeichnetes Restaurant, das die Reise wert ist	Un excelente restaurante que vale el viaje
Das Essen ist ausgezeichnet Das Essen ist köstlich	La comida es exquisita
In diesem Restaurant waren die Preise sehr gesalzen	En este restaurante los precios fueron muy salados
Einfaches, aber gutes Restaurant mit guter Küche zu mäßigen Preisen	Restaurante sencillo pero bueno, con buena comida y precios moderados
Tagesmenu Gericht des Tages	Menú fijo, cubierto fijo Menú del día, cubierto del día
A la carte Ein Menu a la carte	A la carta
Ein sehr mittelmäßiger » bürgerlicher Mittagstisch « Ein mittelmäßiges Speisehaus	Una comida mediocre en pensión
Die Qualität des Essens ist nicht besonders	Una comida cualquiera
Die besonderen Dienstleistungen des Hotels	Los servicios especiales del hotel
Frei Garage nur für eine Nacht	Garaje gratuito solamente una noche
Garage wird berechnet	El garaje se paga
Parkplatz nur für Gäste	Estacionamiento reservado a los clientes
Das Hotel hat Freibad und Hallenbad	El hotel ofrece piscina cubierta y al aire libre
Strand mit Badeeinrichtungen	Playa con comodidades para el baño

The chef	Le chef
The cook	Le cuisinier
A kitchen maid	La fille de cuisine
The bartender (U.S.A.)	Le barman
The butler The headwaiter	Le maître d'hôtel
The waiter	Le garçon
The wine waiter The wine steward	Le sommelier
The wine list	La carte des vins
N.V. = non vintage	Non millésimé
The footman	Le valet de pied
A lackey	Un laquais
A flunkey	Un larbin
A courier	Un courrier, un messager,
The valet	Le valet de chambre
Valeting service	L'entretien des vêtements
The chamber maid The parlour maid	La femme de chambre La serveuse
The between maid	La bonne à tout faire
A jack	Un homme à tout faire
The groom	Le valet d'écurie Le palefrenier
At the hotel reception desk you have to check in and out	A la réception de l'hôtel, vous devez vous faire enregistrer à l'arrivée et payer votre note au départ
Reception desk clerks hand out keys	Les employés de la réception remettent les clés
The liftman	Le garçon d'ascenseur
The bell captain	Le chef des chasseurs

Der Küchenchef	El cocinero jefe
Der Koch	El cocinero
Das Küchenmädchen	La moza de cocina
Der Barmann	El barman
Der Butler Der Oberkellner	El mayordomo El maître d'hôtel (maestresala) El camarero jefe
Der Kellner	El camarero
Der Weinkellner	El sumiller
Die Weinkarte	La lista de vinos
Wein ohne Jahrgangsangabe	Vino sin indicación del año de la cosecha
Der Lakai	El lacayo
Jemand, der sich wie ein Lakai verhält Kriecherische Person, Kriecher	Una persona servil
Geringschätzend: dienerische Person oder Diener *(auch übertragen)*	*Despectivo :* criado, sirviente
Ein Kurier	Un mensajero
Der Kammerdiener	El ayuda de cámara
Die Kleiderpflege	El servicio de valetaje
Die Kammerzofe Das Dienstmädchen	La camarera La sirvienta
Die Haushaltshilfe für Küche und Raumpflege	La criada para todo
Ein Hausdiener Ein Mann für Alles	Un criado para todo
Der Stallknecht	El mozo de caballeriza El palafrenero
Bei der Hotelrezeption müssen Sie sich bei der Ankunft eintragen und bei der Abreise Ihre Rechnung bezahlen	En la recepción del hotel Vd. debe inscribirse en el registro a la llegada y pagar su nota a la salida
Das Empfangspersonal übergibt die Zimmerschlüssel	Los empleados de la recepción entregan las llaves
Der Liftboy	El ascensorista
Der Chef der Hoteldiener	El jefe de los botones

A page-boy (U.K.) A messenger A bell hop (U.S.A.) A bell boy (U.S.A.) An errand boy A bellman (U.S.A.)	Un chasseur d'hôtel Un petit groom
To page a person (U.S.A.)	Faire appeler quelqu'un par le chasseur
The hall porter (U.K.)	Le concierge d'un hôtel
The janitor (U.S.A.)	Le concierge d'un immeuble
A tout	Un commissionnaire d'hôtel
A touter	Un rabatteur
An attendant in charge An attendant on duty	Un surveillant, un préposé, un gardien de service
A hairdresser	Un coiffeur pour dames
A barber	Un coiffeur pour hommes
A manicurist	Un(e) manucure
A chiropodist	Un(e) pédicure
A cosmetician	Un(e) visagiste
In the lounge of the hotel there are sales counters, showcases, air line offices, and car rental offices	Dans le hall de l'hôtel, il y a des boutiques, des vitrines, des bureaux de compagnies aériennes et des bureaux de location de voitures
To take a spin behind the wheel	Faire une balade en auto
Please send up my luggage at once	Veuillez faire immédiatement monter mes bagages
Do you have any cotton wool plugs for my ears?	Avez-vous des boules d'ouate pour mes oreilles?
I want a sedative	Je désire un calmant
Please call me at 7 a.m.	Veuillez me réveiller à 7 heures.
I want the valet to clean my shoes and to iron up my trousers	Je désire le valet de chambre pour cirer mes chaussures et repasser mon pantalon
I want the chambermaid to sew a button on	Je désire la femme de chambre pour recoudre un bouton

Ein Hotelpiccolo Ein Hoteldiener Ein Chasseur	Un botones

Jemand(en) im Hotel ausrufen lassen	Hacer llamar alguien por el botones
Der Hotelportier	El portero de hotel
Der Hausmeister	El guardian
Ein Hotelbote	Un recadero
Ein Hotelbeauftragter (am Bahnhof, am Flugplatz)	Un mandadero Un gancho
Ein Chef vom Dienst des Hotels Ein diensthabender Portier, usw.	Un encargado de turno del hotel
Ein Damenfriseur	Un peluquero para señoras
Ein Herrenfriseur	Un peluquero para caballeros
Ein(e) Maniküre	Una manicura
Ein(e) Pediküre Ein(e) Fußpfleger (in)	Un(a) pedicuro (a) Un callista
Eine Kosmetikerin	Un visajista
In der Hotelhalle finden Sie Geschäfte, Auslagen, Büros der Fluggesellschaften und Autovermietungen	En el vestíbulo (hall) del hotel hay tiendas, escaparates y oficinas de las líneas aéreas y coches de alquiler
Eine Spazierfahrt im Wagen machen	Dar una vuelta en coche
Schicken Sie, bitte, sofort mein Gepäck auf mein Zimmer!	Mándeme inmediatamente mi equipaje a la habitación. Por favor, hágame subir mi equipaje en el acto
Haben Sie Wattepfropfen für meine Ohren?	¿Tendría bolitas de algodón para los oídos?
Ich möchte ein Beruhigungsmittel (Schlafmittel) haben	Quisiera un calmante (sedativo)
Wecken Sie mich, bitte, um 7 Uhr!	Haga el favor de despertarme a las 7
Ich möchte, daß der Hoteldiener meine Schuhe putzt und meine Hosen aufbügelt	Quisiera que el ayuda de cámara limpie mis zapatos y planche mis pantalones
Ich möchte, daß die Kammerfrau einen Knopf annäht	Quisiera que la camarera me recosa un botón

At what time do the shops open and close?	A quelle heure ouvrent et ferment les magasins?
Please direct me to the business and shopping district Please direct me downtown (U.S.A.)	Veuillez m'indiquer le quartier des affaires et des magasins
Please send the bell-boy to a chemist's to have this prescription made up	Veuillez envoyer le chasseur chez le pharmacien pour faire préparer cette ordonnance
Will you make out the bill?	Voulez-vous préparer la note?
The bill does not seem to agree with our arrangements	La note ne semble pas correspondre à nos arrangements
Have my luggage taken down	Faites descendre mes bagages
The site is worth the journey	Le site vaut le voyage
The landscape is worth a detour	Le paysage vaut le détour
A round trip excursion	Un circuit touristique
To cart one's friends around Paris	Trimbaler ses amis dans Paris
Florence is an art sanctuary	Florence est un haut lieu de l'art
A package tour	Un voyage organisé par une agence dans tous ses détails et payé d'avance
The package tour includes: air fare, class hotel accommodation, local transports, insurance cover including personal accident, medical expenses, loss of luggage up to..., including money and valuables	Le voyage organisé comprend : le billet d'avion, le logement dans un hôtel d'une certaine classe, les transports locaux, une assurance couvrant l'accident personnel, les frais médicaux, la perte des bagages jusqu'à..., comprenant l'argent et les objets de valeur
A touring boat	Un bateau d'excursion Un bateau-mouche
A marina (U.S.A.)	Une station de villégiature aménagée au bord de la mer avec pontons, sports nautiques, dancings et magasins
A winter resort	Une station de sports d'hiver

Wann öffnen und schließen die Geschäfte?	¿A qué hora abren y cierran las tiendas?
Sagen Sie mir, bitte, wo sich das Geschäfts- und Einkaufszentrum befindet!	¿Quiere indicarme el barrio de los negocios y comercial?
Schicken Sie, bitte, den Boten zur Apotheke mit diesem Rezept!	Haga el favor de enviar el botones a la farmacia con esta receta
Bitte, machen Sie meine Rechnung!	Hágame la cuenta, por favor
Die Rechnung scheint nicht unseren Vereinbarungen zu entsprechen	Parece que la cuenta no corresponda a nuestro acuerdo
Lassen Sie mein Gepäck herunterbringen!	Haga bajar mi equipaje, por favor
Dieser Ort ist die Reise wert	El sitio vale el viaje
Die Landschaft ist einen Umweg wert	El paisaje vale el rodeo El paisaje vale la desviación del viaje directo
Eine touristische Rundreise Ein Ausflug	Una vuelta turística
Für seine Freunde den Bärenführer in Paris spielen	Llevar a sus amigos por todas partes en París
Florenz ist ein künstlerischer Höhepunkt Florenz ist ein Höhepunkt der Kunst	Florencia es un santuario de las bellas artes
Eine Inklusivreise	Un viaje todo incluído
Die Inklusivreise bietet: Flugkarte, Klassehotel, lokale Transporte, Unfallversicherung (einschließlich Arztkosten), Gepäckverlust bis zu..., inbegriffen Geld und Wertsachen	El viaje todo incluído ofrece: el billete de avión, alojamiento en un hotel de cierta clase, los transportes locales, un seguro contra los accidentes personales, cubriendo también los gastos medicales, la pérdida del equipaje hasta... del líquido de los objetos de valor
Ein Ausflugsboot	Un barco de excursiones Un crucero
Eine Marina	Una marina Un complejo náutico de turismo
Ein Wintersportort	Una estación de esquiar Una estación de nieve

A skilift	Un remonte-pentes
A sleigh	Un traîneau
A toboggan	Une luge
To have had a hell of a good time	S'être bien amusé
We had not enough time to take it all in	Nous n'avons pas eu assez de temps pour l'apprécier à fond
An attractive ambiance	Une ambiance attrayante
With all modern comfort and conveniences, including automatic telephone, radio, TV in every room	Avec tout le confort et les facilités modernes, comprenant téléphone automatique, radio, TV dans chaque chambre
Parking space for 1,500 cars	Emplacement de parking pour 1 500 voitures
20 passengers and 50 freight elevators and 12 escalators (U.S.A.)	20 ascenseurs à passagers, 50 ascenseurs pour marchandises et 12 escaliers roulants
To arrange get-togethers (U.S.A.)	Organiser des réunions
To set up women's shopping tours	Arranger des tournées de magasins pour dames
A conducted tour	Une excursion accompagnée
A party ticket	Un billet collectif
The places of interest of the town	Les curiosités de la ville
The botanical gardens	Le jardin des plantes
The museum's curator	Le conservateur du musée
Tourists stranded by the airport's closure will be able to " fly out"	Les touristes, en rade par suite de la fermeture de l'aéroport, seront en mesure de repartir par avion

Ein Skilift	Un telesquí
Ein Schlitten	Un trineo
Ein Rodelschlitten	Un tobogán
Sich ausgezeichnet amüsiert haben	Haber pasado un rato muy divertido Haberse divertido un mundo
Wir hatten nicht genügend Zeit, um alles richtig zu genießen	No teníamos bastante tiempo para apreciarlo todo
Eine angenehme Atmosphäre	Un ambiente agradable
Mit jedem modernen Komfort, einschließlich Selbstwahltelefon, Radio und Fernsehen in allen Zimmern	Con todas las comodidades modernas, incluido teléfono automático, radio y TV
Parkplatz für 1 500 Wagen	Estacionamiento para 1.500 coches
20 Personenaufzüge, 50 Lastaufzüge und 12 Rolltreppen	20 ascensores para personas, 50 elevadores y 12 escaleras rodantes
Zusammenkünfte organisieren Gesellige Treffen organisieren	Organizar reuniones
Einkaufstouren für Damen veranstalten	Combinar vueltas de compras para las señoras
Ein Ausflug mit Führer	Una excursión con guía
Ein Gruppenfahrausweis	Un billete colectivo
Die Sehenswürdigkeiten der Stadt	Los lugares turísticos de la ciudad
Der botanische Garten	El jardín botánico
Der Museumsdirektor	El director del museo
Die durch die Schließung des Flughafens gestrandeten Touristen werden abfliegen können	Los turistas que se quedaron plantados a causa del cierre del aeropuerto podrán salir por avión

7 Entertainment and social events

Manifestations sociales et mondaines

People met

Personnes rencontrées

The station in life	La position sociale
To uphold one's position	Tenir son rang
The family tree	L'arbre généalogique
Blood ties	Les liens du sang
This marriage should work fine (U.S.A.)	Ce mariage doit bien marcher
He has four generations of noble ancestry He comes from four lines of high grade nobility	Il a quatre quartiers de noblesse
To restore the fortune of his house	Redorer son blason
He is from a very old and famous family	Il descend d'une famille très ancienne et célèbre
They were born on the wrong side of the blanket	Ils sont nés de la main gauche
The elite The noble minds	L'élite L'élite (intellectuelle)
A toff (U.K.)	Un aristo, un rupin
The haves The crust The upper class	Le gratin
The happy few	Les privilégiés
The jet set The jet society	Les gens lancés, en vue
To have breeding	Avoir de la branche

Gesellschaftliche und mondäne Veranstaltungen

Actividades sociales y mundanas 7

Personen und Persönlichkeiten

Personas y personajes

Die gesellschaftliche Stellung	La posición social
Seine Stellung in der Gesellschaft aufrechterhalten	Mantener su posición en la sociedad
Der Stammbaum	El árbol genealógico El linaje
Die Blutsverwandtschaft	El parentesco consanguíneo
Diese Ehe sollte glücklich sein	Esta unión (este matrimonio) debería ser feliz
Er hat vier adelige Großeltern Er ist von reinem Adel	Su nobleza es de cuatro cuarteles Su linaje es noble por los cuatro abuelos
Sein Wappen neu vergolden Seinen Adel vergolden	Redorar su escudo
Er stammt aus einer sehr alten und bekannten Familie	Viene de una familia muy antigua y famosa
Sie sind uneheliche Kinder	Son hijos naturales
Die Elite Die geistige Elite	La flor y nata de la sociedad La flor y nata espiritual
Ein Aristokrat Ein reicher Kerl	Un pudiente Un ricachón
Die oberen Zehntausend Die feine Gesellschaft Die Oberklasse	Lo mejorcito La crema La alta sociedad
Die oberen Zehntausend Die Oberschicht	Los privilegiados La clase alta
Die Stars der Gesellschaft Leute, über die viel gesprochen wird Die Illustriertengesellschaft	Las primeras figuras de la actualidad social La sociedad de los ricos que se divierten
Aus einer guten Familie sein	Tener linaje Ser de buena familia

To keep up etiquette	Avoir de la tenue
Well-mannered	De bonnes manières
A gentleman never displays emotion	Un gentilhomme ne trahit jamais aucune émotion
To keep a stiff upper lip To keep the nose high (U.S.A.)	Prendre sur soi
Familiarity breeds contempt	La familiarité engendre le mépris
To throw one's weight around	Jouer au grand seigneur
To push people around To order people around	Vouloir commander tout le monde
To make light of...	Faire peu de cas de...
To turn up one's nose at To thumb one's nose at	Faire fi de...
For the sake of kudos Out of bravado	Par gloriole Par bravade
To take pride in... To pride oneself on...	S'enorgueillir de...
To talk big (U.S.A.)	Faire l'important
To pull the wool over their eyes	Jeter de la poudre aux yeux
The middle bracket	La classe moyenne
A commoner	Un roturier
Cheap (person)	Qui n'a pas de classe (personne) Un petit mec
Life style	Le train de vie
From rags to riches	De la misère à la richesse
To stay above the breadline	Manger à sa faim
To live from hand to mouth To live on a shoestring	Vivre au jour le jour
To live in plenty	Vivre dans l'abondance

Eine gute Haltung haben Wert auf die Etikette legen	Mantener la etiqueta social Tener buenos modales Apreciar mucho la corrección en el comportamiento
Gute Manieren haben Ein gutes Benehmen haben	Tener buenos modales
Ein wahrer Herr zeigt niemals seine Gefühle	Un caballero no descubre nunca sus emociones
Gute Miene zum bösen Spiel machen Immer die Nase hoch tragen	Dar la cara Aceptar cosas duras de buena cara
Eine zu große Vertraulichkeit führt zur Geringschätzung	Las familiaridades exageradas conducen al menosprecio
Den großen Herrn spielen	Dárselas de hombre importante
Die Leute schikanieren Befehlshaberisch sein Alle Leute kommandieren wollen	Ser mandón Hacer el mandamás
Sich nicht viel aus... machen	Hacer poco caso de...
Sich um... nicht kümmern Einen Pfifferling auf... geben	Desdeñar No hacer caso de...
Aus Angeberei Um sich wichtig zu tun	Por ufanía Por vanagloria
Auf... stolz sein Sich (einer Sache) rühmen	Ufanarse de... Vanagloriarse de...
Eine große Klappe führen Sich wichtig machen	Jactarse Presumir
Sand in die Augen streuen	Engañar con falsas apariencias
Die Mittelklasse Der Mittelstand	La clase media
Ein Bürgerlicher Ein Nichtadeliger	Un plebeyo
Eine Person, die keine Klasse hat Ein kleines Würstchen	Un don Nadie Una persona sin clase
Die Lebenshaltung	El tren de vida El modo de vivir
Vom Elend zum Reichtum Heute arm, morgen reich	De la miseria a la riqueza Del pordiosero al millonario
Genug zum Sattessen haben	Tener bastante para comer
Von der Hand in den Mund leben	Vivir al día
Im Überfluß leben Im Reichtum leben	Vivir en la abundancia

To have luxurious tastes To have high flown tastes	Avoir des goûts de luxe
To be extravagant	Faire de folles dépenses
He is riding high He is rolling high	Il vit dans de hautes sphères
To like creature comforts	Aimer ses aises
It's a great convenience to be lousy with dough *(slang)* (U.S.A.)	C'est bien commode d'être pourri de fric
To be anything but ordinary	Être tout, sauf ordinaire
He is nobody's fool	Il n'est pas bête du tout
To see where it's at To know where things are at	Avoir les pieds sur terre Avoir la tête sur les épaules
To be game for anything	Être plein d'allant
General education General knowledge	La culture générale
A smooth talker	Un beau parleur
This man is plausible	Cet homme est beau parleur
She hangs on to his every word	Elle boit ses paroles
To have an engaging manner	Avoir du liant
He likes to go it alone, and it does him a disservice	Il aime faire cavalier seul, et cela le dessert
A bore A creep	Un raseur
He bores me stiff	Il m'ennuie à mourir
To avoid bores	Éviter les raseurs
As glum as a funeral	Triste comme un bonnet de nuit Avec une mine d'enterrement

Große Ansprüche stellen Den Luxus lieben	Tener gustos lujosos
Extravagante Ausgaben machen Sein Geld wie ein Verrückter ausgeben	Gastar el dinero como un loco Hacer gastos extravagantes
Er lebt auf großem Fuß Er lebt in den höheren Sphären	Pica alto Vive en las altas esferas
Seine Bequemlichkeiten lieben Ein bequemes Leben lieben	Apreciar mucho sus comodidades Apreciar una vida cómoda
Es ist sehr angenehm, reich zu sein Es ist sehr bequem, Geld wie Heu zu haben	Es muy cómodo ser rico Es muy cómodo estar podrido de dinero
Alles, nur nicht alltäglich sein	Ser todo, menos ordinario
Er läßt sich von keinem zum Narren halten Er ist alles andere als dumm	No es tonto del todo No hace el tonto para nadie
Mit beiden Füßen auf dem Boden stehen	Tener la cabeza sobre los hombros
Jederzeit zu einem Spaß bereit sein Immer zu allem bereit sein	Ser activo Estar siempre dispuesto a todo
Die Allgemeinbildung	La cultura general
Ein raffinierter Beschwatzer Ein wortgewandter Schwätzer Jemand, der wie ein Buch redet	Pico de oro Hombre de labia
Dieser Mann redet wie ein Buch	Este hombre es un pico de oro
Sie hängt an seinen Lippen	Ella escucha cada una de sus palabras como el Evangelio
Schnell Kontakt finden Verbindliche Manieren haben Schnell Anschluß finden	Ser muy sociable Tener un carácter sociable
Er ist ein Alleingänger, und das schadet ihm	Le gusta hacer rancho aparte, lo que le perjudica
Ein langweiliger Kerl Ein lästiger Kerl	Un pelmazo Una persona pesada
Er langweilt mich zu Tode	Me aburre hasta la locura Me fastidia hasta la locura
Langweilige (lästige) Leute vermeiden	Evitar a los pelmazos
Griesgrämig sein Ein Beerdigungsgesicht machen Lustig wie ein Begräbnis	Más triste que un entierro de tercera

A bad news A dug A drag	Un casse-pieds
He can't even take a joke	Il ne comprend pas la plaisanterie
That's beyond a joke	Cela dépasse les bornes de la plaisanterie
What a cold fish!	Comme il est antipathique!
He's not my cup of tea	Ce n'est pas mon type
To have the gift of the gab To talk a mile a minute	Avoir la langue bien pendue
To be talking to a brickwall	Parler à un mur
She's is talking through her hat	Ce qu'elle dit est du vent
Don't touch up the story	Ne brodez pas sur l'histoire
Don't talk claptrap	Ne débitez pas des sornettes pour la galerie
Cut the comedy Stop putting on an act	Cessez cette comédie
She is spoiled and used to getting her way	Elle est gâtée et est habituée à arriver à ses fins
To do oneself justice	Se faire valoir
To blow one's own horn To sing one's own praises To pat oneself on the back	Chanter ses propres louanges
Formal Stiff necked Stilted	Conventionnel Guindé
Loose Carefree Easy going	Détendu Décontracté
Free and easy Free wheeling (U.S.A.)	Sans façon Désinvolte
To be foot loose and fancy free	Être sans attaches et mener la belle vie
Devil may care	Je ne m'en soucie pas

Jemand, der einem auf die Nerven geht Eine sehr lästige Person	Un follón Un pesado Un pelmazo
Er versteht noch nicht einmal einen Spaß	No sabe aguantar bromas
Der Spaß geht zu weit	Eso ya no es una broma Esa broma va demasiado lejos
Wie unsympathisch er ist!	¡Que antipático! ¡Que tío antipático!
Das ist nicht mein Typ Er liegt mir nicht	No me va No es un tío a mi gusto
Nicht auf den Mund gefallen sein Wie ein Maschinengewehr reden	Hablar como una ametralladora No tener pelos en la lengua Tener mucha labia
Gegen eine Mauer anreden Ins Leere sprechen	Dirigirse a un muro
Sie redet dummes Zeug	Ella habla a tontas y a locas
Schmücken Sie die Geschichte nicht aus!	No hinche el cuento No floree sobre el asunto
Machen Sie keine Redensarten für die Galerie!	No suelte pamplinas para el auditorio
Hören Sie mit dieser Komödie auf! Schluß mit dem Theater!	Termine la comedia Termine ya de hacer la comedia
Sie ist verwöhnt und hat die Gewohnheit zu erreichen, was sie will	Está mimada y tiene la costumbre de conseguir lo que quiere
Sich in das rechte Licht setzen	Realzarse Ensalzarse
Sich selbst loben Seine eigenen Taten preisen	Cantar sus propias alabanzas Encomiarse Ensalzarse
Formell Steif und unnatürlich	Formalista Estirado Afectado
Entspannt Natürlich	Sosegado Natural Relajado
Ungezwungen Ohne Umstände Frisch, fromm, fröhlich, frei	Desembarazado Sin ceremonias
Frei sein und gut leben Ohne Anhang sein und ein schönes Leben führen	Estar sin lazos, independiente y llevar buena vida
Ich pfeife darauf Ich mache mir keine Sorgen darüber	Me importa un comino Se me importa un rábano

Susceptible to female beauty	Sensible à la beauté féminine
A wolf (U.S.A.) A lady-killer	Un bourreau des cœurs
A ladies' man A man about town	Un homme à femmes
He is a wolf who lives on his wits	C'est un homme à femmes vivant d'expédients
A good time Charley A play-boy (U.S.A.)	Un noceur
A rake plays the field A libertine frequents night joints	Un libertin court le guilledou
To play around with women	Tourner autour des femmes
To live it up	Faire la bringue
To settle down	Se ranger S'assagir
Extracurricular conquests Side steps (U.S.A.)	Écarts de conduite
Since he got married he has been living off the fat of the land	Depuis qu'il est marié, il se fait entretenir
To take a crash course of English	Prendre des cours accélérés d'anglais
To practise English words To look over English words To review English words	Repasser des mots d'anglais
To jabber English To speak broken English	Baragouiner l'anglais
To have a smattering of English To have a touch of English (U.S.A.)	Avoir une teinture d'anglais
His French is not even vestigial	Son français n'est même pas rudimentaire
To speak tolerable German	Parler allemand assez bien
To speak and write English fluently	Parler et écrire l'anglais couramment
To have a perfect command of English	Avoir une maîtrise totale de l'anglais
Open book translation Simultaneous translation	Traduction à livre ouvert Traduction simultanée

Für weibliche Reize empfindlich	Sensible a la belleza femenina
Ein Draufgänger Ein Herzensbrecher	Un Don Juan
Ein Frauenheld	Un Don Juan Un hombre mujeriego
Das ist ein Frauenheld, der von undurchsichtigen Gelegenheitsgeschäften lebt	Es un hombre mujeriego que vive de lo que se ofrece
Ein Lebemann Ein Playboy	Un juerguista
Ein Weiberheld, der hinter den Frauen her ist	Un libertino Un libertino en busca de mujeres
Mit Frauenherzen spielen Hinter den Frauen her sein	Girar alrededor de la mujeres
Eine Sauftour veranstalten In Saus und Braus leben	Correr la juerga Hacer una juerga
Vernünftig werden Ein geordnetes Leben anfangen	Sentar cabeza
Seitensprünge	Descarríos extramaritales Extravíos extramaritales Conquistas extramaritales
Seit er verheiratet ist, läßt er sich von seiner Frau aushalten	Desde su boda, se hace mantener por su esposa
Einen Schnellkurs in Englisch machen	Seguir clases aceleradas de inglés
Englische Vokabeln wiederholen	Repasar palabras inglesas Practicar el vocabulario inglés
Englisch radebrechen	Chapurrear el inglés
Oberflächliche Kenntnisse in Englisch haben Grundkenntnisse in Englisch haben	Tener un baño de inglés Tener un barníz de inglés
Sein Französisch umfaßt noch nicht einmal die primitivste Grundlage	Su francés no es ni siquiera rudimentario
Ein brauchbares Deutsch sprechen	Hablar un alemán bastante bueno
Englisch fließend sprechen und schreiben	Hablar y escribir el inglés corrientemente
Englisch perfekt beherrschen	Dominar perfectamente el inglés
Direktübersetzung Simultanübersetzung	Traducir de corrido Traducción simultánea

He has the gift of languages and speaks French as well as English, his mother-tongue	Il a le don des langues et parle le français aussi bien que l'anglais, sa langue maternelle

Clothing / *Vêtements*

To keep one's figure	Garder la ligne
To get togged anew	Renouveler son trousseau
To treat oneself to a new suit	S'offrir un nouveau complet
In lounge suit In business suit	En tenue de ville
In black tie In dinner jacket In tuxedo (U.S.A.)	En smoking
Patent-leather shoes	Souliers vernis
Sporting a carnation	Arborant un œillet
In white tie In tails In dress coat	En habit à queue En frac
Plastered over with decorations	Chamarré de décorations
With a measure of elegance befitting one's new social position	Avec une certaine élégance seyant à sa nouvelle position sociale
To deck oneself out To doll up To rig out To deck out in all one's war-paint	Se mettre en grande tenue Se mettre sur son trente et un

Receptions / *Réceptions*

To live in a good residential section	Vivre dans un quartier résidentiel
A life of plenty	Une vie de cocagne
She entertains a lot She keeps up an establishment	Elle a un grand train de maison
To reduce one's style of living	Réduire son train de vie
Earthliness	Attachement aux choses de ce monde

Er hat ein Sprachentalent und spricht französisch so gut wie englisch, seine Muttersprache	Tiene el don de los idiomas y habla el francés tan bien como el inglés, su idioma materno

Kleidung / Indumentaria

Seine Figur bewahren	Conservar su línea Conservar su esbeltez
Seine Kleiderausstattung erneuern Seine Garderobe erneuern	Renovar su guardarropa Renovar su indumentaria
Sich einen neuen Anzug leisten	Comprarse un traje nuevo
Im Straßenanzug	Traje de diario
Im Smoking	Con smoking
Lackschuhe	Escarpines de charol Zapatos de charol
Eine Nelke im Knopfloch	Luciendo un clavel en el ojal
Im Frack	En frac
Mit Orden behängt Wie ein Pfingstochse seine Orden tragend	Recargado y engalanado con sus decoraciones
Mit einer gewissen Eleganz, die seiner neuen gesellschaftlichen Stellung entspricht	Con una cierta elegancia adaptada a su nueva posición social
Sich ganz besonders elegant anziehen Das Beste aus dem Kleiderschrank anziehen	Vestirse de punta en blanco

Empfänge / Recepciones

In einem eleganten Stadtteil wohnen	Tener su casa en un barrio elegante
Ein Schlaraffenleben führen	Una vida de abundancia
Sie führt ein großes Haus	Lleva su casa por todo lo alto
Sich kleiner setzen Seine Lebenshaltung herabsetzen	Reducir su tren de vida
Vorliebe für das mondäne Leben Die gesellschaftlichen Äusserlichkeiten	Afición por la vida de sociedad

To give one's calling card (U.S.A.)	Remettre sa carte de visite
To leave one's visiting card	Laisser sa carte de visite
At the invitation of...	Sur l'invitation de...
Bring him along to my party	Amenez-le avec vous à ma réunion
To give one's name To announce one's name	Se faire annoncer
To put in an appearance	Faire acte de présence
He always turns up like a bad penny	Chassez-le par la porte, il revient par la fenêtre
To be conspicuous by one's absence	Briller par son absence
To call on To pay a visit	Rendre visite
To drop in To pop in	Rendre visite à l'improviste
Come to see us when you have time to spare	Passez nous voir quand vous aurez un moment
A party planner (U.S.A.) A social secretary	Un organisateur de réunions
The Emcee = MC = Master of ceremonies	Le présentateur, l'animateur d'une réunion
A stag party	Une réunion réservée aux hommes
A bottle party	Une réunion où les hommes apportent la boisson
A hen party	Une réunion réservée aux femmes
A gabfest (U.S.A.)	Une réunion, un bavardage entre amis
To have a get-together (U.S.A.)	Avoir une réunion entre amis
Let us get something up for next week	Organisons une réunion entre amis pour la semaine prochaine
To give a hop	Donner une sauterie
A galaxy A brilliant party	Une réunion très brillante

Seine Visitenkarte übergeben	Dar su tarjeta de visita
Seine Visitenkarte zurücklassen	Dejar su tarjeta de visita
Auf Einladung von...	A la invitación de...
Bringen Sie ihn mit zu meiner Party!	Tráigale con Vd. a mi recepción
Sich anmelden lassen	Dar su nombre para ser recibido
Kurz anwesend sein Acte de présence machen Nur kurz vorbeikommen	Hacerse ver Hacer acto de presencia
Wenn Sie ihn zu einer Tür rausschmeißen, kommt er zur anderen wiederrein	Échele por la puerta, volverá por la ventana
Durch seine Abwesenheit glänzen	Brillar por su ausencia
Einen Besuch abstatten Aufsuchen	Visitar Pasar a ver a una persona
Unangemeldet einen Besuch machen Vorbeikommen	Visitar de improvisto Pasar a ver
Besuchen Sie uns, wenn Sie einen Moment Zeit haben!	Pase a vernos cuando tenga un rato libre
Ein Beauftragter für gesellschaftliche Zusammenkünfte Ein Sekretär für die Organisation gesellschaftlicher Veranstaltungen (Club, Verein, etc.)	Un organizador de festividades Un secretario para las fiestas y recepciones (club, sociedades)
Der Zeremonienmeister Der Stimmungsmacher Der Conférencier	El presentador El animador El locutor (radio y TV)
Eine Herrenpartie	Una tertulia reservada a los hombres
Eine Bottleparty (Party, bei der die Herren die Getränke mitbringen)	Una fiesta a la que los caballeros traen las bebidas
Eine Damenpartie	Una tertulia reservada a las señoras
Eine formlose Zusammenkunft unter Freunden (Freundinnen) Eine Plauderstunde	Una tertulia entre amigos sin formalidades
Eine formlose Zusammenkunft unter Freunden haben	Tener una reunión o tertulia entre amigos
Laßt uns für nächste Woche eine Zusammenkunft organisieren!	Organizemos algo para la semana próxima
Eine Party mit Tanz veranstalten	Organizar una fiesta con baile
Eine sehr glanzvolle Party Ein toller Erfolg	Una fiesta muy brillante Un éxito completo

A bash (U.S.A.)	Une réunion avec musique et danse
A send-off	Une fête d'adieu ou une réunion gaie pour lancer une personne ou une entreprise
A varnishing day	Un vernissage
To move in the best circles To move in high society To attend influential parties	Fréquenter la haute société, les milieux influents
To rub shoulders with bank magnates	Côtoyer les magnats de la banque
To pass oneself off as a banker	Se faire passer pour un banquier
To humour someone	Chercher à plaire à quelqu'un
It calls for a diplomatic hand	Cela demande du doigté
To keep on good terms with someone	Être en bons termes avec quelqu'un
To go easy with someone To treat somebody with kid gloves	Ménager quelqu'un
To be at someone's beck and call To wait on someone hand and foot	Être à la botte de quelqu'un
Nobody took him up	Personne ne l'a contredit
Bite your tongue	Ne parlez pas de malheur
Cheer up! Buck up! Keep your chin up!	Courage!
To cold-shoulder	Battre froid
To give someone a cold shoulder	Réserver un accueil glacial
To cut someone dead (U.S.A.)	Tourner délibérément le dos à quelqu'un
To down	Clouer le bec

Eine Party mit Musik und Tanz	Una fiesta con baile y música
Ein Empfang zur Einführung einer Person oder Firma	Una recepción organizada para presentar a una persona o a una empresa. O de despedida
Ein Vernissage (Empfang gelegentlich der Eröffnung einer Kunstausstellung)	Una inauguración de una exposición de pintura
In der vornehmen Gesellschaft verkehren Sich in einflußreichen Kreisen bewegen	Frecuentar la alta sociedad Frecuentar los círculos de mucha influencia
Mit den Großen der Bankwelt verkehren	Frecuentar a los grandes de la banca
Sich für einen Bankier ausgeben	Presentarse como banquero Dárselas de banquero
Auf jemand(en) Rücksicht nehmen Versuchen, jemand(em) zu gefallen	Darse la pena de agradar a una persona
Bei dieser Sache braucht man Fingerspitzengefühl Hier ist eine diplomatische Hand am Platze	Este asunto necesita mucha diplomacia
Sich gut mit jemand(em) halten Sich jemand(en) warmhalten	Quedarse bien con alguien
Jemand(en) mit Samthandschuhen anfassen	Tratar con tino a una persona
Wie der Sklave eines anderen sein Der Lakai eines anderen sein	Ser el lacayo de alguien Ser el asistente de alguien (militar)
Keiner hat ihm widersprochen Niemand hat ihn beim Wort genommen	Nadie le contradijo
Sprechen Sie nicht vom Teufel, oder er kommt!	Muérdase la lengua
Kopf hoch! Nur Mut!	¡Ánimo!
Jemand(en) links liegenlassen	Tratar con frialdad a uno
Jemand(em) gegenüber kalt sein Jemand(em) einen eisigen Empfang bereiten	Recibir a uno con frialdad
Jemand(em) absichtlich den Rücken kehren Jemand(en) schneiden	Dar la espalda a uno
Den Mund stopfen	Cerrar el pico a alguien

To put someone into his place	Remettre quelqu'un à sa place
To ask a leading question	Poser une question tendancieuse
To put someone on the spot	Mettre quelqu'un en position délicate
To pick an argument with someone	Chercher querelle à quelqu'un
To set people by the ears	Semer la discorde Brouiller les gens
I am touched by your tokens of sympathy	Je suis touché par vos témoignages de sympathie
To clear up misunderstandings and crosspurposes	Dissiper malentendus et quiproquos
To patch up one's relations with...	Replâtrer ses relations avec...
Casual talk Lip service	Propos sans signification Propos mondains
To lipread	Lire sur les lèvres
Let us drop casual talk and speak in earnest	Laissons tomber les propos mondains et parlons pour de bon
To shilly-shally To beat about the bush	Tergiverser, tourner autour du pot
To speak one's mind	Dire sa façon de penser
To goof up (U.S.A.). To put one's foot in it To make a blunder	Faire une gaffe
To get a word in To chime in and say	Placer son mot pour dire
To interrupt people is impolite	Interrompre les gens est impoli
Sometimes it's better to slide over a delicate question	Parfois il vaut mieux glisser sur une question délicate
Let the discussion be general Don't be personal	Ne faites pas de personnalités
To be guarded in one's behaviour	Veiller à son comportement
I would like to talk this over with you	Je voudrais m'entretenir avec vous de ceci

Jemand(en) in die Schranken weisen Jemand(em) seine Meinung sagen	Poner a uno en su sitio Parar los pies a alguien
Eine tendenziöse Frage stellen Eine Fangfrage stellen	Plantear una cuestión tendenciosa
Jemand(en) in eine schwierige Lage bringen	Poner a uno en una situación delicada
Mit jemand(em) Streit suchen	Buscar camorra con alguien
Unfrieden stiften Leute gegeneinander aufhetzen	Sembrar la discordia entre la gente
Ich bin von Ihren Sympathiebezeugungen sehr gerührt	Estoy conmovido de sus muestras de simpatía
Mißverständnisse und Irrtümer aufklären	Esclarecer malentendidos y equivocaciones
Seine Verhältnis mit... wieder flicken Seine Beziehungen mit... wieder halbwegs in Ordnung bringen	Arreglar más o menos sus relaciones con... Reparar...
Leeres Geschwätz Gerede ohne jede Bedeutung	Palabras al viento Hablar por hablar
Von den Lippen ablesen	Leer en los labios
Lassen wir die allgemeinen Redensarten und reden wir konkret!	Dejemos las habladurías y hablemos concretamente
Um die Dinge herumreden Ausflüchte suchen	Andarse por las ramas
Seine offene Meinung sagen Sagen, was man denkt	Decir lo que uno piensa No andarse por las ramas
Einen taktlosen Fehler machen Eine Taktlosigkeit sagen Ins Fettnäpfchen treten	Meter la pata Tirarse una plancha
Seine Worte anbringen Zu Wort kommen	Meter baza (en una conversación)
Es ist unhöflich die Leute zu unterbrechen	Interrumpir la gente es mal educado
Es ist manchmal besser, eine unangenehme Frage zu überhören	A veces es mejor pasar por alto une cuestión delicada
Werden Sie nicht persönlich!	No haga alusiones personales Déjese de alusiones personales
Auf seine Haltung achten Vorsichtig vorgehen	Vigilar su comportamiento Proceder prudentemente
Ich möchte mich mit Ihnen darüber unterhalten	Quisiera hablar con Vd. de este asunto

Can you spare me a few minutes?	Pouvez-vous m'accorder quelques instants?
Let me show you where you can wash your hands	Laissez-moi vous montrer où sont les toilettes
To be indebted to someone for... To be beholden to someone for...	Être redevable envers quelqu'un de...
To bother To disturb To inconvenience	Déranger
To make a convenience of someone	Abuser de la bonté de quelqu'un
To outstay someone's welcome	Lasser l'amabilité de son hôte en restant trop longtemps
To impose on someone	S'imposer à quelqu'un en dérangeant
I'll see you out	Je vous raccompagne à la porte
I'll see you home	Je vous raccompagne chez vous
To take French leave	Filer à l'anglaise
As pretty as a picture As cute as a button	Jolie comme un cœur
She was radiant in her new dress and stole the show	Elle était éblouissante dans sa nouvelle robe et tout le monde n'avait d'yeux que pour elle
To be all the rage	On se l'arrache
To drool To drivel	Baver, être malade d'envie
The feminine caginess The female artfulness The female craftiness The female foxiness The female guile	L'astuce féminine
She was so sweet that he did not see through it	Elle était si douce qu'il ne voyait pas son jeu
To take advantage of the odd day To take advantage of the day in between two holidays To take advantage of the long holiday weekend	Profiter du « pont »

Haben Sie einen Moment Zeit für mich?	¿Tendría Vd. un momento para mí?
Ich zeige Ihnen, wo Sie sich die Hände waschen können	Déjeme enseñarle los servicios
Jemand(em) etwas verdanken Jemand(em) etwas schuldig sein	Deber algo a uno
Stören Belästigen	Molestar
Jemand(en) mißbrauchen Jemand(en) ausnutzen	Abusar de una persona Abusar de la bondad de alguien
Jemand(en) zu lange aufhalten Bei einer Einladung zu lange bleiben	Quedarse demasiado tiempo en casa de alguien Abusar del tiempo de alguien
Sich einem lästig aufdrängen	Imponerse a alguien de manera molesta
Ich begleite Sie zum Ausgang	Le acompañaré hasta la salida
Ich bringe Sie nach Hause	Le llevaré a su casa
Sich heimlich verdrücken Stillschweigend verschwinden	Despedirse a la francesa Largarse sin decir nada
Bildhübsch sein	¡Es un bombón! ¡Está como para comérsela!
Sie sah blendend aus in ihrem neuen Kleid, und alle Augen waren auf sie gerichtet (und war der Mittelpunkt der Aufmerksamkeit aller)	Fue deslumbradora en su nuevo vestido y el centro de la fiesta
Alle Leute reißen sich um sie (ihn) Überall begehrt sein	Todos se disputan su compañía
Vor Neid erblassen Sich die Zunge nach etwas lecken	Morirse de ganas de... Reventar de envidia
Die weibliche Raffinesse Die weibliche Schläue	La astucia femenina La marrullería femenina
Sie war so reizend, daß er ihr Spiel nicht durchschaute	Era tan cariñosa que no descubrió sus intenciones
Die zwischen den Feiertagen liegenden Tage ausnutzen Das lange Wochenende ausnutzen	Aprovechar del puente (fin de semana prolongada)

To have an extended week-end	Avoir un week-end prolongé
At a country place	Dans une maison de campagne
At a ski resort	A une station de ski
The land of milk and honey	Le paradis terrestre
To resort to taking in paying guests to supplement one's resources	Prendre chez soi des hôtes payants pour compléter ses ressources
Either on an exchange of hospitality basis, or as a family paying guest, or " au pair "	Soit sur la base d'un échange d'hospitalité, soit comme invité payant, soit « au pair »

Drinks

Boissons

A drink A beverage	Une boisson
A soft drink	Une boisson non alcoolisée
A liquor	Une boisson alcoolisée
A complimentary drink A beverage free of charge	Une boisson offerte gracieusement
This is my turn This is my treat This is my round This one is on me	C'est ma tournée
A glass of brandy	Un verre de cognac
The chief taster requires cognac always up to the scratch	Le chef dégustateur exige du cognac toujours à la hauteur
A dash of Martini	Un doigt de Martini
To have a soft spot for pink champagne	Avoir un faible pour le champagne rosé
An armful of champagne bottles	Les bras pleins de bouteilles de champagne
A long draught of champagne	Une bonne gorgée de champagne
Have the bottles out for a champagne supper-dance	Sortir les bouteilles pour un souper dansant au champagne
With the aplomb of a wine waiter decanting a fine vintage	Avec la dignité d'un sommelier versant un vin millésimé

Ein verlängertes Wochende haben	Tener un fin de semana prolongado
In einem Landhaus	En una casa de campo
In einem Wintersportort	En un lugar para deportes de invierno
Das Paradies auf Erden Das Land, wo Milch und Honig fließt	El paraíso terrenal
Zahlende Gäste aufnehmen, um seine Einkünfte aufzubessern	Recibir en casa huéspedes que pagan pensión para completar sus recursos
Entweder auf der Grundlage gegenseitiger Gastfreundschaft, oder als zahlender Gast, oder « au pair » (Haustochter)	Sea sobre la base de hospitalidad recíproca, sea como huésped pagando su pensión, sea « au pair »

Getränke / *Bebidas*

Ein Getränk	Una bebida
Ein alkoholfreies Getränk	Una bebida sin alcohol
Ein alkoholisches Getränk	Una bebida alcohólica
Ein Freigetränk	Una bebida gratuita
Das ist meine Runde Diese Runde bezahle ich	Esa ronda es por mi cuenta Convido yo
Ein Glas Branntwein	Una copa de coñac
Der erste Weinschmecker verlangt nur erstklassigen Cognac	El catador jefe exige coñac siempre de primera calidad
Ein Spritzer Martini	Un chispazo de Martini Un dedo de Martini
Eine Schwäche für Roséchampagner haben	Tener una predilección por el champán rosado
Beide Hände voll Champagnerflaschen	Los brazos llenos de botellas de champán
Ein guter Schluck Champagner	Un buen trago de champán
Die Flaschen für ein Tanzsouper mit Champagner bereitstellen	Traer las botellas para una cena al champán con baile
Mit der Würde eines Weinkellners, der einen Spitzenjahrgang einschenkt	Con el aplomo de un sumiller sirviendo una vieja solera

To touch glasses	Trinquer
Cheers! Here's to you!	A votre santé!
Bottoms up!	Faire cul sec
To drain a glass To down a glass	Vider un verre
A bar lounger	Un pilier de cabaret
To drink hard	Boire sec
To drink a neat whiskey straight	Boire un whisky sec d'un trait
To drink away one's problems	Chasser ses problèmes en buvant
Dutch courage	Le courage que donne la boisson
The more you drink, the more you crave	Plus on boit, plus on a soif
To drink like a fish	Boire comme un trou
To be intoxicated	Être pris de boisson
Wine fuddles the brain	Le vin hébète le cerveau
To drink oneself to death	Se tuer à force de boire
Drink makes him sad rather than gay To be maudlin in one's cup	Boire le rend triste Avoir le vin triste
To be in one's cups	Être dans les vignes du Seigneur
To sober up To sleep oneself sober	Cuver son vin
To eschew wine To kick the habit of drinking	Renoncer à boire
In for a penny, in for a pound	Quand le vin est tiré, il faut le boire
To drain the cup to the dregs	Boire le calice jusqu'à la lie

Meals

Repas

A breakfast	Un petit déjeuner
A continental breakfast	Un petit déjeuner à la française

Anstossen	Brindar
Prosit! Prost! Auf Ihre Gesundheit!	¡A su salud, señor (a)! ¡Salud y pesetas!
Auf einen Zug austrinken	Echárselo todo al coleto Apurar un vaso de un golpe
Ein Glas austrinken	Apurar un vaso
Eine Barsäule Eine Tresendekoration	Un asiduo del bar Un pilar de la taberna
Viel trinken	Beber mucho
Einen Whisky pur auf einen Zug austrinken	Beber un vaso de whisky puro de un golpe
Seinen Kummer versaufen	Olvidar sus problemas bebiendo
Angetrunkener Mut Mut aus der Flasche	Valor que sale de la botella Bravura que sale de la botella
Trinken macht durstig Viel Alkohol verlangt mehr Alkohol	Cuanto más bebes, más beberás
Wie ein Loch trinken	Beber como un cosaco
Betrunken sein	Estar borracho Haber bebido
Wein verhindert das klare Denken	El vino entorpece los sesos
Sich zu Tode saufen	Matarse con el alcohol Matarse bebiendo
Er wird vom Wein melancholisch, nicht lustig	El vino le pone más bien triste que alegre
Weinseelig sein	Estar borracho
Seinen Rausch ausschlafen	Dormir la mona
Das Trinken aufgeben	Abandonar la bebida
Mitgefangen, mitgehangen (beim Trinken)	Cuando el vino está en la mesa hay que beberlo
Den Kelch bis zum bitteren Ende austrinken	Apurar el cáliz hasta la hez

Mahlzeiten *Comidas*

Ein Frühstück	Un desayuno
Ein kleines Frühstück	Un desayuno español

A lunch	Un déjeuner
Short order lunch counter	Comptoir où l'on peut déjeuner rapidement
A seminar breakfast	Un déjeuner d'affaires
A snack	Une collation
A brunch (U.S.A.; contraction de breakfast et lunch)	Un petit déjeuner copieux et tardif (groupant le petit déjeuner et le déjeuner)
The dinner	Le dîner
A scratch dinner	Un dîner sommaire
A testimonial dinner	Un dîner donné en honneur des services rendus par quelqu'un et en témoignage d'estime
To dine free	Dîner à l'œil
A late supper	Un souper
This table can seat twelve people	C'est une table de douze couverts
Table ware	Un service de table (vaisselle)
To dine from silver plate	Dîner dans de la vaisselle d'argent
Have dinner with us, you take us as you find us	Venez dîner à la maison à la fortune du pot
To give someone a complimentary dinner	Donner un dîner en l'honneur de quelqu'un
To keep an open house	Tenir table ouverte
The hostess is choosy The hostess does not ask just anybody	La maîtresse de maison est difficile sur le choix de ses invités
She chooses her guests She hand-picks her guests	Elle trie ses invités sur le volet
To make a great spread To go overboard (U.S.A.) To prepare a feast	Mettre les petits plats dans les grands

Ein Mittagessen	Una comida Un almuerzo
Schnellmahlzeitentheke Schnellimbiß	Mostrador para comidas rápidas
Ein geschäftliches Frühstück	Un almuerzo de negocios
Ein Imbiß	Una merienda
Ein spätes großes Frühstück (Frühstück und Mittagessen in einer Mahlzeit) Ein Brunch	Un brunch (una combinación de desayuno (tarde) y almuerzo (temprano))
Das Abendessen	La cena
Ein kleines Abendessen Ein Abendimbiß	Una cena ligera
Ein großes Abendessen (Bankett) zu Ehren einer verdienten Persönlichkeit, eine Ehrenmahlzeit	Un banquete de honor
Kostenlos zu Abend speisen	Cenar de gorra Cenar gratis
Ein spätes Abendessen Ein Souper	Una cena a una hora avanzada
Dieser Tisch ist für zwölf Personen	Esta mesa es para doce personas
Ein Service Ein Tafelgeschirr	Una vajilla Un servicio de vajilla
Von silbernen Tellern essen	Cenar en vajilla de plata
Kommen Sie zu uns zum Abendessen, ohne jede Vorbereitung!	Venga a cenar en casa a la pata la llana Venga a cenar en casa lo que haya
Ein Abendessen zu Ehren von jemand(em) geben Jemand(em) zu Ehren ein Abendessen geben	Dar una cena en honor de alguien
Ein offenes Haus führen Ein offenes Haus haben	Tener casa abierta
Die Gastgeberin ist sehr genau bei der Auswahl ihrer Gäste	La anfitriona elige a sus invitados con mucho cuidado La anfitriona no invita a un cualquiera
Sie sucht ihre Gäste mit der Lupe aus	Escoge a sus invitados con mucho cuidado
Nur das Beste vorsetzen Alles aufbieten (zum Empfang)	Tirar la casa por la ventana

The host seats his guests at the table of honour	L'hôte place ses invités à la table d'honneur
To be the guest of honour	Être l'invité d'honneur
To be at the head table	Être à la table d'honneur
To be above the salt	Être bien placé à table
To be below the salt	Être en bout de table
To entertain a director	Recevoir un administrateur de société
Entertainment expenses	Frais de représentation
They were plied with food and drink	Ils furent gorgés de nourriture et de boisson
To talk business over the meal	Parler affaires pendant le repas
Please don't talk shop Please sink the shop	Veuillez ne pas parler affaires
Over walnuts and wine	Entre la poire et le fromage
A restaurant with exquisite food	Un restaurant avec une excellente carte
Wheeler's, the red plush sea food restaurant in Soho	Wheeler's, le restaurant chic de Soho, réputé pour ses fruits de mer et son cadre victorien
A set price meal	Un menu à prix fixe
A scanty meal	Un repas léger
What is the special dish today?	Quel est le plat du jour ?
The main dish The main course	Le plat de résistance Le plat principal
He is a good trencherman	C'est une bonne fourchette
To gorge oneself To stuff oneself to repletion	Se goinfrer S'en fourrer jusque-là *(argotique)*
To do oneself well	Se régaler
She is as dainty as a cat	Elle est gourmande comme une chatte
One fares well in this club	La marmite est excellente dans ce club
A superb luncheon	Un déjeuner de premier ordre
What would you like: meat or fowl?	Qu'est-ce qui vous ferait plaisir : viande ou gibier ?

Der Gastgeber setzt seine Gäste an den Ehrentisch	El anfitrión sitúa a sus invitados en la mesa de honor
Der Ehrengast sein	Ser el invitado de honor
Am Ehrentisch sitzen	Estar en la mesa de honor
Einen guten Tischplatz haben	Estar bien situado en la mesa
Am Tischende sitzen	Estar situado al final de la mesa
Ein Aufsichtsratsmitglied empfangen	Recibir a un miembro de la Junta de administración de una S.A.
Repräsentationsspesen	Gastos de representación
Sie wurden mit Essen und Trinken reichhaltig bewirtet	Fueron saciados de comida y bebida
Während des Essens vom Geschäft reden	Hablar de negocios durante la comida
Bitte, keine Gespräche über Geschäfte!	Por favor, no hablen de negocios
Beim Cognac Bei einer guten Zigarre	A los postres Al fin de la comida
Ein Restaurant mit einer ausgezeichneten Küche	Un restaurante con cocina selecta
Wheeler's, das elegante viktorianische Fischrestaurant in Soho	Wheeler's, el restaurante victoriano elegante de Soho para platos de pescado
Ein Festpreismenü	Un cubierto a precio fijo
Eine leichte Mahlzeit Eine dürftige Mahlzeit	Una comida ligera
Was ist die Spezialität des Tages?	¿Cuál es la especialidad del día?
Das Hauptgericht	El plato fuerte
Er ist ein guter Esser	Tiene buen diente Tiene buen saque
Sich vollessen Sich vollfressen	Atiborrarse Hartarse
Sein Essen genießen	Regalarse
Sie ist eine große Feinschmeckerin Sie ißt wie ein Vögelchen	Come como un gatito Es golosa como una gatita
In diesem Klub ist die Küche ausgezeichnet	En este club la cocina es excelente En este círculo la cocina es excelente
Ein ausgezeichnetes Mittagessen	Un almuerzo exquisito
Was ziehen Sie vor : Fleisch oder Wildgeflügel ?	¿Qué prefiere Vd. : carne o aves?

I am not keen on fish, I prefer rare meat	Je n'aime guère le poisson, je préfère une viande saignante
To get used to French food To take to French food	S'habituer à la cuisine française Prendre goût à la cuisine française
What about dining out?	Que penseriez-vous d'aller dîner au restaurant?
The bill is on me (U.S.A.) The check is on me	L'addition est pour moi
To foot the bill To pick up the tab	Régler l'addition Casquer
Half a loaf is better than no bread	Faute de grives on mange des merles
Don't bite off more than you can chew	N'ayez pas les yeux plus gros que le ventre
An empty stomach has no ears	Ventre affamé n'a point d'oreilles
He who sleeps forgets his hunger	Qui dort dîne

Speeches / *Discours*

To take the floor To address the meeting	Prendre la parole
To memorize a speech To commit a speech to memory	Apprendre un discours par cœur
Your Excellencies, Ladies, Mr. Chairman, Gentlemen...	Vos Excellences, Mesdames, Monsieur le Président, Messieurs...
I am speaking under two handicaps	Je parle avec deux handicaps
To deliver an eulogy	Faire l'éloge
To pay tribute	Rendre hommage
To give a toast To propose a toast	Porter un toast
When you speak, the most important is to sound friendly	Quand vous parlez, le plus important est de dégager de la sympathie

Ich bin kein großer Freund von Fisch und ziehe wenig durchgebratenes Fleisch vor	No me gusta mucho el pescado, prefiero la carne poco hecha
Geschmack an der französischen Küche gewinnen	Acostumbrarse a la cocina francesa Tomar gusto a la cocina francesa
Was halten Sie davon, im Restaurant zu essen? Warum nicht draußen essen?	¿Qué piensan Vds. de una comida en el restaurante?
Geben Sie mir die Rechnung, bitte! Ich lade ein.	La cuenta para mí, por favor Convido yo.
Die Rechnung bezahlen Blechen	Pagar la cuenta Cascar Soltar la mosca
In der Not, schmeckt die Wurst auch ohne Brot Lieber ein Butterbrot auf dem eigenen Tisch, als eine fette Gans in der Ferne	A falta de pan buenas son tortas
Haben Sie nicht die Augen größer als den Magen!	No tenga los ojos más grandes que la barriga
Ein hungriger Magen will nicht hören Not kennt kein Gebot	Vientre vacío no obedece a órdenes El hambre es mala consejera
Wer schläft, hat keinen Hunger	El que duerme no tiene hambre

Reden / *Discursos*

Das Wort ergreifen	Tomar la palabra
Eine Rede auswendig lernen	Aprender un discurso de memoria
Exzellenzen, meine Damen, Herr Vorsitzender, meine Herren...	Excelencias, Señoras, Señor Presidente, Señores...
Ich spreche mit zwei Handicaps Ich spreche mit zwei Nachteilen, die auf mir lasten	Hablo con dos desventajas
Eine Lobrede halten	Hacer un (discurso) panegírico
Eine Huldigung aussprechen	Rendir un homenaje
Einen Toast ausbringen Einen Trinkspruch ausbringen	Echar un brindis
Wenn Sie eine Rede halten, ist das Wichtigste, Sympathie zu erwecken	Cuando se habla, lo más importante es crear simpatía

Entertainments	*Distractions*
I am taking you to the movies I am taking you to the theatre I am taking you to the ballet	Je vous emmène au cinéma Je vous emmène au théâtre Je vous emmène au ballet
I am taking you to the pantomime I am taking you to a dumb show (U.S.A.)	Je vous emmène à la pantomime
I am taking you to an exhibition	Je vous emmène à une exposition
I am taking you to a private showing	Je vous emmène à une avant-première
You missed out a marvellous painting exhibition	Vous avez manqué une merveilleuse exposition de peinture
I am taking you to a full-dress rehearsal of...	Je vous emmène à la générale de...
I am taking you to the opening night of...	Je vous emmène à la première représentation de...
To have a front seat	Être aux premières loges
To book a stall To book an orchestra seat (U.S.A.)	Réserver un fauteuil d'orchestre
Four seats together in the dress circle	Quatre places contiguës au premier balcon
Gallery	Troisième galerie
I have no small change about me to tip the attendant	Je n'ai pas de monnaie sur moi pour donner un pourboire à l'ouvreuse
To pay one's way	Payer son écot
To receive a complimentary ticket To receive a free ticket	Recevoir un billet de faveur
The cast The casting	La distribution des rôles
To rehearse a play	Répéter une pièce de théâtre
Miss X starred in... (*Theatre in G.B.: always* Mrs.)	Mlle X était la vedette de...
An extra A walk-on part	Un figurant Un rôle de figurant

Zerstreuungen / *Distracciones*

Ich nehme Sie mit ins Kino	Le llevo a Vd. al cine
Ich nehme Sie mit ins Theater	Le llevo a Vd. al teatro
Ich nehme Sie mit zu einem Ballettabend	Le llevo a Vd. al ballet
Ich nehme Sie mit zu einer Pantomime	Le llevo a Vd. a la pantomima
Ich nehme Sie mit zu einer Ausstellung	Le llevo a Vd. a una exposición
Ich nehme Sie mit zu einer Generalprobe	Le llevo a Vd. a una primera función (ensayo general)
Sie haben eine wunderbare Gemäldeausstellung verpaßt	Ha perdido Vd. una maravillosa exposición de pintura
Ich nehme Sie mit zur Generalprobe von...	Le llevo al ensayo general de...
Ich führe Sie zur Erstaufführung von...	Le llevo a la primera función de...
Einen Platz in der ersten Reihe haben	Estar en primera fila
Einen Orchestersitz reservieren	Reservar una butaca de patio
Vier Plätze nebeneinander im ersten Balkon	Cuatro butacas contiguas en el piso principal
Galerie / Olymp	Última galería
Ich habe kein Kleingeld für das Trinkgeld der Platzanweiserin	No tengo moneda para la propina de la acomodadora
Seinen Anteil an den Kosten bezahlen	Pagar su escote / Pagar su rama
Ein Freibillett bekommen	Recibir una entrada de favor / Recibir un boleto gratis
Die Besetzung eines Theaterstückes	El reparto de la obra / El reparto de la representación
Ein Stück proben	Ensayar una obra / Hacer el ensayo de una obra
Frau X spielte die Hauptrolle in...	La señorita X era la estrella de... / ... la primera figura de...
Ein Statist / Eine Nebenrolle	Un figurante / Un comparsa

An understudy A stand-in man	Un remplaçant Une doublure
A ham	Un cabotin
The high spot The show stopper	Le clou de la soirée
An encore A curtain call	Un bis Un rappel
In the spotlight In the limelight	Au premier plan Sous les feux de la rampe
Flood lighting	Illumination par projecteur
The play was a hit The play was a smash	La pièce fut un succès
The play has excellent notices	La pièce a une excellente presse
No criticism was passed on the play	On n'a fait aucune critique de la pièce
The play does not grip the house	La pièce ne passe pas la rampe
The play fell flat	La pièce tomba à plat
To play to an empty house	Jouer devant une salle vide
The play is panned	La pièce est éreintée par la critique
Leisure activities	Les loisirs

Sports

Sports

What sports do you go in for?	Quels sports pratiquez-vous?
SHOOTING (U.S.A. HUNTING) The shooting season	CHASSE A TIR La saison de la chasse

Ein Double	Un doble
Ein Reservemann	Un suplente
	Un actor de doblaje
Ein Schmierenkomödiant	Un comediante
Ein Schmierenschauspieler	Un farsante
	Un comicastro
	Un cómico de la legua
Der Clou des Abends	La principal atracción de la velada
Der Höhepunkt der Schau	El colofón
Eine Zugabe	Un « otra vez »
Ein Vorhang (Theater)	Un « que se repita »
	Una llamada a escena
Im Mittelpunkt aller Augen	Estar muy a la vista
Im Scheinwerferlicht	Estar en primer plano
Im Rampenlicht	A la luz de las candilejas
Scheinwerferlicht	Iluminación con proyectores
Rampenlicht	
Das Stück war ein Erfolg	La obra fue un éxito
Das Stück hat ausgezeichnete Kritiken	La obra ha obtenido críticas muy favorables
Das Stück ist überhaupt nicht kritisiert worden	No se ha criticado a la obra
	No hubo críticas de la obra
Das Stück kommt nicht an	La obra no « llega » al público
	La obra no tiene éxito
Das Stück ist durchgefallen	La obra no tuvo ningún éxito
	La obra fue una quiebra completa
Vor einem leeren Haus spielen	Tener un vacío (teatro)
	Un teatro sin público
Das Stück wird von der Kritik verrissen	Los críticos hacen pedazos de la obra
Die Freizeitgestaltung	Actividades de ocio
	Actividades fuera del trabajo

Sport

Deportes

Welchen Sport betreiben Sie?	¿Qué deportes practica Vd.?
PIRSCHJAGD	CACERÍA
Die Jagdzeit	La temporada de caza

To go shooting (U.S.A.: hunting)	Aller à la chasse
The shooting jacket	La veste de chasse
The shot-gun	Le fusil de chasse
The rabbit	Le lapin
The hare	Le lièvre
The partridge	La perdrix
The grouse	Le coq de bruyère
To stalk	Chasser à l'affût
The deer stalker	Le chasseur de cerf au fusil
The butt	La butte de tir pour l'affût
The beater	Le rabatteur
To sell the shooting on an estate	Vendre des droits de chasse sur un domaine
HUNTING	CHASSE A COURRE
Fox hunting	La chasse au renard
A hunting-seat	Un château habité pendant la saison de chasse à courre
The hunting-box	Le pavillon de chasse (à courre)
Hunting right	Le droit de chasse
The hunting coat	L'habit de chasse
The huntsmen	Les veneurs Les piqueurs
The hunting horn	Le cor de chasse
The hunting dog The shooting dog	Le chien de chasse
The pack of staghounds	La meute
To flesh the hounds	Mettre les chiens en curée
RACES	COURSES DE CHEVAUX
At the races, in morning coat and grey top hat	Aux courses, en jaquette et haut-de-forme gris
A racing colt during a morning work-out	Un poulain de course au cours d'un entraînement matinal
Heavy going	Terrain lourd

Auf die Jagd gehen	Ir a la caza
Der Jagdrock	La cazadora
Das Jagdgewehr	La escopeta
Das Wildkaninchen	El conejo
Die Hase	La liebre
Das Rebhuhn	La perdiz
Der Auerhahn	El urogallo
Der Hochsitzjagd	Cazar en puestos
Der Hirschjäger Der Weidmann auf der Hirschjagd	El cazador de ciervos
Der Anstand für die Auerhahnjagd	El espaldón de tiro
Der Treiber	El ojeador
Die Jagdrechte eines Reviers gegen Bezahlung abtreten	Vender los derechos de caza de un coto (vedado)

PARFORCEJAGD	MONTERÍA
Die Fuchshetzjagd	La montería al zorro
Ein Jagdschloß (bewohnt während der Zeit der Parforcejagd)	Una quinta habitada durante la temporada de montería
Das Jagdhaus Die Jagdhütte	El chalet de caza
Das Jagdrecht	Los derechos de cacería
Der rote Jagdrock (Parforcejagd)	La levita de montería El traje de montería
Die Jagdgehilfen Die Piköre	Los monteros de caza
Das Jagdhorn	El cuerno de caza
Der Jagdhund	El perro de caza
Die Hirschmeute	La jauría de montería
Den Hunden(der Meute) das Jägerrecht geben	Encarnar (la jauría)

PFERDERENNEN	CARRERAS DE CABALLOS
Auf dem Rennplatz, im Stresemann und grauen Zylinder	En las carreras, en chaqué y chistera gris
Ein junges Rennpferd beim Morgentraining	Un potro de carreras durante el entrenamiento matinal
Schweres Gehen Schweres Terrain	Terreno difícil

To bring up the rear	Fermer la marche
To tax a mare to the limit and win to the punch (to the draw)	Pousser une pouliche à fond et gagner sur la ligne d'arrivée
A hot tip	Un tuyau aux courses
Odds on or against a horse	La cote d'un cheval
What is the betting on this horse?	Quelle cote fait ce cheval?
A sure bet A cinch bet	Un pari gagné d'avance
To bet on a certainty	Parier à coup sûr
To have fun with small bets To have a little flutter	Jouer de petites sommes
To bet one's all on a horse To put one's last shirt on a horse	Jouer son « va-tout » sur un cheval Jouer sa chemise sur un cheval
To be placed on the rocks by slow horses and fast women	Être mis sur la paille par des chevaux lents et des femmes légères

FISHING

To go fishing — Aller à la pêche

The fishing tackle	L'attirail de pêche
The fishing rod	La canne à pêche
The fish hook	L'hameçon
Fishing streams	Des cours d'eau poissonneux
Fishing preserve	Pêche réservée
Neither fish, flesh, nor good red herring	Ni chair ni poisson
A black bass	Un bar noir
A giant pike	Un brochet géant
To hunt the marlin	Chasser l'espadon

GOLF

Irons	Les fers Les clubs
Drivers	Les drivers [*en bois*]
Putters	Les putters

Im Schlußfeld sein	Ser de los últimos caballos
Alles aus einer jungen Stute herausholen und im letzten Moment gewinnen	Sacarlo todo de una potra y ganar en la línea de la meta
Ein Renntip	Un informe confidencial sobre las carreras
Das Wettverhältnis	La cotización de un caballo en las apuestas
Wie stehen die Wetten für dieses Pferd?	¿Qué tal las apuestas sobre este potro?
Eine sichere Wette	Una apuesta segura
Auf einen sicheren Gewinner setzen	Apostar sobre seguro
Sich mit kleinen Wetten amüsieren	Divertirse con pequeñas apuestas Jugar pequeñas puestas
Alles auf ein Pferd setzen Seinen letzten Hosenknopf auf einen Gaul setzen	Apostar su cabeza sobre un potro
Durch langsame Pferde und flotte Mädchen auf den Hund kommen	Arruinarse con caballos lentos y mujercitas rápidas

SPORTFISCHEREI — PESCA

Angeln gehen Fischen gehen	Ir de pesca
Die Angelausrüstung	Los pertrechos de pesca
Die Angelrute	La caña de pescar
Der Angelhaken	El anzuelo
Fischreiche Wasserläufe Fischreiche Gewässer	Ríos en donde abundan los peces
Fischereirevier Angelrevier	Coto de pesca
Weder Fisch noch Fleisch	Ni carne ni pescado
Ein Seebarsch	Una lubina
Ein Riesenhecht	Un lucio gigantesco
Den Schwertfisch angeln	Pescar el pez espada

GOLF — GOLF

Die Eisen Die Golfschläger	Los palos Los hierros
Die großen Eisen	Los palos grandes Los hierros grandes
Das Puttingeisen Der Puttingschläger	Los palos de putting

A caddie	Un caddie
To caddie for someone	Servir de caddie à quelqu'un
An 18 hole golf course	Un parcours de 18 trous
The 19th hole The club house	Le club house
The greens	Les greens
Through the greens	A travers le parcours
The bunkers	Les banquettes de sable
The rough	L'herbe longue
The tee	Le dé, le tee
Tee-off	Le tertre de départ
The air-shot	Le coup où l'on rate la balle
To tee off	Jouer sa balle du « tee » de départ
To slice	Faire dévier la balle à droite
The par	Le par *(nombre de coups normal pour un trou)*
The par for this hole is four	Ce trou se fait normalement en quatre coups
The bogey	Le bogey *(le « par » plus un coup)*
The birdie	Le birdie *(le trou fait en un coup de moins que la normale)*
The eagle	Le eagle *(le trou fait en deux coups de moins que la normale)*

Ein Caddie	Un caddie
Für jemand(en) Caddie sein	Hacer el caddie para uno
Ein Golfplatz mit 18 Löchern	Un campo de golf de 18 agujeros
Das Klubhaus	La casa del club de golf
Die Greens	Los greens
Über den Golfplatz	Por los greens
Die Bunker	Los bunkers Las banquetas de arena
Das Rough	La hierba
Das Tee	Los céspedes El dado, el tee
Das Starttee	El punto de salida
Der Fehlschuß Der Fehlschlag	El fallo
Vom Starttee spielen	Jugar su pelota a partir del punto de salida
Den Golfball nach rechts ablenken	Hacer desviar la pelota a la derecha
Das Par *(normale Anzahl der Schläge für ein Loch)*	El par *(número normal de golpes para un agujero)*
Das Loch wird normalerweise in vier Schlägen gemacht	Este agujero se hace normalmente en cuatro golpes
Das Bogey *(ein « Par », das mit einem Schlag mehr als normalerweise gemacht wird)*	El bogey *(el « par » más un golpe)*
Das Birdie *(ein Loch, das mit einem Schlag weniger als normalerweise gemacht wird)*	El birdie *(el agujero hecho en un golpe menos del bogey)*
Das Eagle *(ein Loch, das mit zwei Schlägen weniger als die Norm gemacht wird)*	El eagle *(el agujero hecho en dos golpes menos del bogey)*

8 Business expressions / Expressions utilisées dans les affaires

I won't forget this / I'll keep it in mind	Je vous revaudrai ce service
Double or quit	Quitte ou double
To have old scores to settle	Avoir de vieux comptes à régler
It will tide me over / It will help me out	Cela me dépannera
To inform of what was afoot	Informer de ce qui était en train
It will cost you a pretty penny	Cela vous coûtera une belle somme
That will butter your bread / That brings grist to the mill	Cela mettra du beurre dans les épinards / Cela portera de l'eau au moulin
Would you accept to enter into a joint venture in Canada?	Accepteriez-vous de participer à une entreprise commune au Canada?
To be still making a profit / To be still in the money	Y gagner encore
The inception is promising	Le début (de l'entreprise) est prometteur
Under existing circumstances	Dans les circonstances actuelles
To illustrate / To exemplify	Illustrer / Donner un exemple
The jackpot	Le gros lot
To hit the jackpot	Gagner le gros lot
To be wide off the mark	Être loin du compte

Geschäftsausdrücke | Expresiones de los negocios 8

Das werde ich Ihnen nicht vergessen Ich werde Ihnen diesen Dienst vergelten	No lo olvidaré Lo tendré en cuenta Le devolveré este servicio (este favor)
Ausscheiden oder Verdoppeln	Doble o nada
Noch eine alte Rechnung zu begleichen haben Noch ein Hühnchen zu rupfen haben	Tener que ajustarle a uno las cuentas No haber terminado todavía con uno Tener viejas cuentas que saldar
Das wird mir aus der Verlegenheit helfen	Eso me sacará de apuros
Von dem, was in der Mache war, (von dem, was passierte) unterrichten	Informar de lo que estaba en marcha (de lo que pasaba)
Das wird eine Stange Geld kosten Das wird eine schöne Summe kosten	Le costará un buen pico
Das macht den Kohl fett Das bringt die Butter aufs Brot	Eso mejorará su situación Eso llevará agua a su molino
Sind Sie bereit, sich an einem gemeinsamen Unternehmen in Kanada zu beteiligen? Wollen Sie bei einem Geschäft in Kanada mitmachen?	¿Aceptaría Vd. participar en una empresa conjunta en el Canadá?
Noch immer daran verdienen Noch immer einen Gewinn machen	Todavía se gana dinero Salir todavía con un beneficio
Der Start ist vielversprechend	El comienzo (de la empresa) es prometedor
Unter den gegenwärtigen Umständen	En las actuales circunstancias
Anhand eines Beispiels erklären Durch Beispiele erläutern	Explicar dando un ejemplo
Das große Los	El gordo El premio gordo
Das große Los gewinnen	Llevarse el gordo
Sich schwer verrechnen Sich verkalkulieren Von der Wahrheit weit entfernt sein	Estar lejos de la realidad Haber hecho un cálculo equivocado

Sphere of activity Field of activity	Champ d'activité
To raise the ante To raise the bid	Augmenter la première mise
To derive a profit from...	Retirer quelque bénéfice de...
We are confronted by a very difficult problem	Nous devons faire face à un problème très difficile
For the purpose of the discussion it will be assumed that...	Pour engager la discussion, on suppose que...
The premises are well located	Le local est bien situé
As a guidance As a guide line	Pour votre gouverne
To go halves with them To go Dutch with them	Aller de moitié avec eux
The extortion of funds The shakedown	L'extorsion de fonds
To band together	Se liguer
To live up to one's obligations	Honorer ses obligations
To edge up	Accroître ses exigences
To make money on... To cash in on... To get a cut of... (U.S.A.)	Faire de l'argent sur...
More or less So, so	Plus ou moins
At this auction sale, my agent drops out at one million At this auction sale, my agent stops bidding at one million	A cette vente aux enchères, mon représentant se retire à un million
That's how I figure it out *(slang)*	Voilà comment je chiffre la chose
To approve the bills To O.K. the bills	Approuver les factures
A general agreement A package deal	Un accord général
To straighten out this matter	Mettre en ordre cette affaire

Tätigkeitsfeld Tätigkeitsbereich Arbeitsbereich	Campo de actividades
Das erste Angebot erhöhen Den ersten Einsatz erhöhen	Aumentar la primera oferta Aumentar la primera aportación (de capital)
Einen Gewinn aus... ziehen Gewisse Vorteile aus... ziehen	Retirar unos beneficios de...
Wir befinden uns vor einem sehr schwierigen Problem	Nos enfrentamos con un problema muy difícil
Um die Diskussion in Gang zu bringen, wird vorausgesetzt, daß...	Para entablar la discusión se supondrá que...
Die Geschäftsräume haben eine gute Lage	Los locales están bien situados
Als Richtlinie Zu Ihrer Unterrichtung	Para su gobierno Como línea de conducta
Fifty-fifty mit ihnen machen Zur Hälfte mit ihnen marschieren	Ir a medias con ellos
Die Gelderpressung	La extorsión de fondos
Sich verbünden	Coaligarse
Seinen Verpflichtungen nachkommen	Cumplir sus obligaciones
Nach und nach seine Forderungen steigern	Aumentar poco a poco sus exigencias
Aus... Geld ziehen Bei... mitkassieren Einen Anteil abkriegen	Sacar dinero de... Recibir un porcentaje
Mehr oder weniger	Más o menos Así así
Bei dieser Versteigerung gibt mein Bevollmächtigter bei einer Million auf	En esta subasta mi apoderado se retira en el tope de un millón
Ich sehe die Sache so Ich kalkuliere die Sache so	Veo el asunto así Mi cálculo del asunto es así
Die Rechnungen anerkennen	Aprobar las facturas
Ein Rahmenabkommen Ein mehrere Geschäfte umfassendes Abkommen	Un acuerdo general Un acuerdo comprendiendo varios asuntos
Diese Sache in Ordnung bringen	Poner en orden este asunto

To contribute	Cotiser
To pool together	Se cotiser Mettre en commun (capitaux, etc.)
To regret one's words	Regretter ses propos
To eat one's words	Rétracter ses paroles
I'll make you pay for that	Vous me paierez cela
I'll get even with you for that	Je vous revaudrai cela
You will be sorry for that	Vous le regretterez
To face the music *(slang)* To pay the piper *(slang)*	Payer les pots cassés
Off the record Off the cuff *(slang)*	Officieusement
To do business on a multinational scale To be a multinational company	Faire des affaires à une échelle internationale Être une entreprise multinationale
To give a free hand	Donner carte blanche
To have elbow room (U.S.A.)	Avoir les coudées franches
To play on velvet It's all smooth sailing	Jouer sur du velours Tout marche comme sur des roulettes
This business is dragging on	Cette affaire traîne en longueur
To frame up	Manigancer une affaire Truquer un résultat
To fulfil one's responsibility	Tenir son engagement Remplir ses engagements
To carry out one's undertaking	Mener à bien sa mission
To upset someone's apple-cart	Brouiller les cartes de quelqu'un

Beitragen Einen Beitrag leisten	Cotizar Contribuir
Zusammenlegen (Geld) Eine gemeinsame Kasse bilden	Cotizarse, compartir gastos Reunir los capitales en un fondo común
Seine Äußerungen bedauern Seine Worte bedauern	Deplorar sus palabras Sentir sus palabras Lamentar lo dicho
Seine Äußerungen zurücknehmen Seine Worte zurücknehmen	Retirar lo dicho Retractarse de lo dicho
Das werden Sie mir bezahlen	Me las pagará
Darüber werden wir noch abrechnen	Ya saldaremos cuentas
Das werden Sie bereuen	Vd. lo deplorará
Es ausbaden müssen Das zerschlagene Porzellan bezahlen	Pagar los vidrios rotos
Inoffiziell Vertraulich mitteilen	Oficiosamente Informar confidencialmente
Geschäfte auf internationaler Basis betreiben Ein multinationales Unternehmen sein	Hacer negocios a escala internacional Ser una empresa multinacional
Volle Freiheit einräumen Volle Vollmacht erteilen	Dar carta blanca
Ellenbogenfreiheit haben Bewegungsfreiheit haben	Tener campo libre Tener libertad de movimiento
Auf Nummer sicher gehen Alles rollt glatt	Proceder sobre seguro Todo marcha fácilmente
Diese Sache zieht sich in die Länge	Este asunto está prolongándose mucho Este asunto va a paso de tortuga
Ein Ding drehen Eine krumme Sache aufziehen Ein Resultat verfälschen	Tramar un asunto Maquinar un asunto Trapichear Falsear un resultado
Seine Verpflichtungen halten Seine Aufgabe ordnungsgemäß erledigen	Cumplir con sus compromisos Cumplir con sus responsabilidades
Seine Aufgabe gut ausführen Sein Vorhaben durchführen	Realizar su misión Llevar su empresa a buen fin
Jemand(em) das Spiel verderben	Estropear los planes de alguien Contrarrestar los planes de uno

To refloat a concern To relaunch a business	Renflouer une affaire
To bring forward a proposal	Soumettre une proposition
To put aside a question To sidetrack a question To shelve a question	Écarter une question Enterrer une question
Everything works out as planned Everything goes like clockwork	Tout se déroule comme prévu
This is a long shot	C'est une gageure
Empirically By rule of thumb	Empiriquement A vue de nez
To get things started To set in motion To set the ball rolling	Mettre les choses en train
The success depends mainly on a great many intangibles	Le succès dépend surtout d'une masse d'impondérables
Major imponderable	Un impondérable majeur
Without any plausible ground Without any good reason	Sans raison plausible
A failure A washout A fiasco	Une faillite Un échec
To misfire To peter out To fizzle out	Faire long feu Ne pas aboutir
It did not succeed It did not come off	Cela n'a pas abouti
To draw a blank	N'aboutir à rien
To mess up everything	Tout rater Tout gâcher
To come a cropper *(slang)*	Faire la culbute Se casser le nez sur...

Ein Unternehmen sanieren Eine Sache wieder in Gang bringen	Sacar de apuros a una empresa Sacar adelante un asunto
Einen Vorschlag unterbreiten	Presentar una propuesta
Eine Frage unbeachtet lassen Einer Frage aus dem Weg gehen Eine Frage ad acta legen	Descartar una cuestión Enterrar una cuestión Esquivar una cuestión
Alles verläuft wie vorgesehen Alles verläuft nach Plan Alles läuft wie ein Uhrwerk ab	Todo marcha como estaba previsto Todo marcha como un mecanismo de precisión
Das ist ein gewagtes Vorhaben Das ist ein großes Wort gelassen ausgesprochen Das ist eine gewagte Spekulation	Es un proyecto muy osado Es una afirmación muy osada (especulativa)
Über den Daumen gepeilt Seiner Nase nach gehen	Pragmáticamente A ojo de buen cubero
Die Dinge in Gang bringen Bewegung in eine Sache bringen Den Ball ins Rollen bringen	Poner las cosas en marcha Poner en movimiento
Der Erfolg hängt vor allen Dingen von einer Menge Imponderabilien ab	El éxito depende sobre todo de una cantidad de imponderables
Ein bedeutender nicht kalkulierbarer Faktor Eine wichtige Unbekannte	El principal imponderable El principal factor desconocido (incalculable)
Ohne jeden plausiblen Grund Ohne jeden vernünftigen Grund	Sin ninguna razón plausible Sin una sola buena razón
Eine Pleite Ein Mißerfolg Ein Fiasko	Un fracaso Un fiasco
Daneben gehen, daneben schießen Langsam eingehen Langsam verschwinden Nicht zu Ende führen	Fracasar No conducir a nada No llevar a buen término
Das hat zu nichts geführt Das hat nicht geklappt	No tuvo éxito No salió bien
Eine Niete ziehen Zu nichts führen	No conseguir nada
Alles verpfuschen Alles durcheinander bringen Alles verderben	Malograr todo Estropear todo Hacer un lío de todo Hacer un lodazal de todo
Auf die Nase fallen Angeschlagen aus einem Geschäft herauskommen	Darse un batacazo Quedarse con dos palmos de narices No tener éxito

To stand still	Ne prendre aucune initiative
It was a foregone conclusion	L'issue n'était pas douteuse C'était à prévoir
To close the deal To clinch the deal *(slang)*	Conclure l'affaire
This company acts on the sly This company acts furtively This company acts underhandedly	Cette société agit en sous-main
The ins and outs of this business	Les tenants et les aboutissants de cette affaire
Showdown	Étaler les cartes La minute de vérité
In a stalemate An impasse	Au point mort Une impasse
It's a long-winded business	C'est une affaire de longue haleine
The pros and cons have been considered	On a considéré le pour et le contre
The odds are better	Les chances sont meilleures
This is the overriding consideration	C'est la raison déterminante
I shall revert in due course	J'y reviendrai en temps utile
On the understanding that...	Étant bien entendu que...
Keeping abreast of changing conditions and legislation	Marchant de pair avec les circonstances et une législation changeantes
Pending final arrangement	Dans l'attente d'un arrangement définitif
To sustain a loss	Subir une perte
A reliable assistance A sterling assistance	Une aide de bon aloi
A sterling character	Quelqu'un de sûr

Keinerlei Initiative ergreifen Sich nicht rühren	No tomar ninguna iniciativa No reaccionar
Das war vorauszusehen Das konnte nur so ausgehen	Esta conclusión era previsible No podía terminar de otra manera
Das Geschäft abschließen Das Geschäft machen	Cerrar un trato Llevarse el trato
Diese Gesellschaft handelt in aller Stille Diese Gesellschaft handelt unter der Hand Diese Gesellschaft spielt ein doppeltes Spiel	Esta compañía actúa bajo cuerda Esta compañía actúa secretamente Esta compañía hace juego sucio
Alle Einzelheiten dieser Angelegenheit	Todos los pormenores del asunto El intríngulis del asunto
Die Karten aufdecken Die Stunde der Wahrheit Die Abrechnung	Poner las cartas boca arriba El momento de la verdad El ajuste de cuentas
Auf dem toten Punkt Eine Sackgasse	En punto muerto Un callejón sin salida
Das ist eine langwierige Sache	Es un asunto de larga duración Este asunto necesita paciencia
Man hat das Für und Wider in Betracht gezogen	Se han considerado los pros y los contras
Die Aussichten sind besser Die Aktien stehen besser	Las posibilidades son mejores
Das ist der entscheidende Grund Das ist die entscheidende Überlegung	Esta es la razón determinante
Ich werde zu gegebener Zeit wieder darauf zurückkommen	Volveré a ello en su debido tiempo
Unter der Voraussetzung, daß...	En el entendimiento de que... A condición de que...
Mit den Veränderungen der Umstände und der Gesetzgebung schritthalten	Manteniéndose al tanto de las condiciones y de la legislación cambiantes
In Erwartung einer endgültigen Regelung	En espera de un acuerdo definitivo
Einen Verlust erleiden Einen Verlust haben	Sufrir una pérdida
Eine zuverlässige Hilfe Eine wertvolle Hilfestellung	Una valiosa ayuda Una ayuda de verdad
Ein goldwerter Charakter Jemand von absoluter Zuverlässigkeit	Una persona de ley Una persona de confianza absoluta

Is there a tie-in between the two questions?	Y a-t-il un rapport entre les deux questions?
Everything evens out in the end	Tout se paie en fin de compte
You look for more in this agreement than is justified	Vous cherchez dans cet accord des complications qui n'y sont pas

We cannot explain it We cannot account for it	Nous ne pouvons pas l'expliquer
We will not get through all this paper work today	Nous n'arriverons pas au bout de ce travail de paperasserie aujourd'hui
Something is wrong	Quelque chose ne va pas
Something is brewing Something's up	Quelque chose se prépare Il se mijote quelque chose
To touch on the problem To skim over the problem	Effleurer le problème
To go into it with... To associate with...	S'associer avec...
Such an opportunity is not to be sneezed at Such an opportunity cannot be overlooked	Une telle occasion n'est pas à dédaigner
We believe there may be a considerable area of mutual interest and look forward to hearing from you	Nous croyons qu'il existe un terrain considérable d'intérêts communs et espérons de vos nouvelles
To adopt a common position To adopt a joint stand (U.S.A.)	Adopter une position commune

The news spread at once in the City The news got about at once in the City	La nouvelle s'est immédiatement répandue dans la City
I have half a mind to take the chance I am almost decided to try my luck	J'ai presque envie de tenter ma chance
I have taken the hint	J'ai saisi l'allusion
It's of great import	Ceci a une grande signification
We are justified in thinking...	Nous sommes fondés à croire...

Besteht zwischen den beiden Fragen ein Zusammenhang?	¿Hay alguna relación entre las dos cuestiones?
Irgendwann muß alles einmal bezahlt werden	Todo se paga al final Todo se salda en fin de cuentas
Sie suchen in diesem Vertrag Dinge, die nicht darin sind Sie suchen in diesem Vertrag Komplikationen, die nicht vorhanden sind	Busca Vd. más complicaciones en este convenio de las que hay
Wir finden keine Erklärung dafür	No podemos explicarlo
Wir können diesen ganzen Papierkram heute nicht erledigen	No terminaremos hoy con todo este papeleo
Irgendetwas stimmt nicht	Algo va mal
Irgendetwas bahnt sich an Es ist etwas in der Luft	Se está cociendo algo Algo hay
Das Problem streifen Das Problem kurz erwähnen	Tocar el problema Tratar superficialmente el problema
Mit... in ein Geschäft einsteigen Sich mit... assoziieren	Asociarse con... Entrar en un negocio con...
Zu einer solchen Gelegenheit sagt man nicht nein Eine solche Gelegenheit darf man nicht verpassen	No se debe desdeñar una oportunidad semejante No hay que perder una oportunidad como esa
Wir glauben, daß hier beachtliche gemeinsame Interessen vorliegen und hoffen, bald von Ihnen zu hören	Creemos que puede existir un campo considerable de intereses comunes y esperamos tener noticias suyas
Einen gemeinsamen Standpunkt annehmen Eine gemeinsame Haltung einnehmen	Adoptar una postura común
Die Nachricht hat sich sofort in der City verbreitet	La noticia se propagó en seguida en la City
Ich hätte fast Lust, mein Glück zu versuchen Ich bin fast entschlossen, die Sache zu riskieren	Estoy casi decidido a probar fortuna Tengo bastantes ganas de arriesgarme a...
Ich habe die Anspielung verstanden	Comprendí la alusión Ya he comprendido la alusión
Diese Sache ist sehr kennzeichnend	Esto es muy significativo
Wir haben Grund zu der Annahme...	Estamos perfectamente autorizados para creer...

He knows his business thoroughly	Il connaît à fond son métier
At odd times	A l'occasion
If it were otherwise	S'il en était autrement
We make it a point to...	Nous nous faisons un devoir de... Nous attachons beaucoup d'importance à...
We have made a practice to...	Nous avons pris pour habitude de...
I will not press the point	Je n'insisterai pas là-dessus
They say in high quarters that...	On dit en haut lieu que...
That serves them right	C'est bien fait pour eux
In this matter I am his spokesman	En cette affaire, je suis son porte-parole
I don't know how to go about it	Je ne sais comment m'y prendre Je ne sais comment procéder
The crisis has reached its head The crisis has reached its peak	La crise a atteint son point culminant
It is clear and above-board	C'est clair et net
And I will not retract my words	Et je ne me dédirai pas
Everything has been carried through Everything has been carried out	Tout a été mené à bonne fin
And everything in character	Et tout à l'avenant
To defeat one's aims To go against one's aims	Aller à l'encontre de ses propres intérêts
Foresight is better than hindsight (U.S.A.)	La prévoyance est préférable à la sagesse tirée de l'expérience Mieux vaut prévenir que guérir
To pass	Subir avec succès
To pass a bill	Adopter un projet de loi

Er kennt sein Geschäft genau	Conoce su profesión a fondo Domina su oficio perfectamente
Gelegentlich	A ratos perdidos Ocasionalmente
Wenn es anders wäre	Si no fuera así
Wir halten uns für verpflichtet... Wir legen großen Wert darauf, daß...	Nos creemos obligados de... Damos mucha importancia a...
Wir haben es uns zur Gewohnheit gemacht... Wir machen grundsätzlich...	Tenemos por costumbre de...
Ich will nicht darauf bestehen Ich will auf der Sache nicht herumreiten	No insistiré sobre el asunto No quisiera expansionarme sobre este punto
An hoher Stelle sagt man, daß...	Se dice en las alturas que...
Das geschieht ihnen recht	Les está bien empleado
In dieser Frage, spreche ich für ihn In dieser Sache, spreche ich in seinem Auftrag	En este asunto soy su portavoz
Ich weiß nicht, wie ich diese Sache anpacken kann Ich weiß nicht, wie ich verfahren soll	No sé cómo ponerme a hacerlo No sé cómo atacar este asunto
Die Krise hat ihren Höhepunkt erreicht	La crisis ha alcanzado su punto culminante
Das ist klar und deutlich	Está claro y sin dudas Está claro y como se debe
Und ich werde mein Wort nicht zurücknehmen Und ich bleibe dabei	Y no me retractaré de mis palabras Y no retiro nada de lo dicho
Es ist alles erledigt worden Alles ist gut zu Ende gebracht worden	Se ha terminado todo Todo está hecho
Und der ganze Rest entsprechend Das Übrige ist auch entsprechend Alles andere ist genau so	Y todo el resto está por el estilo Todo está por el estilo
Gegen seine eigenen Interessen handeln	Ir en contra de sus propios intereses
Vorsicht ist besser als Nachsicht	Prevenir es mejor que curar Más vale prevenir que curar
Mit Erfolg überstehen (bestehen)	Pasar con éxito
Einen Gesetzesvorschlag beschließen	Aprobar un proyecto de ley

To take steps	Faire des démarches Prendre des mesures
To pinpoint	Indiquer avec précision
To do a roaring trade	Faire des affaires superbes
To have a vested interest in a concern	Avoir des intérêts dans une entreprise
This is not businesslike	Ce n'est pas régulier
To conduct a survey	Effectuer une enquête
This record is provisional	Ce compte rendu est provisoire
After which period the record will be considered as definitive	Passé ce délai, le rapport sera considéré comme définitif
To keep pace with...	Se tenir au courant de... Marcher de pair avec...
Money matters	Affaires d'argent
To bear interest at... To bring interest at... To carry an interest of... To yield an interest of...	Porter intérêt à... A un taux d'intérêt de...
To play it safe	Ne pas prendre de risques
To chance To venture	Hasarder
To hold talks on...	Tenir des conversations sur...
It's anybody's guess	Personne n'en sait rien au juste
To make one's way	Se frayer un chemin Poser des jalons
To be out for one's own interests	Prêcher pour son saint
To play it straight	Jouer franc jeu
Have it your own way Do as you like	Faites comme vous l'entendez

Schritte unternehmen Maßnahmen ergreifen	Hacer gestiones Tomar medidas
Etwas klar herausstellen Mit Präzision angeben	Señalar con precisión
Etwas glänzend verkaufen Glänzende Geschäfte machen	Hacer negocios espectaculares Vender algo brillantemente
An einer Gesellschaft beteiligt sein Große Interessen in einen Unternehmen haben	Tener intereses bien establecidos en una empresa
Das ist nicht korrekt Das ist nicht kaufmännisch	Esto no es correcto Esto no es como debe ser
Eine Untersuchung durchführen Eine Studie durchführen	Realizar una encuesta
Dies ist ein vorläufiges Protokoll Dies ist ein provisorischer Bericht	Este informe es provisional Esta acta es provisional
Nach Ablauf dieser Frist, wird das Protokoll (der Bericht) als endgültige Fassung betrachtet	Después de dicho período, el informe (el acta) se considerará como versión definitiva
Mit... Schritt halten Sich auf dem laufenden halten	Tenerse al corriente Mantenerse al tanto
Geldangelegenheiten Geldsachen	Asuntos de dinero
Zum Zinssatz von... Sich mit... verzinsen	Producir un interés de...%
Kein Risiko eingehen	No tomar riesgos Jugar sobre seguro
Riskieren Ein Risiko eingehen	Arriesgarse Tomar un riesgo
Gespräche über... führen	Tener conversaciones sobre...
Keiner weiß etwas Genaues darüber Das ist ein Rätsel für alle	Nadie sabe nada de concreto Es el gran enigma
Seinen Weg gehen Erfolg haben	Ir su camino con éxito Tener éxito
Seine eigene Sache verfechten Im eigenen Interesse reden	Hablar en su propio interés Barrer hacia dentro
Mit offenen Karten spielen	Jugar limpio
Machen Sie es auf Ihre Art! Tun Sie was Sie wollen!	Hágalo como Vd. quiera Hágalo a su gusto

The ability to put a lid on spending	La capacité de mettre un frein aux dépenses
A ploy to pry out concessions	Un tour pour extorquer des concessions
It does them a disservice	Cela les dessert
Blinkered optimists don't make good businessmen	Les optimistes à œillères ne font pas de bons hommes d'affaires
Pull your socks up	Mettez-vous carrément à un travail dynamique
Whenever occasion serves	Chaque fois que l'occasion est favorable
I am at a loss to understand	Je n'arrive pas à comprendre
To hit the spot	Convenir parfaitement Toucher le point faible
That just suits my book	Cela répond à mes besoins
It does not hold water	Cela ne tient pas debout
It is beside the point	Cela n'a aucun rapport
There's more than one way to skin a cat	Il y a plus d'une façon de s'y prendre
That's where I draw the line	C'est là où je mets mon veto
To stretch the point a little To go overboard	Aller trop loin Exagérer
Get off my back Stay out of my hair	Fiche-moi la paix
To have more than one ace up one's sleeve	Avoir plus d'un atout dans son jeu Avoir plus d'une carte dans sa manche
Just a drop in the bucket	C'est une goutte d'eau dans la mer
To be in the running	Être dans la course
To set the record straight To get things straight	Mettre les choses au point

Die Fähigkeit, die Ausgaben zu begrenzen Die Fähigkeit, finanzielle Einschränkungen durchzuführen	La capacidad de poner un freno a los gastos
Ein Dreh, um Zugeständnisse zu erreichen Ein Dreh, um Zugeständnisse zu erzwingen	Una artimaña para conseguir concesiones
Das ist nachteilig für sie Das ist schlecht für sie	Esto les perjudica
Optimisten mit Scheuklappen sind schlechte Geschäftsleute	Los optimistas con anteojeras no son buenos hombres de negocios
Reißen Sie sich zusammen und arbeiten Sie, wie es sich gehört!	Láncese resueltamente al trabajo
Bei jeder günstigen Gelegenheit	En todas las oportunidades favorables
Ich verstehe nicht	No llego a comprender
Den wunden Punkt treffen	Tocar el punto crítico
Das ist das, was ich brauche Das kommt mir sehr gelegen	Eso es lo que necesito Me conviene perfectamente
Das hält einer Prüfung nicht stand	Eso no tiene fundamento
Das geht an der Sache vorbei	Eso no tiene ninguna relación con el asunto
Alle Wege führen nach Rom	Todos los caminos conducen a Roma
Von da ab mache ich nicht mehr mit Ich ziehe hier die Grenze	En este punto ya no continúo Aquí está el límite de lo que acepto
Zu weit gehen Übertreiben	Ir demasiado lejos en algo Exagerar
Lasse mich in Ruhe! Belästige mich nicht dauernd!	No me molestes Déjame en paz
Mehr als einen Trumpf in der Hand haben	Tener más de un triunfo en la mano
Das ist ein Tropfen auf einen heißen Stein	Es añadir una gota de agua al mar
Im Rennen sein	Estar en el ajo Estar a la altura No estar excluído
Die Dinge klarstellen Die Dinge richtigstellen	Definir claramente las cosas Esclarecer los asuntos

I am not sure he's on the level	Je ne suis pas sûr qu'il joue franc jeu
I'll get my last licks in someone	J'aurai le dernier mot
To buck the odds To fight a losing battle	Se heurter à un mur Livrer une bataille perdue d'avance
To step out of the picture	Se retirer du jeu
Money burns holes in his pocket	C'est un panier percé
When the contract was signed, he got the short end of the stick	Quand le contrat fut signé, il en fit les frais
To come out on top of the race	Arriver en tête de la course
To walk right into the trap	Tomber dans le panneau
To walk right into the hornets's nest	Se fourrer dans un guêpier
To get off the hook	S'en sortir
To back the wrong horse	Miser sur le mauvais cheval
To run with the horses and hunt with the hounds To play both ends against the middle	Manger à tous les râteliers
To hold all the aces To hold all the trumps	Avoir tous les atouts en main
Leave him to his own devices	Laisse-le se débrouiller
To take the lion's share To try to crab the act To steal the thunder	Tirer la couverture à soi
To take the wind out of someone's sails	Couper l'herbe sous le pied

Ich bin nicht sicher, daß er mit offenen Karten spielt	No estoy seguro que juegue limpio
Ich werde das letzte Wort haben	Me quedaré con la última palabra
Auf verlorenem Posten kämpfen Einen ungleichen Kampf liefern	Dar con la cabeza contra un muro Luchar en una batalla perdida
Sich zurückziehen Von der Bildfläche verschwinden	Retirarse del juego Ya no participar a algo
Das Geld brennt ihm auf den Fingern Er hat ein Loch in der Hosentasche	Es un saco roto Es un manirroto Es un despilfarrador
Bei der Unterschrift des Vertrages hat er den kürzeren gezogen	Cuando se firmó el contrato, él se quedó listo
Das Rennen machen	Salir con éxito de algo Ganar el contrato
Genau in die Falle gehen	Caer en la trampa Tragarse el anzuelo Dejarse engañar
Sich in Teufels Küche begeben In das Wespennest stechen	Meterse en un avispero
Noch einmal davonkommen Sich aus der Schlinge ziehen	Librarse de la trampa Arreglárselas Componérselas Conseguir salir del apuro
Auf das falsche Pferd setzen	Apostar sobre el caballo que pierde la carrera Llevar a cabo una especulación equivocada
Mehrere Eisen im Feuer haben Mit beiden Seiten marschieren	Servir a Dios y al diablo Sacar tajada de todas partes
Alle Trümpfe in der Hand haben	Tener todos los triunfos en la mano
Laß ihn selbst damit fertig werden! Er soll das selbst ausbrocken	Déjale despabilarse a él mismo
Eine Sache für sich selbst ausnutzen Seinen Interessen dienen	Barrer para adentro Arrimar el ascua a su sardina
Jemand(em) den Wind aus den Segeln nehmen	Ganar por la mano a alguien Tomar la delantera de alguien

To have someone cornered To have someone over a barrel	Tenir quelqu'un à sa merci
The dice are loaded (U.S.A.)	Les dés sont pipés
The cards are stacked (U.S.A.)	Les cartes sont truquées
To kiss it goodbye (U.S.A.)	En faire son deuil
To have the makings of...	Avoir l'étoffe de...
To talk softly but carry a big stick	Une main de fer dans un gant de velours
To have many irons in the fire	Mener de front plusieurs affaires
To pick an argument with...	Chercher noise à...
To hit it big (U.S.A.) To hit pay dirt (U.S.A.)	Trouver la poule aux œufs d'or
To be in a good bargaining position	Être en position de force
To play dumb (U.S.A.)	Faire l'innocent
It's in the works (U.S.A.)	C'est en train
To get away cheaply	S'en tirer à bon compte
At the last minute he had cold feet	A la dernière minute, il s'est dégonflé
It's out of my scope	Ce n'est pas dans mes cordes
To step on someone's toes	Marcher sur les plates-bandes de quelqu'un
Give X... enough rope and he will hang himself	Laisser quelqu'un s'enferrer

Jemand(en) in der Zange haben Gewalt über jemand(en) haben	Tener a alguien a su merced Tener a alguien pendiente de su voluntad
Die Würfel sind falsch Die Karten sind gezinkt Hier wird nicht mit gleichen Karten gespielt	Los dados están cargados En este asunto no se juega limpio
Die Karten sind gezinkt	Los naipes están marcados
Etwas verlieren Etwas abschreiben	Decir adiós a algo Despedirse de algo
Das Zeug zu... haben	Tener madera para...
Die eiserne Faust im Samthandschuh	Tener pata de gato con las uñas escondidas Una mano de hierro en un guante de terciopelo
Viele Eisen im Feuer haben	Sacar tajada de varias partes Ocuparse de varios negocios a la vez
Mit... Streit suchen Mit... Krach anfangen	Buscar camorra con...
Ein großes Geschäft machen Einen Goldesel finden	Encontrar la gallina de los huevos de oro Hacer un gran beneficio
In einer starken Stellung sein Eine gute Verhandlungsposition haben	Estar en posición de ventaja Estar en una situación de fuerza
Das Unschuldslamm spielen	Hacerse el inocente
Es ist in Bearbeitung Die Sache ist in Marsch	Estar en marcha
Billig davonkommen	Salir bien de un apuro
Er hat im letzten Moment noch kalte Füße bekommen Er hat sich noch im letzten Moment zurückgezogen	Al último momento se rajó Al último momento se acobardó
Das gehört nicht zu meinen Aufgaben Dafür bin ich nicht zuständig	No es de mi incumbencia No soy muy bueno para eso
Jemand(em) auf die Füße treten In den Bereich eines anderen eindringen	Meterse en el terreno de uno
Jemand(en) sich in der eigenen Schlinge fangen lassen Lassen Sie X... genügend Zeit, und er wird sich selbst seine Grube graben	Déle a X... bastante tiempo y se enredará él mismo

The coast is clear	Le champ est libre
To buy off To pay off	Corrompre
There's a lot riding on it There's a lot at stake on it	Il y a beaucoup en jeu
To sink a fortune in a project	Engloutir une fortune dans un projet
To be bogged down with work	Être débordé de travail
Do contact him Do look him up	Ne manquez pas de le contacter
He won't go along with it	Il ne marchera pas
He begged off the meeting, saying he was sick	Il demanda à être dispensé de la réunion, disant qu'il était souffrant
The success hinges on...	Le succès dépend de...
To make a go of it	Mener la chose à bien
To capitalize on the idea	Tirer parti de l'idée
To be well up on...	Être calé sur...
To trump up a case against someone To drum up a case against someone	Monter toute une histoire contre quelqu'un
To be fenced in	Être coincé
To be boxed in	Être au pied du mur
To court (a disaster)	Aller au-devant (d'un malheur)
You asked for it	Vous ne l'avez pas volé
Sorry, but I won't be a party to such business	Désolé, mais je ne participerai pas à ce genre d'affaires
Nobody took him up	Personne ne l'a pris au mot

Die Bahn ist frei	No hay moros en la costa El campo está libre
Bestechen	Sobornar Sobrecargar
Es steht viel auf dem Spiel	Se juega mucho en este asunto
Ein Vermögen in ein Projekt stecken Ein Vermögen bei einem Projekt verlieren	Enterrar una fortuna en un proyecto Arriesgar una fortuna en un negocio
In der Arbeit versinken In der Arbeit ertrinken	Estar agobiado de trabajo Estar abrumado de trabajo
Setzen Sie sich mit ihm in Verbindung! Besuchen Sie ihn einmal!	Póngase en contacto con él Vaya a verle
Er wird nicht mitmachen wollen Er will nicht mitmachen Er wird nicht damit einverstanden sein	No aceptará eso No estará de acuerdo
Er hat sich für die Sitzung entschuldigen lassen, und zwar aus Krankheitsgründen	Se disculpó por su ausencia a la reunión, diciendo que estaba enfermo
Der Erfolg hängt von... ab	El éxito depende de...
Aus der Sache einen Erfolg machen Eine Sache gut über die Bühne bringen	Hacer un éxito de algo Llevar un asunto a buen fin
Eine Idee ausnutzen Eine Idee ausschlachten	Sacar provecho de una idea
In... gut beschlagen sein Gut kennen	Estar bien empollado en... Estar al tanto de...
Jemand(en) in eine üble Geschichte verwickeln Eine falsche Anklage gegen jemand(en) konstruieren Jemand(en) in eine schlimme Lage bringen	Preparar un golpe contra uno Poner en pie todo un cazo contra uno
In die Enge getrieben sein	Estar acorralado
In der Zange sein	No tener salida
(Ein Unglück) herausfordern	Ir al encuentro (de un desastre)
Sie haben es so gewollt	Tiene Vd. lo que buscó
Es tut mir leid, aber bei derartigen Geschäften mache ich nicht mit	Lo siento, pero no quiero ver nada en negocios de este jaez
Niemand hat ihn beim Wort genommen	Nadie le tomó en serio

The important thing is to get your foot in	L'important est d'y prendre pied
He stands to lose a pile in this business	Il doit s'attendre à perdre beaucoup dans cette affaire
What has he got to show for it?	De quoi peut-il se prévaloir?
Can you get out of the appointment?	Pouvez-vous décommander le rendez-vous?
To gang up on...	Faire bloc contre...
To cash in on... To get in on...	Avoir sa part du gâteau
To split the difference To meet someone halfway	Couper la poire en deux
To be in the know and have inside information	Connaître le dessous des cartes et avoir des renseignements d'ordre privé
To get to the bottom To fathom the secret	Découvrir le « pot aux roses »
Not to be able to back out	Ne pouvoir s'en dédire
He burnt his fingers over it	Il y a été échaudé
To be in good hands	Être en bonnes mains Être à bonne école
To stand the first shocks	Essuyer les plâtres

Entscheidend ist, dort Fuß zu fassen Es ist entscheidend, dort einen Ansatzpunkt zu haben	Lo que importa es tener un punto de apoyo Lo que importa es introducirse en el lugar
Bei diesem Geschäft muß er sich auf einen großen Verlust gefaßt machen Bei dieser Sache hat er viel zu verlieren	Tiene mucho que perder en este negocio Tiene que prepararse a perder mucho en este asunto
Was kommt bei der Sache heraus? Was kann schon bei der Sache herauskommen?	¿Qué hay que ganar en este asunto?
Können Sie die Verabredung absagen?	¿Puede Vd. excusarse de esta cita? ¿Puede Vd. anular esta cita?
Sich gegen... zusammentun Alle stürzen sich auf...	Unirse contra...
Etwas ausbeuten Eine Gelegenheit ausnutzen An einem Geschäft beteiligt werden Einen Anteil an einem Geschäft abbekommen	Aprovecharse de... Sacar partido de... Participar a... Llevarse una tajada de...
Jemand(em) auf halbem Weg entgegenkommen Sich den Schaden teilen	Partir la diferencia
Über eine Sache unterrichtet sein und vertrauliche Informationen darüber haben	Estar en el ajo y disponer de informaciones confidenciales
Eine Angelegenheit durchschauen Feststellen, wo der Hase begraben ist	Descubrir el pastel Llegar al fondo de un secreto
Sich nicht zurückziehen können Sich nicht aus der Schlinge ziehen können Etwas nicht rückgängig machen können	No poder desdecirse No poder retractarse
Er hat sich dabei die Finger verbrannt	Se quemó los dedos en este asunto Se escaldó en este asunto
In guten Händen sein In einer guten Schule sein Einen guten Lehrmeister haben	Estar en buenas manos Tener buena escuela Tener buenos maestros
Als Versuchskaninchen dienen (bei neuen Erzeugnissen oder Verfahren) Einen Wagen (usw.) einfahren Den ersten Angriffen ausgesetzt sein	Pagar la novatada Ser el primero en sufrir los ataques (inconvenientes, etc.)

By fair means or foul	Par tous les moyens, bons ou mauvais
That won't do	Cela ne suffit pas
I know better	On ne m'y prendra pas
To go on ahead of things	Prendre les devants
As a free gift	En pur don
It suits my book	Cela répond à mes visées
Things will settle down Things will turn out right	Les choses se tasseront
To take a bad turn To turn out badly	Tourner mal
To risk all to win all	Risquer le tout pour le tout

Im Guten oder im Bösen	Por las buenas o las malas Por todos los medios
Das reicht nicht	Eso no es bastante
Das zieht bei mir nicht Darauf falle ich nicht rein So dumm bin ich nicht	Esta trampa no es para mí No soy bastante loco para eso
Den Dingen zuvorkommen Den Dingen vorauseilen	Ir al encuentro de las cosas Prevenir
Aus reinem Wohlwollen Als Geschenk, ohne jede Verpflichtung	Como donativo y sin obligaciones Como obsequio
Das ist mir sehr recht Das ist ganz in meinem Sinne Das kommt mir sehr gelegen	Eso me conviene perfectamente Eso corresponde exactamente a mis intenciones
Die Dinge werden sich beruhigen Die Dinge werden richtig laufen	Todo se tranquilizará Todo se arreglará
Schlecht laufen Eine schlechte Wendung nehmen Sich zum Schlechten wenden	Tomar mala cariz Ponerse mal
Alles auf eine Karte setzen	Jugárselo todo de una vez Arriesgarlo todo para ganarlo todo

9 Companies — Sociétés

Types of companies — Types de sociétés

The private sector of the economy	Le secteur privé de l'économie
The private market	Le secteur privé
The public sector of the economy	Le secteur public de l'économie
A nationalized company	Une société nationalisée
A state-owned company	Une société dont l'État est propriétaire
A state-run company	Une société gérée par l'État
The socialized sector	Le secteur socialisé
A public agency	Une agence gouvernementale
Public property	Propriété publique
Public undertakings	Les entreprises publiques
State or semi-state enterprises	Les entreprises nationalisées ou semi-nationalisées
Publicly owned establishments	Les établissements publics
A public utility company	Une société de services publics

Gesellschaften | Sociedades comerciales 9

Gesellschaftsformen | Formas de sociedades

Der privatwirtschaftliche Bereich Der private Sektor der Wirtschaft Die Privatwirtschaft	El sector privado de la economía La economía privada
Der privatwirtschaftliche Marktbereich	El sector privado del mercado
Der Wirtschaftsbereich der öffentlichen Hand Der öffentliche Sektor der Wirtschaft	El sector público de la economía
Eine verstaatlichte Gesellschaft	Una empresa nacionalizada Una empresa del Estado
Eine staatliche Gesellschaft	Una empresa del Estado Una sociedad del Estado
Ein öffentliches Unternehmen	Una empresa pública Una empresa administrada por el Estado Una empresa nacional
Der vergesellschaftlichte Bereich der Wirtschaft Der sozialisierte Sektor der Wirtschaft	El sector socializado de la economía
Ein Bundesamt Eine Bundesstelle Ein Landesamt	Un instituto del Estado Un instituto público Un instituto nacional
Eigentum der öffentlichen Hand	Propiedad pública Propiedad del Estado Propiedad nacional
Die öffentlichen Unternehmen Die Unternehmen der öffentlichen Hand	Las empresas públicas Las entidades públicas Las empresas nacionales
Die staatlichen und halbstaatlichen Unternehmen	Las empresas estatales o semiestatales
Die Einrichtungen der öffentlichen Hand Die Unternehmen der öffentlichen Hand	Los establecimientos de propiedad pública (estatal, municipal, etc.)
Eine Gesellschaft öffentlicher Dienste (Elektrizität, usw.)	Una empresa de servicios públicos (teléfonos, electricidad, etc.)

Public utilities	Les services publics
International public utility	Une entreprise internationale de services publics
A trade association	Une association professionnelle
A membership society	Une association sans but lucratif
A charity fund A foundation	Une fondation
To form a company	Fonder une société
A company promoter	Un fondateur de sociétés
A business promotor	Un lanceur d'affaires
Corporate name Name of a company	Le nom social La désignation sociale
The style and name of a company	La raison sociale
The logo The emblem	Le sigle L'emblème
Could you say what B.N.P. stands for?	Pouvez-vous dire à quoi correspond la B.N.P.?
The memorandum of association	L'acte constitutif d'une société
The articles of association	Les statuts
The by-laws	Le règlement intérieur d'une société
The Head Office The Registered Office	Le siège social
Further action lies with Head Office	La suite dépend du siège social

Die öffentlichen Dienste	Los servicios públicos
Die Unternehmen der öffentlichen Dienste	Las empresas de servicios públicos
Ein internationales Unternehmen öffentlicher Dienste	Una empresa internacional de servicios públicos
Ein Wirtschaftsverband	Una asociación profesional
Eine Wirtschaftsvereinigung	Un sindicato (España)
Eine Innung (Handwerk)	Un colegio (profesiones liberales)
Ein Berufsverband (freie Berufe)	Un gremio (artesanía)
Ein eingetragener gemeinnütziger Verein, eine Gesellschaft e. V. (eingetragener Verein)	Una sociedad sin fines lucrativos
Eine Stiftung	Una fundación
Eine gemeinnützige Stiftung	
Eine Gesellschaft gründen	Constituir una sociedad
	Fundar una sociedad
Ein Gründer von Gesellschaften	Un fundador de sociedades
Ein Initiator von Gesellschaften	Un promotor industrial (comercial)
	Un promotor de empresas
Ein Wirtschaftsinitiator	Un promotor industrial y comercial
Ein Förderer von Industrie und Handel	Un promotor de empresas
Der Name[n] der Gesellschaft	La denominación social
Die Bezeichnung der Gesellschaft	El nombre de la sociedad
Der Firmenname[n]	
Die Firma	La razón social
Das Firmenzeichen	Las siglas de una empresa
Das Wahrzeichen einer Firma	El emblema de una sociedad
Können Sie sagen, was B.N.P. bedeutet?	¿Puede Vd. decir lo que significa B.N.P.?
Der Gründungsakt einer Gesellschaft	La escritura de la constitución de una sociedad
Die Gründungsurkunde einer Gesellschaft	
Die Satzungen, die Statuten	Los estatutos de la sociedad
Die interne Geschäftsordnung einer Gesellschaft	El reglamento del régimen interior de una sociedad
Die internen Satzungen einer Gesellschaft	
Die Hauptverwaltung einer Gesellschaft	La administración central de una sociedad
Der eingetragene Sitz einer Gesellschaft	La sede central de una sociedad
	El domicilio social legal
Die weitere Behandlung der Sache hängt von der Hauptverwaltung ab	Las medidas a tomar dependen de la Administración central

Partnership	Société de personnes en nom collectif
Articles of partnership	Un contrat d'association
Limited partnership	Société en commandite
An acting partner An active partner	Un associé gérant
A limited partner A dormant partner A sleeping partner	Un commanditaire Un bailleur de fonds
General partnership	Société commerciale en nom collectif
A general partner	Un commandité
The senior partner and the junior partner	L'associé principal et l'associé en second
Messrs. James Parker & Associates	M. James Parker et consorts
Limited liability company	Société à responsabilité limitée Société anonyme (par actions)
Private limited company	Société à responsabilité limitée (S.A.R.L.)
Exempt private company	Affaire de famille *(Société à régime légal spécial en Angleterre seulement, abolie en 1967)*
Close company	Société ayant peu d'actionnaires Société contrôlée par les administrateurs ou moins de cinq associés *(caractéristique importante du point de vue fiscal)*
Public company Limited company Public limited company	Société anonyme
Joint stock company	Société anonyme par actions
The company goes public	La société est introduite en Bourse
The company is listed on the stock exchange	La société est admise à la cote

Personengesellschaft Offene Handelsgesellschaft (OHG)	Sociedad regular colectiva
Ein Gesellschaftsvertrag	Un contrato de sociedad regular colectiva
Kommanditgesellschaft	Sociedad comanditaria Sociedad en comandita
Ein geschäftsführender Gesellschafter Ein aktiver Gesellschafter Ein geschäftsführender Teilhaber	Un socio colectivo Un socio gestor Un socio activo
Ein Kommanditist Ein stiller Gesellschafter Ein Kapitalgeber	Un socio comanditario Un socio capitalista Un proveedor de fondos
Offene Handelsgesellschaft (OHG)	Sociedad regular colectiva
Ein Komplementär Ein unbeschränkt haftender Gesellschafter	Un socio colectivo Un socio con responsabilidad ilimitada
Der Seniorpartner und der Juniorpartner	El socio gerente y el socio colaborador
Herr James Parker und Teilhaber	El Sr. James Parker y asociados El Sr. James Parker y Cía.
Aktiengesellschaft *(englischen Rechts)*	Sociedad anónima *(según la ley inglesa)*
Gesellschaft mit beschränkter Haftung (G.m.b.H.)	Sociedad de responsabilidad limitada (S.R.L.)
Familiengesellschaft *(Gesellschaft nach englischem Recht mit besonderen Vorrechten, abgeschafft durch Gesetz 1967)*	Sociedad familiar *(Sociedad según la ley inglesa con derechos especiales, forma abolida. en 1967)*
Gesellschaft mit wenigen Aktionären Gesellschaft, deren Kontrolle bei den Mitgliedern des Aufsichtsrates oder bei weniger als fünf Teilhabern liegt *(wichtig für die Versteuerung)*	Sociedad de pocos accionistas Sociedad cuyo control es detenido por los miembros del Consejo de Administración o por menos de cinco socios *(calificación importante del punto de vista fiscal)*
Aktiengesellschaft	Sociedad anónima
Aktiengesellschaft	Sociedad anónima por acciones
Die Gesellschaft wird an der Börse eingeführt	La Sociedad se introduce en la Bolsa de valores
Die Gesellschaft wird an der Börse notiert	La Sociedad se admite a la cotización

Joint venture company	Société d'exploitation en commun
The large multinational companies are prime credit names The large multinational companies have prime credit ratings	Les grosses sociétés multinationales représentent des noms qui bénéficient du crédit le meilleur
A firm of old standing	Une société établie de longue date
A mushroom company	Une société éphémère Une société champignon
A fronting company	Une société prête-nom
Bogus Co. Bubble Co.	Société fantôme
Open-end investment company Unit trust Mutual fund	Société d'investissement à capital variable
Closed-end investment company Closed-trust (U.S.A.) Closed-investment trust (U.S.A.)	Société d'investissement à capital fixe
Balanced funds	Fonds comportant actions et obligations
Diversified common stock funds	Fonds à majorité d'actions diversifiées
Growth stock funds	Fonds à actions de croissance
The original capital	Le capital initial
The nominal capital	Le capital nominal
The authorized capital	Le capital autorisé Le capital social
The paid-in capital The paid-up capital	Le capital versé
The called-up capital	Le capital appelé

Gemeinsam betriebene Gesellschaft	Compañía explotada en común por dos o más entidades
Die großen multinationalen Gesellschaften sind erste Kreditadressen Die großen multinationalen Gesellschaften genießen den besten Kredit zu den besten Bedingungen	Las grandes compañías multinacionales representan debitores disfrutando de créditos en las mejores condiciones
Eine alteingesessene Gesellschaft Eine alte und angesehene Firma	Une empresa establecida desde mucho tiempo Una casa antigua
Eine Eintagsgesellschaft Eine sich sehr schnell entwickelnde Gesellschaft	Una compañía efímera Una empresa de crecimiento rápido
Eine Strohmanngesellschaft Eine Scheingesellschaft	Una compañía de testaferro
Scheingesellschaft Schwindelgesellschaft	Compañía fantasma Compañía tramposa Empresa de caramelo
Investmentfond ohne festes Kapital Wertpapierfond ohne festes Kapital Investitionsfond	Sociedad de inversiones de capital variable
Investmentfond (Investitionsfond) mit festem Stammkapital	Sociedad de inversiones de capital fijo
Aktien- und Obligations-Investmentfond Gemischter Investitionsfond	Sociedad de inversiones en acciones y obligaciones
Wertpapierfond mit breiter Streuung in Stammaktien	Sociedad de inversiones en una gran variedad de acciones ordinarias
Investmentfond für Wertzuwachswerte Wertzuwachsfond	Sociedad de inversiones en acciones de plus valía
Das Ausgangskapital Das Gründungskapital Das Startkapital	El capital de origen El capital original El capital de base El capital inicial
Das Nennkapital	El capital nominal
Das Stammkapital	El capital social
Das eingezahlte Stammkapital	El capital abonado
Das zur Einzahlung aufgerufene Kapital	El capital llamado El capital reclamado

The registered capital The stated capital	Le capital déclaré
The uncalled capital	Le capital non appelé
An overcapitalized company	Une société surcapitalisée
An undercapitalized company	Une société sous-capitalisée
The parent house	La maison mère
A holding company	Une société de contrôle Une société de portefeuille gérant des sociétés auxiliaires Une société holding
A holding company combining a wide spectrum of companies A conglomerate	Une société holding réunissant un large éventail de sociétés
Majority interest Controlling interest	Une participation majoritaire La majorité Une participation de contrôle
Minority interest	Une participation minoritaire La minorité
A subsidiary A " Pup " company	Une filiale détenue à plus de 50 % par la maison mère
An affiliate	Une filiale détenue à moins de 50 % par la maison mère
A branch	Une agence, une succursale
The inception of our new branch	La mise en service de notre nouvelle succursale
They have branches all over England	Ils ont des succursales partout en Angleterre
Head-quarters companies	Société de liaison à l'étranger Sociétés groupées au siège assumant les services centraux spécialisés
A trust	Un cartel Une concentration d'entreprises
A combine	Un groupement ou une entente industrielle Une entente financière Un complexe industriel de structure verticale

Das im Handelsregister eingetragene Stammkapital	El capital declarado El capital inscrito
Das nicht eingeforderte Kapital	El capital no reclamado
Eine überkapitalisierte Gesellschaft	Una compañía supercapitalizada
Eine unterkapitalisierte Gesellschaft	Una compañía subcapitalizada
Die Muttergesellschaft	La casa principal
Das Stammhaus Eine Holdinggesellschaft	La sociedad matriz Una sociedad de cartera Una sociedad holding
Ein Konglomerat Eine Holdinggesellschaft mit breiter Beteiligungsstreuung	Un conglomerado Una sociedad holding con participaciones de gran variedad
Eine Mehrheitsbeteiligung Die Majorität Die Kontrolle einer Gesellschaft Die verleihende Beteiligung Das Kontrollpaket	Una participación mayoritaria Una participación dando el control de una compañía
Eine Minderheitsbeteiligung Die Minorität	Una participación minoritaria
Eine Tochtergesellschaft, deren Majorität bei der Muttergesellschaft liegt	Una filial (al menos 50 % del capital en posesión de la sociedad matriz)
Eine Minderheitsbeteiligung	Una compañía afiliada o asociada (menos de 50 % del capital controlado por la sociedad matriz)
Eine Filiale, eine Zweigstelle	Una sucursal
Die Inbetriebnahme unserer neuen Filiale	La puesta en servicio de nuestra nueva sucursal
Sie haben in ganz England Filialen	Tienen sucursales en toda Inglaterra,
Stabsgesellschaften der Hauptverwaltung für bestimmte Funktionen (z.B. Export, Industrieplanung, Werbung, usw.)	Compañías subsidiarias para funciones especiales, concentradas en la sede de la Sociedad matriz y serviendo a todo el grupo
Ein Konzern Ein Kartell	Una concentración de empresas en un grupo Un cartel Una agrupación en cartel
Ein industrieller Zusammenschluß von Unternehmen (Konzern) Vertikaler Industriekomplex (Kombinat) (z.B. Kohle, Stahl, Weiterverarbeitung)	Una agrupación de empresas Una agrupación en cartel Un complejo industrial vertical

International giants gobble small companies	Les géants internationaux absorbent les petites sociétés
A horizontal combine	Un consortium Un groupement industriel horizontal
An associate company	Une société affiliée
A sister company	Une société sœur
To form part of the group	Faire partie du groupe
Non tariff company Non board company	Une société dissidente
An industrial merger	Une fusion industrielle Une concentration industrielle
A merger	Une fusion
The projected amalgamation of the two companies	La fusion projetée des deux sociétés
A consolidation	Une consolidation, une fusion, un consortium
The vendor company	La société apporteuse
To incorporate a company	Constituer une société
To incorporate one bank into another	Fusionner une banque avec une autre
A group incorporating five insurance companies	Un groupe réunissant cinq compagnies d'assurances

Boards of directors and annual meetings / Conseils d'administration et assemblées générales

The life chairman	Le président à vie

Die internationalen Konzerne schlucken die kleineren Gesellschaften	Los gigantes internacionales absorben a las pequeñas compañías
Eine horizontale Verflechtung von Unternehmen	Una concentración horizontal de empresas industriales
Eine horizontale Konzentration	Una agrupación horizontal de empresas
Eine angegliederte Gesellschaft	Una compañía afiliada
Eine zur Unternehmensgruppe gehörende Gesellschaft	Una empresa asociada
Eine Schwestergesellschaft	Una empresa perteneciente al mismo grupo
	Una compañía hermana
Zur Gruppe gehören	Formar parte del grupo de empresas
Eine Gesellschaft, die nicht an Tarifvereinbarungen (Versicherung, usw.) gebunden ist	Una compañía que no aplica los precios, tarifas, etc., establecidos por una asociación profesional, por un convenio general
Eine tariffreie Gesellschaft	
Eine verbandsfreie Gesellschaft	
Eine Industriekonzentration	Una fusión industrial
Eine industrielle Fusion	Una concentración industrial
Eine Fusion	Una fusión
Die vorgesehene Fusion der zwei Gesellschaften	La fusión proyectada de las dos compañías
Eine Konsolidation, eine Konsolidierung	Una consolidación
Eine Zusammenfassung (Buchhaltung, Bilanz, usw.)	
Eine Vereinigung getrennter Bereiche	
Eine finanzielle Fundierung	
Die einbringende Gesellschaft (bei Anteilsübernahme, Fusion)	Sociedad aportadora
Eine Gesellschaft gründen	Constituir una sociedad
Eine Bank mit einer anderen fusionieren (Fusion durch Übernahme)	Fusionar por absorción un banco con otro
Eine Gruppe von fünf Versicherungsgesellschaften	Un grupo compuesto de cinco compañías de seguros

Aufsichtsräte und Hauptversammlungen   *Consejos de administración y juntas generales*

Der Vorsitzer auf Lebenszeit	El presidente vitalicio

The honorary chairman	Le président d'honneur
The chairman of the Board of Directors	Le président du conseil d'administration
To be chosen as chairman	Être choisi comme président
To be in the driver's seat	Tenir le poste de commandement
The chairman cracks down (U.S.A.) The chairman puts his foot down	Le président fait acte d'autorité
The chairman and managing director The chairman and chief executive officer (U.S.A.)	Le président-directeur général (P.D.G.)
The chairman presides over the Board	Le président préside le conseil
The deputy chairman The vice-chairman	Le vice-président
The chairman calls a board meeting	Le président convoque le conseil
The meeting's on	La réunion est maintenue
The meeting's off The meeting is called off	La réunion est décommandée
I'll sit this meeting out	Je ne participerai pas à cette réunion J'assisterai jusqu'à la fin à cette réunion
I would be leery of another meeting	Je me méfierais d'une autre réunion
He begged off for the meeting, saying he was sick	Il demanda à être excusé de ne pas assister à la réunion, disant qu'il était souffrant
To grace the meeting with one's presence	Honorer la réunion de sa présence

Der Ehrenvorsitzer	El presidente honorario
Der Vorsitzer des Aufsichtsrates Der Aufsichtsratsvorsitzer	El presidente del consejo de administración
Als Vorsitzer vorgeschlagen werden	Ser nombrado presidente Ser propuesto como presidente
Die Kommandogewalt innehaben Am Steuerruder stehen Das Kommando haben	Ocupar el puesto de mando
Der Vorsitzer macht Gebrauch von seiner Autorität Der Vorsitzer zeigt, wer zu sagen hat Der Vorsitzer haut dazwischen	El presidente da pruebas de su autoridad El presidente interviene con autoridad
Der Vorsitzer des Aufsichtsrates und Generaldirektor *(nach deutschem Aktienrecht unmöglich, aber im Ausland üblich)*	El presidente y director gerente El presidente y director general
Der Vorsitzer des Aufsichtsrates leitet die Sitzung des Aufsichtsrates	El presidente preside el consejo de administración
Der stellvertretende Vorsitzer	El vicepresidente
Der Vorsitzer setzt eine Sitzung des Aufsichtsrates an	El presidente convoca una junta del consejo
Die Sitzung wird abgehalten	La sesión es mantenida (como previsto)
Die Sitzung ist abgesagt worden Die Sitzung wird abgesagt	La reunión es cancelada La reunión se cancela
Ich nehme an dieser Sitzung nicht teil Ich werde die ganze Sitzung mitmachen	No tomaré parte en esta junta Me quedaré durante toda la reunión
Ich traue einer anderen Sitzung nicht Ich würde bei einer anderen Sitzung sehr mißtrauisch sein	Desconfío de otra reunión No tendría confianza en otra reunión
Er hat sich für die Sitzung aus Krankheitsgründen entschuldigen lassen	Se disculpó de su ausencia a la reunión diciendo que estaba enfermo
Die Sitzung mit seiner Anwesenheit beehren Die Sitzung durch seine Teilnahme beehren	Honorar la reunión con su presencia

To put in an appearance to see which way the wind is blowing	Faire acte de présence pour voir d'où vient le vent
The chairman convenes a board meeting to talk things over and adopt a guideline	Le président convoque le conseil pour étudier les affaires à l'échelon le plus élevé et adopter une ligne de conduite
The chairman is trying to play down the floorer	Le président s'efforce de minimiser la très rude nouvelle
The managing director	L'administrateur-délégué Le directeur général et administrateur
The executive committee	Le comité de direction Le directoire
Directors have qualifying shares	Les administrateurs ont des actions de garantie
The chairman and the directors have voting capacity	Le président et les administrateurs ont le droit de vote
The chairman has the casting vote	Le président a voix prépondérante
" Censeurs " have only advisory capacity Internal auditors have only advisory capacity (" Censeur ": *institution of French, etc., corporate law*)	Les censeurs ont seulement pouvoir consultatif
Director's fees Director's tally	Les jetons de présence d'un administrateur
A guinea-pig	Un coureur de jetons de présence Un administrateur purement décoratif
The board secretary The company secretary	Le secrétaire du conseil Le secrétaire général
The attendance list	La feuille de présence

Kurz erscheinen, um zu sehen, woher der Wind weht Kurz teilnehmen, um zu sehen, woher der Wind weht	Hacer acto de presencia para ver de donde viene el viento Asistir para olfatear la situación
Der Vorsitzer versammelt den Aufsichtsrat, um die Fragen auf höchster Ebene zu behandeln, und um eine Richtlinie festzulegen	El presidente convoca el consejo para discutir los asuntos al nivel más alto de la empresa y adoptar una línea de conducta
Der Vorsitzer bemüht sich, den harten Schlag zu versüßen	El presidente está intentando minimizar el golpe duro
Der Vorsitzer des Vorstandes Der Generaldirektor *(im Ausland: auch Mitglied des Aufsichtsrates)*	El consejero delegado El director general y consejero
Der Vorstand der Gesellschaft	La junta de dirección
Die Aufsichtsratsmitglieder müssen Eigentümer von Garantieaktien sein	Los consejeros deben poseer acciones de garantía
Der Vorsitzer und die Mitglieder des Aufsichtsrates sind stimmberechtigt	El presidente y los consejeros tienen derecho de voto
Der Vorsitzer hat die ausschlaggebende Stimme	El presidente tiene el voto determinante
Die » Censeurs « sind nicht stimmberechtigt Die » Censeurs « haben nur beratende Stimme (» Censeur « : *interne Buchprüfer nach französischem usw. Aktienrecht*)	Los consejeros de cuentas tienen solamente capacidad consultativa
Die Aufsichtsratstantieme Die Vergütung des Aufsichtsrats	La dieta de asistencia de los consejeros de una sociedad La remuneración de los consejeros
Ein rein dekoratives Mitglied des Aufsichtsrates	Un consejero puramente decorativo
Der Generalsekretär einer Gesellschaft *(Ausland: leitende Funktion, verantwortlich für alle sich aus dem Aktienrecht ergebenden Fragen)*	El secretario del consejo El secretario general de una sociedad anónima
Die Anwesenheitsliste Das Teilnehmerregister	El registro de asistencia

The time-book	Le registre de présence
The minute-book	Le registre des procès-verbaux
Coming from the chair and the management	Émanant de la présidence et de la direction générale
I am placing the matter before the Board	Je soumets la question au conseil d'administration
To put on the agenda	Inscrire à l'ordre du jour
Any other business	Questions diverses *(dans un ordre du jour)*
To guide the discussions: here is a draft agenda which covers, I hope, all the questions to be discussed	Pour orienter les discussions, voici un projet d'ordre du jour couvrant, je l'espère, toutes les questions à discuter
The points at issue	Les points en discussion
To initiate discussions	Engager les discussions
Just informal and exploratory discussions	Seulement des discussions officieuses de sondage
To raise a question	Soulever une question
To review prospects	Examiner les perspectives
An overall picture	Une vue d'ensemble
To examine a question in all its bearings	Examiner une question sous toutes ses incidences
An information meeting	Une réunion d'information

Das Teilnahmeregister *(detailliertes Register der Teilnahmezeiten bei Aufsichtsratssitzungen usw. zum Beweis der Teilnahme an Beratungen und Abstimmungen)*	El registro de asistencia *(con ausencias parciales durante juntas del consejo)*
Das Register der Sitzungsprotokolle des Aufsichtsrats Die Sammlung der Sitzungsprotokolle des Aufsichtsrates	El registro de las actas de las reuniones del consejo El legajo de las actas Las minutas de las reuniones
Auf Grund der Weisungen des Vorsitzers des Aufsichtsrates und des Vorstandes	Procedente del presidente y de la Dirección general
Ich unterbreite die Angelegenheit dem Aufsichtsrat	Someto el asunto a la consideración del consejo de administración
Auf die Tagesordnung setzen	Incluir en la orden del día
Verschiedenes *(Tagesordnung)*	Otros asuntos *(orden del día)*
Zur Orientierung der Beratungen habe ich hier einen Entwurf der Tagesordnung, der hoffentlich alle zu diskutierenden Punkte umfaßt	Para la orientación de las deliberaciones, he aquí el proyecto de una orden del día que confío cubra todas las cuestiones a discutir
Die anstehenden Fragen Die zu entscheidenden Fragen	Los puntos a discutir Las cuestiones a decidir
Die Diskussion in Gang bringen Die Diskussion beginnen Die Diskussion einleiten	Iniciar las discusiones
Informelle Diskussionen zur Sondierung Inoffizielle Diskussionen zur Sondierung	Solamente discusiones informales y exploratorias
Eine Frage aufwerfen	Suscitar una cuestión Poner una cuestión sobre la mesa
Die Aussichten prüfen Die Zukunftsaussichten überprüfen	Examinar las perspectivas
Ein Gesamtüberblick Die gesamte Sachlage	Una visión de conjunto El cuadro completo del asunto
Eine Frage in allen Aspekten (in allen ihren Auswirkungen) überprüfen	Examinar una cuestión en todos sus aspectos (en todos los sentidos)
Eine informatorische Sitzung Eine Informationstagung	Una reunión de información

A misstatement	Une déclaration erronée
A misrepresentation	Un faux rapport Un compte rendu erroné
To air out a situation	Clarifier une situation
A realistic appraisal, not an emotional approach must guide our decision	Une appréciation réaliste et non pas une approche sentimentale doit guider notre décision
Were you able to put this idea over at the meeting? (U.S.A.)	Avez-vous été en mesure de faire accepter cette idée à la réunion ?
To report back to the Board	Rendre compte au conseil
Considering the magnitude of interest at stake the Board overrules all decisions	Considérant l'ampleur des intérêts en jeu, le conseil est l'arbitre suprême de toutes les décisions
The Board let the question stand over	Le conseil laisse la question en suspens
The creation of a working team	La création d'un groupe de travail
To implement the working group's recommendations	Pour appliquer les recommandations du groupe de travail
Make sure the executives carry out the policy the Board laid down	Assurez-vous que les dirigeants exécutent la politique tracée par le conseil
Is there anything left over at this meeting?	Y a-t-il quelque chose qui ait été laissé de côté au cours de cette réunion ?

Eine falsche Darstellung Eine unrichtige Erklärung Eine falsche Angabe	El planteamiento erróneo de los problemas, etc. Una exposición equivocada de las cosas Una declaración doblada Una indicación doblada
Eine falsche Darstellung Eine Verfälschung der Tatsachen oder der Zahlen Unrichtige Angaben	Una presentación errónea de hechos o números Una presentación falsa de datos, de una situación Una presentación de datos doblados
Eine Lage klären Eine Sachlage klarstellen	Aclarar una situación
Eine realistische Einschätzung der Sachlage und nicht die Gefühle muß unsere Entscheidung bestimmen	Una evaluación realista y sin emociones debe determinar nuestra decisión
Haben Sie diese Idee in der Sitzung durchsetzen können?	¿Pudo Vd. hacer aceptar esa idea en la reunión? ¿Pudo Vd. hacer de manera que la junta aceptase la idea?
Dem Aufsichtsrat Bericht erstatten Dem Aufsichtsrat berichten	Dar cuentas al consejo Informar el consejo
Im Hinblick auf die Größenordnung der auf dem Spiel stehenden Interessen, entscheidet der Aufsichtsrat in letzter Instanz	Dada la importancia de los intereses en juego, el consejo tiene la última decisión
Der Aufsichtsrat läßt die Frage in der Schwebe Der Aufsichtsrat vertagt die Frage	El consejo deja la cuestión pendiente
Die Bildung einer Arbeitsgruppe	La formación de un grupo de trabajo
Zur Realisierung (zur Durchführung) der Empfehlungen der Arbeitsgruppe	Para dar cumplimiento a las recomendaciones del grupo de trabajo
Stellen Sie sicher, daß der Vorstand die vom Aufsichtsrat festgelegte Politik ausführt!	Asegúrese de que los directores lleven a cabo la política establecida por el consejo (pongan en práctica la política formulada por el consejo)
Haben wir in dieser Sitzung die Behandlung einer Sache vergessen? Bleibt bei dieser Sitzung noch ein Punkt unerledigt?	¿Se dejó algo sin tratar en esta reunión?

We covered a lot of ground to-day	La journée a été bien remplie
Let's call it a day	Assez pour aujourd'hui
The Board meeting then adjourned for lunch	La séance du conseil fut alors suspendue pour le déjeuner
The committee then rose	Le comité leva alors la séance
The Board meeting then terminated	La séance du conseil fut alors levée
To be more accountable to their shareholders	Rendre davantage de comptes à leurs actionnaires
To summon shareholders	Convoquer les actionnaires
Notice of meeting	Avis de convocation
Quorum	Le quorum
Proceedings of a meeting	Les délibérations d'une assemblée Les comptes rendus des délibérations d'une conférence, etc.
A scrutineer	Un scrutateur
The voting rights	Les droits de vote
Relative majority (U.K.) Plurality (U.S.A.)	La majorité relative
The annual meeting of shareholders gave final discharge to the directors	L'Assemblée générale des actionnaires donna quitus aux administrateurs

Management / Direction et gestion

A new management takes office	Une nouvelle direction entre en fonction
The executive committee The management committee	Le comité de direction Le directoire

Wir sind heute gut vorangekommen Wir hatten heute einen sehr vollen Tag	Hoy tuvimos un día muy cargado Hoy avanzamos bastante con los asuntos a tratar
Für heute reicht es Wir wollen für heute Schluß machen	Basta por hoy Terminemos por hoy
Die Aufsichtsratssitzung wurde dann wegen des Mittagessens unterbrochen	La junta del consejo quedó entonces aplazada hasta después del almuerzo
Der Ausschuß beendete dann die Sitzung	El comité levantó entonces la sesión
Der Aufsichtsrat beendete dann seine Sitzung	La sesión del consejo se dió entonces por terminada
Eine größere Auskunftspflicht gegenüber den Aktionären haben	Tener los accionistas más al corriente
Eine Versammlung der Aktionäre einberufen	Convocar los accionistas
Einberufungsbescheid	Aviso de convocación
Das Quorum	El quórum
Der Ablauf einer Versammlung Die Beratungen einer Versammlung Das Protokoll der Beratungen Das Sitzungsprotokoll	Las deliberaciones de una asamblea Las actas de las deliberaciones de una asamblea, de una conferencia
Ein Stimmzähler	Un escrutador
Die Stimmrechte Die Stimmberechtigung	Los derechos de voto
Die relative Mehrheit	La mayoría relativa
Die Hauptversammlung hat den Aufsichtsrat entlastet	La junta general de accionistas pronunció el descargo de los consejeros La junta general aprobó la gestión de los consejeros

Vorstand und Geschäftsführung

Dirección y gestión de empresas

Eine neue Geschäftsleitung (ein neuer Vorstand) übernimmt die Geschäften (ist ernannt worden)	Una nueva dirección toma posesión de sus cargos
Der Vorstand (AG) Die Geschäftsführung Die Geschäftsleitung	El comité ejecutivo La dirección El comité de dirección

The managing director The chief executive The executive director The chief executive officer (U.S.A.)	L'administrateur délégué Le directeur général-administrateur
The deputy managing director	L'administrateur délégué adjoint Le directeur général adjoint-administrateur
The manager The general manager	Le directeur Le directeur général
The acting manager	Le directeur gérant Le directeur intérimaire
Former manager	L'ancien, le précédent directeur
The deputy manager The assistant manager	Le directeur adjoint
The joint manager The sub-manager	Le codirecteur Le sous-directeur
The district manager	Le directeur régional
The company secretary	Le secrétaire général
The department head The departmental manager The department manager	Le chef de service
The chief clerk The signing clerk The executive with power of attorney for and on behalf of the company	Le fondé de pouvoir
The management consultant	Le conseil en organisation L'organisateur conseil Le conseil en gestion
The consulting engineer	L'ingénieur conseil
The office manager	Le chef du secrétariat Le chef du bureau
Down the line personnel	Le personnel subalterne Le bas de l'échelle hiérarchique

Der Vorsitzer des Vorstandes *(im Ausland : häufig auch Aufsichtsratsmitglied)*	El consejero director general El consejero delegado
Der stellvertretende Vorsitzer des Vorstandes	El consejero director general adjunto
Der Direktor Der Generaldirektor Der Vorsitzer der Geschäftsleitung	El director El director general
Der mit der Wahrnehmung der Geschäfte beauftragte Direktor Der zeitweilige Vertreter des Direktors	El director interino
Der ehemalige Direktor Der vorhergehende Direktor	El anterior director
Der Stellvertreter des Direktors Der stellvertretende Direktor	El director adjunto
Der Abteilungsleiter Der Leiter eines Bereichs Der Vertreter des Direktors	El subdirector
Der Bezirksdirektor	El director regional
Der Generalsekretär einer Gesellschaft *(im Ausland : leitende Funktion, verantwortlich für alle sich aus dem Aktienrecht ergebenden Fragen)*	El secretario general
Der Abteilungsleiter Der Abteilungsdirektor	El jefe de departamento
Der Prokurist	El apoderado
Der Wirtschaftsberater	El consultor de empresas El consultor de administración de empresas
Der beratende Ingenieur	El ingeniero consultor
Der Bürochef Der Büroleiter Der Bürovorsteher	El jefe de oficina
Das untergeordnete Personal Die unteren Grade des Personals	El personal subordinado Los bajos grados de la jerarquía

The junior clerk	L'employé subalterne
The office boy	Le garçon de bureau Le petit commis
The comptroller (company) (U.S.A.)	Le contrôleur financier Le contrôleur de gestion Le directeur du contrôle de la gestion financière et comptable
The controller cf. Comptroller (U.S.A.)	Le directeur des services comptables
Controllership (U.S.A.)	La fonction du comptroller (controller)
The personnel manager The staff manager	Le chef du personnel
The sales manager	Le directeur commercial
Senior executives Senior management Senior staff Higher executives	Les cadres supérieurs
Top management	La direction générale
Management development	La formation au management Le perfectionnement des cadres La politique de la promotion des cadres
Officer	Officier (armée) Agent (police, douane, état civil, etc.)
Officer (company)	Représentant légal d'une société (fondé de pouvoir, etc., jusqu'au P.D.G.)
Middle management Junior executives	Les cadres moyens
Lower echelon staffers	Le personnel exécutant Le petit personnel

Der kleine Angestellte Der Büroangestellte	El oficinista subalterno El empleado de oficina
Der Bürobote Der Laufbursche	El botones de oficina
Der Chef der internen Revisionsabteilung Der Chefrevisor Der Leiter des Bereichs Buchhaltung und Revision (Rechnungswesen)	El jefe del departamento de la intervención de cuentas El director de la intervención de cuentas
Der Leiter des Bereichs Buchhaltung und Revision (Rechnungswesen)	El director de los servicios de contabilidad e intervención de cuentas
Die Funktion der Leitung des Bereichs Buchhaltung und Revision	El cargo del director de los servicios de contabilidad e intervención de cuentas
Der Personalchef Der Leiter der Personalabteilung	El jefe de los servicios del personal
Der Verkaufsleiter Der Leiter des Bereichs Verkauf	El director comercial El jefe de ventas
Leitende Angestellte	Mando superior Miembros del personal dirigente
Der Vorstand (AG) Die Geschäftsleitung	La dirección general
Die Personalpolitik im Bereich der leitenden Angestellten Die Personalplanung im Bereich der leitenden Angestellten	La formación de los mandos La planificación de la promoción de los mandos de la empresa
Offizier (Heer) Beamter (Polizei, Zoll, Standesamt, u.s.w.)	Oficial (ejército) Funcionario (policía, aduana, registro civil, etc.)
Gesetzlicher Vertreter einer Gesellschaft (Prokurist, u.s.w. bis zum Generaldirektor)	Representante legal de una sociedad (apoderado, etc., hasta el presidente)
Leitende Angestellte der zweiten und dritten Reihe (Prokuristen, Handlungsbevollmächtigte, Filialleiter, usw.)	Mandos de categorías medias (apoderados, jefes de sucursales, ingenieros, etc.)
Das ausführende Personal Die unteren Dienstgrade	El personal ejecutante Los grados inferiores

Supervisory management	La maîtrise
He is acting as secretary	Il fait fonction de secrétaire
Mr. X... is my right-hand man	M. X... est mon bras droit M. X... est mon principal collaborateur
My confidential clerk	Mon employé de confiance Mon fondé de pouvoir
They use him as a henchman	Ils se servent de lui comme homme de paille Ils se servent de lui comme homme de confiance (pour les besognes délicates)
Finance department	Le service financier
Buying department Purchasing department (U.K.) Supply department Procurement department (U.S.A.)	Le service des achats
The chief buyer The head buyer The chief of purchasing The chief of procurement (U.S.A.)	Le chef de l'approvisionnement
Ancillary operations Ancillary services Auxiliary services	Les services d'intendance Les services annexes Les ateliers auxiliaires (fabrication)
Legal department (U.K.) Law Department (U.S.A.)	Le service juridique Le service du contentieux
Book-keeping department Accounts department Accountancy department	Le service de comptabilité
Records department Filing department Files and records section	Le service des archives
Economic intelligence	L'information économique
Research department R & D Division (Research & Development Division)	Le service des études et recherches Les services de la recherche et du développement (Services R & D)

Angestellte des mittleren Dienstes (Meister, Bürochefs, usw.)	Los mandos intermedios El conjunto de los capataces de una empresa Los contramaestres
Er erledigt die Aufgaben eines Sekretärs Er übt das Amt des Sekretärs aus	Hace las veces de secretario
Herr X... ist meine rechte Hand	El Sr. X... es mi brazo derecho El Sr. X... es mi mano derecha
Mein Prokurist	Mi apoderado
Sie benutzen ihn als Strohmann Sie benutzen ihn als Vertrauensmann (für delikate Angelegenheiten) Sie schieben ihn als Marionnette vor	Le emplean como hombre de paja Le emplean como hombre de confianza (para asuntos delicados)
Die Finanzabteilung	El servicio financiero
Die Einkaufsabteilung	El departamento de compras El departamento de aprovisionamiento El servicio de suministros
Der Einkaufschef	El jefe de suministros El jefe de aprovisionamiento El jefe de compras
Die Dienstleistungsabteilungen Die allgemeine Verwaltung Die Hilfsbetriebe der Fertigung	Los servicios auxiliares Los talleres auxiliares (de la fábrica)
Die Rechtsabteilung	El departamento jurídico
Die Buchhaltung Die Hauptbuchhaltung Der Bereich Buchhaltung und Rechnungswesen	El departamento de contabilidad
Die Registratur Die zentrale Ablage	Los archivos El departamento de archivos
Die Wirtschaftsinformationen Die wirtschaftliche Nachrichten	Las informaciones económicas
Die Forschungs- und Entwicklungsabteilung Der Bereich Forschung und Entwicklung	El servicio de investigaciones El servicio de estudios e investigación

Desk research	La recherche théorique
Experimental research	La recherche expérimentale
Maintenance department	Le service de l'entretien Le service de maintenance
Medical department	Le service de santé
The principal	Le commettant Le mandant Le donneur d'ordre
Principal	Le principal (d'une dette), etc.
The agent	Le mandataire Le délégué
A general agent	Un mandataire doté d'un mandat général et permanent (pour certains domaines ou activités professionnelles, par exemple : représentant-voyageur de commerce, réception du courrier, etc.)
An universal agent	Un mandataire général, ayant le pouvoir, sans restrictions, de contracter pour une personne physique ou morale
A special agent	Un mandataire chargé de traiter une affaire particulière
Leadership	L'autorité Le commandement La direction (d'un groupe, etc.) La position prédominante
Line of command	La structure hiérarchique du commandement, de la direction
Through the established channels Through the usual channels	Par voie hiérarchique
Line organization	L'organisation hiérarchique L'organisation verticale
Staff organization	L'organisation des services centraux fonctionnels

Die theoretische Forschung	Las investigaciones teóricas
Die experimentale Forschung	Las investigaciones experimentales
Der Bereich Wartung und Instandsetzung Die Wartungs- und Reparaturabteilung	El departamento de mantenimiento El departamento de mantenimiento y reparaciones
Der betriebliche Gesundheitsdienst Der Bereich betriebliches Gesundheitswesen	El servicio médico
Der Auftraggeber Der Mandant Der Chef einer Firma	El comitente, el poderdante El mandante El dador
Das Kapital (einer Schuld)	El capital (de una deuda)
Der Vertreter Der Delegierte	El mandatario El agente El delegado
Ein Vertreter mit Vollmacht für bestimmte berufsgebundene Handlungen (z.B. Handelsvertreter, Postvollmacht, usw.)	Un mandatario o apoderado para ciertos asuntos profesionales o sectores de actividad (p.e. viajante de comercio, recepción de correo, etc.)
Ein Generalbevollmächtigter mit unbeschränkter Zeichnungsvollmacht	Un mandatario general, apoderado sin restricciones para contraer por cuenta de una persona o entidad
Ein Sonderbevollmächtigter Ein Bevollmächtigter für eine bestimmte Angelegenheit	Un mandatario apoderado para un asunto particular y único Un mandatario particular
Die Führung Die führende Stellung (z.B. auf dem Markt, usw.)	La autoridad El mando La dirección (bajo la dirección de, etc.) La posición predominante
Die Rangordnung der Befehlslinie Die Struktur (der Aufbau) der Befehlsgewalt, der Befehlshierarchie	La estructura de la línea de mando La línea de mando La jerarquía del mando
Auf dem Dienstweg Auf dem Instanzenweg	Por conducto reglamentario
Die vertikale Organisation Die Organisation der Linienabteilungen	La organización de la jerarquía vertical La organización vertical
Die Stabsorganisation Die Organisation der Stabsbereiche	La organización horizontal La organización de los servicios centrales funcionales

The organization chart The organigram	L'organigramme
Office management	L'organisation des bureaux
The top management approach	L'optique de la direction générale
The management chart	Le tableau de bord
Goal setting Management by objectives (M.O.B.)	La fixation des objectifs La gestion par objectifs (G.P.O.)
The management team	L'équipe de direction
A working team A working party	Un groupe de travail
Creative thinking	La matière grise La pensée créatrice
A brainstorming session	Une réunion intensive de travail, à la recherche d'idées
A brainchild	Une trouvaille

Employment of personnel

Engagement du personnel

Under-employment	Le sous-emploi
We are short-handed at present	Nous manquons de personnel actuellement
The employment office	Le bureau de placement
A recruiting drive	Une campagne d'embauche
To staff up	Renforcer le personnel
To take on employees	Engager des employés

Der Organisationsplan	El organigrama
Die Büroorganisation Die Organisation der Büroarbeit	La organización de las oficinas
Die Optik der Unternehmensleitung	La óptica de la dirección general
Das Kontrollschema der Unternehmensleitung	El plano de vigilancia de la dirección de la empresa El sistema de intervención de la dirección de la empresa
Die Zielplanung (Verkaufsziel, usw.) Die Planung der Bereichsziele, der Unternehmenziele Die betriebswirtschaftliche Zielplanung	La fijación de los objetivos La gestión por objetivos (G.P.O.)
Die Mannschaft der Unternehmensleitung	El equipo de dirección
Eine Arbeitsgruppe	Un grupo de trabajo
Der schöpferische Geist Das schöpferische Denken	La imaginación creadora
Eine Sitzung auf der Suche nach neuen Ideen Eine Brainsstormings-Sitzung Die Suche neuer Inspirationen	Una reunión de trabajo en busca de nuevas ideas, de nuevas inspiraciones
Ein geistiges Kind	Un hallazgo

Personaleinstellung — *Contratación de personal*

Die Unterbeschäftigung	El subempleo El paro encubierto
Gegenwärtig haben wir zu wenig Personal	Nos falta personal en la actualidad
Die Personalvermittlung	La agencia de colocaciones La oficina de colocaciones
Eine Einstellungskampagne Ein Programm für die Personalerneuerung	Una campaña de reclutamiento de personal
Das Personal vermehren Neueinstellungen vornehmen	Aumentar el personal
Angestellte einstellen	Contratar empleados de oficina

The brain drain	Le drainage des cerveaux
To hire away bright young men from a competitor	Débaucher de brillants sujets de chez un concurrent
Conditions of employment	Les conditions d'embauche
Calling	La vocation, le métier L'appel (de la nature, etc.)
A vacancy An opening (U.S.A.)	Une place vacante
To put in for...	Se mettre sur les rangs pour...
To apply for a post To wish to be considered for a post	Poser sa candidature
To put in for a full time job	Postuler pour un travail à plein temps
Kindly call at my office	Veuillez passer à mon bureau
Please bear my name in mind	Veuillez ne pas m'oublier le moment venu
I hope you will get into the company	J'espère que vous entrerez à la compagnie
Registration date	La date d'inscription La date d'immatriculation
Matriculation date	La date d'inscription (universités, etc.)
Date of the entry Date of the item	La date de l'écriture (comptabilité)
Recorded date Date on record Date of the record or deed	La date enregistrée La date de l'acte (document, registre) La date officielle (du décès, etc.)
By-work Moonshiner (U.S.A.)	Un travail d'occasion

Die Abwanderung der Intelligenz	La pérdida de personas altamente calificadas
Einem Konkurrenten junge Spitzenkräfte abwerben Der Konkurrenz junge Spitzenkräfte ausspannen	Contratar los jóvenes empleados brillantes de un competidor
Die Einstellungsbedingungen Die Anstellungsbedingungen	Las condiciones de empleo Las condiciones de colocación
Die Neigungen Der Beruf Die Berufung	La vocación La profesión El llamamiento
Eine freie Stelle Eine unbesetzte Stellung	La vacante Un puesto vacante
Für... kandidieren Sich um... bewerben Anwärter für... sein	Ponerse entre los candidatos para... Hacerse candidato para... Presentar su candidatura para...
Sich bewerben Sich um eine Stellung bewerben	Presentar su candidatura
Sich um eine ganztägige Stellung bewerben	Presentarse para un puesto de jornada completa
Besuchen Sie mich, bitte, in meinem Büro!	Tenga la bondad de pasar por mi despacho Haga el favor de presentarse en mi oficina
Bitte, denken Sie zu gegebener Zeit an mich! Bitte, denken Sie im richtigen Moment an mich!	Le ruego que no me olvide en el momento oportuno Le ruego tenga en cuenta mi nombre
Ich hoffe, daß Sie in die Gesellschaft eintreten	Espero que entre Vd. en la empresa
Das Datum der Einschreibung	La fecha del registro La fecha de la inscripción
Das Immatrikulationsdatum	La fecha de la matrícula
Das Buchungsdatum	La fecha del asiento
Das Registerdatum Das registrierte Datum Das Datum der Eintragung Das amtliche Datum	La fecha registrada La fecha de la matrícula La fecha del registro La fecha del acta (escritura, etc.) La fecha oficial (de función, etc.)
Gelegenheitsarbeit Außerdienstliche Arbeit	Trabajo ocasional Trabajo fuera del empleo regular

To moonlight	Travailler au noir
The curriculum vitae (C.V.) The resume	Le curriculum vitae
The personal data sheet	La fiche individuelle
His C.V. mentions he passed out first with mention very good in this school ... he left university first of the list with distinction ... he left university first of his crew with distinction	Son curriculum vitae indique qu'il est sorti major de son école avec mention « très bien »
With first class honours	Avec la mention « très bien »
With second class honours	Avec la mention « bien »
With third class honours	Avec la mention « assez bien »
A pass degree	Mention passable
He has a good background of education	Il a une bonne culture générale
He is nobody's fool	Il n'est pas bête du tout
He sees where it's at He knows where things are at	Il a les pieds sur terre
He is a bit of a hustler	Il va vite en besogne
He has the makings for... He is cut out to be...	Il a l'étoffe de... Il est taillé pour...
He is on the level He plays it straight	Il est franc de collier
A man of no stature A low calibre man	Un homme de faible envergure
He is an old schnook with magnificent diplomas (*slang* U.S.A.)	C'est un vieux crétin avec de magnifiques diplômes
How long was Mr. X... in your employ?	Combien de temps M. X... a-t-il été à votre service?
Your name was put forward in connection with a vacancy	Votre nom a été avancé à propos d'une place vacante
Your application will be submitted to our staff manager	Votre demande sera soumise à notre chef du personnel

Schwarz arbeiten	Trabajar clandestinamente
Der Lebenslauf *(geschrieben)*	El curriculum vitæ La historia profesional
Das Formular » Angaben zur Person « Die Personalkarteikarte	La hoja de los personales
Sein Lebenslauf gibt an : Er bestand sein Schlußexamen an der Universität als Promotionserster mit der Note » Ausgezeichnet «	Su curriculum vitæ indica que salió de la universidad como primero de su promoción con la mención de « Sobresaliente »
Mit der Note » Ausgezeichnet «	Con « Sobresaliente »
Mit der Note » Sehr gut «	Con « Notable »
Mit der Note » Gut «	Con « Bien »
Mit » Bestanden «	Con « Aprobado » o « Suficiente »
Er hat eine gute Allgemeinbildung	Tiene una buena cultura general
Er ist keineswegs dumm	No es tonto del todo
Er steht mit beiden Füssen auf dem Boden der Tatsachen	Tiene la cabeza sobre los hombros
Er ist ein schneller Marschierer *(figürlich)* Er reagiert schnell Er ist ein flotter Arbeiter	Despacha el trabajo
Er hat das Zeug zu (für)... Er ist sehr geeignet für...	Tiene madera de... Está hecho para...
Er spielt ein offenes Spiel Er ist eine ehrliche Haut	Juega cartas boca arriba Es una persona correcta
Ein Mann ohne Format Ein Mann mit wenig Format	Un hombre de poco fuste Un hombre de poca talla Un hombre de poca envergadura
Er ist ein alter Esel mit wunderbaren Diplomen	Es un viejo ceporro con magníficos títulos y diplomas
Wie lange war Herr X... bei Ihnen beschäftigt? (angestellt?)	¿Cuánto tiempo fue su empleado?
Ihr Name ist in Verbindung mit einer freien Stellung vorgeschlagen worden	Su nombre fue propuesto en relación con una vacante
Ihre Bewerbung wird unserem Personalchef unterbreitet werden	Su solicitud de empleo será sometida a nuestro jefe de personal

Your application will be placed before the committee at their next meeting	Votre demande sera présentée au comité lors de sa prochaine réunion
To vet an application	Examiner une demande
To treat each case individually on its merits	Traiter chaque cas individuellement suivant son mérite
To be even-handed	Être impartial
To be discriminating	Être plein de discernement
To meet dead stand	Se heurter à une opposition farouche
To be turned down	Être refusé, éconduit
To be accepted	Être accepté
To withdraw one's candidature To withdraw one's candidacy To withdraw one's application	Retirer sa candidature
To stand down	Laisser tomber sa candidature
To be pitchforked into a job	Être bombardé à un poste
To be transplanted from outside	Être parachuté de l'extérieur
Posting	Un poste Une affectation
Slog	Le boulot Le turbin
Assignment	L'assignation La désignation à un poste La désignation à une tâche
Job challenge	L'exigence du poste
Job security	La sécurité de l'emploi
Job expectations	Les perspectives de carrière

Ihre Bewerbung wird dem Personalausschuß bei der nächsten Sitzung vorgelegt	Su solicitud será sometida a la junta en su próxima reunión
Eine Bewerbung überprüfen	Examinar una solicitud
Jeden einzelnen Fall nach seinen Meriten behandeln Jeden einzelnen Fall seinem Verdienst entsprechend behandeln	Tratar cada caso individualmente según sus méritos
Unparteiisch sein	Ser imparcial
Sehr wählerisch sein Es sehr genau nehmen	Poseer mucho criterio Aplicar criterios severos
Auf einen starken Widerstand stoßen	Encontrar una oposición obstinada
Abgelehnt werden Abgewiesen werden Abblitzen Einen Korb bekommen	Ser rechazado Ser rehusado
Angenommen werden Angestellt werden	Ser aceptado Ser empleado
Seine Bewerbung zurückziehen Seine Kandidatur zurücknehmen	Retirar su candidatura Retirar su solicitud
Aufgeben Fallen lassen	Abandonar su candidatura
Plötzlich auf einen Posten berufen werden	Ser nombrado inesperadamente para un cargo
Als Betriebsfremder auf einen Posten berufen werden	Ser nombrado del exterior para un cargo en la compañía
Eine Ernennung Eine Berufung	Un puesto Un destino
Die Arbeit	El trabajo La tarea El tajo
Die Berufung auf einen Posten Die Ernennung auf einen Posten Die Übertragung einer Aufgabe	La destinación a un puesto La atribución de una tarea
Die Ansprüche, die eine Stellung (Arbeit) an jemand(en) stellt	Las exigencias de un cargo
Die Sicherheit des Arbeitsplatzes Die Sicherheit der Stellung	La seguridad del empleo
Die Aussichten einer Karriere Die beruflichen Aussichten	Las perspectivas de la carrera profesional

Career plan	Le plan de carrière
Career planning	La planification des promotions dans une entreprise
	L'organisation du plan de carrière
I'll take on the job	J'accepte le travail
Vocational training	La formation professionnelle
Professional training	
Labour laws	Le code du travail
Labour legislation	
A residence permit	Un permis de résidence
A certificate of registration (U.K.)	Un permis de séjour
A work permit	Un permis de travail
To have to undergo a routine check-up	Devoir subir une visite médicale de routine
Health insurance	Assurance sociale
	Assurance maladie
Social security coverage	La protection de la Sécurité sociale
The welfare recipient	Le bénéficiaire de la Sécurité sociale
	Le bénéficiaire de l'Assistance sociale publique
	Le bénéficiaire du Fonds national de Solidarité
Social security benefits	Les prestations de la Sécurité sociale
Incapacitation for work	L'incapacité de travail
Incapacity for work	
Industrial disablement	
Disability for work	
Disablement for work	
A sick leave certificate	Un certificat d'arrêt de travail
A medical certificate	
Occupational diseases	Les maladies professionnelles
You have to comply with the formalities provided for in the regulations	Vous devez satisfaire aux formalités prévues dans les règlements

Der Beförderungsplan Der Karrierplan Die Beförderungsplanung Die Berufswegplanung	El programa de carrera profesional La organización de las promociones en una empresa La organización de las carreras profesionales en una empresa
Ich übernehme die Arbeit Ich nehme die Arbeit an	Acepto el trabajo Acepto el puesto (cargo)
Das berufliche Ausbildungswesen Die berufliche Ausbildung Die Berufsausbildung	La formación profesional La capacitación profesional La enseñanza laboral
Das Arbeitsrecht	El código del trabajo La legislación laboral
Eine Aufenthaltsgenehmigung	Un permiso de residencia Una tarjeta de residencia
Eine Arbeitsgenehmigung	Un permiso de actividad profesional Un permiso de trabajo
Sich einer allgemeinen ärztlichen Untersuchung unterziehen müssen	Tener que sufrir un examen médico general Deber pasar por una revisión médica rutinaria
Krankenversicherung	Seguro de enfermedad
Der Sozialversicherungsschutz	La protección de la Seguridad social (de los seguros sociales)
Der Wohlfahrtsempfänger	El beneficiario de la Beneficiencia pública
Die Sozialversicherungsleistungen	Los subsidios de la Seguridad social Los pagos de los seguros sociales
Die Arbeitsunfähigkeit	La incapacidad para trabajar
Eine ärztliche Bescheinigung für eine Arbeitsunterbrechung (Krankheitsurlaub)	Un certificado (médico) de baja
Die Berufskrankheiten	Las enfermedades profesionales
Sie müssen sich an die Formalitäten der Vorschriften halten	Tienen que cumplir las formalidades del reglamento

Your assignment will be of approximately six month's duration	Votre fonction durera environ six mois

Summary of activities during a period of service

Service dans la société

Tenure Period in office Period of office Period of service in the capacity of...	Le mandat La période d'occupation d'un poste, d'une fonction
Working life	La période d'activité La vie professionnelle
Sense of duty Devotion to duty Integrity	La conscience professionnelle
To discharge one's duties with integrity	S'acquitter de sa tâche avec conscience
To be engrossed in one's work	Être tout entier à son travail
To be up to one's neck in work To be up to one's ears in work	Être submergé de travail
To work one's fingers to the bone	Se tuer à la tâche
Intellectual fatigue Brain-fag	Le surmenage intellectuel
To work overtime	Faire des heures supplémentaires
You cannot net FFX a week without prolonged overtime and midnight oil	Vous ne pouvez pas faire un net de FX par semaine sans heures supplémentaires et travail de nuit
Technical ability	La compétence professionnelle
Job competence	La compétence dans le travail
To be experienced in one's job	Avoir du métier

Ihre Aufgabe wird ungefähr 6 Monate dauern	Su tarea durará cerca de 6 meses

Kurze Darstellung des Dienstablaufs in der Firma

Resumen de las actividades relacionadas con el servicio en la empresa

Die Amtszeit in einer Position, Das Mandat Die Dienstzeit in einer Stellung (in einem Amt)	El mandato, tenencia El período de servicio en el puesto (en el cargo) El período de desempeño de una función
Die Arbeitsjahre Die Dienstjahre Die Berufszeit, die Berufsjahre Das Berufsleben	El período de la actividad profesional Los años de servicio (de activo) El período de activo La vida profesional
Die Arbeitsauffassung Die Dienstauffassung Die (berufliche) Integrität	La conciencia profesional El sentido del deber La devoción al deber La integridad profesional
Seine Aufgabe gewissenhaft durchführen Seine Aufgaben mit beruflicher Integrität ausführen	Cumplir con sus deberes profesionales con integridad
In seiner Arbeit versunken sein	Estar enfrascado en su trabajo
Mit Arbeit überhäuft sein	Estar inundado de trabajo
Sich totarbeiten	Matarse trabajando
Die geistige Überanstrengung Die geistige Erschöpfung	El cansancio intelectual excesivo El agotamiento intelectual
Überstunden machen	Hacer horas extraordinarias
Ohne Überstunden und Nachtarbeit können Sie nicht FFX netto pro Woche verdienen	No puede Vd. sacar FFX a la semana sin horas extraordinarias y trabajos nocturnos
Die berufliche Sachkenntnis Die technische Sachkenntnis	La competencia profesional La competencia técnica
Die gründliche Kenntnis der Aufgabe (Arbeit)	La competencia en el cargo La competencia en el puesto de trabajo
Berufserfahren sein Arbeitserfahrung haben	Tener mucho oficio Tener mucha experiencia en el trabajo

To be indispensable	Être indispensable
To be very much on the ball To be groovy (*slang* U.S.A.)	Être très à la page
To frame well	Montrer des dispositions
He is very alert, no sooner said than done	Il est très rapide, aussitôt dit, aussitôt fait
To seek to be the first	Chercher la première place
Competitive edge	L'avance sur les concurrents
To scheme for a key post	Briguer un poste clé
To succeed To do well	Réussir
To want to stay put	Vouloir rester en place
To play up to the boss To cater to the boss To kowtow to the boss	Faire de la lèche au patron
Tattling	Les racontars à l'intérieur d'une entreprise
Intramural spying	Le mouchardage à l'intérieur d'une entreprise
To have the get up and go needed for promotion To have the drive needed for a promotion	Avoir l'allant nécessaire pour obtenir une promotion
To be apple-polishing one's boss for a raise (U.S.A.), rise (U.K.) To be buttering up one's boss for a raise (U.S.A.), rise (U.K.)	Faire de la lèche au patron pour avoir une augmentation
How does he stand with the boss?	Quels sont ses rapports avec le patron ?
To be in with one's manager To be solid with one's manager	Être dans les bonnes grâces de son directeur
To be on someone's good side To be in someone's good graces	Avoir la cote auprès de quelqu'un Être dans les bonnes grâces de quelqu'un

Unentbehrlich sein	Ser indispensable Ser imprescindible
Sehr auf der Höhe sein Etwas sehr gut beherrschen	Estar al día Estar muy al tanto Dominar algo muy bien Estar muy al corriente
Gute Anlagen für etwas haben Sich in einer Arbeit gut entwickeln	Encajar bien Presentar buenas disposiciones
Er ist ein sehr schneller Arbeiter, gesagt, getan	Es muy rápido, dicho y hecho
Der Erste sein wollen Den ersten Platz haben wollen	Buscar (tratar de) ser el primero
Die Konkurrenzmarge Der Konkurrenzvorsprung	La ventaja marginal sobre los competidores
Für eine Schlüsselstellung intrigieren Sich durch Intrigen um eine Schlüsselstellung bemühen	Intrigar para un puesto clave
Erfolg haben	Tener éxito
Nicht wechseln wollen (Stellung) Seinen Arbeitsplatz behalten wollen	Querer permanecer en un empleo
Seinen Chef umschmeicheln Seinem Chef die Schuhe putzen	Dar coba a su jefe Hacer la pelota, la pelotilla al jefe
Das Bürogeschwätz Der Büroklatsch	El comadreo en la empresa Las habladurías
Die Personalspionage	El cotilleo La soplonería en la empresa
Den für eine Beförderung nötigen Schwung haben	Tener la iniciativa necesaria (el empuje necesario) para un ascenso (una promoción)
Den Chef umschmeicheln, um eine Gehaltserhöhung zu bekommen	Dar la coba a su jefe para obtener un aumento
Wie steht er mit dem Chef?	¿Qué tal está con el jefe?
Bei seinem Direktor gut angeschrieben sein	Gozar del mayor crédito con su director
Bei jemand(em) gut angeschrieben sein Bei jemand(em) in der Gunst sein	Estar acreditado Gozar de la mayor consideración

The chairman remarked Mr. X	Le président a remarqué M. X
A boon	Une faveur, un bienfait Un grand service Une aubaine Une occasion favorable
A windfall	Un bienfait Un héritage inattendu Une aubaine, un don inattendu
The promotion roster	Le tableau d'avancement
Executive promotion	La promotion des cadres
Points rating method	La méthode de qualification par points
To be in line for the next promotion	Être dans la course pour la prochaine promotion
The following promotions were gazetted	Les promotions suivantes parurent au *Journal officiel*
To pass through all the lower and intermediate grades To work one's way up from the ranks To come up through the mill	Passer par la filière
To come up through the ranks and become manager	Franchir les échelons et devenir directeur
Since he was promoted he turned his back on his former colleagues	Depuis qu'il a été promu, il tourne le dos à ses anciens collègues
If you did well, you are promoted to a more responsible position. If you failed to come up to expectations, you are dropped	Si vous avez réussi, vous êtes promu à un poste comportant davantage de responsabilité; si vous n'avez pas réussi à réaliser ce qu'on attendait de vous, on vous laisse tomber
To take a dislike to someone	Prendre quelqu'un en grippe

Der Vorsitzer des Aufsichtsrats hat Herrn X... bemerkt ... ist auf Herrn X... aufmerksam geworden	El Sr. X... llamó la atención del presidente
Eine Wohltat Ein großer Dienst Ein großer Gefallen Eine günstige Gelegenheit	Un privilegio, un beneficio Un favor, una ventaja Un gran servicio Una ocasión favorable
Eine Wohltat Eine unerwartete Erbschaft Ein unerwartetes bedeutendes Geschenk	Un beneficio, etc., inesperado Una herencia inesperada Un donativo inesperado
Die Beförderungsliste Die Beförderungsreihenfolge	La lista de ascenso El escalafón
Die Beförderung der leitenden Angestellten	La promoción de los mandos superiores
Die Bewertungsmethode nach Punkten Die Punktbewertung	El método de la calificación según puntos
Bei der nächsten Beförderung an der Reihe sein Zur Beförderung bei der nächsten Gelegenheit vorgesehen sein	Estar previsto para la próxima promoción Se encuentra en línea para la próxima promoción
Die folgenden Beförderungen sind im *Bundesanzeiger* veröffentlicht worden	Las siguientes promociones fueron publicadas en el *Boletín oficial del Estado*
Von der Pike auf dienen Sich von unten hocharbeiten	Seguir el escalafón Subir todo el escalafón Subir todos los escalones categoriales
Sich von unten hocharbeiten und Direktor werden	Subir todo el escalafón y llegar a director Subir todos los escalones categoriales y llegar a director
Seit seiner Beförderung, kennt er seine früheren Kollegen nicht mehr	Desde que le promocionaron vuelve la espalda a sus antiguos compañeros
Wenn Sie Erfolg haben, werden Sie einen verantwortungsvolleren Posten erhalten. Wenn Sie die in Sie gesetzten Erwartungen nicht erfüllen, läßt man Sie fallen	Si tiene éxito, se le promociona a un cargo de más responsabilidad Si no realizó lo que se esperaba de Vd., se le abandona (se le despide)
Jemand(en) nicht leiden können Auf jemand(en) sauer werden Jemand(en) nicht riechen können	Tomar tirria a uno Tomar ojeriza a uno No poder tragar a alguien

To make it hot for someone	Rendre la vie dure à quelqu'un
To break someone in To have someone broken in	Mater quelqu'un
To keep someone in line	Faire marcher droit Avoir quelqu'un bien en main
To get someone back into line To put someone back in line	Remettre quelqu'un dans le rang
To make someone toe the line	Faire filer droit quelqu'un Faire rentrer quelqu'un dans les rangs Faire s'aligner sur son parti Faire se conformer aux règles Faire obéir
To be a slave driver	Être un négrier
To keep someone on the go	Faire trimer quelqu'un
To keep watch on someone To keep tabs on someone To watch someone To keep an eye on someone	Avoir quelqu'un à l'œil
What a dressing down! What a putting down!	Quelle réprimande! Quel savon!
To put someone down for one thing or another	Sabrer quelqu'un pour une chose ou une autre
Brainwashing Indoctrination	Le lavage de cerveau L'endoctrinement
To put in for a transfer	Demander un changement de poste
His request has been pigeon-holed	Sa demande est restée dans les cartons
Transferred Relocated	Muté
His work is good, fair, mediocre	Son travail est bon, moyen, médiocre

Jemand(em) das Leben sauer machen	Hacerle a uno la vida imposible Dar mala vida a uno
Jemand(en) zermürben Jemand(en) gut dressieren Jemand(en) auf Vordermann bringen	Hacer pasar a uno por el aro Amansar a uno Domesticar a uno Hacer entrar en vereda
Jemand(en) auf Vordermann halten Jemand(en) fest in der Hand behalten	Mantener a uno en línea derecha Mantener a uno en su sitio
Jemand(en) wieder auf Vordermann bringen Jemand(en) wieder in Reih und Glied bringen	Reponer a uno en su sitio
Jemand(en) zur Einhaltung der Regeln, usw., bringen Jemand(en) dazu bringen, daß er das Programm, usw. einhält Jemand(en) auf Vordermann bringen	Hacer que uno se conforme a las reglas, al programa, etc. Hacer que uno ajuste su conducta a las reglas
Ein Sklaventreiber sein	Ser un negrero
Jemand(en) in Schwung halten	Hacer apencar a uno
Jemand(en) im Auge behalten Jemand(en) überwachen Jemand(en) nicht aus den Augen lassen	No quitar ojo a alguien No quitarle los ojos de encima Vigilar a alguien
Was für eine Abreibung! Welche Zigarre! Welche Zurechtweisung!	¡Qué bronca! ¡Qué rapapolvo! ¡Qué jabón!
Jemand(en) wegen der einen oder der anderen Sache scharf zurechtweisen	Echar una bronca a alguien por una cosa u otra Criticar a alguien por una cosa u otra
Die Gehirnwäsche Die Indoktrinierung	El lavado del cerebro El endoctrinamiento
Eine Versetzung beantragen	Pedir un traslado
Sein Antrag ist ad acta gelegt worden Sein Antrag schläft in den Akten	Le han dado un carpetazo a su solicitud
Versetzt	Trasladado Cambiado de destino
Seine Arbeit ist gut, ziemlich gut, sehr mittelmäßig	Su trabajo es bueno, mediano, mediocre

To balk at the work	Rechigner au travail
To be asleep on the job	Être un peu endormi au travail
To do all anyhow	Faire tout n'importe comment
To get into a routine To get into a groove To sink into a rut To become hide-bound To get stuck in a groove	S'encroûter Devenir routinier
To work in a dilettante fashion	Travailler en amateur
Routine work Donkey work Rut	Un travail de routine
By routine	Par routine
Sceptics (U.S.A.: Skeptics) never make the organizational grade Sceptics never make the grade	Les sceptiques ne parviennent jamais aux échelons supérieurs
He is not able to hold down the job	Il n'est pas à la hauteur du travail
To be on the shelf	Être au rancart
It's a title in name only	C'est une voie de garage
To wait in limbo	Attendre dans l'ombre, l'oubli
To relieve someone of his office	Relever quelqu'un de ses fonctions
To be suspended To be recalled	Être mis à pied Être suspendu de ses fonctions Être rappelé de sa fonction
A training officer	Un cadre chargé de la formation professionnelle
A trainee	Un stagiaire

Nicht sehr arbeitseifrig sein Mürrisch arbeiten	Poner mala cara al trabajo Trabajar a regañadientes
Bei der Arbeit schlafen Sehr langsam arbeiten	Dormir durante el trabajo Trabajar a pequeña velocidad
Alles oberflächlich machen Nichts vernünftig machen	Hacerlo todo de cualquier manera
Ein Gewohnheitsmensch werden Seinen Trott haben	Hacerse rutinario Embrutecerse en la rutina
Amateurhaft arbeiten	Trabajar como un diletante Trabajar como un aficionado
Eine Routinearbeit Eine Gewohnheitsarbeit	Un trabajo rutinario
Routinemäßig	Rutinariamente Por rutina
Skeptiker erreichen nie die höheren Grade Skeptiker kommen nie nach oben	Los escépticos no llegan nunca a los grados superiores Los escépticos no llegan nunca a los altos cargos
Er ist der Stellung nicht gewachsen Er ist der Arbeit nicht gewachsen	No está a la altura del puesto (del cargo)
Zum alten Eisen gehören Auf einem Abstellgleis sein	Estar arrinconado Estar en una vía muerta
Das ist ein Abstellgleis Das ist ein Titel ohne Inhalt	Es una vía muerta Es un título sin contenido
Auf einem Posten vergessen worden sein Eine Stellung ohne Entwicklungsmöglichkeiten haben	Estar olvidado en un puesto sin esperanzas (sin perspectivas)
Jemand(en) des Amtes entheben	Destituir a alguien de su cargo
Vorläufig seines Amtes enthoben werden Von seinem Amt abberufen werden	Ser suspendido de su cargo
Ein Beauftragter für die Berufsausbildung	Un encargado de la formación profesional
Ein Volontär Ein Praktikant	Persona que está de prueba Persona que pasa un período de prácticas

The qualifying period	La période d'essai
The period of probation The trial period	La période probatoire
On the job training	L'apprentissage sur le tas
Off the job training	La formation à l'extérieur
Thanks to vocational training it was open to them to improve their situation	Grâce à l'enseignement professionnel, ils avaient la possibilité d'améliorer leur situation
A provisional employee takes up his duties	Un employé stagiaire prend son service
A permanent employee takes up his duties	Un employé titularisé prend son service
Personnel on the payroll Personnel employed	Le personnel en activité
Executive charged of a special assignment	Hors cadre
Special services personnel	Le personnel des services spéciaux Le personnel des services spécialisés
Under the orders of... Under the command of... At the command of...	Sous les ordres de... Sous le commandement de... D'ordre de...
Ready to do someone's bidding	Se mettre à la disposition de quelqu'un
He is in the Civil Service	Il est dans l'administration
He is in state employment	Il est employé (ouvrier) de l'État
To hold several offices	Cumuler des fonctions
To have two hats	Avoir deux casquettes
To have a part time job	Travailler à temps partiel
A pocket money job	Un emploi procurant de l'argent de poche

Die Probezeit Die Einarbeitungszeit	El período de prueba El período de preparación
Die Probezeit	El período de prueba (a prueba)
Die Praxisausbildung Die praktische Berufsbildung Die betriebliche Berufsausbildung	El aprendizaje sobre la marcha La formación profesional durante el trabajo práctico
Die außerbetriebliche Berufsausbildung	La formación profesional fuera del trabajo práctico
Dank der Berufsausbildung hatten sie die Möglichkeit, ihre Situation zu verbessern	Gracias a la formación profesional, se les abrió la posibilidad de mejorar su situación
Ein Angestellter auf Probe nimmt seine Arbeit auf	Un empleado a prueba toma posesión de su cargo
Ein Festangestellter nimmt seine Arbeit auf	Un empleado fijo toma posesión de su cargo
Das aktive Personal Der aktive Personalbestand	El personal en activo El personal empleado
Außerplanmäßig Nicht im Stellenplan vorgesehen	Supernumerario
Das Personal der Sonderabteilungen Das Personal für besondere Aufgaben	Personal de los servicios especiales
Unter dem Befehl von... Auf Befehl von... Auf Anweisung von...	Bajo las órdenes de... A las órdenes de... Por orden de...
Jemand(em) zur Verfügung stehen	Estar a la disposición de alguien
Er ist im öffentlichen Dienst	Es funcionario del Estado
Er ist öffentlicher Angestellter	Es empleado del Estado
Mehrere Ämter bekleiden	Ocupar varios cargos
Zwei Ämter haben	Ocupar dos cargos
Stundenweise arbeiten Eine Halbtagsstellung haben	Trabajar por horas Tener un puesto de media jornada
Eine Taschengeldstellung	Un trabajo que procura el dinero para gastos menudos Un trabajo para los pitillos

To carry on a job temporarily To take over duties temporarily To do a job temporarily	Assurer l'intérim Avoir un emploi temporaire
To stay behind to carry on current business	Rester pour assurer l'intérim des affaires courantes
Dereliction of duty	La négligence dans le service Le manquement au devoir
Relinquishment of office	L'abandon de poste
A job	Un travail Une fonction Un métier Une position
Terms of reference	L'énoncé des attributions
Terms of office	L'ensemble des attributions La définition d'une mission
Job description	La définition d'un poste de travail
The span of control The range of control duties The scope of control duties The extent of responsibilities	L'étendue des responsabilités
Job enlargement	L'extension des tâches La diversification des postes de travail
A high ranking job	Un poste d'importance
A fat job A plum job A cushy job	Une sinécure
A cosy little job	Une planque
A soul-killing job A soul-destroying job	Un travail abrutissant
This job is my livelihood This job is my bread and butter	Ce métier est mon gagne-pain
He keeps the fire burning He brings home the bacon	Il fait bouillir la marmite

Eine Abwesenheitsvertretung übernehmen Jemand(en) während einer Abwesenheit vertreten	Asegurar un cargo interinamente Ocupar un puesto interinamente
Zur Erledigung der laufenden Geschäfte zurückbleiben	Quedarse para cuidar de los asuntos corrientes
Die Pflichtsversäumnis Die Vernachlässigung der Pflichten Die Dienstversäumnis	La negligencia en el servicio (en el trabajo) El incumplimiento de los deberes
Die Amtsaufgabe Die Amtsniederlegung	La renuncia a un cargo La cesión de un cargo
Eine Arbeit Eine Funktion Eine Stellung	Un trabajo Un puesto Un cargo Un empleo Una función
Der Aufgabenumfang Die Kompetenzen	El conjunto de las atribuciones
Die Stellenbeschreibung Die Arbeitsplatzbeschreibung Die Kompetenzen	El conjunto de las atribuciones de un cargo
Die Stellenbeschreibung	La descripción de un puesto
Der Kontrollbereich Der Befehlsbereich Der Aufgabenbereich	La extensión de las responsabilidades El campo de responsabilidades
Die Aufgabenerweiterung Die Restrukturierung des Arbeitsablaufs	La extensión de las tareas La restructuración de los puestos de trabajo La amplificación de los puestos de trabajo
Eine hohe Stellung	Un cargo importante
Eine Sinekure (einträgliches und müheloses Amt)	Una sinecura
Ein Druckposten Eine ruhige Kugel	Un enchufe Un puesto de enchufado
Eine geisttötende Arbeit Eine stupfsinnige Arbeit	Un trabajo embrutecedor
Diese Stellung ist mein tägliches Brot	Este trabajo es mi medio de sustento Este trabajo representa mi pan diario Este puesto es mi cocido
Er sorgt für das tägliche Brot Er ist der Brotverdiener	Gana el cocido Gana el sustento

Salaries and wages / *Leaves and vacations*
Traitements et salaires / *Congés*

The breadwinner	Le gagne-pain / Le soutien de famille
A pittance	Un maigre salaire
To work for beans / To work for peanuts	Travailler pour des prunes
Give him a square deal	Donnez-lui son dû
The executive compensation (U.S.A.)	La rémunération des cadres
Wage (wages)	Le salaire (ouvrier, etc.) / Les gages, la paie
Salary	Le traitement, les appointements
Emoluments	Les émoluments
Vouchers for lessons	Des cachets pour des leçons
The basic salary	Le salaire de base
The wage rate	Le taux des salaires
The wage range / The salary range	L'éventail des salaires
The scale of salaries / The scale of wages	Le barème des salaires
Wage differential	La différentielle salariale
Differential wages / Discriminatory wages / Discriminating wages	Des salaires discriminatoires / Des salaires différentiels
The policy of wage freeze	La politique de blocage des salaires
To freeze salaries for one year / To schedule a one year pay pause	" Geler " les salaires pendant un an
The policy of wage restraint	La politique de restriction des salaires
Pay increase according to seniority	L'augmentation des salaires à l'ancienneté

Gehälter und Löhne
Urlaub

Der Brotverdiener

Ein Hungerlohn
Ein sehr mageres Gehalt

Für einen Hungerlohn arbeiten
Ein sehr kleines Gehalt verdienen

Geben Sie Ihm ein korrektes Gehalt!
Behandeln Sie ihn korrekt!

Die Gehälter, die Bezahlung der leitenden Angestellten

Der Lohn

Das Gehalt

Diäten
Die Tätigkeitsvergütung

Abonnementkarte für Unterrichtshonorare

Das Grundgehalt

Der Lohnsatz
Der Lohnindex

Die Lohnskala

Die Lohntabelle
Die Lohnstaffelung

Der Lohnfaktor (Lohnkoeffizient)
Der Lohnsteigerungsfaktor

Diskriminierende Löhne

Die Lohnstoppolitik

Ein Lohnstop während eines Jahres einführen

Die Politik der Beschränkung der Lohnsteigerungen

Die Lohnsteigerung entsprechend den Dienstjahren in der Firma

Sueldos y salarios
Vacaciones

El sustento de la familia
El que gana el pan diario

Un sueldo de miseria

Trabajar por un salario de miseria
Trabajar por nada
Trabajar en balde

Déle su merecido
Déle lo que se le debe
Trátele correctamente

La remuneración de los ejecutivos, de los mandos superiores

El jornal
El salario semanal

El sueldo

Los emolumentos

Cédulas de abono para lecciones

El sueldo de base

El índice salarial
El índice de las retribuciones salariales

El abanico de salarios

La tabla de salarios
La escala salarial

El factor diferencial salarial
El diferencial salarial

Salarios discriminatorios

La política de fijación de salarios máximos
El bloqueo de los salarios
La congelación de los salarios

Congelar los salarios durante un año

La política de restricción de los salarios

El aumento de salarios por antigüedad

Fringe benefits date back to...	Les avantages hors salaires remontent à...
Annual salary plus additional income	Salaire annuel plus revenus supplémentaires
The back pay	Le rappel de traitement
The escalator clause Automatic pay increase clause Sliding scale clause Indexing clause Pegging clause	La clause de l'échelle mobile La clause d'indexation
A bonus	Une prime (salaire) Une gratification Un sursalaire
A special bonus	Une bonification exceptionnelle
Work on the bonus system	Travail à la prime
Piece work Job work	Le travail à la pièce (aux pièces) Le travail au rendement Le travail à la tâche
Jobbing	Le travail à façon
A group bonus	Une prime collective
A bonus scheme	Un programme de primes d'encouragement Un système de primes de rendement
A profit sharing scheme	Un système de participation aux bénéfices
Staff share in profits	La participation du personnel aux bénéfices
The annual profit sharing bonus	La prime annuelle, l'indemnité annuelle de participation aux bénéfices
The truck system	Le paiement de salaires en nature
To be out of town	Être en voyage Être à la campagne
To be on the road	Être en déplacement, en tournée

Die Sonderleistungen werden seit... gezahlt	Los pluses existen desde...
Die außergehaltlichen Leistungen bestehen seit...	
Jahresgehalt mit den zusätzlichen Einkünften	Sueldo anual más ingresos adicionales
Die Gehaltsnachzahlung	Los atrasos de salarios
Die Indexklausel	La escala móvil de los salarios
Die Indexierungsklausel	La cláusula de ajustamiento automático
	La cláusula indiciaria
Eine Gehaltsprämie	Un sobresueldo
Eine Gratifikation	Una gratificación
Eine Sondergratifikation	Una prima especial
Arbeit nach dem Prämiensystem	Trabajo al rendimiento
	Trabajo a la prima de productividad
Die Akkordarbeit	El trabajo a la pieza
	El trabajo a la tarea
Die Stückarbeit	El trabajo a destajo con género suministrado
Die Fassonarbeit	
Die Lohnarbeit	
Eine Gruppenprämie	Un sobresueldo colectivo (de equipo)
Ein Prämiensystem	Un programa de sobresueldos
Ein Prämienprogramm	Un programa de primas de productividad
Ein Programm für die Gewinnbeteiligung der Arbeitnehmer	Un sistema para la participación en los beneficios
Die Gewinnbeteiligung der Arbeitnehmer	La participación del personal en los beneficios
Der Anteil der Arbeitnehmer am Gewinn	
Die Jahreszulage aus der Arbeitnehmergewinnbeteiligung	El sobresueldo anual, la prima anual, de participación en los beneficios
Der Naturalienlohn	El pago de los sueldos en efectivo
Die Entlohnung in Naturalien	
Auf Reisen sein	Estar de viaje
Auf dem Lande sein	Estar en el campo
Auf der Verkaufsrunde sein	Estar de ventas

A travel expenses claim	Une créance pour frais de voyage
An application for the refund of travel expenses	Une demande de remboursement de frais de voyage
To indemnify	Dédommager
A statutory holiday	Une fête légale
Paid holidays (U.K.) Paid vacation (U.S.A.)	Les congés payés
The staggering of holidays (U.K.) The spreading of vacations (U.S.A.)	L'étalement des vacances
To overstay one's leave To overstay one's vacation (U.S.A.)	Dépasser la durée de son congé
The extra days will not come off your next leave The extra days will not be deducted from your next vacation	Les jours supplémentaires ne seront pas décomptés de votre prochain congé

Termination of service — *Départ de la société*

To call it quits with the company and go out on one's own To quit the company and set up in business on one's account	Demander son compte à la société et se mettre à son compte
He never kept a job for more than two years	Il n'a jamais gardé une situation plus de deux ans
Absenteeism	L'absentéisme
A dummy employee is weeded out	Un employé fantôme est éliminé
The clerk is suspected of malingering	L'employé est soupçonné de simuler la maladie, de tirer au flanc
A warning about... A reprimand about... A dressing-down about... A sermon about...	Une mise en garde contre...
To give repeated (reiterative) warnings To reiterate warnings	Donner des avertissements répétés (réitérés)
Staff redundancy Over-staffing	Surabondance de personnel

Ein Reisekostenanspruch	Haber por gastos de viaje
Ein Antrag auf Reisekostenerstattung	Una solicitud de reembolso de gastos de viaje
Entschädigen	Indemnizar
Ein gesetzlicher Feiertag	Un día festivo legal
Der bezahlte Urlaub Der Urlaub mit Lohnfortzahlung	Las vacaciones pagadas Las vacaciones con sueldo
Die Staffelung der Ferien Die Urlaubsstaffelung	El escalonamiento de las vacaciones
Seinen Urlaub überschreiten Seine Ferien überschreiten	Exceder sus vacaciones
Die Zusatztage werden nicht von Ihrem nächsten Urlaub abgezogen	Los días adicionales no se deducirán de sus próximas vacaciones

Ausscheiden aus der Gesellschaft / Cese en el servicio

Aus der Gesellschaft ausscheiden und sich selbständig machen Seine Papiere verlangen und sich selbständig machen	Dejar la empresa y establecerse por cuenta propia Pedir su cuenta a la empresa y establecerse por su cuenta
Er hat keinen Arbeitsplatz länger als zwei Jahre behalten	No conservó ningún empleo más de dos años
Die Feierschichten Die Fehlschichten	El absentismo (o absenteismo)
Ein nutzloser Angestellter wird ausgemerzt	Un empleado fantasma ha sido eliminado Se despidió un empleado inútil
Der Angestellte ist verdächtigt, ein Simulant zu sein, ein Faulenzer zu sein	Se sospecha que el empleado sea un simulador, que escurra el bulto
Eine Verwarnung wegen... Eine Zigarre wegen...	Una advertencia al respecto de... Un rapapolvo... Una bronca...
Wiederholte Verwarnungen erteilen Wiederholt verwarnen	Dar advertencias repetidas
Personalübersetzung Personalüberfluß	Superabundancia de personal Plantilla excesiva

Dead-wood Redundant personnel	Personnel en surnombre
To weed out all unnecessary personnel	Éliminer tous les employés non indispensables
I cannot do without this clerk always equal to the occasion	Je ne peux pas me passer de cet employé toujours à la hauteur de la situation
Redundancy payment Severance payment	L'indemnité de licenciement pour raisons économiques
Dismissed as redundant, with a month's severance pay ... with a month's redundancy payment	Licencié comme étant de trop, avec une indemnité d'un mois pour rupture de contrat Licencié pour raisons économiques avec un mois d'indemnité
It is a hard and fast rule	C'est une règle devant être strictement respectée C'est une règle absolue
It was hard for him to be laid off	Ce fut dur pour lui d'être débarqué
His career is over His career is through His career is a wash-out	Sa carrière est finie Sa carrière est un fiasco
Reorganization Personnel reorganization Reorganization of the work force	La réorganisation Le reclassement de la main-d'œuvre
Booster training Readaptation training Periodical retraining Refresher courses	Le recyclage La formation permanente Des cours de recyclage
The retraining of people thrown out of work	Le recyclage des gens mis au chômage
To ease out personnel	Mettre gentiment du personnel à la porte
To stand off personnel	Mettre en congé Mettre en chômage temporaire
To dismiss To discharge	Remercier Licencier
To fire To sack To kick out To chuck out (U.S.A.)	Flanquer à la porte Saquer Vider

Überflüssiges Personal	Personal en exceso Personal excesivo Personal improductivo
Alles entbehrliche Personal ausmerzen	Eliminar el personal que no sea imprescindible, el personal inútil
Ich kann auf diesen Angestellten, der immer jeder Situation gewachsen ist, nicht verzichten	No puedo pasarme sin este empleado que siempre está a la altura de las circunstancias
Die Entschädigung bei Kündigung aus wirtschaftlichen Gründen	La indemnización de despido por razones económicas
Entlassen aus wirtschaftlichen Gründen mit einer Entschädigung in Höhe eines Monatsgehalts	Despedido por razones económicas con una indemnización de un sueldo mensual
Das ist eine absolute Regel Das ist eine eiserne Regel	Es una norma absoluta Es una norma de hierro Es una norma a seguir a rajatabla
Es war hart für ihn, auf die Straße gesetzt zu werden	Fue duro para él que le echaran a la calle, que le despidieran
Seine Laufbahn ist zu Ende Seine Karriere ist eine Pleite Seine Karriere ist ein Fiasko	Su carrera está terminada Su carrera es una quiebra Su carrera es un fiasco
Die Personalreorganisation Die Reorganisation des Dienststellenplans	La reorganización del personal
Die Auffrischung der beruflichen Kenntnisse	El reciclado profesional
Berufliche Fortbildungskurse	Cursillos profesionales
Die berufliche Umschulung der Arbeitslosen	La readaptación profesional de los parados
Das Personal schmerzlos vermindern	Reducir gradual y amistosamente el personal
Personal vorübergehend entlassen Personal entlassen (aus Auftragsmangel usw.)	Despedir por falta de pedidos Despedir temporalmente
Entlassen	Despedir
Auf die Straße setzen Vor die Tür setzen Feuern	Echar a la calle

A wrongful dismissal	Un renvoi injustifié
To give notice	Notifier, prévenir d'un licenciement Démissionner Prévenir d'une démission
Last in, first out system Bumping (U.S.A.) Backtracking (U.S.A.)	Licenciement suivant la moindre ancienneté
Provision for statutory bonus of termination of employment Provision for legal end of service bonus	Provision pour indemnité légale de fin de service
An ex-gratia payment from the company	Une gratification bénévole de la part de la société
A golden handshake	Une grosse indemnité de licenciement
Unemployment	Le chômage
The jobless	Les chômeurs
Unemployment benefit Unemployment compensation	L'indemnité de chômage
To be jobless To be unemployed To be workless To be out of work To be on the dole (U.K.)	Être chômeur
Advanced retirement	La retraite anticipée
The mandatory retirement age	L'âge obligatoire de la retraite
Superannuation (U.K.)	La retraite par limite d'âge
Superannuation pension Old age pension Retirement pension	La pension versée à la retraite
To pension off	Mettre à la retraite
Old age pensions	Les retraites

Eine unberechtigte (ungerechte) Entlassung	Un despido ilegal (injustificado)
Eine Entlassung mitteilen Kündigen	Notificar el despido Dimitir Pedir su cuenta
Methode, die zuletzt Eingestellten zuerst zu entlassen Entlassung nach der Dauer der Dienstzeit in der Firma	Sistema para despedir primero los empleados de menos antigüedad
Rücklage für die gesetzliche Entschädigung am Ende der Dienstzeit	Provisión para indemnizaciones legales por cese de empleo
Eine freiwillige Gratifikation der Gesellschaft	Una gratificación benévola por parte de la empresa
Eine große Entlassungsentschädigung	Una indemnización importante por despido
Die Arbeitslosigkeit	El paro El desempleo
Die Arbeitslosen	Los sin empleo Los parados Los desempleados
Die Arbeitslosenunterstützung	La indemnización de paro (de desempleo)
Arbeitslos sein	Estar en paro (desempleo)
Der vorzeitige Ruhestand Die vorzeitige Pensionierung	La jubilación anticipada
Das gesetzliche Ruhestandsalter	La edad de jubilación obligatoria
Der Ruhestand wegen Überschreitung der Altersgrenze	La jubilación a la edad obligatoria
Die Altersrente Die Pension	La pensión de retiro La paga de jubilado La pensión
In den Ruhestand versetzen Pensionieren	Jubilar a alguien
Die Ruhestandsbezüge Die Pensionen Die Altersrenten	Las pensiones de vejez

Superannuation fund	La caisse de retraites
To collect the arrears of a pension	Toucher les arrérages d'une pension
The provision for pensions The reserve for pensions	La provision pour le service des pensions
To pare down a pension To whittle down a pension	Rogner une pension

Die Pensionskasse Die Altersrentenkasse	La caja de pensiones La caja de las clases pasivas La caja de vejez
Die Rückstände einer Altersrente erhalten	Cobrar los atrasos de una pensión
Die Rücklage für Pensionen (für Altersrenten)	La provisión para pensiones
Eine Rente (Pension) beschneiden	Rebajar una pensión

10 Banks / Banques

Banking community / Le monde de la banque

The money lenders	Les prêteurs d'argent
The financier	Le financier
A clever financier	Un financier habile
A shady financier	Un financier véreux
A wheeler dealer (U.S.A.)	Un brasseur d'affaires peu scrupuleux
To wheel and deal (U.S.A.).	Agir à sa guise d'une façon dynamique, arbitraire et impitoyable pour les autres
The " Old Boys'Net " in London	La « mafia » des anciens camarades de collège et d'université
When a deal has been made there is no backing out	Lorsqu'une opération a été conclue, l'on ne revient jamais dessus
To back out	Se désister
The world of finance	Le monde de la finance
The hub of the financial world	Le centre du monde de la finance
High finance	La haute finance
The magnates of finance	Les magnats de la finance
A finance syndicate / A financial syndicate	Un syndicat financier
To finance	Financer, commanditer
A finance company	Une société de financement
A financial house	Un établissement de crédit / Un établissement financier
A finance house	Une société de financement des ventes à tempérament

Banken / Bancos 10

Die Welt der Banken / La comunidad bancaria

Die Geldverleiher	Los prestamistas de dinero
Der Finanzmann / Der Financier	El financiero
Ein geschickter Finanzmann	Un financiero hábil
Ein zweifelhafter Finanzmann	Un financiero dudoso / Un financiero turbio
Ein Geschäftemacher, der es nicht so genau nimmt	Un hombre de negocios poco escrupuloso
Rücksichtslos Geschäfte machen	Hacer sus negocios sin consideración de los otros
Das Netz der Korpsbrüder (der Verbindungsbrüder)	La cofradía de los ancianos de un colegio o de una universidad
Ein einmal abgeschlossenes Geschäft macht man nicht mehr rückgängig	Un negocio concluido no puede retractarse
Nicht mehr mitmachen / Ausscheiden / Sich zurückziehen	Retractarse / Renunciar a participar
Die Finanzwelt	El mundo financiero
Der Mittelpunkt der Finanzwelt	El centro del mundo financiero
Die Hochfinanz	Las altas esferas del mundo financiero / La alta finanza
Die Finanzmagnaten	Los mandones financieros / Los peces gordos del mundo financiero
Ein Finanzkonsortium	Un consorcio financiero
Finanzieren	Financiar
Eine Finanzierungsgesellschaft / Eine Gesellschaft für die Finanzierung von Teilzahlungsgeschäften	Una sociedad de financiamiento / Una sociedad de financiamiento de la venta a plazos
Ein Kreditinstitut / Ein Finanzinstitut	Un establecimiento financiero
Eine Teilzahlungsfinanzierungsgesellschaft	Una sociedad de financiamiento de la venta a plazos

The banker	Le banquier
The partner in a bank	L'associé d'une maison de banque
The fellow bankers	Les confrères banquiers
The bank insiders	Les initiés de la banque
Bankers are bound to professional secrecy	Les banquiers sont liés par le secret professionnel
The bank officials	Le personnel d'encadrement des banques
The bank clerks The bank clerical staff The bank employees	Les employés de banque
The bank counters	Les guichets d'une banque
Banking policy	La politique bancaire
Banking regulations	La réglementation des banques
The central bank	La banque d'émission
The central bank is the mainstay of the banking system	La banque d'émission est le soutien principal du système bancaire
A private bank	Une banque privée
A banking syndicate	Un consortium bancaire
Bankers' Clearing House	La chambre de compensation des banquiers
Backed by three banking houses	Appuyé par trois établissements bancaires
The parent company	La maison mère
A subsidiary An affiliate	Une filiale
The branch expansion	Le développement du nombre des agences
The opening of new branches The establishment of new branches	L'implantation de nouvelles agences
A sub-office A downtown office (U.S.A.)	Un bureau de quartier
A country bank	Une banque rurale
A district bank	Une banque régionale

Der Bankier	El banquero
Der Gesellschafter einer Bank	El asociado de un banco
Die Bankkollegen	Los colegas del gremio bancario
Die Eingeweihten der Bankwelt	Los iniciados del mundo bancario
Die Bankiers sind durch das Bankgeheimnis gebunden	Los banqueros están sujetos al secreto profesional
Die Bankbeamten	Los mandos de los bancos
Die Bankangestellten Die Büroangestellten in einer Bank	Los empleados de banco
Die Bankschalter	Las ventanillas de un banco
Die Bankpolitik	La política bancaria
Die Bankenordnung Die Vorschriften für das Bankwesen	La reglamentación de la banca
Die Notenbank	El banco de emisión
Die Notenbank ist der zentrale Stützpfeiler des Bankensystems	El banco de emisión es el soporte principal del sistema bancario
Eine Bank des privatwirtschaftlichen Sektors	Un banco privado (del sector privado)
Ein Bankenkonsortium	Un consorcio bancario
Der Kassenverein der Banken Die zentrale Abrechnungsstelle der Banken	El centro de compensación bancaria
Mit der Unterstützung von drei Banken	Con el apoyo de tres bancos
Die Muttergesellschaft	La casa matriz La casa central
Eine Tochtergesellschaft	Una filial
Die Ausdehnung des Filial- und Zweigstellennetzes	La extensión de la red de sucursales
Die Einrichtung neuer Filialen und Zweigstellen	La implantación de nuevas sucursales
Eine Zweigstelle	Una agencia bancaria auxiliar Una agencia urbana
Eine Regionalbank	Un banco regional Un banco rural
Eine Bezirksbank Eine Lokalbank	Un banco provincial Un banco local

A local bank	Une banque locale
A foreign bank correspondent A foreign correspondent	Un correspondant bancaire à l'étranger Un correspondant étranger
Fixed ties to London based consortiums (consortia), syndicates	Des liens étroits avec des consortiums établis à Londres
An authorized foreign exchange bank	Une banque agréée pour les opérations de change
The commercial bank	La banque de dépôt
The savings bank	La caisse d'épargne
The postal savings bank	La caisse d'épargne postale
A discount bank	Une banque d'escompte
An acceptance bank An acceptance house	Une banque d'escompte d'effets étrangers
The lending bank	La banque consentant les crédits
A loan bank	Une caisse de prêts
The mortgage bank The land bank	La banque hypothécaire Le crédit foncier
A business bank	Une banque commerciale
A merchant bank (U.K.) An investment bank (U.S.A.)	Une banque d'affaires
Underwriters	Le syndicat de placement d'émissions Le syndicat de garantie
Merchant banks are the elite of the City	Les banques d'affaires sont l'élite de la Cité de Londres
The trust bank	La banque fiduciaire Banque de gestion financière (successions, fondations, patrimoine, etc.)
Issuing house	Institution financière agissant comme intermédiaire entre les émetteurs (obligations, actions, etc.) et les investisseurs. Banque de placement
The unit trust The mutual fund	La société d'investissement à capital variable
The Government bank	La banque d'État

Eine Ortsbank Eine Lokalbank	Un banco local Un banco urbano
Eine ausländische Korrespondenzbank Ein ausländischer Korrespondent	Un corresponsal bancario en el extranjero Un corresponsal extranjero
Enge Verbindungen mit Londoner Konsortialgruppen	Relaciones estrechas con consorcios establecidos en Londres
Eine zum Devisenhandel zugelassene Bank	Un banco autorizado en el mercado de divisas
Die Depositenbank	El banco comercial El banco de depósito
Die Sparkasse	La caja de ahorros
Die Postsparkasse	La caja postal de ahorros
Eine Diskontobank Eine Diskontbank	Un banco de descuento
Eine Diskontbank für ausländische Wechsel	Un banco de descuento de letras extranjeras
Die kreditgewährende Bank	El banco acordando el crédito
Eine Kreditkasse	Una caja de préstamos
Die Hypothekenbank	El banco hipotecario
Eine Handelsbank	Un banco comercial
Eine Effektenbank Eine Industriebank Eine Investitionsbank	Un banco de inversiones Un banco de emisiones industriales
Das Emissionskonsortium	El consorcio de emisión
Die Investitionsbanken sind die Elite der Londoner City	Los bancos de inversiones son la flor y nata de la City
Die Treuhandbank (Erbschaften, Stiftungen, Renten, Mündel, usw.)	El banco fiduciario El banco de gestión financiaria (herencias, patrimonios, fundaciones, huérfanos, etc.)
Finanzinstitut für die Plazierung von Emissionen	Instituto financiero para la colocación de emisiones
Der Investitionsfond	La sociedad de inversiones El fondo de inversiones
Die Staatsbank Die staatliche Bank	El banco del Estado

The bank for international settlements	La banque des règlements internationaux
The record of a bank	Les antécédents d'une banque
The records of a bank	Les archives d'une banque Les dossiers d'une banque
The accounts of a bank The books of a bank	Les écritures d'une banque
An account entry An account item A bookkeeping entry (item)	Une écriture comptable
The withdrawal of bank deposits	Le retrait de dépôts bancaires
Government insurance of bank deposits Government guarantee of... (U.S.A. : guaranty)	La garantie des dépôts bancaires par l'État
Run on banks	Le retrait massif des dépôts bancaires
Bank crash Bank smash	Le krach d'une banque
Through purchases of stock and interlocking directorships, banks often control major corporations	Grâce à l'acquisition d'actions et à l'entrecroisement des administrateurs, les banques contrôlent souvent d'importantes sociétés
The Japanese banks in London will draw away the business that Japanese firms have in the past entrusted to American banks	Les banques japonaises à Londres vont s'approprier les affaires que les firmes japonaises confiaient habituellement aux banques américaines
Certain banks issue certificates either in your name, or made payable to the bearer, identified by a number, thus assuring you full secrecy	Certaines banques émettent des certificats, soit à votre nom, soit au porteur, identifiés par un numéro, vous assurant ainsi le secret absolu

Central banks

Banques d'émission

Central Bank of issue	L'institut d'émission
Old Lady of Threadneedle Street	La Banque d'Angleterre
The Board of Governors of the Federal Reserve System (U.S.A.)	Le Conseil des gouverneurs du Système fédéral de Réserve

Die Bank für internationalen Zahlungsausgleich	El banco de liquidaciones internacionales
Die Vorgeschichte einer Bank	El pasado de un banco
Die Unterlagen einer Bank Die Registratur einer Bank Die Ablage einer Bank	Los archivos de un banco
Die Buchhaltung einer Bank Die Buchungsunterlagen einer Bank	Los libros contables de un banco Las cuentas de un banco
Eine Buchung	Un asiento contable Una posición contable
Die Abhebung von Bankeinlagen	La retirada de depósitos bancarios
Staatlich garantierte Bankeinlagen	Depósitos bancarios con garantía del Estado
Massenabhebungen von Bankeinlagen	Operaciones de resaca de los depósitos bancarios
Der Bankkrach Die Bankpleite	La quiebra espectacular de un banco
Durch den Ankauf von Aktien und die Verknüpfung von Aufsichtsratsmandaten kontrollieren die Banken häufig bedeutende Gesellschaften	A través de la compra de acciones y el engranaje de los consejeros, los bancos controlan a menudo sociedades de gran importancia
Die japanischen Banken in London werden die Geschäfte, welche die japanischen Firmen normalerweise den amerikanischen Banken anvertraut haben, an sich ziehen	Los bancos japoneses en Londres acapararán las operaciones que las empresas japonesas confiaban en el pasado a los bancos americanos
Gewisse Banken stellen Namens - oder Inhaberschuldscheine aus, deren Numerierung ein absolutes Anonymat sicherstellt	Ciertos bancos emiten certificados nominativos o al portador, identificados por un numero, asegurando así al portador el más absoluto secreto

Notenbanken   *Bancos de emisión*

Die Notenbank	El banco de emisión
Die Bank von England	El Banco de Inglaterra
Der Rat der Gouverneure des Bundesreservesystems	El consejo de los gobernadores del Sistema federal de Reserva

The Federal Reserve System consists of 12 Federal Reserve Banks	Le Système fédéral de Réserve se compose de 12 Banques fédérales de réserve
Right of issuing bank-notes Note issue privilege Right of note issue	Le privilège d'émission de billets de banque
Nearly the whole issue of bank-notes has become fiduciary	La presque totalité de l'émission des billets de banque est devenue fiduciaire
Note printing press	La planche à billets
Fiduciary money (U.K. & U.S.A.) Fiat-money (U.S.A.)	Billets sans couverture
Bank-notes are legal tender	Les billets ont pouvoir libératoire Les billets sont la monnaie légale
A bank-note A bank bill (U.S.A.) A bill (U.S.A.)	Un billet de banque
Counterfeit money Counterfeit bank-notes	Des faux billets
Special drawing rights	Droits de tirage spéciaux
A pound sterling A quid (*slang*)	Une livre sterling
Sterling area	La zone sterling
Sterling holdings	Les avoirs en sterling
Sterling balances	Les balances sterling
A dollar A buck (*slang*)	Un dollar
The dollar has been drifting down	Le dollar a dérivé à la baisse
Offset dollar	Dollar de compte, de compensation
The coffers of State	Les coffres de l'État
Stock of bullion Bullion reserve	L'encaisse métallique
Gold and silver holdings Bullion holdings	L'encaisse or et argent
Gold stockpile	Réserve d'or stratégique établie par une Loi fédérale
Gold reserves	Les réserves d'or

Das Bundesreservesystem besteht aus 12 Bundesreservebanken	El Sistema federal de Reserva se compone de 12 bancos federales de reserva
Das Notenausgaberecht	El monopolio de emisión de billetes de banco El derecho de emisión de billetes de banco
Fast die gesamte Notenausgabe ist Papiergeld geworden, ist nunmehr ungedeckt	Casi toda la emisión de billetes de banco es fiduciaria, es papel moneda
Die Notenpresse	La prensa de billetes
Ungedeckte Noten Papiergeld	Dinero fiduciario Papel moneda
Banknoten sind ein gesetzliches Zahlungsmittel	Los billetes son dinero legal
Eine Banknote	Un billete de banco
Falschgeld Falsche Banknoten	Dinero falso Billetes falsos
Sonderbezugsrechte	Derechos especiales de giro
Ein Pfund Sterling	Una libra esterlina
Die Pfundzone	La zona esterlina
Die Pfundguthaben	Los haberes en libras esterlinas
Die Sterlingsalden	Los saldos en libras esterlinas
Ein Dollar	Un dólar
Der Dollar ist nach unten geglitten Der Dollar war Gegenstand einer allmählichen Baisse	El dólar ha bajado gradualmente
Verrechnungsdollar Rechnungsdollar	Dólar de compensación
Die Staatskasse	El arca del Estado
Die Gold- und Silberreserven Der Bestand an Gold und Silber	Las reservas de oro y plata Los haberes en oro y plata
Der Gold- und Silberbestand	Las reservas de oro y plata Los haberes en oro y plata
Durch Gesetz bestimmte Goldreserve (für strategische Zwecke)	Reserva de oro establecida por una ley federal por razones estratégicas
Die Goldreserven	Las reservas de oro

A goldbug (U.S.A.)	Un défenseur de l'étalon-or
To husband gold reserves To use gold reserves sparingly	Ménager les réserves d'or
It is as good as ready money	C'est de l'or en barre
The Mint	L'Hôtel de la Monnaie
A coin	Une pièce de monnaie
To coin money	Battre monnaie
Gold was minted into coins	L'or fut monnayé en pièces
To sock away gold coins	Mettre de côté des pièces d'or
Gold is more than a mere currency, it is a genuine commodity	L'or est davantage qu'une simple monnaie, c'est un bien véritable
The Golden Calf which inspires both greed and reverence	Le Veau d'or qui inspire à la fois convoitise et vénération
To consort with coiners	S'acoquiner avec des faux-monnayeurs
Gold in bars	De l'or en barres
Silver in bars Bullion silver Silver bars Silver in ingots, ingot silver	De l'argent en barres Des lingots d'argent
Wedge of gold Gold bars Gold ingots Bullion gold Ingot gold	Des lingots d'or
A gold nugget	Une pépite d'or
The inspection stamp The hall-mark	Le poinçon L'estampille
A gold trader	Un opérateur sur l'or
A bullion dealer A bullion broker	Un courtier en lingots d'or

Ein Verteidiger, ein Parteigänger des Goldstandards	Un defensor, un partidario del patrón oro
Mit den Goldreserven sparsam umgehen Die Goldreserven sparsam benutzen	Cuidar bien las reservas de oro Economizar las reservas de oro
Das ist so gut wie Bargeld Das ist Gold wert	Vale oro Es como dinero contante
Die Staatliche Münze	La Casa de la Moneda
Eine Geldmünze	Una moneda
Münzen prägen	Acuñar moneda
Das Gold wurde zu Münzen geprägt	Se acuñó el oro en monedas
Goldmünzen in den Sparstrumpf legen	Ahorrar monedas de oro
Gold ist mehr als ein einfaches Zahlungsmittel, es ist eine echte Ware (ein echtes Gut)	El oro es más que una simple moneda, es un bien auténtico
Das goldene Kalb, das gleichzeitig zur Habgier und zur Verehrung anregt	El Becerro de oro que inspira a la vez la avaricia y la veneración
Sich mit Falschmünzern abgeben	Conchabarse con monederos falsos
Barrengold	Oro en barras
Barrensilber	Plata en barras Plata en lingotes
Goldbarren	Barra de oro Lingote de oro
Ein Goldnugget	Una pepita de oro nativo Una palacra
Die Punze Der Prüfstempel	El sello de contraste (oro, plata) El contraste (oro, plata) El troquel El cuño (monedas, medallas)
Ein Goldhändler	Una persona que hace operaciones bursátiles en oro
Ein Goldmakler	Un agente de cambio especializado en lingotes de oro Un corredor de lingotes de oro

Fine gold Gold twenty-two carats	Or fin Or à 22 carats
Fineness	Le titre d'un alliage Le titre de l'or, de l'argent L'aloi de l'or, de l'argent
Carat	Le carat
Fineness is the ratio, expressed in thousandths, between the weight of fine metal in an alloy and the total weight of this alloy	Le titre est le rapport du poids du métal fin au poids total de l'alliage
Central banks expand or contract the volume of money (money supply)	Les instituts d'émission gonflent ou contractent le volume de l'argent (la masse monétaire, la circulation monétaire)
Money spigot Money tap	Le robinet de l'argent
Velocity of circulation Velocity of money circulation	La vitesse de circulation La vitesse de la circulation monétaire
Income velocity of circulation Transaction velocity of circulation	La vitesse de transformation de la monnaie (ou des capitaux) en revenu (vitesse-revenu) La vitesse-transactions
Raising of the Bank rate	Le relèvement du taux d'escompte
To up the Bank rate (U.S.A.)	Élever le taux d'escompte
The Bank rate has been pegged for a long time at 3 %	Le taux d'escompte de la Banque centrale est resté accroché à 3 % pendant longtemps
When the Bank sells notes it soaks up reserves and the banking system's lending	Quand la Banque centrale vend des bons du Trésor, elle pompe les réserves et diminue la capacité de prêts du système bancaire
To go to the Bank To discount at the Central Bank	Faire réescompter à la Banque centrale
For the issue of Treasury bills (U.S.A.) For the issue of Treasury notes (U.K.)	Pour l'émission de bons du Trésor
Tender method Issues by tender method	Méthode de la soumission
Tap method at a fixed price	Méthode consistant à acheter à un prix déterminé
Bills on tap	Des billets placés de gré à gré

Feingold	Oro fino
Feingold von 22 Karat	Oro fino de 22 quilates
Der Feinheitsgrad (Gold, Silber)	La ley (oro, plata)
Das Karat	El quilate
Der Gehalt oder Feinheitsgrad ist das Gewichtsverhältnis zwischen Feinmetall und Gesamtgewicht der Legierung	La ley o el contraste es el peso del metal fino con relación al peso total de la aleación
Die Notenbanken erhöhen oder vermindern den Geldumlauf	Los bancos de emisión aumentan o disminuyen la circulación monetaria
Der Geldhahn	El grifo monetario del dinero, de la plata
Die Umlaufgeschwindigkeit	La velocidad de circulación
Die Umlaufgeschwindigkeit des Geldumlaufs bei der Einkommensbildung	La velocidad de la transformación de la circulación monetaria en ingresos disponibles
Die Erhöhung des Diskontsatzes	La subida del tipo de descuento
Den Diskontsatz anheben	Elevar el tipo de descuento
Der Rediskontsatz ist lange Zeit bei 3 % geblieben	El tipo de descuento del Banco de emisión se ha mantenido en el 3 % desde hace mucho tiempo
Wenn die Zentralbank Schatzbriefe verkauft, vermindert sie die Bankreserven und die Kreditkapazität des Bankensystems (Bankwesens)	Cuando el Banco de emisión vende bonos del Tesoro, absorbe las reservas y disminuye la capacidad de crédito del sistema bancario
Sich von der Zentralbank rediskontieren lassen	Ir al Banco de emisión para el redescuento
Für die Ausgabe von Schatzbriefen	Para la emisión de bonos del Tesoro público
Ausschreibungsemissionen	Emisiones por licitación
Zu einem bestimmten Preis kaufen	Comprar a un precio determinado
Schuldtitel (Wechsel, usw.) zu frei vereinbarten Bedingungen	Pagarés a condiciones de común acuerdo

To ram surplus cash into Treasury bills	Fourrer le surplus disponible en bons du Trésor
Under the Nationalization Act the Treasury became formally empowered to give directions to the Bank	D'après la loi de nationalisation, le ministère des Finances a été officiellement doté du pouvoir de donner des instructions à la Banque (centrale)
The Federal Reserve Bank tries to demonetize gold	La Banque Fédérale de Réserve essaie de démonétiser l'or
£ and lira, declining currencies	La livre sterling et la lire, devises en baisse
Ever-appreciating Swiss franc	Le franc suisse en appréciation constante
This Swiss franc tendency to appreciate against all other currencies seems to be due to the low inflation rate, a large trade surplus, and the reluctance of the Swiss to invest in foreign-denominated securities	Cette tendance du franc suisse à s'apprécier vis-à-vis de toutes les autres devises, semble être due au faible taux d'inflation, à l'important excédent de la balance commerciale, et au peu de goût qu'ont les Suisses pour les valeurs étrangères

Foreign exchange / *Change*

To exchange pounds sterling for francs	Changer des livres contre des francs
The conversion into francs of the due amount will be made at the rate of exchange ruling on 30th April	La conversion en francs du montant dû sera effectuée au taux de change en vigueur le 30 avril
Foreign Exchange transfer	Un transfert de devises
The transferor	Le cédant L'endosseur cédant
The transferee	Le cessionnaire
The payee	Le bénéficiaire (d'un chèque, d'un virement, d'un transfert)
A foreign exchange dealer A currency trader	Un cambiste de banque
A foreign exchange broker A currency broker	Un courtier en devises

Die überflüssige Barkasse in Schatzbriefen anlegen	Invertir el excedente de capitales en bonos del Tesoro
Nach dem Verstaatlichungsgesetz hat das Finanzministerium offiziell das Recht, der Zentralbank Weisungen zu erteilen	Según la Ley de Nacionalización, el ministerio de Hacienda tiene oficialmente el derecho de dar instrucciones al banco de emisión
Die amerikanische Bundesbank versucht, das Gold zu demonetisieren (das Gold als Zahlungsmittel auszuschalten)	El Banco federal de Reserva intenta la desmonetización del oro
Pfund und Lire, Währungen auf dem absteigenden Ast (die ihre Bedeutung verlieren)	La libra esterlina y la lira italiana, divisas declinantes
Der ständig steigende Schweizer Franken	El franco suizo sube constantemente
Die Tendenz des Schweizer Frankens in Richtung einer Aufwertung im Vergleich zu allen anderen Devisen scheint auf die niedrige Inflationsrate, den grossen Aussenhandelsüberschuß und die Abneigung der Schweizer gegenüber der Anlage in Deviseneffekten zurückzuführen sein	Esta tendencia del franco suizo a la subida con relación a todas las otras divisas parece ser el resultado del índice de inflación bajo, del gran excedente de la balanza comercial y del poco gusto de los suizos por los valores en divisas extranjeras

Devisenhandel / *Mercado de divisas*

Pfunde in Franken umwechseln	Cambiar libras esterlinas contra francos
Die Umrechnung des fälligen Betrages in Franken wird zum Kurs des 30. Aprils durchgeführt	La conversión en francos del importe vencido se efectuará al cambio vigente el 30 de abril
Ein Devisentransfer	Una transferencia de divisas
Der Abtreter	El endosante cedente El cesionista
Der Abtretungsübernehmer	El cesionario
Der Empfänger Der Begünstigte	El beneficiario (de un cheque, etc.)
Ein Devisenhändler	Un cambista
Ein Devisenmakler	Un agente de cambio

Exchange brokers are operating their electronic calculators	Des courtiers en devises faisant fonctionner leurs calculatrices électroniques
The exchange rate	Le taux de change
The exchange parity	La parité de change
The exchange equivalent The exchange value	La contre-valeur (en devises) La valeur du cours de change
The equivalences of exchange	Les parités de change
Exchange at parity Exchange at par	Change à la parité Change au pair
The widening of the parity band	L'élargissement de la bande de parité
Cross rate	Parité entre deux devises par comparaison avec une troisième
A spot operation A foreign exchange spot operation	Une opération de change au comptant Une opération de change avec livraison immédiate
Spot exchange rate	Taux de change au comptant
A forward transaction A foreign exchange forward transaction	Une opération de change à terme
Forward exchange rate	Taux de change à terme
Swap	Swap = Opération de change pour une période déterminée entre deux devises, au comptant ou à terme
Long-term dollar rates are stable (at a plateau) Long-term dollar rates are at a stable level	Les taux du dollar à long terme sont à un palier
The speculators have produced a fall in the forward dollar	Les spéculateurs ont provoqué une baisse sur le dollar à terme
Exchange Stabilization Fund	Fonds de stabilisation des changes
With a view to steadying the movements of the exchange rate	En vue de stabiliser les mouvements des taux de change
The floating exchange rate	Le taux de change flottant
To float the yen	Laisser flotter le yen

Devisenmakler, die ihre elektronischen Rechenmaschinen bedienen	Agentes de cambio que utilizan sus calculadoras electrónicas
Der Wechselkurs Der Devisenkurs	La cotización de la divisa
Die Parität, die Geldparität	La paridad monetaria
Der Gegenwert	El contravalor
Die Paritäten Die Währungsparitäten	Las paridades monetarias
Wechsel zum Paritätskurs	Cambio a la par
Die Erweiterung der Paritätstoleranz	El ensanchamiento de la faja de la paridad monetaria
Kurs von zwei Währungen im Vergleich zu einer dritten Geldeinheit	Paridad entre dos divisas en comparación con otra
Ein Devisen-Kassageschäft	Una operación de cambio al contado
Kassakurs	Cotización al contado
Ein Termindevisenabschluß	Una operación de cambio a plazo fijo
Terminkurs	Cotización a plazo fijo
Abschluß über zwei Devisen für einen bestimmten Zeitraum, Kassa oder Ziel Swap	Operación entre dos divisas para un plazo determinado, con cotización al contado o a plazo fijo Contrato de intercambio de divisas al contado o a plazo fijo
Die langfristigen Dollarkurse sind stabil	La cotización del dólar a plazo largo es estable
Die Spekulanten haben eine Baisse des Termindollars verursacht	Los especuladores provocaron una baja del dólar a plazo fijo
Kursstabilisierungsfonds	Fondo para la estabilización de los cambios
Um die Bewegungen der Devisenkurse zu stabilisieren	Para estabilizar los cambios
Der flottierende Devisenkurs	El cambio flotante
Den Yen flottieren lassen	Dejar flotar el yen

To devalue the lira	Dévaluer la lire
The increase in wages more than offsets the erosion of the pound	La hausse des salaires fait plus que compenser l'érosion de la livre sterling
To rival the dollar as the world's major trading currency	Rivaliser avec le dollar comme la devise la plus importante dans les échanges mondiaux
The real guarantee for the dollar rests on the productivity of the US economy	La véritable garantie du dollar repose sur la productivité de l'économie américaine
The exchange market now works strictly within the bounds of the exchange control regulations	Le marché des changes fonctionne maintenant strictement à l'intérieur des limites fixées par les règlements du contrôle des changes
Peculiarity of each exchange control system	Particularité de chaque contrôle des changes
Your investment can be geared to any freely convertible currency	Votre investissement peut être aiguillé vers n'importe quelle devise librement convertible
Funk money Hot money	Des capitaux flottants menés par la peur
Flights of capital from one country to another	Les fuites de capitaux d'un pays à l'autre
Speculative dollars pour in, aimed at cashing in on the DM rise	Les dollars spéculatifs affluent, en vue de tirer profit de la hausse du DM
Central banks have to take in more dollars	Les banques centrales doivent absorber davantage de dollars
Central banks now try to help each other out	Les banques centrales essaient maintenant de se dépanner réciproquement

Accounts / *Comptes*

To bank with the X Bank	Avoir X pour banque
To maintain a routine account with the X Bank	Détenir un compte ordinaire auprès de la banque X
The holder of an account	Le titulaire d'un compte
To open a bank account	Ouvrir un compte en banque
A private account A personal account	Un compte privé Un compte personnel

Die Lira abwerten	Devaluar la lira italiana
Die Lohnerhöhungen gleichen die Pfundentwertung mehr als aus	Los aumentos de los salarios sobrepasan la erosión de la libra esterlina
Mit dem Dollar als die bedeutendste Handelswährung rivalisieren	Rivalizar con el dólar como divisa comercial la más importante del mundo
Die wahre Garantie des Dollars beruht auf der Produktivität der amerikanischen Wirtschaft	La verdadera garantía del dólar reside en la productividad de la economía americana
Der Devisenmarkt arbeitet jetzt streng innerhalb der Grenzen der Bestimmungen der Devisenkontrolle	El mercado de divisas funciona ahora estrictamente dentro de los límites de la regulación de los cambios
Eigenheit jeder Devisenkontrolle	Particularidad de cada regulación de los cambios
Ihre Investition kann an jede frei konvertierbare Währung gekoppelt werden	Su inversión puede acoplarse con toda divisa libremente convertible
Heißes Geld Heißes Kapital	Capitales itinerantes Dinero caliente
Die Kapitalflucht von einem Land ins andere	La huida de capitales de un país a otro
Die Spekulationsdollars strömen ins Land, um an der Hausse der DM zu verdienen	Los dólares de especulación afluyen para sacar provecho del alza del marco alemán
Die Zentralbanken müssen mehr Dollars aufkaufen	Los bancos de emisión deben absorber más dolares
Die Notenbanken versuchen jetzt sich gegenseitig auszuhelfen	Ahora los bancos de emisión intentan una ayuda recíproca

Konten

Cuentas

Mit der Bank X arbeiten X zur Bank haben	Tener el X como banco
Ein Konto bei der Bank X haben	Tener cuenta en el banco X
Der Kontoinhaber	El cuentacorrentista El titular de una cuenta bancaria
Ein Bankkonto eröffnen	Abrir una cuenta bancaria
Ein Privatkonto	Una cuenta particular Una cuenta personal

A joint account	Un compte joint
An office account	Un compte professionnel
A deposit account	Un compte de dépôt
A current account with... A checking account with... (U.S.A.)	Un compte courant auprès de...
On demand	Sur demande
At sight At call	A vue
Sight draft	Tirage à vue
A drawing account A check account (U.S.A.)	Un compte à vue Un compte chèque
A suspense account An interim account	Un compte d'attente
A time account deposit	Un compte à échéance Un compte à terme
A deposit account subject to prior notice	Un compte à préavis
Overdraft	Découvert de compte
Outstanding overdraft	Découvert échu Découvert à payer
Overdue account	Compte en retard
Overdue accounts	Les arriérés
A resident account	Un compte résident
A non resident account	Un compte non résident
A convertible account	Un compte transférable
A non convertible account	Un compte non transférable
The depositor	Le déposant
Cash	Espèces Numéraire
Legal tender	Monnaie libératoire
Cash payment	Paiement en espèces (numéraire)
Deposit currency	La monnaie dans laquelle le compte est libellé

Ein Gemeinschaftskonto Ein gemeinsames Konto	Una cuenta indistinta Una cuenta conjunta
Ein Firmenkonto Ein Geschäftskonto	Una cuenta profesional Una cuenta de la empresa
Ein Depositenkonto Ein Festzeitkonto	Una cuenta a plazo fijo Una cuenta de depósitos
Ein laufendes Konto bei... Ein Bankkonto bei... Ein Kontokorrent bei...	Una cuenta corriente en...
Auf Verlangen	A la presentación
Auf Sicht Bei Vorlage	A la vista
Sichtwechsel	Letra de cambio a la vista
Ein Sichtkonto Ein Scheckkonto	Una cuenta a la vista Una cuenta de cheques
Ein Übergangskonto Ein Zwischenkonto	Una cuenta de espera Una cuenta interina
Ein Festzeitkonto	Una cuenta a plazo fijo
Ein Konto mit Kündigungsfrist Ein Terminkonto	Una cuenta con plazo de aviso previo
Kontoüberziehung	Descubierto en cuenta
Fällige Kontoüberziehung Rückzahlbare Kontoüberziehung	Descubierto en cuenta a pagar Descubierto en cuenta vencida
Überfällige Zahlung Überfälliges Konto	Pago atrasado Cuenta atrasada
Die überfälligen Zahlungen	Los pagos atrasados Las cuentas de los atrasados
Ein Deviseninländerkonto	Una cuenta de residente
Ein Devisenausländerkonto	Una cuenta de no residente
Ein transferierbares Konto	Una cuenta de fondos transferibles
Ein nicht transferierbares Konto	Una cuenta de fondos no transferibles
Der Deponent Der Einleger Der Einzahler	El deposante El impositor
Bargeld	Metálico Numerario
Gesetzliches Zahlungsmittel	Dinero (moneda) legal
Barzahlung	Pago en metálico
Die Depotwährung Die Währung des Kontos	La divisa de la cuenta

Paper money	La monnaie scripturale
Paper money supply	La masse de la monnaie scripturale
The payment on current account The settlement on current account	Le versement en compte courant Le règlement en compte courant
To pay money into an account	Verser une somme à un compte
To tick a sum	Faire inscrire une somme à son compte débiteur (chez un fournisseur, au restaurant, etc.)
To the debit of my account for the credit of...	Au débit de mon compte pour le crédit de...
To charge to an account (bookkeeping) To attribute to an account	Imputer à un compte (comptabilité)
To charge an account To debit an account	Débiter un compte
In favor of...	En faveur de... (banque)
For the benefit of...	En faveur de... (en général) Pour le bénéfice de... Pour le profit de...
A statement of account	Un relevé de compte
A settlement of account	Le règlement d'un compte Le paiement d'un compte
Balancing of accounts Closing of accounts	L'arrêté des comptes La clôture des comptes
Extracts of account	Des extraits de compte
A contract note An account note A check-list (U.S.A.)	Un bordereau de décompte
Account showing a balance of F... at that date	Compte présentant un solde de F... à cette date
To examine an account To check an account	Vérifier un compte
Look this account over Check this account	Vérifiez ce compte
We are behindhand with our accounts	Nous sommes en retard avec nos comptes
To turn to account	Mettre à profit

Das Buchgeld	La moneda escrituraria
Der Buchgeldumlauf	La circulación monetaria contable
Die Kontokorrentzahlung Die Zahlung auf Kontokorrent	El pago en cuenta corriente
Auf ein Bankkonto einzahlen	Pagar en una cuenta bancaria
Eine Kaufsumme bei einem Händler (Lieferenten, u.s.w.) schuldig bleiben Auf Pump kaufen	Dejar un clavo (en la tienda, etc.) Comprar a crédito
Zu Lasten meines Kontos und zu Gunsten von...	Con cargo a mi cuenta abonar a...
Auf einem Konto verbuchen	Imputar a una cuenta Atribuir a una cuenta
Ein Konto belasten Ein Bankkonto belasten	Cargar una cuenta bancaria Cargar en cuenta bancaria
Zu Gunsten von... (Bank)	En favor de... A crédito de...
Zu Gunsten von... Im Interesse von...	A beneficio de... En pro de...
Ein Kontoauszug	Un extracto de cuenta Un estado de cuenta
Der Kontoausgleich	La liquidación de cuenta
Der Kontoabschluß	El cierre de una cuenta
Kontoauszüge	Extractos de cuenta
Ein Abrechnungsformular Eine Abrechnung	Un detalle de la cuenta Una minuta de la cuenta
Konto mit einem Saldo von F... an diesem Datum	Cuenta que presenta un saldo de FF... en esa fecha
Ein Konto überprüfen	Verificar una cuenta
Überprüfen Sie dieses Konto!	Verifique esta cuenta
Wir sind mit der Buchhaltung im Rückstand Wir sind mit den Konten im Rückstand	Estamos atrasados con nuestras cuentas
Sich etwas zunutze machen Etwas ausnutzen	Aprovechar

To account for an expenditure	Justifier une dépense

Deposits and interest / *Dépôts et intérêts*

A deposit	Un dépôt (versement) sur un compte La consignation d'une somme
The depositary The trustee (U.S.A.)	Le dépositaire Le consignataire
A foreign currency deposit A foreign exchange deposit	Un dépôt en monnaie étrangère Un dépôt en devises
A deposit at notice	Un dépôt à préavis
A pledged deposit	Un dépôt de couverture
The reserve deposit	Le dépôt de réserve obligatoire auprès de la Banque centrale
A fixed time deposit	Un dépôt à échéance fixe
A time deposit	Un dépôt à terme
A pass-book, a bank book	Un livret de banque
A savings pass-book	Un livret d'épargne
A savings-bank book	Un livret de caisse d'épargne
To deposit money at sight	Placer de l'argent en dépôt à vue
Deposit balances are currently averaging in moderate six figures	Les soldes en dépôt se situent actuellement en moyenne à un montant de six chiffres moyens
Loans make deposits	Les crédits font les dépôts
To bear interest	Porter intérêt
To allow interest on deposits	Octroyer des intérêts aux dépôts
Interest accrues from...	Les intérêts courent à partir de...
Value date	Date de valeur
Backdated value	Valeur antidatée
The rate of interest	Le taux d'intérêt
Interest calculation Calculation of interest	Le calcul des intérêts

Eine Ausgabe belegen	Justificar un gasto

Bankeinlagen und Zinsen

Depósitos e intereses

Eine Einlage Die Hinterlegung einer Summe	Un depósito (pago) en una cuenta La consignación (de un importe)
Der Depositar Der Einzahler	El depositario
Ein Devisendepot Eine Deviseneinlage	Un depósito en divisas
Eine Kündigungseinlage	Un depósito con aviso previo Un depósito con notificación previa
Ein Deckungsdepot	Un depósito de garantía
Die Pflichtreserveeinlage	El depósito de reserva obligatoria
Eine Termineinlage Eine befristete Einlage	Un depósito a plazo fijo
Eine Termineinlage	Un depósito a plazo
Ein Bankbuch	Una cartilla de banco
Ein Banksparbuch	Una cartilla de ahorros de banco
Ein Sparkassenbuch	Una cartilla de la caja de ahorros
Geld auf Sicht anlegen	Depositar dinero a la vista
Die durchschnittlichen Depoteinlagen betragen sechstellige mäßige Ziffern	Los saldos corrientes son de seis números moderados
Die Kredite machen die Einlagen Die Kredite bringen die Einlagen	Los créditos hacen los depósitos Los créditos crean los depósitos
Zinsen tragen Zinsen bringen	Producir intereses
Zinsen auf die Einlagen gewähren	Conceder intereses sobre los depósitos
Zinsberechnung ab...	Interés pagado a partir del...
Wertstellung Valuta	Fecha de valor
Zurückdatierte Wertstellung Rückdatierte Valuta	Fecha de valor retroactivo Fecha de valor antedatado
Der Zinssatz Der Zinsfuß	El tipo de interés
Die Zinsrechnung	El cálculo de los intereses

The interest table	La table d'intérêts
The calculation of interest on equated accounts	Le calcul des intérêts échelonnés
The interest statement	L'échelle d'intérêts
The interest account	Le compte d'intérêts
The interest to date	Les intérêts à ce jour
Interest payable in advance Prepayable interest	Intérêts payables à l'avance
Accrued interests	Intérêts courus Intérêts cumulés
Outstanding interest	Intérêts échus
Arrears of interest Overdue interest Interest in arrear	Intérêts échus et non payés
Black interest	Intérêts créditeurs
Red interest	Intérêts débiteurs
Default interest	Intérêts de retard Intérêts moratoires
Compensatory interest Clearing interest	Intérêts compensatoires
Original deposit plus annual interest	Dépôt d'origine plus intérêt annuel
Original deposit plus compound interest	Dépôt d'origine plus intérêts composés
Flat commission	Commission fixe Commission forfaitaire
Handling charge	Commission de gestion
Service charge	Commission de manipulation
To deploy these deposits for such short periods ranging from overnight to a few days	Répartir ces dépôts sur des périodes brèves comprises entre 24 heures et quelques jours

Cashier's office

Caisse

The cashier The teller	Le caissier
The cash-clerk The cash-keeper	L'agent payeur Le manipulateur

Die Zinstabelle	La tabla de intereses
Die Berechnung der gestaffelten Zinsen	El cálculo de los números de intereses
Die Zinsstaffel	La escala de los números de intereses
Die Zinsabrechnung	La cuenta de intereses
Die Zinsen bis heute	Los intereses hasta la fecha
Im Voraus zahlbare Zinsen	Los intereses pagaderos por anticipo
Aufgelaufene Zinsen	Intereses acumulados
Fällige Zinsen	Intereses vencidos
Überfällige Zinsen	Intereses vencidos y no pagados
Habenzinsen	Intereses creditores
Sollzinsen / Debetzinsen	Intereses deudores
Verzugszinsen	Intereses por pago atrasado / Intereses de mora
Ausgleichszinsen / Verrechnungszinsen	Intereses de compensación
Einlage mit Jahreszinsen	Depósito original con intereses anuales
Einlage mit Zinseszinsen	Depósito original con intereses compuestos
Feste Provision	Comisión fija
Bearbeitungsgebühr	Comisión de gestión
Manipulationskosten	Comisión de manipulación
Die kurzfristigen Einlagen — von 24 Stunden bis mehrere Tage — unterbringen	Colocar estos depósitos a corto plazo — entre 24 horas y unos días

Bankkasse — La caja del banco

Der Kassierer	El cajero
Der Hilfskassierer / Der Kassenbeamte	El empleado a la caja / El cajero auxiliar

The head cashier The chief cashier	Le chef caissier Le caissier principal
The money-changer	Le changeur *(personne qui effectue les opérations de change, d'un bureau de change)*
Foreign exchange clerk	Un agent payeur préposé au change
The cash desk The cash counter A cashier's desk	La caisse *(guichet)*
Cashier's office	La caisse *(département)*
A cash register	Une caisse enregistreuse
A slush fund (U.S.A.) A bribery fund A boodle (U.S.A.)	Une caisse noire
Cash balance Cash holdings Stock in cash	Solde de l'encaisse Fonds en caisse Espèces en caisse
Cash in hand Cash in ready money	Encaisse Caisse (Bilan) Avoirs en caisse
Hard cash	Numéraire Espèces sonnantes et trébuchantes
Loose cash	De la menue monnaie
Small change	De la petite monnaie
A wad of bills (U.S.A.) A wad of notes	Une liasse de billets de banque
A dud note A dud bill (U.S.A.) A counterfeit note (bill)	Un faux billet de banque
The tellers thumbing through their currency	Les caissiers comptant leurs billets
Odd money allowance	Une erreur de caisse Une différence de caisse
To round off a sum	Arrondir une somme
Twenty francs or so	Une vingtaine de francs
Two thousand francs A couple of thousand francs	Deux mille francs
His ability to pay	Sa capacité de paiement
Behind with their payments Behindhand with their payments	En retard dans leurs versements

Der Hauptkassierer	El jefe de la caja central El cajero jefe
Der Geldwechsler	El cambista El jefe de una oficina de cambio
Ein Devisenkassierer	Un cajero de cambio Un encargado del cambio
Der Kassenschalter	El mostrador de caja La ventanilla de caja
Die Kasse	La caja
Eine Registrierkasse	Una caja registradora
Eine schwarze Kasse Unverbuchte Bestechungsgelder	Un fondillo Un fondo negro Fondos especiales
Kassenbestand	Fondos en caja
Barbestand Bargeldbestände (Bilanz)	Caja Fondos en caja
Bare Kasse Bargeld	Dinero en efectivo Dinero contante y sonante
Kleingeld	Calderilla
Kleingeld	Calderilla Moneda fraccionada
Ein Banknotenbündel	Un fajo de billetes
Eine falsche Banknote	Un billete falso
Die Kassierer beim Zählen ihrer Banknoten	Los cajeros contando sus billetes
Ein Kassenfehler Eine Kassendifferenz	Un error de caja Una diferencia de caja
Eine Summe abrunden	Redondear una suma
Ungefähr 20 Franken	Unos 20 francos
Zweitausend Franken	Dos mil francos
Seine Zahlungsfähigkeit	Su capacidad de pagar
Im Rückstand mit ihren Zahlungen	Tener retraso en sus pagos

To run aground because of a shortage of ready cash	Échouer par manque de liquidités
The debtor is bound to make up the even money (to pay the exact amount)	Le débiteur est tenu de faire l'appoint
A pay-in slip of the bank A paying-in slip of the bank	Une fiche de versement en banque
A cash voucher	Un avis de débit de caisse
A certificate of deposit	Un bon de caisse
To make a double payment To pay twice	Effectuer un paiement deux fois
To see at a glance which cheques were cashed in, paid out, by whom they were paid in, or to whom they were paid out	Voir d'un coup d'œil quels chèques ont été encaissés, quels chèques réglés, payés par qui et payés à qui
A withdrawal of funds	Un retrait de fonds
The payee	Le bénéficiaire
The teller must take all reasonable steps to verify the existence as well as the identity of payees	Le caissier doit prendre toutes les précautions raisonnables pour vérifier l'existence comme l'identité des bénéficiaires
To tamper with the cash	Puiser dans la caisse
To rifle the till	Rafler la caisse
To make off with the cash and become an absconding cashier	Filer avec la caisse et devenir un caissier en fuite
The cash book	Le livre de caisse
The counter cash book	La main courante de caisse
Cash position	La situation de la caisse
Cash disbursements and cash receipts Cash incomings and outgoings	Entrées et sorties de caisse

Cheques
Checks (U.S.A.)

Chèques

A cheque book	Un chéquier

Aus Mangel an Barmitteln scheitern	Fracasar por falta de líquido
Der Schuldner muß mit abgezähltem Geld bezahlen	El deudor debe pagar con moneda fraccionaria
Ein Bankeinzahlungsbeleg	Una ficha de ingreso en cuenta
Ein Kassenbon Eine Kassenanweisung	Un vale de caja
Ein Schuldschein Ein Kassenschuldschein	Un certificado de depósito
Eine Zahlung zweimal vornehmen	Efectuar un pago dos veces
Mit einem Blick übersehen, welche Schecks vereinnahmt wurden, welche Schecks ausgezahlt wurden, von wem die Schecks vorgelegt und an wen sie gezahlt wurden	Ver de una ojeada qué cheques fueron cobrados o pagados, por quién o a quién cobrados o pagados
Eine Geldabhebung	Una salida de fondos
Der Begünstigte	El beneficiario
Der Kassierer muß alle angemessenen Vorsichtsmaßnahmen treffen, um die Existenz und die Identität der Begünstigten zu prüfen	El cajero debe tomar todas las precauciones razonables para comprobar la existencia así como la identidad de los beneficiarios
In die Kasse greifen	Meter la mano en la caja
Die Kasse ausplündern Mit der Kasse abhauen	Llevarse la caja
Sich mit der Kasse aus dem Staub machen und ein von der Polizei gesuchter Kassierer werden	Escaparse con la caja y volverse en un cajero que huye de la justicia
Das Kassenbuch	El libro de la caja
Das Kassenjournal	El borrador de caja
Die Kassenlage	La situación de la caja
Kasseneingänge und Kassenausgänge	Entradas y salidas de caja

Schecks *Cheques*

Ein Scheckheft	Una chequera, un talonario

The counterfoil (U.K.) The stub (U.S.A.)	La souche Le talon
To write out a cheque	Libeller un chèque
Ten pounds only	Dix livres seulement *(pour souligner l'absence de pence)*
The date of issue	La date d'émission
A sample signature A specimen signature	Une signature témoin Un spécimen de signature
Counter-signatures are authentic Counter-signatures are genuine	Les contresignatures sont authentiques
An open cheque	Un chèque non barré
A crossed cheque A check with restricted endorsement (U.S.A.)	Un chèque barré
The crossing stamp	L'estampille de barrement
A dividend warrant A dividend coupon	Un coupon de dividendes Un chèque-dividende
A banker's cheque A banker's check (U.S.A.) A banker's draft	Un chèque de banque
Bankable	Négociable en banque
The clearing house	La chambre de compensation
To send out a cheque	Émettre un chèque
To send a cheque	Envoyer un chèque
To enclose a fresh cheque for an amount of F..., arrived at as follows :	Joindre un nouveau chèque d'un montant de F..., qui se compose comme suit :
To hand a signed blank cheque	Remettre un chèque signé en blanc
A stale check	Un chèque périmé
The cover of a cheque	La couverture d'un chèque
A bad check A bouncer (U S.A.) A cheque without cover A rubber check (U.S.A.) NSF cheque (NSF = not sufficient funds) NF cheque (NF = no funds)	Un chèque sans provision

Der Talon	La matriz de un cheque El talón
Einen Scheck ausstellen	Extender un cheque
Nur zehn Pfund *(d.h. ohne Pence)*	Diez libras esterlinas solamente *(para hacer resaltar que no hay peniques)*
Das Ausstellungsdatum	La fecha de extensión La fecha del cheque
Eine Unterschriftsprobe	Un espécimen de la firma
Die Gegenzeichnungen sind echt	Las firmas refrendadoras son auténticas
Ein nicht gekreuzter Scheck Ein offener Scheck Ein Barscheck	Un cheque abierto Un cheque no cruzado
Ein gekreuzter Scheck Ein Verrechnungsscheck	Un cheque cruzado
Der Kreuzstempel (Scheck)	La estampilla de cruzamiento
Ein Dividendencoupon Ein Dividendenschein	Un cupón de dividendo
Ein Bankscheck	Un cheque de banco Un cheque de ventanilla
Bankfähig	Negociable en banco
Die Abrechnungsstelle der Banken	La cámara de compensación El centro de compensación
Einen Scheck in Umlauf setzen	Circular un cheque Poner en circulación un cheque
Einen Scheck schicken	Enviar un cheque
Einen neuen Scheck über F... beilegen, dessen Betrag wie folgt errechnet wurde :	Adjuntar un nuevo cheque de FF..., cantidad que se desglosa en la forma siguiente :
Einen unterschriebenen Blankoscheck überreichen	Dar un cheque firmado en blanco
Ein verfallener Scheck	Un cheque caducado
Die Deckung eines Schecks	La cobertura de un cheque Los fondos para el cobro de un cheque
Ein ungedeckter Scheck	Un cheque sin fondos

« No funds » (NF) « Not sufficient funds » (NSF)	« Sans provision »
Please stop payment of the original check	Veuillez faire opposition sur le chèque d'origine
A cheque to order	Un chèque à ordre
A cheque to bearer	Un chèque au porteur

Discount and bills of exchange / Escompte et effets

Bills in hand Bill holdings Portfolio of bills (U.S.A.)	Portefeuille effets
Payable at sight Payable at call	Payable à vue
Sight draft	Effet à vue Tirage à vue
Payable over the counter	Payable aux guichets Payable sur présentation aux guichets
After sight bill	Effet à un certain délai de vue
A bank draft A banker's draft	Un tirage bancaire
A bill to order A promissory note	Un billet à ordre
A clean draft	Un effet libre Un effet simple
To present a bill for acceptance	Présenter un effet à l'acceptation
Banker's acceptance	L'acceptation bancaire
Guaranteed bills	Effets avalisés
To back a bill To guarantee a bill	Avaliser un effet
" As surety "	« Bon pour aval »
To endorse as surety	Donner son aval
A domiciled bill	Un effet domicilié
Bill domiciled in France Bill payable in France	Traite payable en France
Pawned bills	Effets en pension

« Ungedeckt »	« Sin fondos » (SF)
Bitte, sperren Sie den Originalscheck!	Por favor... opónganse al pago del cheque
Ein Namensscheck	Un cheque nominal
Ein Inhaberscheck	Un cheque al portador

Diskont und Wechsel

Descuento y letras de cambio

Wechselbestand Wechselportefeuille	Cartera de efectos Cartera
Bei Sicht zahlbar	Pagadero a la vista
Sichtwechsel	Efecto a la vista
Bei Vorlage an den Schaltern zahlbar	Pagadero a la presentación a las ventanillas (a los mostradores)
Zeitsichtwechsel	Efecto pagadero con un cierto retraso después de la presentación
Ein Bankwechsel	Un efecto girado entre banqueros
Ein Eigenwechsel Ein Schuldschein	Un pagaré
Ein Wechsel ohne Vorbehalt	Un efecto libre Un efecto libre de condiciones
Einen Wechsel zum Akzept vorlegen	Presentar un efecto al acepto Presentar una letra al acepto
Das Bankakzept	El acepto bancario
Bürgschaftswechsel	Letras avaladas
Einen Wechsel mit einem Aval versehen	Avalar una letra
« Als Bürge »	« Por aval »
Mit Aval indossieren	Avalar
Ein domizilierter Wechsel	Una letra domiciliada
In Frankreich zahlbar gestellter Wechsel	Letra domiciliada en Francia
Verpfändete Wechsel Pensionswechsel	Efectos pignorados

Inland bill	Effet sur l'intérieur
Trade bill Commercial paper	Papier commercial Effet de commerce
An unstamped bill	Un effet non timbré
Bill payable at 5 days date	Effet payable à 5 jours de date
Bills receivable	Effets à recevoir
The bills receivable book	L'échéancier des effets à recevoir
An accommodation bill	Un effet de complaisance
An accommodation acceptance	Un endossement de complaisance
Not to order clause Clause " not to order "	Clause de non-cessibilité
The due date The tenor of a bill	La date d'échéance
Days of grace	Délai de trois jours accordé pour le paiement d'un effet
To mature	Arriver à échéance
For collection	Pour recouvrement
Bills to be collected Bills for collection	Effets à encaisser
Bills in clearing	Effets en cours d'encaissement
To clear a bill	Payer un effet Régler un effet
Overdue bills Bills held over	Effets en souffrance
To take up a bill To honour a bill To pay a bill	Honorer un effet
Noting of a bill	Constat de non-paiement d'un effet porté sur celui-ci
A dishonoured draft	Une traite impayée
A dishonoured bill	Une lettre de change impayée
The money market	Le marché de l'argent

Inlandswechsel	Letra sobre el territorio nacional Efecto interior
Warenwechsel	Efecto comercial Papel comercial Giro comercial
Ein nicht gestempelter Wechsel	Un efecto no timbrado
Wechsel zahlbar 5 Tage nach heute	Efecto pagadero a cinco días de la fecha
Wechselforderungen	Efectos a cobrar
Der Terminkalender der Wechselforderungen Das Wechselverfallbuch Das Wechseljournal	El libro de efectos a cobrar
Ein Gefälligkeitswechsel	Un efecto pelota Un papel pelota
Ein Gefälligkeitsakzept	Un acepto de papel pelota
Nichtindossierungsklausel Nichtübertragbarkeitsklausel Nichtabtretungsklausel	Cláusula de no cesibilidad
Der Verfalltag Das Verfallsdatum	La fecha de vencimiento
Dreitägige Gnadenfrist für die Bezahlung eines Wechsels	Los tres días de gracia (de cortesía) para pagar un efecto vencido
Verfallen Fällig sein	Vencer (un efecto) Llegar a vencimiento
Zum Inkasso	Para cobrar (para cobro)
Inkassowechsel	Efectos a cobrar
Wechsel im Effektenclearing	Efectos al cobro por compensación bancaria
Einen Wechsel bezahlen	Pagar una letra
Überfällige Wechsel	Efectos pendientes de pago Efectos no pagados al vencimiento
Einen Wechsel einlösen	Pagar un efecto
Nichteinlösungsvermerk auf einem Wechsel	Anotación de negativa de pago al dorso de una letra
Eine nicht eingelöste Tratte	Una letra de cambio no pagada
Ein nicht eingelöster Wechsel	Un efecto no pagado
Der Geldmarkt	El mercado monetario

The capital market	Le marché financier
Marketable securities	Titres réalisables sur le marché
In the open market	Sur le marché libre
Discount	L'escompte
A discount house	Une maison d'escompte
Discount market	Le marché de l'escompte
Open market discount rate	Taux d'escompte hors banque
To discount a bill	Escompter un effet
To rediscount	Réescompter
To work out the interest	Chiffrer les intérêts

Credit and Loans — *Crédits et avances*

To set money free To liberate money To mobilize money	Mobiliser de l'argent
Mobilization of capital funds Mobilization of funds	La mobilisation de fonds
To raise capital funds To raise funds To raise capital	Réunir des fonds Se procurer des fonds Se procurer des capitaux
To raise the capital	Augmenter le capital
To raise capital on ... To raise funds on ...	Mobiliser des fonds sur ... Emprunter de l'argent sur ...
To raise money with a bank	Se procurer de l'argent auprès d'une banque
The loan department	Le service des crédits
Status inquiry	Une enquête sur la situation financière
Credit inquiry	Une demande de renseignements commerciaux
Credit report	Un rapport sur la solvabilité Des renseignements commerciaux

Der Kapitalmarkt	El mercado financiero El mercado de capitales
Marktgängige Effekten	Títulos realizables en el mercado Valores liquidables en el mercado
Im Freiverkehr Auf dem freien Markt	En el mercado libre
Der Diskont	El descuento
Eine Diskontbank	Un establecimiento de descuento de letras de cambio
Der Diskontmarkt	El mercado de descuento de efectos
Privatdiskontsatz	Tipo de descuento en el mercado libre
Einen Wechsel diskontieren	Descontar una letra
Rediskontieren	Redescontar
Die Zinsen ausrechnen	Calcular los intereses

Kredit und Darlehen *Créditos y préstamos*

Geld flüssig machen	Movilizar fondos líquidos Liberar fondos líquidos
Die Flüssigmachung von Geldmitteln Die Aufbringung von Kapitalmitteln	La movilización de fondos líquidos La liberación de capitales
Kapitalmittel aufbringen Sich Kapital beschaffen Sich Mittel beschaffen	Procurarse fondos Procurarse capitales
Das Stammkapital erhöhen	Aumentar el capital de la sociedad
Sich durch Verpfändung von... Mittel beschaffen Flüssige Mittel durch Verpfändung von... aufbringen	Procurarse fondos líquidos sobre... Procurarse capitales sobre...
Sich bei einer Bank Geld verschaffen	Procurarse dinero de un banco Conseguir dinero de un banco
Die Kreditabteilung	El departamento de créditos
Eine Prüfung der Finanzlage	Una investigación sobre la situación financiera
Eine Kreditanfrage Ein Auskunftsersuchen	La solicitud de un informe sobre la situación financiera
Eine Auskunft Eine Kreditauskunft	Un informe sobre la solvencia

Let me know the previous history of ... Let me know the past record of ...	Faites-moi connaître les antécédents de...
Give me background information about Mr. X.	Donnez-moi des informations sur la carrière et la capacité professionnelles de M. X.
Give me background information about the size and standing of the company	Donnez-moi des informations sur l'envergure et la surface financière de la société
Reliable Trustworthy	Digne de confiance
Dependability Responsibility	La confiance, la sécurité (inspirées par un particulier ou une société)
A sound business	Une affaire bien gérée Une affaire saine, solide
A company of unquestionable soundness	Une société d'une solidité indiscutable
Solvency	La solvabilité
Rating	L'évaluation, le classement, la cote, la note
Credit rating	L'évaluation de la solvabilité, la catégorie du crédit (d'une société ou d'une personne)
There are 7 credit ratings in the U.S.A. : highest, high, above average, average, below average, low, lowest	Sept catégories différentes de solvabilité aux U.S.A. : très élevée, élevée, au-dessus de la moyenne, moyenne, au-dessous de la moyenne, basse, très basse
To grant (to make) loans and advances	Consentir prêts et avances
To lend	Prêter
To relend	Prêter à nouveau
The venture capital The risk capital	Le capital de risques Le capital participant à tous les risques d'une entreprise
An unsecured creditor	Un créditeur chirographaire Un créditeur sans garantie Un créditeur non couvert
An unsecured debt	Une créance non garantie Une créance sans garantie Une créance non couverte
The commitment commission The commitment fee	La commission de mise à disposition

Machen Sie mir, bitte, Angaben über das Vorleben von...!	Ruego me mande un informe sobre los antecedentes de...
Erteilen Sie mir, bitte, Auskunft über die Qualifikationen und den beruflichen Werdegang von... Herrn X.	Ruego me dé un informe sobre el fondo profesional del Sr. X.
Geben Sie mir, bitte, Auskunft über die Bedeutung und die Kreditwürdigkeit von der Gesellschaft!	Ruego me dé un informe sobre la importancia y el crédito de la sociedad
Vertrauenswürdig	Digno de confianza
Die Zuverlässigkeit Die Vertrauenswürdigkeit	La confianza
Ein gesundes Unternehmen	Un negocio sano, sólido
Ein absolut gesundes Unternehmen	Una compañía absolutamente sana (sólida)
Die Solvenz Die Zahlungsfähigkeit	La solvencia
Die Bewertung, die Note, die Klassifizierung	La valoración, la evaluación, la nota, la calificación
Die Kreditklasse, die Krediteinstufung eines Unternehmens	La valoración de la solvencia, la calificación del crédito (de una empresa o persona)
In den U.S.A. kennt man sieben Krediteinstufungen : sehr hoch, hoch, über Durchschnitt, Durchschnitt, unter Durchschnitt, niedrig, sehr niedrig	Hay siete clases de debitores bancarios en los EE.UU. : muy alto, alto, por encima de la media, medio, por debajo de la media, bajo, muy bajo.
Darlehen gewähren Kredite und Darlehen gewähren	Acordar créditos y préstamos
Leihen, ausleihen	Prestar
Wieder ausleihen	Volver a prestar
Das Risikokapital	El capital de riesgos El capital invertido participando a todos los riesgos de una empresa
Ein ungesicherter Gläubiger Ein Gläubiger ohne Sicherheit	Un acreedor sin garantía
Eine ungesicherte Forderung	Una deuda sin garantía
Die Bereitstellungsprovision	La comisión de disponibilidad (de un crédito)

The lending limit	Le plafond de crédit
The lending rate The loan rate	Le taux des avances Le taux des prêts
On tick	A crédit (achats)
Credit note	Avis de crédit
The blank credit The unsecured credit The open credit	Le crédit en blanc Le crédit sur notoriété Le crédit non couvert
The clean credit	Le crédit simple
The acceptance credit	Le crédit par acceptation
The line of credit The stand-by credit	La ligne de crédit
Credit tailored to X's character, personality, and financial strength	Crédit spécialement adapté au caractère, à la personnalité et à la puissance financière de X...
A custom-made credit A personalized credit	Un crédit sur mesure Un crédit personnalisé
A documentary credit	Un crédit documentaire
A commercial letter of credit	Une lettre de crédit confirmé Un accréditif
A documentary letter of credit	Une lettre de crédit documentaire
Credits related to budgeted savings Savings plan credits (loans)	Les crédits liés à une épargne préalablement budgétisée Les crédits sur plans d'épargne
Intermediate building credit	Le crédit transitoire à la construction Le crédit intérimaire à la construction
Paying out plan of a building credit Building loan plan	Le calendrier d'utilisation d'un crédit à la construction
Home building loan plan	Le calendrier d'utilisation d'un crédit logement
Revolving credit	Crédit renouvelable Crédit « revolving »
To renew a credit	Renouveler un crédit

Der Höchstkredit Das Kreditlimit	El límite de crédito
Der Kreditzinssatz	El tipo de interés para créditos
Auf Kredit	A crédito
Gutschriftsanzeige	Abonaré Aviso de abono
Der Blankokredit Der ungedeckte Kredit Der Kredit ohne Sicherheit	El crédito en blanco El crédito sin garantía
Der Kredit ohne Vorbehalt	El crédito sin condiciones particulares El crédito sin presentación de documentos
Der Akzeptkredit	El crédito por acepto
Die Kreditlinie	La línea de crédito
Ein auf Charakter, Persönlichkeit und Finanzkraft von X... zugeschnittener Kredit	Un crédito a la medida de la naturaleza, la personalidad y la capacidad financiera de X...
Ein Kredit nach Maß	Un crédito a medida
Ein Dokumentenkredit	Un crédito documentario
Ein Akkreditiv Ein bestätigter Kreditbrief	Una carta de crédito confirmado Un acreditivo
Ein Dokumentenkreditbrief Ein Dokumentenakkreditiv	Una carta de crédito documentario
Das Sparplandarlehen	Los créditos sobre programas de ahorro
Der Überbrückungsbaukredit	Los créditos interinos para la construcción
Der Nutzungsplan eines Baukredits	El programa de utilización de un crédito para la construcción
Der Nutzungsplan eines Wohnungsbaukredits, eines Eigenheimkredits	Un programa de utilización de un préstamo de vivienda
Revolving-Kredit	Crédito renovable Crédito « revolving »
Einen Kredit erneuern	Renovar un crédito

To extend a credit To prolong a credit	Proroger un crédit
A respite for payment	Un délai de grâce pour paiement
Term of payment	Le délai de paiement
A moratory agreement	Un accord moratoire
A moratorium	Un moratoire (par décision légale) Un moratorium
To service a loan	Assurer le service d'un emprunt
Frozen credits	Des crédits gelés Des crédits bloqués
Collateral security	La sûreté réelle spécifiée Le nantissement
Collateral	Les valeurs mobilières constituant le gage d'un prêt sur titres
Personal security	La sûreté personnelle La garantie personnelle
Advance against pledged securities	Avance sur nantissement de titres Avance sur titres
To stand surety for...	Se porter garant de... Se porter garant pour...
Securities lodged as collateral	Les titres déposés en nantissement
To lend on bonds lodged as collateral	Prêter sur des obligations déposées en nantissement
To make advances against bills receivable	Consentir des avances sur effets
Secured advances	Avances garanties Avances avec garanties
Unsecured advances Uncovered advances	Avances à découvert
Advance against warrant	Avance sur warrant

Einen Kredit verlängern	Prorrogar un crédito
Eine Verlängerung der Zahlungsfrist Ein Abkommen, um eine fällige Schuld später zu bezahlen Eine Gnadenfrist	Una prórroga de pago Un convenio para acordar una prórroga de pago Un plazo de respiro
Die Zahlungsfrist	El término de pago El plazo de pago
Ein Stillhalteabkommen Ein Stundungsabkommen	Un acuerdo moratorio Un convenio moratorio
Ein Moratorium (gerichtliche Entscheidung)	Una moratoria
Rückzahlung des Kapitals und der Zinsen einer Anleihe sicherstellen	Asegurar el servicio de un empréstito
Gesperrte Kredite	Créditos bloqueados Créditos congelados
Die dingliche Sicherheit	La garantía colateral tangible La fianza colateral
Die zur Sicherheit übereigneten Effekten	Los valores muebles pignorados para un préstamo
Die persönliche Sicherheit Die nichtdingliche Sicherheit	La fianza personal La garantía personal
Lombardkredit Effektenlombard	Anticipo sobre efectos Crédito sobre valores, sobre títulos
Für... die Bürgschaft übernehmen	Hacerse fiador de...
Die zur Sicherheit übereigneten Effekten	Los títulos pignorados como garantía (fianza)
Darlehen auf zur Sicherheit übereignete Obligationen gewähren	Acordar créditos sobre obligaciones pignoradas
Vorschüße auf Wechsel gewähren	Acordar anticipos sobre efectos
Gesicherte Vorschußdarlehen Vorschußdarlehen gegen Sicherheit	Anticipos garantizados Anticipos con garantía
Ungedeckte Darlehen Ungesicherte Vorschüsse	Anticipos no garantizados Anticipos sin garantía
Vorschuß auf eingelagerte Ware (gegen Lagerschein)	Anticipo sobre recibo de depósito (warrant)

An acknowledgement of indebtedness An « I.O.U. » (I owe you) A note of hand A due bill (U.S.A.)	Une reconnaissance de dette
A prompt payment	Un paiement ponctuel Un paiement au comptant (U.S.A.)
A payment in advance A prepayment	Un paiement anticipé
To pay up one's debts To get rid of one's debts	Se libérer de ses dettes
To refund thanks to self-financing	Rembourser grâce à l'autofinancement
Investment payback	Récupération du coût de l'investissement
The pay-off (U.S.A.)	Le produit } Le résultat } d'un effort, d'un acte Le rapport } Le pot-de-vin
Profitability	La rentabilité
Yield	Le rendement

Safe custody and safe deposits

Conservation et dépôts dans un coffre-fort

Safe custody of securities	La conservation de titres
A safe	Un coffre-fort
A safe-deposit box	Un compartiment de coffre-fort
A combination lock safe	Un coffre-fort à serrure à combinaison
To set the combination	Placer la combinaison
A night safe A night safe-deposit	Un coffre de nuit
The safe-deposit box holder	Le locataire d'un compartiment de coffre-fort
A safety vault	Une chambre forte

Ein Schuldschein Eine Schuldanerkennung	Un reconocimiento de deuda
Eine pünktliche Zahlung	Un pago puntual
Eine Vorauszahlung	Un pago anticipado
Sich von seinen Schulden befreien	Liberarse de sus deudas
Durch Selbstfinanzierung die Schuld abtragen	Pagar la deuda gracias a la autofinanciación
Selbstamortisierung einer Investition	Recuperación del coste de una inversión
Der Ertrag) Der Resultat) einer Handlung Das Ergebnis) Das Schmiergeld	El resultado de una acción El beneficio El guante *(para sobornar)* El sobre
Die Rentabilität	La rentabilidad
Der Ertrag Die Rendite	El rendimiento

Aufbewahrung von Wertpapieren und Bankschließfächer

Custodia de valores y cajas de seguridad

Die Aufbewahrung von Wertpapieren	La custodia de valores
Ein Geldschrank Ein Safe Ein Panzerschrank	Una caja de caudales
Ein Bankschließfach	Una caja de seguridad Una caja de custodia acorazada
Ein Safe mit Kombinationsschloß	Una caja de caudales a cerradura de combinación
Die Schloßkombination einstellen	Ajustar la combinación
Ein Nachtsafe Ein Nachtschließfach	Una caja de seguridad para depósitos nocturnos
Der Inhaber, der Mieter eines Bankschließfachs	El titular, el arrendatario de una caja de seguridad
Eine Stahlkammer Ein Panzergewölbe	Una cámara acorazada

The safe-deposit vault	La salle des coffres
A basement strong-room	Une chambre forte en sous-sol
To rifle a strong-box	Piller, vider un coffre
To lock away	Mettre sous clef
To be kept locked shut To be kept under lock and key	Être tenu sous clef
A safe deposit	Un dépôt en coffre-fort
To deposit securities in safe custody To place securities in safe custody	Mettre des valeurs en lieu sûr Mettre des titres en dépôt
Diamonds safely tucked away in a vault	Des diamants serrés dans une chambre forte
Safe custody fee	Les droits de garde
Special partial refund of rental charged in advance for private safe, which safe has been relinquished by you to-day	Remboursement partiel spécial du loyer réglé d'avance pour un coffre personnel que vous avez rendu aujourd'hui

Current banking expressions

Expressions bancaires courantes

To be in a fix	Être dans l'embarras
To be in financial straits	Être dans des embarras financiers
To be in a scrape To be in a tight corner	Être dans une mauvaise passe
To run dry	Être à court d'argent
To be in Queer Street	Se trouver dans (avoir) des embarras d'argent
Being a little hard up at present Being a little pressed at present	Étant un peu gêné actuellement
To anticipate one's income To spend one's money in advance	Manger son blé en herbe
To go under	Faire la culbute
We can only attribute it to bad luck	Nous ne pouvons l'attribuer qu'à la malchance

Die Stahlkammer der Schließfächer	La cámara acorazada de las cajas de seguridad
Ein Panzergewölbe	Una cámara acorazada en el sótano
Einen Geldschrank ausrauben	Saquear una caja de caudales
Unter Verschluß aufbewahren	Guardar bajo llave
Unter Verschluß aufbewahrt sein	Estar guardado bajo llave
Eine Bankschließfachaufbewahrung	Un depósito en caja de seguridad
Wertpapiere an einem sicheren Ort hinterlegen	Depositar valores en un lugar seguro
Wertpapiere der Bank zur Aufbewahrung übergeben	Depositar valores en custodia bancaria
Brillanten, die sicher in einer Stahlkammer untergebracht sind	Diamantes guardados en una cámara acorazada
Die Verwahrungsgebühr (Wertpapiere) Die Aufbewahrungsgebühr	Los cargos de custodia (valores)
Besondere Teilrückvergütung der vorausgezahlten Gebühr für ein Bankschließfach, das Sie heute geräumt haben	Devolución parcial especial del alquiler cargado por anticipado por una caja de seguridad personal a la cual ha renunciado Vd. hoy

Ausdrücke des Bankwesens

Expresiones corrientes de la vida bancaria

In einer Klemme sein	Estar en un aprieto
Finanziell in Verlegenheit sein	Encontrarse en un apuro financiero
In einer schlechten Lage sein	Estar en mala situación Atravesar en un mal paso
Sich in Geldverlegenheiten befinden	Andar escaso de dinero
In finanziellen Schwierigkeiten sein	Hallarse en un aprieto financiero
Da ich gegenwärtig nicht sehr gut bei Kasse bin	Encontrándose en la actualidad un poco escaso de dinero
Seine Einkünfte im voraus verzehren	Gastar la renta antes de cobrarla
Pleite machen	Quebrar Dar quiebra
Wir können es nur dem Pech zuschreiben	Podemos achacarlo solamente a la mala suerte

A bogus concern	Une affaire attrape-nigauds
He is looked upon as a black sheep	On le considère comme une brebis galeuse
It is a one horse concern (U.S.A.)	C'est une toute petite entreprise
To lose one's credit rating	Perdre sa classe de crédit auprès des banques
To lose one's credit standing	Perdre sa bonne réputation comme débiteur
To lose one's credit	Perdre son crédit
You must find the necessary funds for... You must find the wherewithal for...	Il vous faut trouver les fonds nécessaires pour...
We turned that business over to them	Nous leur avons remis cette affaire
What does he deal in?	Dans quelle branche travaille-t-il?
Let me know how this business is getting on	Faites-moi savoir comment marche cette affaire
The state of affairs at that time	L'état des affaires à ce moment-là
This is real news	Voilà enfin de vraies nouvelles
To hold true	Considérer comme vrai
To be true to the facts To be true to realities	Correspondre à la réalité
The same holds true in respect of...	Il en est de même de...
Do you believe this news?	Ajoutez-vous foi à cette nouvelle?
Wire-pulling in the lobby	Des intrigues de couloir
I for one As far as I am concerned	Pour ma part
My rough guess would be...	A vue de nez
Allowing for everything	Tout compte fait
I happened to notice it	Je l'ai remarqué par hasard

Eine Schwindelfirma	Una empresa engañabobos
Man betrachtet ihn als ein schwarzes Schaf	Se le considera como la oveja negra Se le mira como la manzana podrida
Das ist ein ganz kleines Unternehmen	Es una empresa pequeñita Es un negocio sin importancia
Seine Kreditklasse bei den Banken verlieren	Perder su categoría de crédito con los bancos
Seinen guten Ruf als Schuldner verlieren	Perder su buena reputación como deudor
Seinen Kredit verlieren	Perder su crédito
Sie müssen die nötigen Mittel für... finden	Tiene Vd. que encontrar los fondos necesarios para...
Wir haben dieses Geschäft an sie weitergeleitet	Les transmetimos este negocio a ellos Les remitimos este asunto
In welcher Branche arbeitet er?	¿En qué ramo trabaja?
Teilen Sie mir mit, wie dieses Geschäft (Unternehmen) geht	Ruégole me informe sobre la marcha de este negocio (de esta empresa)
Der Stand der Geschäfte zu jener Zeit	El estado de los negocios en aquellos tiempos
Das ist eine wahre Neuigkeit	Es una noticia de verdad
Als wahr zu betrachten	Considerar como verdad
Den Tatsachen entsprechen	Corresponder a las realidades
Dies gilt auch für...	Podríamos decir lo mismo de...
Schenken Sie dieser Nachricht Glauben?	¿Cree Vd. esta noticia?
Hintertreppenintrigen Vorzimmerintrigen	Intrigas de pasillo Intrigas de antesala
Für meinen Teil Meinerseits Was mich betrifft	Por mi parte En cuanto a mí
Roh geschätzt Auf den ersten Blick geschätzt	A ojo de buen cubero Estimándolo de manera aproximativa
Alles einkalkuliert Wenn man alles einkalkuliert	Calculándolo todo Teniendo cuenta de todo
Ich habe es durch Zufall bemerkt	Lo noté por casualidad

To give much importance to... To lay a great stress on...	Attacher beaucoup d'importance à... Souligner Insister sur...
To put someone in the wrong	Mettre quelqu'un dans son tort
To pride oneself on always being within reason	Se glorifier de toujours rester dans des limites raisonnables
To act with certainty	Agir à coup sûr
The error was pointed out at once	L'erreur a été immédiatement relevée
It has taken me two solid hours to check them	Il m'a fallu deux bonnes heures pour en faire la vérification
The slide rule	La règle à calcul
To let someone into the secret	Mettre quelqu'un dans le secret
Speak your mind Speak frankly	Dites franchement votre pensée
Please stick to the facts	Veuillez vous en tenir aux faits
I take your word for it	Je vous crois sur parole
Let us speak above-board Let us be altogether frank Let us be straightforward	Parlons franchement et loyalement Soyons tout à fait francs Parlons sans détour
To hear conflicting views To hear conflicting reports	Recueillir des points de vue divergents Entendre des rapports contradictoires
A dark horse	Concurrent que l'on n'a pas pris assez au sérieux
To finesse	Jouer au plus fin Finasser Ruser
To leave nothing to chance To take no chances	Ne rien laisser au hasard Ne pas prendre de risques
It must be Yes or No Take it or leave it	C'est à prendre ou à laisser
It must be give and take	C'est donnant-donnant
To adapt oneself to someone's ways	Se mettre au ton de quelqu'un

Eine große Bedeutung beimessen	Dar mucha importancia a...
	Hacer hincapié en...
Jemand(en) ins Unrecht setzen	Hacer caer en falta a alguien
Sich rühmen, immer in vernünftigen Grenzen zu bleiben	Vanagloriarse de quedarse siempre dentro de límites razonables
Auf Nummer Sicher gehen	Obrar con certidumbre
Nur mit Gewißheit handeln	Actuar con certeza
Der Irrturm (Fehler) wurde sofort festgestellt	El error se advirtió en seguida
Ich habe zwei volle Stunden für ihre Überprüfung gebraucht	Me ha llevado dos horas completas comprobarlo
Der Rechenschieber	La regla de cálculo
Jemand(en) in das Geheimnis einweihen	Poner a alguien en el secreto
Sagen Sie offen Ihre Meinung!	Diga francamente su opinión
	Hable francamente
Halten Sie sich, bitte, an die Tatsachen!	Aténgase a los hechos, por favor
Ich glaube Ihnen aufs Wort	Confío en su palabra
Reden wir offen und ehrlich!	Hablemos francamente
	Seamos francos y leales
	Hablemos sin rodeos
Widersprechende Ansichten hören	Recibir informes divergentes
Von einander abweichende Berichte erhalten	Recibir pareceres divergentes
Konkurrent, den man unterschätzt hat	Competidor subestimado
Raffiniert vorgehen	Trapacear
Mit Schlauheit vorgehen	Trampear
Nichts dem Zufall überlassen	No dejar nada al azar
	Obrar con cautela
	Jugar sobre seguro
Es ist eine Frage von entweder oder	Tómelo o déjelo
Es muß auf Gegenseitigkeit beruhen	A toma y daca
Zug um Zug	Doy para que dés
	De mano a mano
Sich auf jemand(en) einstellen	Adaptarse a alguien
	Conformarse a alguien

To see through something	Percer quelque chose
To see something through	Mener quelque chose à bonne fin
To see the red light	Voir le signal d'alarme
To smell a rat	Se douter de quelque chose Avoir la puce à l'oreille
To be not hot on... To take a dim view of...	Ne pas être chaud pour... Ne pas s'emballer pour... Ne pas attendre grand-chose de...
We do not feel at all inclined to...	Nous ne sommes nullement disposés à...
The outlook is not inviting	La perspective n'est pas engageante
I would rather wait a little longer	J'aimerais mieux attendre encore un peu
I am afraid it is nothing but a catch (take-in)	Je crains que ce ne soit qu'un leurre
All that was to be expected	C'était à prévoir, il fallait s'y attendre
All that was a foregone conclusion	C'était prévu L'issue était décidée d'avance
It's as good as done It's as good as settled	L'affaire est dans le sac
To be « en route »	Être parti Être acheminé
To be cooked *(slang)*	Être au bout du rouleau Être cuit
To cook the accounts *(slang)*	Truquer les comptes
What is cooking?	Que se passe-t-il ?
It's about right It's nearly right	Cela peut aller ainsi
To pinpoint the advantages	Fixer avec précision les avantages
To point out the advantages	Faire ressortir les avantages
To gamble on such a long shot	Risquer sur une affaire aussi hasardeuse

Etwas durchschauen	Penetrar algo (secreto, etc.) No dejarse engañar por algo
Etwas gut zu Ende führen	Llevar algo a buen fin
Das Warnsignal wahrnehmen	Ver la señal de alarma
Eine faule Sache riechen	Ver gato encerrado Darse cuenta de que hay gato encerrado Tener la mosca detrás de la oreja
Nicht sehr scharf auf etwas sein Etwas als wenig aussichtsreich betrachten	No interesarse mucho a... Considerar algo como poco prometedor
Wir sind auf keinen Fall bereit zu...	No estamos de ninguna manera dispuestos a...
Die Aussichten sind nicht verlockend	La perspectiva no es muy halagüeña
Ich würde lieber noch etwas warten	Preferiría esperar un poco más
Ich befürchte, daß es nur ein Lockvogel ist	Me temo que no sea nada más que un señuelo (un cebo, una añagaza)
Das war alles vorauszusehen Darauf mußte man sich gefaßt machen	Todo esto era previsible
Das war vorgesehen	Este fin estaba previsto Este resultado estaba decidido de antemano
Die Sache ist im Sack Das Geschäft ist so gut wie gemacht	El negocio es cosa hecha (está en el bote, esta chupado)
Unterwegs sein In Bearbeitung sein	Haber partido Estar despachado Estar en marcha
Am Ende sein Erledigt sein (Person)	Acabársele a uno la cuerda Ser un hombre acabado
Die Konten frisieren (fälschen)	Falsear las cuentas
Was ist los?	¿Qué hay? ¿Qué pasa?
Das ist ungefähr richtig So kann man es lassen	Así está bastante bien Puede pasar
Die Vorteile klar herausstellen	Precisar las ventajas
Die Vorteile herausstreichen	Hacer resaltar las ventajas Hacer hincapié sobre las ventajas
Für eine so unsichere Sache riskieren	Exponerse tanto por un asunto tan arriesgado

He stands to lose pile in this business	Il s'expose à perdre gros dans cette affaire
On the face of it he has no chance whatever	A première vue, il n'a aucune chance
The whole question bristles with difficulties	Toute cette question est hérissée de difficultés
The excessive growth of their liabilities is rather alarming	L'accroissement excessif de leurs engagements est assez inquiétant
Things are not going smoothly	Il y a du tirage Les choses ne vont pas toutes seules

Conflicting interests	Intérêts divergents
Incompatible interests	Intérêts incompatibles
As a banker, don't yield to a rash impulse and prefer conservative figures	En tant que banquier, ne cédez pas à un emballement et préférez des chiffres prudents
Avoid people conducting their business in a rash way Avoid people who do business in a rash way	Évitez les gens menant leurs affaires de façon téméraire
To know someone at one's own cost	Connaître quelqu'un à ses dépens
Don't send good money after bad Don't pour your money down the drain Don't put your money onto a sinking ship	Ne sauvez pas une affaire qui coule

To have a long arm and a long purse	Avoir le bras long et les reins solides
To be firmly established To be well in the saddle	Être bien en selle
A self-supporting enterprise	Une entreprise se maintenant sans aide extérieure

He has a thorough knowledge of his line of business	Il connaît à fond sa branche (d'affaires)
To be on one's own ground	Être sur son terrain Être dans son élément
To be out of one's depth To be not on one's own ground	N'être pas sur son terrain

Bei diesem Geschäft riskiert er viel zu verlieren	En este negocio se expone a perder mucho
Auf den ersten Blick, hat er keine Aussichten	A primera vista, no tiene ninguna posibilidad de éxito
Der gesamte Fragenkomplex strotzt von Schwierigkeiten	Toda la cuestión está erizada de dificultades
Das übermäßige Anwachsen ihrer Verpflichtungen ist ziemlich beunruhigend	El aumento excesivo de sus compromisos financieros es bastante inquietante
Die Geschäfte gehen nicht so wie sie sollten Die Dinge laufen nicht glatt ab Es treten Schwierigkeiten auf	Los asuntos no marchan como se debe Hay dificultades
Unterschiedliche Interessen	Intereses divergentes
Unvereinbare Interessen	Intereses incompatibles
Als Bankier, folgen Sie keinem voreiligen Einfall und halten Sie sich an konservative Zahlen!	Como banquero, no actúe Vd. según impulsos precipitados y prefiera cifras moderadas
Vermeiden Sie Leute, die ihre Geschäfte auf waghalsige Art betreiben!	Evite a las personas que dirigen sus negocios temerariamente
Jemand(en) auf seine eigenen Kosten kennen	Conocer a alguien a expensas propias (por lo que ha costado)
Versuchen Sie nicht, eine Pleitebude zu retten (eine verlorene Sache)! Schmeißen Sie Ihr Geld nicht zum Fenster raus! Investieren Sie nicht in ein sinkendes Schiff!	No invierta dinero en una empresa perdida (en un barco que se hunde)
Einen langen Arm und einen dicken Geldbeutel haben	Tener el brazo largo y la bolsa llena
Fest im Sattel sitzen	Estar bien amarrado (en su empleo, etc.)
Ein Unternehmen, das nicht auf firmenfremde Mittel angewiesen ist	Una empresa que no depende de fondos exteriores para su marcha
Er ist ein guter Kenner seiner Branche	Conoce a fondo su ramo
In seinem Element sein	Estar en su elemento
Nicht in seinem Element sein	No estar en su elemento

A feat of skill	Un tour d'adresse
To grant preferential treatment To give preference	Accorder un traitement de faveur
He was as good as his word He kept his word	Il a tenu parole
This arrangement holds good	Cet arrangement tient bon Cet arrangement est toujours valable
To employ one's money To turn one's capital to account	Utiliser (employer) son argent Mettre son capital à profit
To put out one's money at interest (at a profit)	Faire travailler son argent
The turnover of capital	La rotation des capitaux
To let money (capital) circulate	Faire rouler les capitaux
To call in one's money To recover one's money	Faire rentrer ses fonds
It's of overriding importance for a banker to recover his funds	Il est d'une souveraine importance pour un banquier de rentrer dans ses fonds
To back out To withdraw one's stake	Retirer son enjeu
To get well out of it	Tirer son épingle du jeu
Do not commit yourself	Ne vous engagez pas
Do not get involved in it	Ne vous en mêlez pas Évitez d'y être impliqué
To keep a way out	Se garder une porte de sortie
To secure an outlet (for goods, etc.)	Se ménager un débouché (marchandise, etc.)
To grant a loan to help someone out	Accorder un prêt pour aider quelqu'un à s'en sortir
To be repaid prior to maturity	Être remboursé avant la date d'échéance
To let someone whistle for his money	Payer quelqu'un en monnaie de singe

Ein Meisterstück Eine Tour de Force	Una proeza de habilidad Una hazaña
Eine Vorzugsbehandlung gewähren	Dar la preferencia Dar un trato preferente
Er hat sein Wort gehalten	Ha tenido palabra
Diese Abmachung bleibt bestehen Diese Abmachung gilt noch immer	Este acuerdo queda válido
Sein Geld benutzen (verwenden) Sein Geld nutzbringend anwenden	Utilizar su dinero Emplear su dinero con provecho
Sein Geld arbeiten lassen Sein Geld gewinnbringend anlegen	Hacer trabajar su dinero
Der Kapitalumschlag	La rotación de capitales
Das Geld (Kapital) umlaufen lassen Den freien Geldumlauf zulassen	Hacer circular los capitales Hacer circular el dinero
Sein Geld abrufen Sein Geld wieder hereinholen	Recuperar sus fondos (su dinero)
Für einen Bankier ist es von entscheidender Bedeutung, sein Geld zurückzubekommen	Para un banquero es de suma importancia que recupere sus fondos
Seinen Einsatz zurückziehen Sich zurückziehen	Retirarse Retirar su puesta
Sich aus der Schlinge ziehen Gut aus einer Sache herauskommen	Salir bien de un asunto Salir de un apuro sin daño
Legen Sie sich nicht fest! Gehen Sie keine Verpflichtungen ein!	No se comprometa No entre en compromisos
Halten Sie sich daraus! Lassen Sie da nicht hineinziehen!	No se deje implicar en eso No se meta en este asunto
Sich einen Ausweg offenhalten	Guardarse una salida
Ein Absatzgebiet sicherstellen (Ware, usw.)	Asegurarse un mercado (para la mercancía)
Jemand(em) ein Darlehen gewähren, um ihm aus der Verlegenheit zu helfen	Conceder un préstamo a alguien para ayudarle a salir de un apuro
Vor dem Fälligkeitsdatum eingelöst werden	Ser pagado antes de la fecha de vencimiento
Jemand(en) mit Versprechen und schönen Worten bezahlen Jemand(en) auf sein Geld warten lassen	Pagar con vanas promesas

We do not accept any intermeddling We do not tolerate any meddling	Nous n'admettons aucune immixtion
We prefer to have full control	Nous préférons avoir le contrôle total
We prefer not to have any strings attached to it	Nous préférons avoir carte blanche Nous préférons une liberté d'action inconditionnelle
We prefer to have free scope We prefer to have a free hand	Nous préférons avoir nos coudées franches

Wir dulden keine Einmischung	No toleramos ninguna intromisión
Wir ziehen die absolute Kontrolle vor	Preferimos el control completo
Wir ziehen eine Handlungsfreiheit ohne Einschränkungen vor	Preferimos tener carta blanca
Wir ziehen es vor, Bewegungsfreiheit zu haben Wir ziehen es vor, freie Hand zu haben	Preferimos tener campo libre

11 Savings — Épargne

An ultra security conscious investor	Un investisseur épris de sécurité absolue
To lay up To put by To salt away To salt down To stock away	Mettre de côté Épargner
A well-lined stocking	Un bas de laine bien garni
To scrape up in a piggy bank	Économiser sou à sou dans une tirelire
To scrape up in a nest egg To squirrel up in a nest egg (U.S.A.)	Économiser sou à sou dans un bas de laine
To invest money To place money To put out money	Investir de l'argent Placer de l'argent
To get out of an investment	Se défaire d'un investissement
In time of depression better curtail your spending and put by a bit more	En temps de crise, mieux vaut diminuer vos dépenses et mettre davantage de côté
A savings-bank book	Un livret de caisse d'épargne
A home savings-plan	Un plan d'épargne logement
Bank-notes dug into a cache lose their purchasing power through continuous inflation	Les billets de banque enfouis dans une cachette perdent leur pouvoir d'achat par suite de l'inflation continue
Bars of gold have to pay commission and custody fee and bear no interest	Les lingots d'or ont à payer commission et droit de garde et ne rapportent pas d'intérêt
Low-interest savings-bank books have shrinking purchasing power through inflation	L'épargne sur livret à bas intérêt a un pouvoir d'achat qui va en s'amenuisant par suite de l'inflation
If you invest in antiques and works of art, you have no guarantee when you buy, then you have to pay insurance premiums, and lastly you may have difficulties in selling	Si vous investissez dans les antiquités et les œuvres d'art, vous n'avez aucune garantie lorsque vous achetez; puis vous devez payer des primes d'assurance, et pour finir, vous pouvez éprouver de la difficulté à vendre

Sparwesen / Ahorros 11

Ein nur sicherheitsbewußter Anleger	Un inversionista con el sentido de la seguridad absoluta
Beiseite legen	Ahuchar
Sparen	Ahorrar

Ein gut gefüllter Sparstrumpf	Un calcetín bien repleto (ahorros)
Groschen um Groschen in der Sparbüchse sparen	Ahorrar peseta por peseta en una hucha
Groschen um Groschen in den Sparstrumpf legen	Ahorrar poco a poco en un calcetín
Geld investieren	Invertir dinero
Geld anlegen	Colocar dinero
Eine Geldanlage liquidieren (flüssig machen, usw.)	Deshacerse de una inversión Liquidar una inversión
In Krisenzeiten ist es besser, seine Ausgaben zu beschränken und mehr auf die Seite zu legen	En épocas de depresión mejor vale recortar sus gastos y ahorrar un poco más
Ein Sparkassenbuch	Una libreta de la Caja de ahorros
Ein Wohnungssparplan	Un plan de ahorro vivienda
Ein Bausparplan	Un programa de ahorro vivienda
In einem Versteck aufbewahrte Geldscheine verlieren ihre Kaufkraft durch die ständige Inflation	Los billetes guardados en un escondite pierden su poder adquisitivo a causa de la continua inflación
Goldbarren kosten Agio und Aufbewahrungsgebühr und tragen keine Zinsen	Los lingotes de oro tienen que pagar comisión y derechos de custodia y no producen intereses
Niedrigverzinste Sparanlagen verlieren Kaufkraft durch die Inflation	Los depósitos de ahorro a un bajo tipo de interés pierden poder adquisitivo por causa de la inflación
Wenn Sie Ihr Geld in Antiquitäten und Kunstwerke anlegen, sind Sie beim Kauf nie sicher, anschließend müssen Sie Versicherungsprämien bezahlen und haben Schwierigkeiten beim Verkauf	Si Vd. invierte su dinero en antigüedades y obras de arte, no tiene Vd. ninguna garantía a la compra, despues tiene que pagar las primas de los seguros, y por último, puede Vd. encontrar problemas a la venta

Diamonds are said to be a girl's best friend, but they are not always the investor's best partner	Les diamants sont dits le meilleur ami d'une femme mais pas toujours le meilleur associé d'un investisseur
Real estate cannot be lost or stolen	Les biens immobiliers ne peuvent être perdus ou volés
To round off one's property	Arrondir son domaine
Bricks and mortar are exposed to bad tenants and tax on capital	La pierre est tributaire de mauvais locataires et d'un impôt sur le capital
If you are a race-horse owner, you may be saddled with old nags and screws	Si vous êtes propriétaire de chevaux de course, vous risquez d'avoir de vieilles bourriques sur les bras
A squanderer blues his fortune in the end	Un prodigue finit par « bouffer » sa fortune
A spendthrift fritters away his allowance A spendthrift throws his allowance about	Un dilapidateur gaspille ses derniers revenus
To pop slang To spout slang To hock (slang U.S.A.)	Mettre au clou
To pawn	Mettre en gage (crédit municipal, maison de prêts, etc.)
To pledge	Déposer en nantissement Engager en garantie, caution, etc.
Pledged assets	Actifs engagés en garantie
The raffle	La tombola
The lottery	La loterie
Savings to income ratio	Le rapport épargne/revenu
You see what everyone looks for in modern art: rapid capital growth, sound long-term prospects, and excellent relative liquidity	Vous voyez ce que tout le monde recherche dans l'art moderne : croissance rapide du capital, bonnes perspectives à long terme, et liquidité relative excellente
Turning their wealth into get-away goods, including diamonds, gold, and art works...	Convertissant leur fortune en valeurs de fuite, comprenant diamants, or et œuvres d'art...

Von den Diamanten sagt man, daß sie der Frauen bester Freund sind, aber sie sind nicht immer der beste Partner des Investors	De los diamantes se dice que son el mejor amigo de la mujer, pero no son siempre el mejor socio del inversionista
Grundbesitz kann man nicht verlieren oder sich stehlen lassen	Los bienes inmuebles ni se pierden ni se roban
Seinen Besitz abrunden	Redondear su propiedad
Hausbesitz ist schlechten Mietern und der Vermögenssteuer ausgesetzt	La propiedad inmobiliaria está expuesta a los malos inquilinos y al impuesto sobre la fortuna
Als Rennpferdbesitzer riskieren Sie, alte Schindmähren am Hals zu haben	Como propietario de caballos de carrera, se arriesga Vd. a tener viejos jamelgos a cuestas
Ein Verschwender « frißt » auf lange Sicht sein Vermögen Ein Verschwender haut früher oder später sein Vermögen auf den Nagel	Un hombre manirroto acaba por comerse su fortuna
Ein Verschwender vergeudet seine Rente (sein letztes Einkommen)	Un dilapidador despilfarra su asignación (sus ultimos ingresos)
Zum Leihhaus (Pfandhaus) bringen	Meter en Peñaranda
Verpfänden	Empeñar (en el monte de piedad, en la casa de préstamos, etc.)
Als Sicherheit hinterlegen Als Sicherheit übereignen	Dar como garantía Depositar como garantía
Als Sicherheit übereignete Aktiva	Valores pignorados como garantía
Die Tombola	La tómbola
Die Lotterie	La lotería
Das Verhältnis Ersparnisse / Einkommen	La relación ahorros/ingresos (renta)
Sie sehen, was jeder in modernen Kunstwerken sucht : schneller Kapitalgewinn, gesunde Zukunfts-Aussichten und eine ausgezeichnete relative Liquidität	Ya ve Vd. lo que todos buscan en el arte moderno : plusvalía rápida, sólidas perspectivas a largo plazo y una liquidez relativa excelente
Durch die Umwandlung ihres Vermögens in Fluchtwerte, einschließlich Brillanten, Gold und Kunstwerke...	Por la conversión de sus propiedades en valores de fuga, comprendiendo brillantes, oro y obras de arte...

12 Various types of securities

Différents types de titres

Scrip (U.S.A.)	Des coupures Des billets de banque
Scrip (collective)	Des certificats provisoires (actions, obligations, coupons de dividende, etc.)
A scrip certificate	Un certificat provisoire
A bearer certificate	Un titre au porteur
A bearer share certificate	Un certificat d'actions au porteur
The transferable share The share-warrant	L'action au porteur
The registered share	L'action nominative
A registered share certificate	Un certificat d'actions nominatif
Registered securities transferable by deed of transfer	Titres nominatifs transférables par feuille de transfert
A deed executed by a solicitor (U.S.A.: notary public) or another authorized person	Un acte authentique
Fixed income securities	Des valeurs à revenu fixe
Government securities	Les fonds d'État
Consols	Les consolidés
Gilt-edged securities	Des valeurs de tout repos
To be in difficulty over the selling of government loans on satisfactory terms	Éprouver des difficultés à placer des emprunts d'État à des conditions satisfaisantes
Corporate bond Company debenture	Obligation d'une société
The bonds payable in francs The bonds in francs	Les obligations libellées en francs

314

Verschiedene Wertpapierarten

Diversas clases de valores 12

Geldscheine Banknoten	Billetes
Zwischenscheine Interimsscheine	Un vale provisional Un abonaré (acciones, obligaciones, etc.)
Ein Zwischenschein	Un vale provisional
Ein Inhaberzertifikat Ein Wertpapier auf den Inhaber lautend	Un título (valor) al portador
Ein Inhaberaktienzertifikat	Un certificado de acciones al portador
Die Inhaberaktie	La acción al portador
Die Namensaktie	La acción nominativa
Ein Namensaktienzertifikat	Un certificado de acciones nominativo
Auf den Namen lautende Effekten, die durch schriftlichen Vertrag übertragen werden können	Títulos nominativos transferibles por acuerdo escrito
Eine notarielle oder beglaubigte Urkunde	Una escritura notarial
Festverzinsliche Wertpapiere	Valores de renta fija
Die Bundesanleihen	Los valores del Estado
Die Consols	Los « consols » Los valores del Estado consolidados
Witwen- und Waisenpapiere Witwen- und Waisenanlagen Mündelsichere Wertpapiere	Valores de toda confianza Valores absolutamente seguros
Schwierigkeiten bei der Unterbringung von Regierungsanleihen zu zufriedenstellenden Bedingungen haben	Encontrarse con dificultades para colocar los empréstitos del Estado en condiciones satisfactorias
Obligation einer Gesellschaft	Obligación de una empresa
Die Frankenobligationen	Las obligaciones en francos

A straight bond	Une obligation remboursable à l'échéance (sans tirage)
These bonds came out in the last drawing	Ces obligations sortirent au dernier tirage
A government debenture-bond A national debenture-bond (U.K.)	Une obligation du gouvernement
An Exchequer-bill (U.K.) A Treasury bond (U.S.A.)	Un bon du Trésor
A municipal bond	Une obligation municipale
A savings bond A savings certificate	Un bon d'épargne
Preference bond (U.K.) Preferred bond (U.S.A.)	L'obligation privilégiée
The premium bond The lottery bond	L'obligation à lot
The convertible bond	L'obligation convertible
Equity	Les actions ordinaires
Equity (U.S.A.)	Le capital-actions
A fully paid up share	Une action entièrement libérée
Initial share capital	Le capital d'apport Le capital d'établissement
The founder's share	L'action d'apport
Preference shares (U.K.) Preferred stock (U.S.A.)	Les actions préférentielles
Dividend shares	Les actions de jouissance
A mortgage bond	Un titre hypothécaire Une obligation hypothécaire
First mortgage bond	Titre (obligation) hypothécaire de premier rang
Qualification shares	Actions de garantie d'un administrateur
A drawn bond	Une obligation sortie au tirage
Bonus shares (U.K.) Stock dividend (U.S.A.)	Des actions gratuites

Eine Obligation, die nicht ausgelost oder vorzeitig gekündigt werden kann	Una obligación no reembolsable antes del vencimiento (sin sorteo)
Diese Obligationen sind bei der letzten Ziehung herausgekommen	Estas obligaciones salieron en el último sorteo
Eine Bundesanleihe	Un empréstito del Estado
Eine Bundesschatzanweisung	Un bono del Estado Un bono del Tesoro Público
Eine Kommunalanleihe	Una obligación municipal
Eine Sparschatzanweisung Eine Sparkassenanweisung Ein Sparbond	Bonos de ahorros Bonos de la Caja de ahorros
Die Vorzugsobligation	La obligación preferente
Die Obligation mit Preisauslosung Die Obligation mit Gewinnauslosung	Los bonos premiados con sorteos
Die Wandelanleihe Die konvertierbare Obligation	La obligación convertible
Die Stammaktien	Las acciones ordinarias
Das Kapital der Aktionäre Das Aktionärskapital (einschließlich Reserven aus nicht ausgeschütteten Gewinnen usw.)	El capital-acciones El capital de los accionarios
Eine Vollaktie	Una acción totalmente liberada
Das Gründungsstammkapital Das Gründungskapital	El capital inicial El capital fundacional
Die Gründeraktie	La acción fundacional
Die Vorzugsaktien	Las acciones preferentes
Die Genußaktien	Las acciones en usufructo
Ein Hypothekentitel Eine hypothekarisch gesicherte Obligation	Un título hipotecario Una obligación hipotecaria
Erstrangiger hypothekarischer Titel (Obligation)	Título hipotecario preferente Obligación hipotecaria preferente
Garantieaktien eines Aufsichtsratsmitglieds	Acciones en garantía de un consejero de administración
Eine ausgeloste Obligation	Una obligación salida en el sorteo
Gratisaktien	Acciones gratuitas

The founder share	La part de fondateur
To pass a resolution increasing the par value of FF 10 ordinary stock units to FF 20	Faire passer une résolution par laquelle le nominal des actions ordinaires de 10 F est élevé à 20 F
Par value Value at par Nominal value Face value	La valeur nominale
Par value as opposed to its current market value	Le pair d'un titre par opposition à son cours en Bourse
American shares generally get no par value	En général les actions américaines n'ont pas de pair
Break-up value per share Net assets per share	Valeur à la casse d'une action Actif net comptable par action
Appreciation of assets Increment value of assets (balance-sheet)	La plus-value comptable La plus-value d'actif
Capital gain	La plus-value réalisée
Stock capital gain	La plus-value boursière
Depreciation	La moins-value La dépréciation
Capital loss	La perte en capital
Capital loss on stocks	La moins-value boursière
A growth stock	Une valeur de croissance
Securities that keep their purchasing power	Titres conservant leur pouvoir d'achat
Revenue	Revenus (provenant de rentes, de terres, etc.)
Income	Revenu
Profit Earnings	Profit Bénéfices
Coupon increased	Coupon accru
Coupon reduced Coupon slashed	Coupon réduit
Coupon omitted Coupon skipped	Coupon supprimé
The usual quarterly coupon	Le coupon trimestriel habituel

Der Gründeranteil	La aportación de fundador La participación fundacional
Einen Beschluß fassen, durch den der Nennwert der Stammaktien von FF 10 auf FF 20 erhöht wird	Aprobar una resolución por la cual el valor nominal de las acciones ordinarias se aumenta de 10 francos a 20 francos
Der Nominalwert	El valor nominal
Der Nominalwert eines Wertpapiers im Gegensatz zum Kurswert	El valor nominal comparado con la cotización en la Bolsa
Im allgemeinen haben die amerikanischen Aktien keinen Nominalwert	En general, las acciones americanas no tienen valor nominal
Nettoaktiva pro Aktien	Activo neto contable por acción
Die Wertsteigerung der Aktiva	La plus valía del activo
Der Kapitalgewinn	La plus valía realizada
Der Effektenkapitalgewinn	La plus valía de Bolsa
Die Wertminderung	La desvalorización La minus valía La depreciación
Der Kapitalverlust	La minus valía de capital
Der Effektenkapitalverlust	La minus valía de Bolsa
Ein Wachstumswert	Una acción con potencial de plus valía
Wertpapiere, die ihre Kaufkraft bewahren	Valores que conservan su poder de adquisición
Einkünfte (Renten, Landbesitz, usw.)	Renta, ingresos (de tierras, etc.)
Einkommen	Renta Ingresos
Gewinn	Beneficios
Erhöhter Kupon	Cupón premiado
Herabgesetzter Kupon	Cupón aminorado
Gestrichener Kupon	Cupón anulado
Der übliche Quartalskupon	El cupón trimestral habitual El cupón trimestral normal

Cum div	Avec coupon attaché
Ex div	Ex-coupon
Interim dividend	Dividende intérimaire
An extra dividend	Un dividende supplémentaire
The serially numbered coupons have to be cut off	Les coupons, numérotés par séries, doivent être détachés
Statutory interest	Intérêt statutaire
To cut up the melon (*slang* U.S.A.) To carve the melon	Distribuer de gros bénéfices
To take delivery of stocks To take delivery of the shares	Prendre livraison d'actions Prendre livraison des actions
Quoted securities	Valeurs cotées en bourse
Blue chips (U.S.A.) Gilt-edged shares (U.K.)	Actions ayant excellente réputation
This share has proved a bonanza This share has proved a windfall	Cette action s'est avérée une bonne aubaine
War babies	Actions de sociétés consacrées aux armements
Heavy industries	Actions de sociétés de l'industrie lourde
Industrials	Les valeurs industrielles
Rubbers	Les actions de caoutchouc
Kaffirs	Les actions minières d'Afrique du Sud

Einschließlich Kupon	Con cupón de dividendo
Ohne Kupon	Sin cupón de dividendo
Zwischendividende Interimsdividende	Dividendo interino Dividendo a cuenta
Eine Extradividende Eine Sonderdividende	Un dividendo extraordinario
Die serienmässig nummerierten Kupons müssen abgetrennt werden	Deben recortarse los cupones numerados en serie
Satzungsgemäße Verzinsung	Intereses estatutarios
Große Gewinne ausschütten	Repartir grandes beneficios
Aktien in Empfang nehmen Die Aktien in Empfang nehmen	Recibir acciones Recibir las acciones
An der Börse notierte Wertpapiere	Valores con cotización en Bolsa
Sichere Aktien Als sehr sicher geltende Aktien	Acciones de toda confianza
Diese Aktie hat sich als Goldmine erwiesen	Esta acción resultó un filón
Rüstungsaktien	Acciones de empresas de material de guerra
Schwerindustrieaktien	Acciones de empresas de la industria pesada
Die Industriewerte Die Industrieaktien	Los valores industriales
Die Kautschukaktien	Los valores del caucho
Die südafrikanischen Minenaktien	Las acciones mineras de África del Sur

13 Issue of securities — Émission de titres

The lender	Le prêteur
The borrower	L'emprunteur
A finance broker / An investment broker	Un courtier assurant le financement d'un projet
Merchandising of securities	L'ensemble des techniques promotionnelles pour le placement de titres
Marketing of securities	Étude et organisation du placement de titres
Sale of securities	Placement de titres
Loan	Le prêt / L'emprunt
An internal loan	Un emprunt intérieur
Principal	Le principal / Le capital d'une dette
Day to day money	L'argent au jour le jour
Weekly loan	Un prêt à 7 jours
Monthly loan	Un prêt à un mois
Short loan / Short-term loan	Un prêt à court terme
Long-term loan / Long loan	Un prêt à long terme
Funding of a loan	La consolidation d'un emprunt
A straight loan	Un emprunt remboursable en totalité à l'échéance (sans tirage)
A redeemable loan	Un emprunt amortissable
To redeem a loan / To sink a loan	Amortir un emprunt
To pay back a loan	Rembourser un emprunt
Sinking fund	Le fonds d'amortissement

Emissionen | Emisión de valores 13

Der Kreditgeber	El prestador
Der Kreditnehmer	El prestatario
Ein Finanzmakler	Un corredor de inversiones
Die Wertpapierverkaufstechnik	La técnica de la promoción de la venta de valores
Marktuntersuchung und Organisation des Verkaufs von Wertpapieren	Estudio del mercado y organización de la venta de valores
Die Unterbringung (Verkauf) von Wertpapieren Die Plazierung von Wertpapieren	La colocación (venta) de valores bursátiles
Das Darlehen Die Anleihe	El préstamo El empréstito
Eine Inlandsanleihe	Un empréstito interior
Das verzinste Darlehenskapital Das Kapital einer Schuld	El capital de una deuda
Das Tagesdarlehen Das Tagesgeld	El préstamo de día a día El dinero de día a día
Ein Wochendarlehen	Un préstamo por una semana Dinero a la semana
Ein Monatsdarlehen	Un préstamo por un mes Dinero al mes
Ein kurzfristiges Darlehen	Un préstamo a corto plazo
Ein langfristiges Darlehen	Un préstamo a largo plazo
Die Konsolidation einer kurzfristigen Schuld	La consolidación de un préstamo
Eine Anleihe ohne vorzeitige Kündigung oder Auslosung	Un empréstito sin sorteo reembolsable al vencimiento
Eine tilgungspflichtige Anleihe	Un empréstito amortizable
Eine Anleihe (ein Darlehen) tilgen	Amortizar un empréstito
Ein Darlehen zurückzahlen	Reembolsar un préstamo Devolver un préstamo
Der Tilgungsfonds	El fondo de amortización

Loan on trust	Le prêt d'honneur
Monetary credit	Le prêt monétaire
A lottery loan A premium loan	Un emprunt à lots
A tied loan	Un prêt destiné à un but spécifique Un emprunt lié
A secured loan	Un prêt garanti
A dead loan	Un emprunt irrécouvrable
Interbank loans	Crédits interbancaires
Roll-over transactions	Opérations de trésorerie pour améliorer ou optimiser la structure de celle-ci *(surtout en vue de la clôture des comptes)*
To place a loan To negotiate a loan	Négocier un emprunt
Issuing houses are specialized in company promotion or stock and loan floatation	Les banques de placement sont spécialisées dans le lancement d'affaires ou l'émission de titres
Procuration fee Procuration	Commission pour la négociation d'un emprunt Commission d'émission
To float a loan To issue a loan	Émettre un emprunt
To raise a loan	Se procurer un prêt
To issue a loan by instalments	Émettre un emprunt par tranches
An invitation to subscribe to a loan	Un appel à la souscription d'un emprunt
The floatation of a loan	Le lancement d'un emprunt
Public offering of subscription (U.S.A.) Public offer of subscription	Souscription offerte au public Offre publique de souscription
Called up share capital	Capital social non libéré à verser
Letters of allotment to subscribers of securities	Avis de répartition de titres aux souscripteurs
Underwriters must take up all non-subscribed (all unsold) shares	Le syndicat de garantie doit « lever » ou prendre toutes les actions non souscrites

Das Darlehen ohne Sicherheit Das Darlehen auf Vertrauensbasis	La deuda de honor
Der Währungsstützungskredit Der Währungskredit	El empréstito monetario El crédito monetario
Eine Prämienanleihe	Un empréstito con sorteo de premios
Eine zweckgebundene Anleihe	Un empréstito vinculado
Ein Darlehen mit Sicherheit	Un préstamo con garantía
Ein uneinbringliches Darlehen	Un préstamo incobrable
Kredite unter Banken	Créditos interbancarios
Bilanzbereinigungsoperationen	Operaciones para mejorar u optimizar la estructura del balance
Eine Anleihe (ein Darlehen) unterbringen	Negociar un préstamo Colocar un préstamo
Die Effektenbanken sind in Gesellschaftsgründungen oder im Emissionsgeschäft spezialisiert	Los bancos de inversiones son especialistas en la fundación de empresas y en la emisión de valores
Maklergebühr (Darlehen) Emissionscourtage Emissionsprovision	Comisión (corretaje) de un corredor para la negociación de un préstamo Comisión de emisión
Eine Anleihe auflegen	Emitir un empréstito
Ein Darlehen aufnehmen	Procurarse un préstamo
Eine Anleihe in Abschnitten auflegen	Emitir un empréstito por series
Eine Zeichnungsaufforderung für eine Anleihe	Una convocatoria a la suscripción de un empréstito
Die Auflegung einer Anleihe	La emisión de un empréstito
Allgemeines und öffentliches Zeichnungsangebot Öffentliches Zeichnungsangebot	Oferta pública de suscripción
Zahlungsaufforderung für nicht voll eingezahlte Aktien	Aviso de pago de acciones no enteramente liberadas
Mitteilung der Zuteilung an die Zeichner von Emissionen	Aviso de repartición a los suscriptores de valores emitidos
Das Emissionskonsortium muß alle nicht gezeichneten Aktien aufnehmen	El consorcio de garantía debe tomar a su cargo todas las acciones no suscritas

Issue and sale of bonds	Émission et vente d'obligations
To float a bond issue To launch a bond issue	Émettre un emprunt obligataire
To subscribe bonds (shares) To subscribe for 10 bonds	Souscrire à des obligations (actions) Souscrire à 10 obligations
To take up shares	Utiliser des droits de souscription d'actions Accepter une offre d'actions
To push shares	Placer des actions douteuses
Call protection for ten years	Engagement de l'émetteur obligataire à ne pas rembourser avant dix ans
Issues with penalizing early redemption provisions	Émissions comportant des dispositions pénalisant le remboursement anticipé
A bonus issue A stock dividend issue (U.S.A.)	Une émission d'actions gratuites aux actionnaires
The bonus right	Le droit d'attribution gratuite
The stock split	Le fractionnement d'actions
Stock split happy shareholders	Actionnaires se réjouissant du fractionnement de leurs actions
A stocksplit happy company	Une société qui aime effectuer souvent le fractionnement de ses actions
Subscription rights Application rights	Les droits de souscription
Calls on stocks (shares)	Options d'actions
An offering with an expected coupon of 8 % and priced just under par value	Une offre avec un coupon attendu de 8 % et un prix d'émission juste au-dessous du pair
Convertibility option increases marketability and allows larger issues	L'option de convertibilité augmente les possibilités de placement et permet des émissions plus importantes
Convertible bond issue Convertible loan	Emprunt obligataire convertible en actions
To attract arbitrage funds	Attirer les fonds d'arbitrage

Auflage und Verkauf der Obligationen	Emisión y venta de obligaciones
Eine Obligationsanleihe auflegen Eine Schuldverschreibungsanleihe auflegen	Emitir un empréstito de obligaciones
Obligationen (Aktien) zeichnen 10 Obligationen (Aktien) zeichnen	Suscribir (acciones) obligaciones Suscribir 10 obligaciones
Eine Aktienbezugsrecht ausüben Ein Angebot von Aktien annehmen	Ejercer los derechos de suscripción Aceptar una offerta de acciones
Zweifelhafte Aktien anbieten	Ofrecer acciones dudosas
Verpflichtung des Darlehensnehmers für eine Laufzeit von mindestens 10 Jahren	Compromiso del deudor de no solicitar el reembolso en el plazo de diez años
Emissionen mit Sanktionen für vorzeitige Rückzahlung	Emisiones con condiciones de penalización en caso de reembolso prematuro
Eine Ausgabe von Gratisaktien an die Aktionäre	Una emisión de acciones liberadas (gratuitas) a los accionistas
Das Bezugsrecht für Gratisaktien	El derecho a acciones gratuitas
Die Aktienspaltung	El fraccionamiento de las acciones La escisión de las acciones
Über die Aktienspaltung zufriedene Aktionäre	Accionistas contentos del fraccionamiento de sus acciones
Eine aktienspaltungsfreudige Gesellschaft	Una empresa que fracciona a menudo las acciones
Die Bezugsrechte	Los derechos de suscripción
Aptionsrecht auf Aktien Aktienoption	Opciones sobre acciones
Eine Auflage mit einem Kupon von wahrscheinlich 8 % und einem Emissionspreis etwas unter Pari	Una emisión con un cupón probable de un 8 % y a un precio un poco menos de la paridad
Die Konvertierbarkeit erhöht die Unterbringungsmöglichkeiten und gestattet größere Emissionen	La opción de convertibilidad aumenta el potencial de colocación y hace posible mayores emisiones
Wandelanleihe Konvertierbare Obligationsanleihe	Empréstito convertible Empréstito de obligaciones convertibles
Arbitragemittel anziehen Das Arbitragegeschäft anziehen	Atraer los fondos de arbitraje

Scrip issue Stock dividend issue	Émission d'actions gratuites par incorporation de réserves
Fractions accruing will be settled in cash	Les rompus seront réglés en espèces
A stamp tax is levied on the par or subscribed value of share capital	Un droit de timbre est perçu sur le montant du pair ou du prix d'émission des actions
With higher interest rates and more stringent terms for borrowing	Avec des taux d'intérêt plus élevés et des conditions d'emprunt plus serrées

Ausgabe von Gratisaktien (durch Umwandlung der freien Reserven)	Emisión de acciones gratuitas por incorporación de reservas libres
Teilstücke werden in bar geregelt	Las fracciones de acciones en efectivo se reglan
Eine Stempelgebühr wird auf den Nominalwert oder den Zeichnungspreis der Aktien erhoben	El valor nominal (o el precio) a la emisión de las acciones está gravado de un derecho de timbre
Mit höheren Zinssätzen und schärferen Emissionsbedingungen	Con tipos de interés más altos y condiciones de empréstito más severas

14. Issue of international loans / Émission d'emprunts internationaux

A bank syndicate	Un pool bancaire Un syndicat bancaire Un consortium
The syndicate department (U.S.A.)	Le service des opérations en participation
The issue syndicate The underwriting syndicate	Le syndicat d'émission
Syndicate loan (credit)	Prêt bancaire monté avec un pool bancaire
The managing underwriter The leading underwriter	Le chef de file du syndicat
Managing company Management company Managing agents	Société chef de file Société chargée de la gestion
Management fee	Une commission revenant au chef de file
The sub-underwriter	Le sous-syndicataire (assurances)
Sub-underwriting fee	Une commission de sous-syndicataire
Venture capital	Capitaux destinés au lancement d'affaires nouvelles
Risk capital	Capitaux participant à tous les risques sociaux Capital de risque
Allotment Share (bond) allotment	Allocation à chaque participant lors des émissions
Can you give me 800 bonds firm?	Pouvez-vous m'assurer 800 obligations à marché ferme?
I give you protection for 500 bonds I protect you for 500 bonds I grant you protection for 500 bonds	Je vous garantis la livraison de 500 obligations
Subscription up to 2,000 bonds firm	Souscription jusqu'à 2 000 obligations à titre irréductible

Auflage von internationalen Anleihen

Emisión de empréstitos internacionales 14

Ein Bankenkonsortium	Un consorcio bancario
Die Konsortialabteilung	El departamento de las operaciones consorciales
Das Emissionskonsortium	El consorcio de emisión
Konsortialkredit	Crédito consorcial
Der Konsortialführer	El jefe de gestión del consorcio
Federführende Gesellschaft	Empresa encargada de la gestión
Eine Konsortialführungsprovision	Una comisión del jefe del consorcio
Der Unterversicherer	El asegurador secundario
Eine Unterversichererprovision	Una comisión del asegurador secundario
Kapital für die Lanzierung neuer Geschäfte oder Unternehmen	Capitales para la creación de nuevas empresas
Risikotragendes Kapital Risikokapital Vollhaftendes Kapital	Capitales participando enteramente a todos los riesgos de una empresa Capital responsable
Zuteilung bei Emissionen	Atribución de valores de una emisión a cada suscriptor
Können Sie mir 800 Obligationen auf feste Rechnung überlassen?	¿Puede Vd. dejarme 800 obligaciones en firme?
Ich gebe Ihnen Deckung für 500 Obligationen	Le cubro a Vd. por 500 obligaciones
Zeichnung von bis zu 2 000 Obligationen auf feste Rechnung Fester Zeichnungsabschluß bis zu 2 000 Obligationen	Suscripción en firme hasta 2.000 obligaciones

Subscription up to 2,000 bonds but subject to allotment	Souscription jusqu'à 2 000 obligations à titre réductible
Selling commission Selling concession	Une commission de vente (valeurs)
Reallowance Retrocession	La rétrocession
Trading department	Le service de l'arbitrage
Dealer (U.S.A.) Trader (U.S.A.) Arbitrageur (U.S.A.)	Personne chargée de l'arbitrage
Arbitragist (U.K.) Arbitrage dealer (U.S.A.) Arbitrage trader (U.S.A.) Arbitrageur (U.S.A.)	Arbitragiste
A bid	Une offre d'achat
Bidding was strong	La demande a été forte
X shares were asked at $... X shares were offered at $...	Les actions de X ont été offertes à $...
Settlement date	La date de liquidation La date de règlement
Value date	La date de valeur
Maturity Due date	L'échéance
Delivery against payment Delivery versus payment	Livraison contre paiement
Market maker (U.S.A.)	Celui qui, par le fait qu'il prend position, fait le marché
An international loan	Un emprunt international
To OK the loan to Portugal To authorize the loan to Portugal	Approuver le prêt au Portugal
Bonds tax-free at source Withholding-tax free bonds	Obligations exemptes d'impôt à la source
Institutional investors grab for the new issues as they come out	Les investisseurs institutionnels s'arrachent les nouvelles émissions au fur et à mesure de leur sortie
London, the hub of the Eurodollar market	Londres, le pivot du marché de l'eurodollar

Fester Zeichnungsabschluß bis zu 2 000 Obligationen mit Zuteilungsvorbehalt	Suscripción hasta 2.000 obligaciones bajo reserva de atribución
Eine Verkaufsprovision	Una comisión de venta
Die Wiederabtretung Die Rückabtretung	La retrocesión
Die Arbitrageabteilung	El departamento de arbitraje
Arbitragehändler	Arbitrajista
Arbitragist Arbitragehändler	Arbitrajista
Ein Kaufangebot	Una oferta de compra
Die Nachfrage war stark	La demanda era fuerte
Die X-Aktien wurden zu $... angeboten	Las acciones de X fueron ofrecidas a $...
Der Abrechnungstag	La fecha de liquidación
Die Wertstellung Die Valuta	La fecha de valor
Das Fälligkeitsdatum	La fecha de vencimiento
Lieferung gegen Barzahlung	Entrega contra pago al contado
Person, die den Markt macht	El que hace el mercado por su actitud
Eine internationale Anleihe	Un empréstito internacional
Die Anleihe an Portugal genehmigen	Autorizar el empréstito a Portugal
Obligationen ohne Quellensteuer Quellensteuerfreie Schuldverschreibungen	Obligaciones exentas de impuestos en el país de emisión
Die institutionellen Anleger reißen sich um die neuen Emissionen bei der Ausgabe	Los inversionistas institucionales se disputan las nuevas emisiones a la salida
London, das Zentrum des Eurodollarmarkts	Londres, centro del mercado del eurodolar

The I.M.F. Unit of account is based on 17 currencies, and the bondholder is protected against devaluation, the borrower against appreciation	L'unité de compte du F.M.I. est basée sur 17 devises : l'obligataire est protégé contre une dévaluation, l'emprunteur contre une réévaluation de la monnaie
A Eurobond provides personal anonymity, freedom from currency control, exemption from taxes	L'obligation en eurodevise procure l'anonymat, l'indépendance vis-à-vis des contrôles des changes, l'immunité fiscale
The European monetary unit bondholder gets the benefit of any revaluation and is protected against any devaluation	Le porteur d'obligations en unité monétaire européenne profite de toute réévaluation et est protégé contre toute dévaluation

Die Rechnungseinheit des Weltwährungsfonds beruht auf 17 Währungen. Der Obligationsinhaber ist so gegen eine Abwertung und der Schuldner gegen eine Aufwertung geschützt	La unidad de cuenta del Fondo Mundial Monetario tiene como base 17 monedas. El propietario de la obligación está así protegido contra una devaluación y el deudor contra una revaluación
Der Eurobondinhaber bleibt anonym, ist frei von Devisenkontrollen und zahlt keine Steuern	El propietario de una obligación en eurodivisas queda anónimo, está libre del control de divisas y no paga impuestos
Der Inhaber von Obligationen in der europäischen Währungseinheit gewinnt bei jeder Aufwertung und ist gegen jede Abwertung geschützt	El portador de obligaciones en unidad monetaria europea gana con cada revaluación y está protegido contra toda devaluación

15 Stock-brokers — Agents de change

Member of the X Stock Exchange	Membre de la Bourse de valeurs de X
A licensed stock-broker (U.K.) A registered security broker (U.S.A.)	Un agent de change inscrit Titulaire d'une charge d'agent de change auprès de la Bourse
An outside broker (U.K.) An unregistered broker (U.S.A.)	Un coulissier
Outside market (U.K.) Over-the-counter trading (U.S.A.)	La coulisse
A shady broker An unlicensed broker	Un courtier marron
A registered representative (U.S.A.)	Représentant d'une banque ou d'un établissement financier (à la Bourse)
An intermediate broker A half-commission man	Un remisier
A dealer (U.S.A.) A trader (U.S.A.) A jobber (U.K.)	Un marchand de titres
A broker is an agent. His job is to do the best for you within the scope of your instructions	Un agent de change est un intermédiaire. Son travail consiste à faire pour vous de son mieux dans les limites de vos ordres
A jobber is a principal. He operates on his own account and for his own profit. He does not trade with the public	Un marchand de titres est un principal. Il agit pour son propre compte et son propre profit. Il ne traite pas avec le public
A jobber names two prices to the broker : one at which he is willing to buy, the other at which he is willing to sell, without knowing whether he will be called upon to buy or to sell the shares in question	Un marchand de titres indique deux prix à l'agent de change, celui auquel il est disposé à lever et celui auquel il est disposé à livrer, sans savoir s'il sera pressenti pour acheter ou pour vendre les actions en question
In times of uncertainty, the jobber widens his quotations. He also does this for shares which change hands very infrequently for which he fears to be long in or short of	Dans une période d'incertitude, le marchand de titres élargit ses cours. Il fait de même lorsqu'il s'agit d'actions changeant de mains très rarement, dont il craint d'avoir trop ou de manquer

Börsenmakler | # Agentes de cambio y Bolsa   15

Mitglied der X- Börse	Miembro de la Bolsa de valores de X
Ein amtlich zugelassener Börsenmakler	Agente de cambio y Bolsa colegiado
Ein Freiverkehrsmakler	Un agente de Bolsa no colegiado
Der Freiverkehrsmarkt	El bolsín La Bolsa no oficial
Ein schwarzer Makler Ein nicht zugelassener Makler	Un agente de Bolsa sin título (dudoso)
Repräsentant einer Bank usw. (an der Börse)	El representante de un banco, etc., (en la Bolsa)
Ein Zwischenmakler	Un corredor de un agente de Bolsa
Ein Effektenhändler	Un negociante de valores Un agiotista
Ein Börsenmakler ist ein Mittelsmann. Er hat die Aufgabe, Ihre Aufträge bestens und interessewahrend auszuführen	Un agente de cambio y Bolsa es un intermediario. Su tarea es de ejecutar las instrucciones de su mandante lo mejor posible
Ein Effektenhändler arbeitet auf eigene Rechnung als selbständiger Kaufmann. Er arbeitet nicht direkt mit der Kundschaft	Un negociante de valores trabaja por su propia cuenta. No trabaja directamente con el público
Ein Effektenhändler nennt dem Börsenmakler zwei Kurse: Ankauf und Verkauf, ohne zu wissen, ob die betreffenden Aktien gekauft oder verkauft werden	Un agiotista indica al agente de Bolsa dos precios: compra y venta, sin saber si las acciones en cuestión serán ofrecidas o vendidas
In unsicheren Zeiten vergrößert der Effektenhändler seine Kursdifferenzen. Er handelt ebenso bei selten gehandelten Werten, wo die Gefahr einer Überdeckung oder Unterdeckung besteht	En tiempos poco estables el agiotista amplía las diferencias de sus ofertas de compra y venta. También lo hace en el caso de acciones raramente negociadas donde hay peligro de cobertura demasiado corta o lo contrario

Jobbing	Le courtage L'agiotage
Jobber's turn, commission and stamp duty amount to...	Agios, commission et droits de timbre s'élèvent à...
The client The principal	Le donneur d'ordre
To deposit a margin To deposit collateral (U.S.A.) (cash collateral)	Fournir un acompte de couverture pour les ordres donnés
Sending an order, you name a limit	En envoyant un ordre, vous fixez une limite
Limit orders are good until cancelled	Les ordres à cours limités restent valables jusqu'à leur annulation
Would you adjust these limits? Would you revise these limits?	Voulez-vous modifier ces limites?
A broker renders you a contract note	Un agent de change vous remet un avis d'exécution
We have open orders for your account. Please check the following items with your records and advise us immediately if there are any discrepancies	Nous avons des ordres en cours pour votre compte. Veuillez vérifier si nos relevés concordent avec les vôtres et nous aviser immédiatement s'il y a des différences quelconques
Utilize the proceeds for another purchase	Utilisez le produit de la vente pour un achat ultérieur
What's the market opinion about this share?	Quelle est l'opinion du marché sur cette action?
Consensus General opinion	L'opinion générale
Risk assessment	L'évaluation des risques
Upon whom it devolves to find out the risk when investing their capital	Auquel il incombe de découvrir le risque lorsqu'il place leur capital
To take a long view	Voir les choses à long terme
A broker with acumen A broker with foresight A broker with insight	Un agent de change perspicace
Stockbroker's list of recommendations	Liste de placements conseillés par un agent de change

Der Effektenhandel	El agiotaje
Händlermarge (Agio), Provision und Stempelgebühr betragen...	Agio, comisión y derechos de timbre son de...
Der Auftraggeber	El cliente El mandante
Eine Deckungsanzahlung leisten	Un pago a cuenta para cobertura
Bei einem Börsenauftrag geben Sie das Kurslimit an	Cuando Vd. envía una orden (instrucción) de Bolsa, Vd. fija un límite Al enviar una orden de Bolsa, Vd. establece el límite
Limitaufträge gelten bis zu ihrer Annullierung	Las órdenes con limitación valen hasta que se cancelen
Bitte, ändern Sie diese Limiten!	Por favor, ajuste Vd. esas limitaciones
Ein Börsenmakler übermittelt Ihnen einen Schlußschein	Un agente de Bolsa le remite una nota de ejecución
Wir haben für Ihre Rechnung noch offenstehende Aufträge laufen. Prüfen Sie, bitte, ob die nachstehenden Positionen mit Ihren Büchern übereinstimmen, und teilen Sie uns etwaige Differenzen sofort mit!	Tenemos aún pendientes órdenes por su cuenta. Le rogamos compruebe las siguientes partidas en sus libros y avísenos en seguida si existe cualquier discrepancia
Verwenden Sie den Verkaufsertrag für einen weiteren Ankauf!	Utilice el producto de la venta para otra compra
Was sagt die Börse über diese Aktie?	¿Qué dicen en la Bolsa de esta acción?
Die einstimmige Meinung	La opinión general El consenso
Die Risikoveranschlagung Die Risikoprüfung	La evaluación de los riesgos
Auf den die Verantwortung für die Feststellung des Risikos bei der Anlage ihrer Kapitalien fällt	A quien incumbe averiguar los riesgos cuando invierte sus fondos
Die Sache auf lange Sicht beurteilen	Considerar la cosa a largo plazo
Ein scharfsinniger Börsenmakler	Un agente de Bolsa perspicaz
Liste der zum Kauf empfohlenen Werte eines Börsenmaklers	Lista de los valores recomendados por un agente de Bolsa

This share is a money-spider This share is a money-spinner	Cette action est une mine (aubaine)
To talk up the value of a stock	Créer une atmosphère de hausse autour d'une valeur
Traders with advance information or unusual discernment	Marchands de titres avec des informations de première main ou avec un discernement exceptionnel
I have to part with my shares	Je dois me séparer de mes actions
To hang on to these stocks	Conserver ces actions
I gave up years ago to figure out the stock market	J'ai renoncé il y a des années à supputer la Bourse
I have fallen away from my former belief in stocks I have given up my former belief in stocks	J'en suis revenu de la confiance que j'avais dans les actions
The present investor is safety and income oriented	L'investisseur actuel est orienté vers la sécurité et le revenu
Income oriented investors look for bonds preferably	Les investisseurs épris de rentabilité recherchent de préférence des obligations
Ultra-security conscious investors look for longer dated and better yielding investments	Les investisseurs épris de sécurité absolue recherchent des placements à plus long terme et à meilleur rendement
His motivation is capital gains	Ce qu'il recherche, ce sont les plus-values boursières
Better apportion your funds between the different types of investment	Mieux vaut répartir vos fonds entre les différents types de placements
It's wise to diversify one's investments among many currencies and countries	Il est sage de répartir ses investissements entre plusieurs devises et pays
Wall Street is a reliable forecaster	Wall Street est un baromètre auquel on peut se fier
The real value of a stock derives from corporate earning power	La valeur réelle d'une action dépend de la productivité financière de l'entreprise
Don't buy anything at more than 40 times earnings	N'achetez rien à plus de 40 fois le bénéfice par action

Diese Aktie ist eine Goldmine	Esta acción es una mina de oro
Eine Hausseatmosphäre um ein Wertpapier erzeugen	Crear una atmósfera de alza alrededor de un valor
Effektenhändler mit vertraulichen Informationen oder einer besonders guten Nase	Agiotistas con informaciones confidenciales o una perspicacia inusitada
Ich muß mich von meinen Aktien trennen	Tengo que deshacerme de mis acciones
Diese Aktien behalten	Conservar estas acciones
Ich habe schon seit Jahren jede Voraussage in Börsenfragen aufgegeben	Ya hace años que abandoné toda previsión bursátil
Ich habe mein Vertrauen in Aktien verloren	He perdido mi anterior confianza en las acciones
Der heutige Geldanleger ist auf Sicherheit und Rendite bedacht	El inversionista de hoy en día está orientado hacia la seguridad y los rendimientos
Auf Rendite bedachte Anleger gehen vorzugsweise in Obligationen	Los inversionistas orientados hacia la rentabilidad buscan preferentemente las obligaciones
Auf absolute Sicherheit bedachte Anleger suchen längere Laufzeiten und bessere Renditen	Los inversionistas orientados hacia la seguridad absoluta buscan inversiones a mayor plazo y de mejor rendimiento
Er ist auf Kapitalgewinne bedacht	Está orientado hacia las plus valías bursátiles
Es ist besser, Ihre Kapitalien über die verschiedenen Anlagemöglichkeiten zu verteilen	Mejor vale distribuir sus fondos entre las diversas clases de inversiones
Es ist klug, wenn man seine Anlagen über mehrere Devisen und Länder verteilt	Es prudente diversificar sus inversiones entres muchas divisas y países
Wall Street ist ein zuverlässiges Barometer	Wall Street es un barómetro de confianza
Der effektive Wert einer Aktie hängt von der Ertragskraft des Unternehmens ab	El valor efectivo de una acción depende de la capacidad beneficiaria de la empresa
Kaufen Sie keine Aktie mit einem Gewinnkapitalisierungssatz über 40 !	No compre ninguna acción a un coeficiente de capitalización de beneficios superior a 40 por acción

Price/earnings ratio (P/E)	Le taux de capitalisation
With a new issue, the City pays enormous attention to the character of the stable from which the issue comes	Concernant une nouvelle émission, la Cité (de Londres) attache une énorme importance au caractère de l'écurie dont elle provient
To have access to this curious medley of experience, knowledge, gossip and scandal out of which City opinion is made up	Avoir accès à ce pot-pourri curieux d'expériences, de connaissances, de commérages et de scandales, dont l'opinion de la Cité est constituée

Der Gewinnkapitalisierungssatz	El coeficiente de capitalización de beneficios
Bei neuen Emissionen legt die City größten Wert auf die Qualität der auflegenden Gesellschaft	Con nuevas emisiones, la City presta enorme atención a la calidad de la « caballeriza » emisora
Zugang zu dem merkwürdigen Gemisch von Erfahrung, Wissen, Klatsch und Skandalen haben, das die Meinung der City ausmacht	Tener acceso a aquella mezcla curiosa de experiencia, ciencia, comadreo y escándalos que constituyen la opinión de la City

16 The Stock exchange — La Bourse des valeurs

The stock exchange The stock market	La Bourse des valeurs
The official market	Le marché officiel *A la Bourse de Paris :* le Parquet
The unofficial market The outside market The curb-stone market (U.S.A.) The kerb market (U.S.A.) The over-the-counter market (U.S.A.) The secondary market	Le marché de la coulisse Le marché hors cote Le marché secondaire
Private stock transactions Stock transactions outside the market	Les transactions sur titres de gré à gré
An overlap between the national and the international stock exchanges	Un chevauchement entre les Bourses nationales et internationales
All stock and commodity markets are closed	Toutes les Bourses de valeurs et de commerce sont fermées
Securities and Stock Exchange Commission (U.S.A.) Stock Exchange Council	La commission des opérations de Bourse (C.O.B.)
Stock exchange regulations	Les règlements de la Bourse
A stock traded on the stock exchange A stock listed on the stock exchange	Un titre négociable en Bourse Un titre coté en Bourse
Quotation	Cotation
A company goes public A company is listed on the stock exchange	Une société est introduite en Bourse
Stock-list (U.S.A.) The list of quoted stocks Official list (U.K.)	Le bulletin de la cote
The official listing of this Eurobond will take place in Luxemburg	La cotation officielle de cette euro-obligation aura lieu au Luxembourg

Die Effektenbörse La Bolsa de valores 16

Die Effektenbörse	La Bolsa de valores
Die amtliche Börse	La Bolsa oficial
Der Freiverkehrsmarkt Der Freiverkehr	El bolsín El mercado no oficial El mercado secundario
Die außerbörslichen Wertpapiergeschäfte Die Wertpapiergeschäfte außerhalb der Börse	Las operaciones de valores por acuerdo recíproco Las operaciones no bursátiles
Ein Überschneiden der nationalen und internationalen Effektenbörsen	Una imbricación entre las Bolsas nacionales e internacionales
Alle Effekten- und Warenbörsen sind geschlossen	Todas las Bolsas de valores y de comercio están cerradas
Das Börsenaufsichtsamt Die Börsenaufsicht	La delegación de las operaciones de Bolsa La junta de las operaciones de Bolsa
Die Börsenordnung	El reglamento de la Bolsa
Ein Börsenwert Ein börsenfähiger Wert Ein an der Börse notierter Wert	Un valor negociable en la Bolsa Un valor cotizado en la Bolsa
Kursnotierung	Cotización
Eine Gesellschaft wird an der Börse eingeführt Eine Gesellschaft wird zum Handel an der Börse zugelassen	Una sociedad se introduce en la Bolsa Una sociedad se admite a la cotización oficial
Die Kursliste	La hoja de las cotizaciones
Die amtliche Notierung dieser Euro-Obligation findet in Luxemburg statt	La cotización oficial de esta euro-obligación se efectuará en Luxemburgo

Stock-exchange lingo Stock-exchange jargon	Le jargon de la Bourse
Marking The official price marking	L'enregistrement officiel des cours
We are installing an electronic posting board	Nous sommes en train d'installer un tableau d'affichage électronique
Market-price Quotation	Le cours de Bourse
Bid price Buying price	Le cours acheteur
Asked price Selling price	Le cours vendeur
The price spread	L'écart entre le cours le plus bas et le plus haut
The price range	La gamme des cours lors d'une session boursière
Jobber's turn Market turn	Écart entre le cours acheteur et le cours vendeur Marge bénéficiaire de l'opérateur
Flat quotation (U.S.A.)	Cotation sans intérêts
Opening price	Le cours d'ouverture
Closing price Closing quotation	Le cours de clôture
The day's spread	Les variations de cours durant la séance boursière
The zenith of the session The peak of the session	Le point culminant de la séance
The nadir of the session The low point of the session	Le point le plus bas de la séance
Pace Tempo	L'allure, la cadence
The general trend of the market	L'orientation générale du marché
A limited market	Un marché étroit
A steady market	Un marché soutenu Un marché ferme
A brisk market	Un marché animé
A buoyant market	Un marché ayant du ressort
An easy market	Un marché calme

Die Börsensprache	El lenguaje de la Bolsa
Die amtliche Kursnotierung	La anotación de las cotizaciones oficiales
Wir sind dabei, eine elektronische Kursanzeige einzurichten	Estamos montando un tablero marcador electrónico de las cotizaciones
Der Börsenkurs	La cotización
Der Kaufkurs Der Nachfragekurs Der Ankaufskurs	La cotización de compra
Der Verkaufskurs Der Angebotskurs Der Abgabekurs	La cotización de venta
Die Kursdifferenz während einer Börse	La diferencia entre las cotizaciones máximas y mínimas
Die Kursschwankungen während einer Börse	Las fluctuaciones durante una sesión de Bolsa
Gewinnmarge des Effektenhändlers	Margen de ganancias del agente de Bolsa
Kurs ohne anteilige Zinsen	Cotización sin intereses
Der Anfangskurs	La cotización a la abertura de la Bolsa
Der Schlußkurs	La cotización al cierre de la Bolsa
Die Kursbewegungen während einer Börse	Las variaciones de una cotización durante una sesión de Bolsa
Der Höhepunkt der Börse	El punto culminante de la sesión
Der Tiefpunkt der Börse	El punto más bajo de la Bolsa
Das Tempo Der Rhythmus	El ritmo La cadencia
Die allgemeine Markttendenz	La tendencia general del mercado
Ein enger Markt	Un mercado estrecho
Ein fester Markt	Un mercado regular Un mercado firme
Ein lebhafter Markt	Un mercado vivo Un mercado animado
Ein optimistischer Markt	Un mercado dinámico
Ein ruhiger Markt	Un mercado encalmado

A jumpy market	Un marché instable Un marché erratique
A dull market	Un marché alourdi
A flat market	Un marché languissant
The stock prices are churning	Les cours des actions commencent à bouger Les cours commencent à décoller
A buyers' market	Un marché à la baisse
A sellers' market	Un marché à la hausse
A boom A stock boom	Une forte hausse
A market rise A market recovery	Une hausse des cours Une reprise des cours
The indices are on the upswing	Les indices sont à la hausse
The Bull	Le haussier
The Bear	Le baissier
The ingredients to fuel the advance	Les éléments pour alimenter la hausse
X shares went up by FF 10	Les actions X... prirent 10 francs
The stock market shoots up to a new peak The stock market soars to a new peak	La Bourse bondit vers un nouveau sommet La Bourse s'envole vers un nouveau sommet
The stock market rules high	La Bourse se maintient haut
The Dow Jones Index burst the 1,000 barrier	L'indice Dow Jones crève la barrière des 1 000
The stock market will bounce back	La Bourse rebondira
This blue chip is a trend setter	Cette action de premier ordre imprime une tendance
Oils were spotty	Les valeurs pétrolières ont été irrégulières
Slump Depression	La dépression
Bust	Un recul brutal Un effondrement brutal des cours
The stock market looks down	La Bourse tend vers la baisse

Ein unausgeglichener Markt	Un mercado inestable / Un mercado desequilibrado
Ein schwungloser Markt	Un mercado pesado
Ein ereignisloser Markt	Un mercado lánguido / Un mercado endormecido
Die Kurse kommen in Schwung	Las cotizaciones empiezan a agitarse
Ein Baissemarkt	Un mercado en baja
Ein Haussemarkt	Un mercado en alza
Eine starke Hausse / Ein Boom	Un alza fuerte
Eine Steigerung der Kurse / Ein Wiederansteigen der Kurse	Un alza de las cotizaciones / Una recuperación de las cotizaciones
Die Indexe steigen	Los índices están en alza
Der Haussespekulant	El especulador alcista / El alcista
Der Baissespekulant	El bajista
Die Faktoren zur Anfeuerung der Hausse	Los elementos para alimentar el alza
Die Aktien X... sind um FF 10 gestiegen	Las acciones X... subieron de 10 francos
Die Börse schießt einem neuen Höhepunkt zu / Die Börse schwebt neuen Höchstkursen zu	La Bolsa se abalanza hacia nuevas cumbres
Die Börse bleibt bei hohen Kursen	La Bolsa se mantiene con altas cotizaciones
Der Dow Jones hat die Schwelle 1000 durchbrochen	El índice de Dow Jones ha pasado la barrera de los 1.000 puntos
Die Börse wird wieder steigen	La Bolsa subirá de nuevo
Dieser Spitzenwert bestimmt eine Tendenz	Este valor de primer orden determina una tendencia
Die Ölwerte waren ungleichmäßig	Los valores petroleros fueron irregulares
Die Depression	La depresión
Ein scharfer Kursrückgang / Ein brutaler Kurssturz	Una baja brutal de las cotizaciones / Un hundimiento de las cotizaciones
Die Börsentendenz ist nach unten gerichtet	La tendencia de la Bolsa es bajista

The stock market rules low	La Bourse reste faible
The decline of quotations	La baisse des cours
Late profit taking pared gains	Une tardive prise de bénéfices rogna les gains
Profit taking and tax selling took their toll	Prises de bénéfices et ventes pour raisons fiscales prélevèrent leur dîme sur les cours
The stock market weathered late profit taking	La Bourse supporta bien une tardive prise de bénéfices
A sharp decline followed heavy selling throughout the session	Un vif recul a suivi les ventes massives tout au long de la séance
Such pivotals as X and Y closed well above their lows of the day	Des valeurs clés, telles que X... et Y..., clôturèrent bien au-dessus de leurs cours le plus bas de la journée
X share took a header of 8 points	L'action X... culbuta de 8 points
Stock prices are a whisker above their 1970 low	Les cours des actions sont un rien au-dessus de leur plancher de 1970

Die Börse bleibt schwach	La Bolsa se mantiene a la baja
Die Kurssenkung	La baja de las cotizaciones
Eine Gewinnmitnahme gegen Börsenschluß beschnitt die Kursgewinne	Unas ventas beneficiarias tardivas disminuyeron las ganancias
Gewinnmitnahmen und Verkäufe aus Steuergründen beschnitten die Kursgewinne	Las ventas beneficiarias y fiscales cortaron las ganancias
Die Börse hat späte Gewinnmitnahmen gut überstanden	La Bolsa resistió bien a las ventas beneficiarias tardivas
Ein scharfer Kurssturz folgte den starken Verkäufen während der ganzen Börse	Una baja brutal siguió a las ventas fuertes durante toda la sesión de Bolsa
Schlüsselwerte, wie X... und Y..., schlossen die Börse wesentlich über den Tiefstkursen	Valores clave, como X... et Y..., terminaron la Bolsa bien por encima de las cotizaciones mínimas del día
Die Aktie X... ist um 8 Punkte gestürzt	La acción X... cayó de 8 puntos
Die Aktienkurse sind um eine Haaresbreite über den Tiefstkursen von 1970	Las cotizaciones de las acciones se encuentran muy poco por encima de las mínimas del 1970

17 Stock Exchange operations

Opérations de Bourse

To dabble on the Stock Exchange To punt on the Stock Exchange	Boursicoter
The trend	La tendance
To sell on a rising market and to buy on a falling market	Vendre en hausse et acheter en baisse
To miss the market	Perdre l'occasion de vendre
Better make it 500 shares at a time, in order not to push prices up (or down)	Il vaut mieux procéder par 500 actions à la fois, pour ne pas influencer le marché
The pros and insiders of the Stock Exchange discount good or bad news	Les professionnels et les initiés de la Bourse tiennent compte à l'avance des bonnes comme des mauvaises nouvelles
Share owners sell when they get even or close to even	Les actionnaires vendent lorsqu'ils retrouvent leurs cours d'achat ou des cours voisins
To liquidate part or the whole of the holding before the redemption date of the bonds	Liquider tout ou partie de son avoir avant la date de remboursement des obligations
Investors get out of the market when they get even	Les épargnants sortent du marché lorsqu'ils retrouvent leurs cours d'achat
To chase after stocks during inflation	Courir après les actions en période d'inflation
Declining interest rates and easier money are responsible for the buying interest	Les taux d'intérêt en baisse et l'argent plus facile expliquent l'intérêt des acheteurs
To bid for a company's stock	Faire une offre d'achat pour le capital d'une société
Public or registered take-over bid	Offre publique d'achat (O.P.A.)
A minority investment A minority interest	Une participation minoritaire
A majority interest	Une participation majoritaire

Börsenoperationen   Operaciones de Bolsa   17

In kleinen Rahmen an der Börse spekulieren	Jugar flojo a la Bolsa
Die Tendenz	La tendencia
Bei Hausse verkaufen und bei Baisse kaufen	Vender en el alza y comprar en la baja
Beim verkaufenden Markt verpassen	Dejar escapar la buena ocasión para vender
Es ist besser, jeweils nur 500 Aktien zu handeln, um den Markt nicht zu stören	Mejor vale negociar solamente 500 acciones a la vez, para no disturbar el mercado
Die Professionellen und Eingeweihten der Börse kalkulieren gute und schlechte Nachrichten im voraus ein	Los profesionales y los entendidos de la Bolsa tienen en cuenta por anticipado las buenas y malas noticias
Die Aktionäre verkaufen, wenn sie ihren Kaufkurs ganz oder annähernd wieder hereinholen	Los accionistas venden cuando pueden recuperar el precio de compra o casi
Vor dem Fälligkeitstermin der Obligationen ganz oder teilweise seinen Bestand liquidieren	Liquidar una parte o la totalidad de sus obligaciones antes del vencimiento
Die Anleger steigen aus, wenn sie ihren Kaufkurs wiederfinden	Los inversionistas venden cuando pueden recobrar su precio de compra
Während der Inflation den Aktien nachlaufen	Cazar las acciones durante la inflación
Sinkende Zinssätze und die größere Flüssigkeit des Geldmarkts sind für das Kaufinteresse verantwortlich	La baja de los tipos de interés y la mayor liquidez del mercado monetario explican el interés de los compradores
Ein öffentliches Kaufangebot für die Aktien einer Gesellschaft machen	Hacer une oferta pública para la compra de las acciones de una empresa
Öffentliches Kaufsangebot für die Aktien einer Gesellschaft	Proposición pública para la compra del capital de una empresa
Eine Minderheitsbeteiligung Eine Minoritätsbeteiligung	Una participación minoritaria
Eine Mehrheitsbeteiligung Eine Majoritätsbeteiligung	Una participación mayoritaria

Controlling interest	Une participation conférant le contrôle de fait d'une société
To sell for settlement	Vendre à terme
To sell short	Vendre à découvert
Selling off / Selling out	Liquidation totale de titres
To unload stock on the market	Se décharger d'un paquet d'actions
Flurry on the Stock Exchange (U.S.A.)	Panique en Bourse
Panicky dumping	Délestage de panique
A wave of depression batters stock prices	Une vague de baisse bat en brèche les cours des actions
The upward spiral in interest rates has been a major depressant	La spirale ascendante des taux d'intérêts a été une cause majeure de faiblesse
The main depressant, the unemployment rate, rose to 8,2 %, the highest in 34 years	Le principal facteur déprimant, le taux de chômage, a progressé à 8,2 %, — le plus élevé en 34 ans
The value of collaterals dropped below acceptable margins. Some investors had to sell stocks to raise cash and cover their loans	La valeur des titres en garantie tomba en dessous des marges acceptables. Quelques investisseurs durent vendre des actions pour se faire des liquidités et couvrir leurs emprunts
Investors responded to the cut in margin requirements	Les investisseurs répondirent à la diminution de la couverture minimale requise pour les avances sur titres
The F. R. B. (Federal Reserve Board) reduced its margin requirements. The down payment which must be made on stock purchases falls from 70 % to 50 % effective the 7th July	Le Federal Reserve Board a réduit le taux de couverture minimale. Le paiement comptant qui doit être effectué sur les achats d'actions tombe de 70 % à 50 % à partir du 7 juillet
Margin requirements by themselves cannot halt excessive speculation and cannot be cure-alls for market excesses	Les exigences concernant la couverture minimum ne peuvent arrêter une spéculation excessive ni constituer la panacée pour les excès de la Bourse

Eine gesellschaftsbeherrschende Beteiligung Eine Kontrollbeteiligung	Una participación implicando el control de una sociedad
Auf Termin verkaufen	Vender a término (plazo)
Ohne Deckung verkaufen	Vender al descubierto
Ausverkauf des Wertpaperbestandes, usw. Abstossen aller Aktien, usw.	Liquidación total de valores
Ein Aktienpaket abstossen	Realizar una cantidad de acciones en la Bolsa
Börsenpanik	Pánico en la Bolsa
Panikverkäufe	Ventas de pánico
Eine Baissewelle bringt die Aktienkurse zum Purzeln	Una ola de baja inunda las cotizaciones de las acciones
Die ansteigende Spirale der Zinssätze ist eine der wesentlichen Ursachen der Kursschwäche gewesen	La espiral ascendente de los tipos de interés ha sido una de las causas mayores de la flojedad de las cotizaciones
Der Hauptbaissefaktor, die Arbeitslosigkeit, ist auf 8,2 % gestiegen, der höchste Satz seit 34 Jahren	El factor principal de la baja, el paro, aumentó hasta 8, 2 por 100 — el índice más alto en 34 años
Der Wert der Wertpapierdeckung fiel unter die annehmbaren Proportionen. Einige Anleger mußten Aktien verkaufen, um sich Bargeld zu verschaffen und ihre Darlehen zu decken	El valor de los títulos en garantía descendió por debajo de los márgenes aceptables. Algunos inversionistas tuvieron que vender acciones para procurarse disponible y cubrir sus deudas
Die Anleger reagierten auf die Verminderung der Mindestdeckkung	Los inversionistas respondieron a la disminución de la cobertura mínima exigida
Die amerikanische Bundesbank hat die Mindestdeckung für Wertpapierkäufe herabgesetzt. Die beim Aktienkauf vorgeschriebene Barzahlungsquote ist nunmehr 50 % anstelle 70 %, und zwar mit Wirkung vom 7. Juli	El Consejo de la Reserva Federal ha reducido la cobertura mínima exigida. El pago al contado en la compra de acciones desciende del 70 % al 50 % a partir del 7 de julio
Die Mindestdeckungsbestimmungen an sich können die übertriebene Spekulation nicht aufhalten und können kein Allheilmittel für Börsenauswüchse darstellen	La reglamentación de la cobertura mínima no puede frenar una especulación excesiva ni ser la panacea de los excesos de la Bolsa

To intervene on the spot and forward market	Intervenir sur les marchés au comptant et à terme
Spot and forward help to smooth out fluctuations	Le comptant et le terme aident à amortir les fluctuations
To cover oneself	Se couvrir
To hedge between cash and settlement (U.S.A.)	Faire la contrepartie entre comptant et terme
To close a position	Liquider une position
The money market	Le marché monétaire Le marché de l'argent
Call money	L'argent à vue
Daily money Day to day loans	L'argent au jour le jour
Swap operation Swap	Opération d'échange entre banques centrales (achat temporaire d'une devise) Swap
Contango operation Continuation operation	Opération de report (en Bourse)
To take in stock To contango stock	Prendre des titres en report Reporter des titres
To carry over one's bargain To contango one's bargain	Reporter son contrat
Contango rate Continuation rate Carry-over rate	Le cours de report Le prix de report
Contango Contango price Contango interest	La prime de report
Backwardation	Le déport
Settlement day The Account (U.K.)	Le jour de liquidation Le jour de la grande liquidation mensuelle
There is a two day's settlement lag	Il y a un délai de règlement de deux jours
For settlement value December 15, 1976	Pour règlement valeur 15 décembre 1976

Auf dem Kassa- und auf dem Terminmarkt intervenieren	Intervenir en el mercado al contado y a término
Der Kassa- und der Terminmarkt tragen zum Ausgleich der Kursschwankungen bei	Los mercados al contado y a término ayudan a amortizar las fluctuaciones
Sich Deckung verschaffen	Procurarse cobertura
Sich durch Gegentransaktionen im Kassa- und im Terminmarkt sichern	Hacer la contrapartida al contado y a término
Einen Wertpapierposten liquidieren	Liquidar una partida de valores
Der Geldmarkt	El mercado monetario
Das Sichtgeld Das auf Sicht zahlbare Geld	Los fondos a la vista El dinero a la vista
Das tägliche Geld Das täglich kündbare Geld	El dinero de día a día
Devisenswap Swap	Operación de cambio entre bancos de emisión (compra temporal de una divisa) Swap
Reportgeschäft	Operación de doble prórroga (en la Bolsa)
Aktien reportieren	Tomar acciones de doble prórroga Doblar acciones
Seinen Aktienkauf reportieren	Doblar su contrato (en la Bolsa)
Der Reportkurs	La cotización de doble prórroga El precio de doble prórroga
Die Reportprämie Die Reportzinsen	Los intereses de doble prórroga
Der Deport Das Deportgeschäft	La doble prórroga
Der Abrechnungstag Die monatliche Abrechnung	El día de liquidación (en la Bolsa) El día de liquidación mensual
Es besteht eine Liquidationsfrist von 2 Tagen	Hay un plazo de liquidación de dos días
Abrechnung Valuta 15. Dezember 1976	Para liquidación : valor del 15 de diciembre de 1976

In London, settlement day is now always on a Tuesday, and the interval between two settlement days, which is termed an Account, is a fortnight	A Londres, le jour de liquidation est maintenant toujours un mardi, et l'intervalle entre deux liquidations, appelé « Account », est d'une quinzaine
Option bargain Put and call bargain	Une opération à prime (ou à option)
Call option	Une option pour acheter
Put option	Une option pour vendre
To buy on option	Acheter à option (à prime)
To sell at option	Vendre à option (à prime)
The expiration of an option	L'échéance d'un marché à prime L'expiration d'une option
An option to extend the initial term	Une option pour proroger le terme initial
The option day The declaration day	Le jour de la réponse des primes Le jour d'option
The declaration of option The option	La réponse des primes
To take up an option To exercise an option	Lever une prime Lever une option

Die Liquidationstage sind jetzt in London immer an einem Dienstag, und die Frist zwischen zwei Liquidationen, auch « Account » genannt, ist 14 Tage	Ahora los días de liquidación son siempre un martes, y el plazo entre dos liquidaciones, llamado « Account », es de catorce días
Ein Terminoptionsgeschäft	Una operación con opción en el mercado a término
Eine Terminkaufsoption	Una opción de compra
Eine Terminverkaufsoption	Una opción de venta
Auf Abruf kaufen	Comprar con opción
Auf Abruf verkaufen	Vender con opción
Die Fälligkeit einer Option Der Ablauf einer Option	La expiración de una opción
Eine Fristverlängerungsoption	Una opción para prorrogar el plazo inicial
Der Optionstag Der Prämienerklärungstag	La fecha de la opción
Die Optionserklärung Die Prämienerklärung	La respuesta de las opciones
Eine Prämie übernehmen Eine Option ausüben	Aceptar una opción

18 Speculation / Spéculation

Hot money	Capitaux fébriles Argent brûlant
Hot capital	Capitaux flottants Capitaux errants
Speculation	La spéculation
A stock speculation	Un coup de Bourse
A wave of speculation	Une vague de spéculation
To play the market To speculate	Spéculer
To speculate for a rise To go a bull	Spéculer à la hausse
To speculate for a fall To go a bear	Spéculer à la baisse
To speculate in contangoes	Jouer sur les reports
The speculator The stock gambler	Le spéculateur
The cockroach (*slang* U.S.A.)	Le spéculateur de petite envergure Le combinard Le margoulin
Stock gambling Stock jobbery	L'agiotage Le tripotage boursier
The financial juggle	Le tripotage financier
To manipulate the market	Manipuler le marché boursier
To rig the market	Provoquer à la Bourse des mouvements factices
To report non-existent profits in order to inflate the price of a share	Faire état de bénéfices non existants afin de gonfler le cours d'une action
To sell short To sell a bear	Vendre à découvert
To bear the market To hammer the market (U.S.A.)	Faire baisser les cours
Wash sales of stock	Ventes fictives de valeurs
To scoop what is on offer To mop up what is on offer	Ramasser (rafler) ce qui est offert

Spekulation — Especulaciones 18

Deutsch	Español
Heißes Geld	Dinero candente
Wanderkapital	Capital flotante / Capitales vagabundos
Die Spekulation	La especulación
Eine Börsenspekulation	Una especulación bursátil
Eine Spekulationswelle	Una ola de especulación
Spekulieren	Especular
Auf Hausse spekulieren	Especular al alza
Auf Baisse spekulieren	Especular a la baja
Im Prämiengeschäft spekulieren	Especular en los dobles (en las prórrogas)
Der Spekulant	El especulador
Der kleine Spekulant / Der kleine Börsenschieber	El mercachifle / El especulador de poca monta
Die Börsenspekulation / Die Börsenschieberei	El agio / El tejemaneje bursátil
Die Finanzschieberei	El chanchullo financiero / El tejemaneje financiero
Die Börse manipulieren	Manipular el mercado bursátil
Manipulierte Kursschwankungen hervorrufen	Provocar en la Bolsa movimientos artificiales
Fiktive Gewinne berichten, um den Kurs einer Aktie hochzutreiben	Anunciar beneficios ficticios para inflar la cotización de una acción
Ohne Deckung verkaufen	Vender a descubierto
Eine Kursschwäche verursachen	Bajar las cotizaciones
Fiktive Effektenverkäufe	Ventas ficticias de valores
Das Angebot aufkaufen	Cargar con toda la oferta

To forestall (the market)	Anticiper, accaparer Faire des achats (ventes) de titres en anticipation d'une hausse (baisse)
To bang the market (U.S.A.)	Faire baisser (casser) les cours
Supporting purchases Pegging purchases	Achats de soutien Achats d'intervention
To head off excessive speculation	Barrer la route à une spéculation excessive
To glut the market To gorge the market	Engorger le marché Inonder le marché
To feed the market to repletion To saturate the market	Saturer le marché
To stag	Souscrire seulement pour vendre avec prime sur le cours d'émission
The squeeze	L'étranglement des vendeurs à découvert sans contrepartie Le « pressoir »
To squeeze the bears	Étrangler les vendeurs à découvert
Fads proliferated in electronics, nursing homes, etc. shares. Investors and brokers were in a state of euphoria bordering on insanity before the 1966 and 1968 busts	Des modes éphémères proliférèrent concernant les actions d'électronique, de cliniques privées, etc. Épargnants et agents de change étaient dans un état d'euphorie voisinant la folie, avant les crises de 1966 et 1968
Speculative favourites have plummeted Speculative favourites have gone into a nose dive	Les valeurs spéculatives favorites se sont effondrées
Even this blue chip has taken a header (U.S.A.)	Même ce titre de premier ordre est descendu en flèche
Shares were going through a similar wringing out	Les actions subirent le même « lessivage »
To make a killing (*slang* U.S.A.)	Réussir un beau coup
This master stroke on the Stock Exchange brought him...	Ce coup de maître en Bourse lui rapporta...
He made stacks of money at the Stock Exchange	Il gagna énormément d'argent à la Bourse
On paper his profits pile up	Sur le papier, ses gains s'entassent

Dem Markt zuvorkommen	Anticipar el mercado
Eine Kursschwäche verursachen Die Kurse purzeln lassen	Bajar las cotizaciones Aplastar las cotizaciones
Interventionskäufe Stützungskäufe	Compras de intervención Compras para apoyar la cotización de una acción
Eine übermäßige Spekulation kurzschließen (verhindern)	Cortar una especulación excesiva
Den Markt überschwemmen	Inundar el mercado
Den Markt sättigen	Saturar el mercado
Kursgewinne bei Emissionen suchen	Suscribir solamente para efectuar un beneficio sobre el precio de emisión
Der Engpaß der Aktienverkäufer ohne Deckung	Situación estrecha de los vendedores bajistas sin contrapartida (descubiertos)
Die deckungslosen Verkäufer in die Zange nehmen	Ahogar los vendedores bajistas descubiertos
Die Elektronik, Privatkliniken usw. schossen als Modewerte aus dem Erdboden. Die Anleger und die Börse waren vor den Zusammenbrüchen der Jahre 1966 und 1968 von einem dem Wahnsinn ähnlichen Optimismus	Los valores de las industrias electrónicas, clínicas privadas, etc., proliferaban. Los inversionistas y la Bolsa se encontraban en un estado de euforia vecino de la locura antes de las crises de 1966 y 1968
Die Lieblingswerte der Spekulation sind zusammengebrochen	Los valores especulativos preferidos se han derrumbado
Selbst dieser Spitzenwert hat einen steilen Sturz erlebt	Hasta ese valor de primera bajó con la rapidez del relámpago
Auch die Aktien sind durch eine ähnliche Mühle gegangen	También las acciones experimentaron un bajón espectacular
Eine gute Beute machen	Lograr una buena jugada
Dieser meisterhafte Börsenstreich brachte ihm... ein	Este golpe maestro en la Bolsa le dió...
Er hat an der Börse enorm viel Geld verdient	Hizo montones de dinero en la Bolsa
Seine Papiergewinne wachsen zu Bergen	Sobre el papel, se le amontonan los beneficios

To take a bath at the Stock Exchange (*slang* U.S.A.)	Boire un bouillon en Bourse
The shake-out	La déconfiture des boursicoteurs
In Wall Street, another 1930 « Blue Monday » would give the blues to the world (U.S.A.)	A Wall Street, un autre « lundi noir » donnerait le cafard au monde entier
The investor's attention to improved economic statistics got the massive and sustained rally under way	L'attention portée par l'épargnant au progrès des statistiques économiques provoqua une reprise massive et soutenue
The Dow Jones Industrials index is closing fast on the magic 1,000 mark, a target that proved sadly elusive in 1966 and 1968	L'indice Dow Jones des actions industrielles se rapproche rapidement du seuil magique de 1 000, cible qui se révéla fâcheusement illusoire en 1966 et 1968
The Dow Jones can continue climbing after reaching 1,000	L'indice Dow Jones peut continuer à grimper après avoir franchi le chiffre 1 000
This upward earnings trend makes current price-earnings ratios seem more reasonable	Cette tendance à la hausse des bénéfices fait que les taux de capitalisation actuels semblent plus raisonnables
Investors are more interested in future earnings than in past results	Les épargnants sont plus intéressés par les futurs bénéfices que par les résultats passés
Well-heeled Mutual Funds intervene (U.S.A.)	Des sociétés d'investissement à capital variable (SICAV) bien pourvues d'argent interviennent
Now, the Mutual Funds are chastened	Maintenant, les SICAV sont assagis
Total value of shares sold by the Mutual Funds	Valeur totale des actions vendues par les sociétés d'investissement à capital variable (SICAV)
Total value of shares repurchased (redeemed) by open end investment companies	Valeur totale des actions rachetées par les sociétés à capital variable
The Funds were able to meet redemptions without dumping stocks, or liquidating their portfolios to raise cash	Les sociétés d'investissement à capital variable (SICAV) furent capables de faire face aux demandes de rachat sans se défaire de leurs actions ni liquider leurs portefeuilles pour se procurer des disponibilités

Eine schöne Abreibung an der Börse abbekommen	Llevarse una buena paliza en la Bolsa
Der Zusammenbruch der Börsenjobber	El hundimiento de los bolsistas de poco alcance
Ein neuer schwarzer Montag 1930 der Wall Street würde die ganze Welt in Untergangsstimmung versetzen	En Wall Street, otro «lunes negro», como el de 1930, descorazonaría todo el mundo
Die von den Anlegern den verbesserten Wirtschaftsindikatoren gewidmete Beachtung führte zu einer massiven und anhaltenden Stärkung der Kurse	La atención de los inversionistas a la mejora de los indicadores económicos produjo un alza masiva y duradera
Der Industrieaktienindex von Dow Jones nähert sich der magischen Schwelle von 1 000, ein Ziel, das sich 1966 und 1968 traurigerweise als sehr trügerisch erwies	El índice de Dow Jones de las acciones industriales se acerca rápidamente de los 1.000 puntos, un blanco que se reveló tristemente ilusivo en 1966 y 1968
Nach Erreichung der 1 000 Punkte kann der Dow Jones noch weiter steigen	Después de llegar a los 1.000 puntos, el índice Dow Jones puede bien continuar su marcha hacia arriba
Diese Aufwärtstendenz der Erträge läßt die gegenwärtigen Gewinnkapitalisierungsraten schon vernünftiger erscheinen	La tendencia alzista de los beneficios hace que los coeficientes de capitalización actuales parezcan más realistas
Die Anleger interessieren sich mehr für die zukünftigen Erträge als für die vergangenen Resultate	Los inversores se interesan más a los beneficios del futuro que a los resultados del pasado
Sehr liquide Investitionsgesellschaften schreiten ein	Fondos de inversiones muy líquidos intervienen
Die Investitionsfonds sind jetzt vorsichtiger geworden	Los Fondos de inversiones ahora han sentado cabeza
Gesamtwert der von den Investitionsfonds untergebrachten Zertifikate	Valor total de los certificados colocados por los Fondos de inversiones
Gesamtwert der von den Investitionsfonds zurückgekauften Zertifikate	Valor total de los certificados comprados a sus poseedores por los Fondos de inversiones
Die Investitionsfonds konnten alle Rückkäufe ohne den Verkauf ihrer Aktien oder die Liquidierung ihrer Wertpapierbestände durchführen	Los Fondos de inversiones pudieron satisfacer todas las solicitudes de venta de sus accionistas sin vender sus acciones a bajo precio o liquidar sus carteras de valores

Fund managers don't expect to buy at rock-bottom prices or sell at the very top, but they are pleased to reach prices near the bottom and top	Les directeurs des sociétés d'investissement ne s'attendent pas à acheter au plus bas ou à vendre au plus haut, mais ils sont satisfaits d'opérer à des cours proches du plus bas et du plus haut

Die Verantwortlichen der Investitionsfonds erwarten nicht zum tiefsten Kurs zu kaufen oder zum höchsten Kurs zu verkaufen. Sie sind aber zufrieden, wenn sie möglichst nahe diesen Kursen kaufen oder verkaufen	Los dirigentes de los Fondos de inversiones no esperan comprar a las cotizaciones más bajas ni vender a las más altas pero a precios vecinos de estos límites

19 Commodity exchange | Bourse des matières premières et denrées

Market commodities	Les matières premières, denrées et certaines autres marchandises faisant l'objet d'une cote officielle sur les marchés de la Bourse de Commerce
Rubber Exchange	Marché du caoutchouc (Londres)
Corn Exchange	Marché national des céréales, destiné aux utilisateurs et grossistes (minotiers, brasseries, fabricants de pâtes, de pain, etc.) (Londres)
Baltic Exchange	Marché international des céréales
Liverpool Cotton Exchange	Marché du coton de Liverpool
Plantation House Tea Auctions	Marché mondial du thé de Londres
London Fruit and Wool Exchange Wool Auctions	Marché de la laine brute de Londres
Beaver House Fur Auctions	Bourse de la pelleterie de Londres
The London Commodity Exchange Plantation House Exchange	La Bourse des matières premières de Londres
London Metal Exchange	Les marchés du cuivre, de l'étain, du plomb et du zinc de Londres
Commodities are primary products, that is unprocessed, or semi-processed, raw materials used in the manufacture of other goods	Les matières premières sont des produits primaires de la première ou de la deuxième transformation, utilisés pour la fabrication d'autres marchandises
Many commodity markets of the Commodity Exchange specialize in one particular commodity	De nombreux marchés de la Bourse des matières premières sont spécialisés dans une seule marchandise
Cash market Spot market	Le marché au comptant
Forward market Futures market	Le marché à terme
Spot transactions Cash transactions	Les opérations au comptant
Forward transactions (*or* futures)	Les opérations à terme
The base metals (copper, tin, lead and zinc)	Les métaux non ferreux classiques (cuivre, étain, plomb et zinc)

Warenbörse   Bolsa de productos   19

An der Börse gehandelte Grundstoffe	Productos negociados y cotizados en la Bolsa
Rohgummimarkt (London)	Bolsa del caucho (Londres)
Inlandgetreidemarkt (London)	Bolsa de cereales para el mercado interior (Londres)
Internationaler Getreidemarkt	Bolsa internacional de cereales
Liverpooler Baumwollbörse	Bolsa del algodón de Liverpool
Londoner Teebörse	Bolsa del té de Londres
Londoner Wollbörse	Bolsa de la lana de Londres
Londoner Rauchwarenbörse	Bolsa de la peletería de Londres
Die Londoner Warenbörse	La Bolsa de productos de Londres
Die Londoner Metallbörse (Kupfer, Zinn, Blei, Zink)	La Bolsa del cobre, el estaño, el plomo y el cinc de Londres
Rohstoffe sind Grundstoffe der ersten oder zweiten Bearbeitungsstufe, die für die Herstellung anderer Waren erforderlich sind	Las materias primas son productos primarios de la primera o segunda transformación, utilizados para la fabricación de otras mercancías
Viele Warenbörsen sind ausschließlich für einen Grundstoff bestimmt	Muchos mercados de la Bolsa de productos se especializan en una sola materia prima
Der Kassamarkt	El mercado al contado
Der Terminmarkt	El mercado a plazo (término)
Die Kassageschäfte	Las operaciones al contado
Die Termingeschäfte	Las operaciones a plazo fijo
Die klassischen Nichteisenmetalle (Kupfer, Zinn, Blei und Zink)	Los metales no ferrosos convencionales (cobre, estaño, plomo y cinc)

The noble metals The precious metals	Les métaux précieux
Non-ferreous metals	Métaux non ferreux
Nickel	Le nickel
Aluminium Aluminum (U.S.A.)	L'aluminium
Chrome	Le chrome
Antimony	L'antimoine
Mercury	Le mercure
Tungsten Wolfram	Le tungstène
Sulphur Sulfur (U.S.A.)	Le soufre
Asbestos	L'amiante
Silver	L'argent
Fuel oil	Le mazout Le fuel domestique
Gas oil Diesel oil	Le gas-oil Le carburant diesel
Petrol (U.K.) Gas (U.S.A.)	L'essence
Kerosene	Le kérosène Le pétrole lampant
Rubber	Le caoutchouc
Grains	Les céréales
Wheat Corn (U.K.)	Le blé
Maize (U.K.) Corn (U.S.A.)	Le maïs
Rye	Le seigle
Oats	L'avoine
Barley	L'orge
Coffee	Le café
Sugar is a commodity which can be accurately graded	Le sucre est une denrée qui peut être rangée en catégories précises
Cocoa	Le cacao
The 2,000 different types of tea prevent tea from being standardized and graded	Les 2 000 sortes différentes de thé empêchent le thé d'être standardisé et rangé en catégories précises
Oils	Les oléagineux

Die Edelmetalle	Los metales preciosos Los metales nobles
Nichteisenmetalle	Metales no ferrosos
Das Nickel	El níquel
Das Aluminium	El aluminio
Das Chrom	El cromo
Das Antimon	El antimonio
Das Quecksilber	El mercurio
Das Wolfram	El tungsteno El volframio
Der Schwefel	El azufre
Der Asbest	El amianto
Das Silber	La plata
Das Heizöl	El fuel-oil
Das Dieselöl	El gasoil
Das Benzin	La gasolina
Das Kerosen Das Leuchtöl	El keroseno
Der Kautschuk	El caucho La goma
Das Getreide	Los cereales
Der Weizen	El trigo
Der Mais	El maíz
Der Roggen	El centeno
Der Hafer	La avena
Die Gerste	La cebada
Der Kaffee	El café
Zucker ist ein Grundstoff, der genau klassifiziert werden kann	El azúcar es un producto clasificable con exactitud
Der Kakao	El cacao
Die 2000 verschiedenen Teesorten verhindern eine Standardisierung und Klassifizierung	Las 2.000 especies diferentes de té impiden la normalización y la clasificación del té
Die Fette	Los oleaginosos

Coconut	La noix de coco
Coconut oil	L'huile de coprah
Linseed oil	L'huile de lin
Copra	Le coprah
Soya	Le soja
Peanut oil (U.S.A.) Ground-nut oil (U.K.)	L'huile d'arachide
Spices	Les épices Les aromates
Cinnamon	La cannelle
Textile fibres	Les textiles
Cotton	Le coton
Wool	La laine
Silk	La soie
Flax	Le lin
Hemp	Le chanvre
Jute	Le jute
Wicker	L'osier
A gunny bag	Un sac en jute
Cattle cake	Le tourteau
Tallow	Le suif
Sisal	Le sisal
Timber	Le bois industriel
Shellac	La gomme-laque
Hides (commodity) Leather	Les cuirs
Artificial leather	Le simili cuir
Bristle	La soie de porc, de sanglier
Nylon	Le nylon
Oil cloth	La toile cirée
All the skins come now from fur farms and ranches	Toutes les peaux proviennent maintenant de fermes et de ranchs à fourrures
A catalogue of a general sale at Beaver Hall may contain over 70 different types of animals drawn from the five continents	Un catalogue d'une vente à Beaver Hall peut comprendre plus de 70 différents types d'animaux provenant des cinq continents

Der Kokosnuß	La nuez de coco
Das Kokosnußöl	El aceite de coco El aceite de copra
Das Leinöl	El aceite de linaza
Die Kopra	La copra
Die Soja	La soja
Das Erdnußöl	El aceite de cacahuete
Die Gewürze Die aromatischen Essenzen	La especias Las sustancias aromáticas
Der Zimt	La canela
Die Naturfasern	Las fibras textiles naturales
Die Baumwolle	El algodón
Die Wolle	La lana
Die Seide	La seda
Der Flachs	El lino
Der Hanf	El cáñamo
Die Jute	El yute El cáñamo de Indias
Die Korbweide	El mimbre La sarga
Ein Jutesack	Un saco de yute
Der Ölkuchen	La torta forrajera (para ganado)
Der Talg	El sebo
Das Sisal	El sisal
Das Bauholz	La madera industrial
Der Schellack	La goma laca
Die Lederhäute Die Leder	Los cueros
Das Kunstleder	El cuero sintético
Die Tierborsten	La cerda
Das Nylon	El porcipelo El nilón
Das Wachstuch	El hule
Alle Pelze kommen heutzutage von Pelzfarmen	Todas las peleterías vienen ahora de las granjas criadoras
Ein Versteigerungskatalog der Beaver Hall kann mehr als 70 verschiedene Pelzarten aller fünf Erdteile umfassen	El catálogo de una subasta de Beaver Hall puede contener más de 70 tipos de peleterías de los cinco continentes

Beaver and mink from North America	Castor et vison d'Amérique du Nord
Opossum, chinchilla and ocelot from South America	Opossum, chinchilla et ocelot d'Amérique du Sud
Persian lamb from Asia and Africa	L'astrakan d'Asie et d'Afrique
Wallaby, red fox and rabbit from Australia	Le kangourou de roche, le renard rouge et le lapin d'Australie
Otter, seal and ermine from the North Pole	La loutre, le phoque et l'hermine du pôle Nord
Sable	La zibeline
To deposit her Russian sable fur in cold storage	Déposer sa zibeline dans une chambre froide
At Hatton Garden the diamond trade market, there is neither haggling nor bidding	A Hatton Garden, le marché du diamant, il n'existe ni marchandage ni surenchère
The diamond mining industry is one of the tightest monopolies in the world	L'industrie minière du diamant est l'un des monopoles les plus hermétiques du monde
The diamond cutter	Le tailleur de diamants
The diamond mounter The diamond setter	Le sertisseur de diamants
The commodity broker	Le courtier en matières premières
A bid for...	Une enchère pour...
An offer of...	Une offre de...
To engross (a commodity) To corner a commodity (U.S.A.)	Accaparer une denrée
We confirm having allotted to you...	Nous confirmons vous avoir attribué...
To deliver tin six months hence	Livrer de l'étain à six mois
To defer dispatch	Surseoir à l'expédition
Hedge buying of steel against a strike	Achats de précaution d'acier en prévision d'une grève
The manifold activities of the Baltic Exchange	Les multiples activités de la Baltic Exchange
In all humility it can be claimed that the London price is the world price	En toute modestie, l'on peut dire que le cours de Londres est le cours mondial
To buy back	Racheter

Biber und Nerz aus Nordamerika	Castor y visón de América del Norte
Opossum, Chinchilla und Ozelot aus Südamerika	Zarigüeya, chinchilla y ocelote de América del Sur
Die Persianerfelle aus Asien und Afrika	El astracán de Asia y de África.
Der Känguruh, der Rotfuchs und das Kaninchen aus Australien	El canguro, el zorro rojo y el conejo de Australia
Der Otter, der Seehund und das Hermelin from Nordpol	La nutria, la foca y el armiño del polo Norte
Der Zobel	La marta cebellina
Ihren Zobelpelz in einem Kühlraum aufbewahren	Conservar su peletería en una cámara fría
In Hatton Garden, dem Diamantenmarkt, gibt es kein Feilschen und kein Überbieten	En Hatton Garden, el mercado diamantero, no hay ni regateo ni puja
Der Diamantenbergbau ist eines der schärfsten Monopole der Welt	La industria minera del diamante es uno de los monopolios más herméticos del mundo
Der Diamantenschleifer	El tallador de diamantes
Der Diamantenfasser	El engastador de diamantes
Der Rohstoffmakler Der Warenmakler	El corredor de productos
Ein Versteigerungsangebot für...	Una oferta de subasta (una puja) de...
Ein Preisangebot von...	Una oferta de...
Eine Ware hamstern Eine Ware aufkaufen	Monopolizar un mercado Monopolizar un producto Acaparar un producto
Wir bestätigen, Ihnen... zugeteilt zu haben	Confirmamos haberles asignado...
Zinn in sechs Monaten liefern	Entregar estaño en seis meses
Die Lieferung verschieben	Retrasar la entrega
Stahlvorratskäufe im Hinblick auf einen Streik	Compras de acero por precaución en vista de una huelga
Die zahlreichen Aktivitäten der Baltic Exchange	Las actividades múltiples de la Baltic Exchange
In aller Bescheidenheit kann man sagen, daß der Londoner Kurs der Weltmarktkurs ist	Sin exagerar puede afirmarse que la cotización de Londres es la del mercado mundial
Zurückkaufen	Comprar de nuevo

These standard contracts classify the different metals as regards brand, quality, place and time of delivery, and they are revised from time to time as the needs of industry or the techniques of mining change	Les contrats standard classifient les divers métaux suivant leur espèce, qualité, lieu et date de livraison, et ils sont révisés de temps en temps suivant les changements intervenant dans les besoins de l'industrie ou dans les techniques de l'industrie minière

Die genormten Verträge klassifizieren die Metalle nach Ursprung, Qualität, Ort und Datum der Auslieferung. Sie werden von Zeit zu Zeit revidiert, entsprechend den Veränderungen der Bedürfnisse der Industrie oder auch der Technik des Bergbaus

Estos contratos normalizados clasifican los diferentes metales en cuanto a su origen, calidad, lugar y fecha de entrega. Dichos contratos se revisan de cuando en cuando según los cambios en las necesidades de la industria o de las técnicas mineras

20 Special markets — Marchés spéciaux

An official broker	Un courtier assermenté
The auction room	La salle des ventes aux enchères
Notice of sale by auction	Avis de vente aux enchères
Auction sale Sale by auction	Vente aux enchères (au plus offrant, au dernier enchérisseur)
Dutch auction	Vente aux enchères (décroissantes) Vente à la baisse Vente au rabais
Upset price Put up price Lowest bid (admitted) Fixed price	La mise à prix
Without reserve price	Sans mise à prix, le vendeur n'imposant aucun prix minimum
To make the first bid	Déposer la première mise
The ante (U.S.A.)	Première mise (poker)
To ante up (U.S.A.) To ante (U.S.A.)	Ouvrir le jeu Déposer la première mise (poker)
A call for bids	Un appel d'offres (enchères, jeu, etc.)
An invitation for tenders	Un appel d'offres (soumission)
To outbid	Faire une surenchère
The auctioneer The auctioneer and valuer (official)	Le commissaire-priseur
The valuer The valuator The appraiser	L'expert
The official valuer	L'expert commissaire-priseur L'expert assermenté
The auctioneer knocks down to the highest bidder The auctioneer knocks down to the best profferer	Le commissaire-priseur adjuge au plus offrant

Spezialmärkte | Mercados especiales 20

Ein vereidigter Makler	Un corredor jurado
Das Versteigerungslokal	La sala de subastas El martillo
Versteigerungsbekanntmachung	Notificación de subasta Aviso público de subasta
Versteigerung (meistbietend)	Subasta (al mejor postor)
Versteigerung (wenigstbietend)	Subasta al peor postor (al último postor)
Das Mindestgebot	La oferta mínima (subasta) El precio de base
Ohne Preisreserve Ohne Mindestgebot	Sin reserva de puja mínima Sin precio mínimo de partida
Das erste Gebot machen	Hacer la primera puja
Erste Einlage (Poker)	Primera puesta (poker) Primera « puja »
Das Spiel eröffnen (Poker)	Abrir el juego
Eine Aufforderung (Gebote) Eine Steigerungsaufforderung	Una llamada a la puja
Eine Ausschreibung	Una demanda de ofertas para una sumisión Una demanda de licitaciones
Überbieten	Sobrepujar
Der Auktionator	El subastador
Der Sachverständige Der Taxator	El perito tasador
Der vereidigte Sachverständige	El perito tasador oficial (jurado)
Der Auktionator erteilt dem Meistbietenden den Zuschlag	El subastador adjudica al mejor postor

Going, going, gone!	Une fois, deux fois, adjugé!
The pawn-office The official pawnbroker's office	Le crédit municipal Le mont-de-piété
A pawn-house A pawn-shop A hock-shop (U.S.A.)	Une boutique de prêteur sur gages
To be in hock to someone	Devoir une fière chandelle à quelqu'un
Flea market Rag fair	Le marché aux puces
To give earnest money To pay earnest money To give (pay) an earnest	Verser des arrhes
A piece of furniture	Un meuble
Antiques	Les antiquités
China Porcelain	La porcelaine
Pottery	La poterie La céramique
On this special occasion, please feel free to go as high as $ 1,000	A cette occasion spéciale, ne vous gênez pas pour monter jusqu'à $ 1 000
Drop out of this auction sale at £ 500	Retirez-vous de cette vente aux enchères à £500
Rummage sale Raffle Charity raffle Charity bazaar	Braderie, vente d'objets usagés pour charité Tombola de charité Vente de charité

Zum ersten, zum zweiten, und zugeschlagen!	¡A la una, a las dos, y adjudicado!
Das städtische Leihhaus	El monte de piedad
Ein Pfandhaus	Una casa de empeño
Jemand(em) sehr verpflichtet sein	Estar muy obligado hacia alguien
Der Flohmarkt	El « Rastro »
Eine Anzahlung leisten	Dar una señal
Ein Möbelstück Ein Möbel	Un mueble
Die Antiquitäten	Las antigüedades
Das Porzellan	La porcelana
Die Keramik Das Tongut Das Steingut	La cerámica La alfarería
Bei dieser besonderen Gelegenheit können Sie ruhig bis $ 1000 gehen	En esta ocasión especial, no le importe llegar hasta $ 1.000
Geben Sie bei dieser Versteigerung bei £500 auf!	En esta subasta hay que abandonar a las £ 500
Wohltätigkeitsverkauf alter und gebrauchter Gegenstände Wohltätigkeitstombola	Venta de objetos usados Tómbola de caridad Venta de caridad

21 Insurance / Assurance

In general / *Généralités*

Insurance Directory and Year Book (U.K. : BIA Directory) (U.S.A. : III Insurance Facts)	Annuaire des sociétés d'assurances (annuaire rouge)
General Insurance Co. Composite Insurance Co.	Compagnie d'assurances couvrant les risques courants (incendie, vol, automobile, etc.) hormis l'assurance sur la vie
Top Co.	Compagnie de premier ordre
Proprietary Insurance Co.	Compagnie d'assurances à primes fixes (non mutuelles)
Mutual Insurance Co.	Société d'assurances mutuelles
Mutual benefit insurance society	Association de secours mutuels *(à but non lucratif)*
Friendly societies	Caisses de secours mutuels
A cut-price company	Une compagnie pratiquant des rabais
Insurers' pool / Insurance pool	Groupement d'assureurs / Syndicat d'assureurs
The leading insurer / The pool leader	L'apériteur / Le chef de file
The reinsurer	Le réassureur
The reinsurer shall follow the fortune of the ceding company	Le réassureur doit suivre la fortune de la cédante
To assume an insurance portfolio	Reprendre un portefeuille d'assurances
A broker's office / A brokerage company	Un bureau d'assurances / Une société de courtage
An insurance consultant	Un conseil en assurances
An insurance broker	Un assureur conseil / Un courtier d'assurances
The brokerage scale	Le tarif des droits de courtage

Versicherungswesen — Seguros 21

Allgemeines — Generalidades

Jahrbuch der Versicherungswirtschaft	Anuario de las compañías de seguros
Versicherungsgesellschaft für die Deckung aller Risikoarten, mit der Ausnahme der Lebensversicherung	Compañía de seguros para todos los riesgos corrientes a excepción de la vida
Spitzengesellschaft	Compañía de primer orden
Versicherungsgesellschaft	Compañía de seguros (no mutuos)
Versicherungsgesellschaft auf Gegenseitigkeit	Compañía de seguros mutuos
Eingetragener Verein für Versicherung auf Gegenseitigkeit	Asociación de socorro mutuo
Versicherungskassen auf Gegegenseitigkeit	Cajas de socorro mutuo
Ein Preisschneider Eine Gesellschaft, die die Tarife unterbietet	Una compañía que da — o hace — rebajas en sus tarifas
Versicherungspool	Sindicato de aseguradores
Der Hauptversicherer Der Poolführer Der Erstversicherer	El asegurador principal El primer asegurador
Der Rückversicherer	El reasegurador
Der Rückversicherer muß zwangsläufig dem Glück des Vorversicherers (des Erstrisikoversicherers) folgen	El reasegurador debe seguir la fortuna de la compañía cediente
Einen Versicherungsbestand übernehmen	Hacerse cargo de una cartera de seguros
Eine Maklergesellschaft	Una compañía de corretaje
Ein Versicherungsberater	Un consejero de seguros
Ein Versicherungsmakler	Un corredor de seguros
Der Maklertarif	La tarifa de corretaje

A part-time broker	Un courtier occasionnel
Lloyd's Corporation of Lloyd's	*Compagnie d'assureurs et de courtiers particulière à Londres*
« Lloyd's names »	*Membres du Lloyd's ayant souscrit à l'assurance d'un risque*
Lloyd's members are liable down to the last penny of their personal fortune	Les membres du Lloyd's sont responsables jusqu'au dernier sou de leur fortune personnelle
Lloyd's membership is a coveted privilege like the membership of the first class London Clubs, only granted after the Committees have satisfied themselves that the applicant is of high moral integrity and financial standing	L'appartenance au Lloyd's est un privilège convoité comme l'appartenance aux meilleurs clubs de Londres, accordé seulement une fois que les Comités se sont assurés de la haute moralité et du standing financier du postulant
Outside broker	Courtier non membre du Lloyd's
Under the supervision of Lloyd's	Sous le contrôle du Lloyd's
Institute cargo clauses	Clauses relatives à la cargaison maritime de l'Institut des assureurs de Londres Clauses de cargaison de Londres Clauses sur facultés de Londres
At Lloyd's, the *Lutine* bell rings twice for good news, once for bad	Au Lloyd's, la cloche du navire *Lutine* sonne deux fois pour les bonnes nouvelles, une fois pour les mauvaises
An exclusive agent	Un agent exclusif
A new business agent	Un agent producteur
A business getter A producer	Un apporteur d'affaires Un bon vendeur
The knocking agent (U.S.A.) The door-knocker (U.S.A.) The door-to-door agent	Le démarcheur à domicile
The actuaries	Les actuaires
The actuarial tables	Les tables actuarielles
Actuarial calculations	Calculs actuariels

Ein Gelegenheitsmakler	Un corredor ocasional
Organisation von Versicherern und Maklern in Form einer Innung in London	*Corporación de aseguradores y corredores en Londres*
Mitglieder von Lloyd's, die eine Versicherung unterschrieben haben	Miembros del Lloyd's, que han firmado un contrato de seguro
Die Miglieder von Lloyd's haften bis zum letzten Pfennig mit ihrem persönlichen Vermögen	Los miembros del Lloyd's son responsables hasta la última blanca de su fortuna personal
Die Mitgliedschaft von Lloyd's ist genau so begehrt wie die Mitgliedschaft eines der großen Londoner Klubs. Sie wird nur nach sorgfältiger Prüfung des guten Leumundes und der finanziellen Lage des Antragstellers durch die zuständigen Ausschüße gewährt	Ser miembro del Lloyd's es un privilegio codiciado tanto como la admisión a uno de los mejores clubs de Londres, concedida solamente después de un examen satisfactorio de la reputación moral y financiera del candidato por las Juntas
Makler, der nicht Mitglied von Lloyd's ist	Corredor no miembro del Lloyd's
Unter der Aufsicht von Lloyd's	Bajo la vigilancia del Lloyd's
Londoner Ladungsklauseln	Cláusulas de cargamentos navieros de Londres

Bei Lloyd's schlägt die Glocke der *Lutine* zweimal bei guten und einmal bei schlechten Nachrichten	En el Lloyd's, la campana del barco *Lutine* suena dos veces para las buenas y una para las malas noticias
Ein Alleinvertreter	Un agente exclusivo
Ein Vertreter für das Neugeschäft	Un agente para pólizas nuevas Un agente encargado de conseguir nuevos clientes
Ein guter Verkäufer	Un buen vendedor
Der Hausbesuchsvertreter	El vendedor de puerta en puerta

Die Versicherungsmathematiker Die Aktuare	Los actuarios
Die versicherungsmathematischen Tabellen	Las tábulas actuariales
Versicherungsmathematische Berechnungen	Cálculos actuariales

Mathematical reserves Actuarial reserves	Réserves mathématiques
Law of numbers	La loi des grands nombres
Laws of average Laws of the mean value	Les lois de la valeur moyenne
Calculus of probability	Le calcul des probabilités
Expectation of life	L'espérance de vie
Calculus of mortality	Le calcul de la survie
Mortality curve	La courbe de mortalité
Mortality tables	Les tables de survie
An insurance investigator	Un enquêteur d'assurances
An insurance adviser An insurance expert	Un expert en assurances
A motor insurance assessor	Un expert automobile
Appraisement Valuation Assessment	L'expertise L'estimation
Adjustment of damages	Le règlement de l'indemnité
Cross appraisement	L'expertise contradictoire
Resurvey *(insurance)*	La contre-expertise
A surveyor's report An expert's report	Un rapport d'expertise
Loss assessment	La fixation des dommages
To be liable at law To be liable under the law	Être responsable au regard de la loi
To be responsible (liable) under civil law	Être responsable civilement
Unlimited liability	Responsabilité illimitée
The insurance company disclaims all liability	La compagnie d'assurances décline toute responsabilité

Deckungsrückstellung Deckungskapital	Reservas matemáticas Reservas actuariales
Das Gesetz der Wahrscheinlichkeit	La ley de probabilidades
Die Gesetze des Mittelwerts	Las leyes del valor medio
Die Wahrscheinlichkeitsrechnung	El cálculo de probabilidades
Die Lebenserwartung	La probabilidad de vida
Die Berechnung der Lebenserwartung	El cálculo de sobrevivencia
Die Lebenserwartungskurve Die Sterblichkeitskurve	La curba de mortalidad
Die Lebenserwartungstabellen	Las tablas de sobrevivencia
Ein Erhebungsbeamter (*Versicherung*)	Un investigador de seguros
Ein Versicherungsberater Ein Versicherungsfachmann	Un consejero de seguros Un perito de seguros
Ein Fachmann für Kraftwagenschäden	Un perito de riesgos automóviles
Das Gutachten	La peritación, el peritaje El dictamen pericial La valuación
Die Schadensregulierung	El arreglo de la indemnización La liquidación de daños y perjuicios asegurados
Die Gegenexpertise	El peritaje de comprobación
Die zweite Expertise Die Neuexpertise Die Neuvermessung	El segundo peritaje El peritaje de comprobación
Ein Sachverständigengutachten	Un dictamen de peritaje Un informe pericial
Die Schadensfestsetzung	La fijación de los daños y perjuicios a indemnizar
Nach dem Gesetz verantwortlich sein	Ser responsable según la ley
Zivilrechtlich verantwortlich sein (haften)	Ser responsable por lo civil
Unbeschränkte Haftung	Responsabilidad ilimitada
Die Versicherungsgesellschaft lehnt jede Haftung ab	La compañía de seguros rechaza toda responsabilidad

The insurance company bowed out of the case on a technicality	La compagnie d'assurances se retira de l'affaire en s'appuyant sur un détail technique
The insurance company will make good the loss you have sustained	La compagnie d'assurances vous dédommagera de la perte que vous avez subie
To admit liability	Accepter de prendre un sinistre en charge
The fortuitous event	Le cas fortuit
A malicious act	Un acte de malveillance Un acte délictueux (criminel)
Barring unforeseen events	En excluant tout imprévu
To expose oneself to a risk	S'exposer à un risque
The risk	Le risque
The hazard	Le hasard
An outbreak of fire	Un incendie
Incidence of loss	L'incidence du sinistre
By an act of God For reasons of an act of God	Pour des raisons de force majeure
Circumstances beyond the company's control : act of God, war, strike, etc.	Circonstances en dehors de la compétence de la compagnie : force majeure, guerre, grève, etc.
Insurable risk	Risque assurable
To place a risk	Placer un risque Faire accepter un risque par un assureur
Scheduling of a risk	La détermination d'un risque
Underwriting of a risk Distribution of a risk Splitting of a risk	Le partage d'un risque
Compensation of risks Equalization of risks	La compensation des risques
Coverage	La couverture d'un risque
Full coverage	La couverture complète
Blanket coverage	La couverture globale
Limit of coverage	Le plafond de garantie

Die Versicherungsgesellschaft zog sich unter Berufung auf eine Formalität aus der Sache	La compañía de seguros escapó del caso invocando una formalidad
Die Versicherungsgesellschaft wird Sie für den erlittenen Verlust entschädigen	La compañía de seguros le indemnizará la pérdida experimentada
Die Haftung übernehmen	Aceptar la responsabilidad
Das unvorhersehbare Ereignis	El caso fortuito
Eine strafbare Handlung	Un acto delictivo Un hecho criminal
Unter Ausschluß unvorhersehbarer Ereignisse	A exclusión de lo imprevisto
Sich einem Risiko aussetzen	Exponerse a un riesgo
Das Risiko	El riesgo
Der Zufall	El azar La casualidad
Ein Brand	Un incendio
Der wahre Schadensträger	La incidencia del siniestro
Durch höhere Gewalt Aus Gründen höherer Gewalt	Por razones de fuerza mayor
Umstände außerhalb des Einflusses der Gesellschaft : höhere Gewalt, Krieg, Streik, usw.	Circunstancias fuera de la acción de la compañía : fuerza mayor, guerra, huelga, etc.
Versicherbares Risiko	Riesgo asegurable
Ein Risiko unterbringen Ein Versicherungsrisiko unterbringen	Colocar un riesgo Hacer aceptar un riesgo por un asegurador
Die Risikobestimmung	La definición de un riesgo
Die Risikoverteilung Die Haftungsverteilung Die Aufteilung eines Risikos	El reparto de un riesgo
Der Risikoausgleich	La compensación de los riesgos
Die Risikodeckung	La cobertura de un riesgo
Die Volldeckung	La cobertura global (completa)
Die Generalpolice Die Globaldeckung Die Universaldeckung	La póliza general La cobertura universal
Die Deckungsgrenze Die Versicherungsgrenze	El límite de la cobertura

Lump sum coverage	La couverture forfaitaire
Whole coverage	La couverture sans franchise
Unlimited coverage	La garantie illimitée
We require cover against fire and theft	Nous voulons nous assurer contre l'incendie et le vol
A provision covering strikes, riots and civil commotions	Une clause couvrant les grèves, les émeutes et troubles intérieurs (tumultes)
A cover note A binder (U.S.A.)	Une lettre de couverture
Tangible property	Biens corporels
Intangible property	Biens incorporels
Property in the good care of...	Biens confiés aux bons soins de...
Property held in custody Property held in safe keeping	Biens confiés en dépôt Biens confiés à la garde
Property held in trust	Biens fiduciaires
With all due care and attention	Avec tous les soins requis
Amount insured Amount of the risk	Montant assuré
In new condition As good as new As new	A l'état neuf
Present value	La valeur actuelle
Appreciation Capital gain Increase in value	La plus-value
Value as new	La valeur à neuf
New replacement value New replacement cost	La valeur de remplacement à neuf
Current list value	La valeur marquée actuelle La valeur de catalogue actuelle
Second-hand value Second-hand market value	La valeur d'occasion La valeur de l'Argus
Market value	La valeur marchande

Die Pauschaldeckung Die Deckung eines Pauschalrisikos	La cobertura a un tanto alzado
Die Deckung ohne Selbstbeteiligungsklausel	La cobertura sin franquicia La cobertura sin participación propia
Die unbegrenzte Deckung	La cobertura ilimitada
Wir benötigen eine Versicherung gegen Feuer und Diebstahl	Necesitamos un seguro contra incendios y robos
Eine Deckungsklausel für Streik, Revolten und Tumultschäden	Una cláusula de cobertura contra riesgos de huelgas, motines y tumultos
Eine Deckungszusage Eine Annahmeerklärung	Una nota de cobertura Una confirmación de cobertura
Sachvermögen Sachgüter	Bienes tangibles Activos tangibles
Immaterielles Vermögen	Bienes intangibles
Der Fürsorge von... anvertraute Güter	Bienes confiados al cuidado de...
Zur Aufbewahrung anvertraute Güter	Bienes en custodia
Treuhänderisch aufbewahrte Güter	Bienes fiduciarios
Mit aller erforderlichen Sorgfalt	Con toda la atención y el cuidado necesario
Versicherungsumme	Importe asegurado
Neuwertig	Como nuevo Valor como nuevo
Der gegenwärtige Wert Der Gegenwartswert	El valor actual El valor de hoy
Der Mehrwert Der Kapitalgewinn Die Wertsteigerung	La plus valía
Der Neuwert	El valor como nuevo
Der Wiederbeschaffungsneuwert Die Wiederbeschaffungskosten	El valor de substitución a nuevo
Der gegenwärtige Listenpreis (wert)	El valor actual de catálogo El precio corriente actual
Der Gebrauchtwert	El valor de segunda mano
Der Marktwert	El valor en el mercado El valor comercial

Money value	La valeur vénale
Scrap value Junk value (U.S.A.)	La valeur à la ferraille
Break-up value	La valeur de liquidation
Breaking value Breaker's value	La valeur à la démolition La valeur à la casse
Nominal value Face value	La valeur nominale
Value in use	La valeur d'usage
Utilization value Potential utilization value *(patents, intangibles, etc.)*	La valeur d'utilisation La valeur d'exploitation potentielle *(brevets, biens incorporels, etc.)*
Obsolescence	La vétusté L'obsolescence
Clause of obsolescence	La clause de vétusté
Depreciation	La dépréciation L'amortissement
Rental value	La valeur locative
Annuity capital value Capitalized annuity value	La valeur de rente La valeur de rente capitalisée
Loan value Lending value	La valeur de nantissement La valeur de gage (à prêt)
Surrender value Redemption value	La valeur de rachat La valeur de remboursement
Replacement in kind	Le remplacement en nature
Duration	La durée
Term	Le délai
Period	La période
Any one period	Chacune des périodes
To terminate	Prendre fin Terminer Mettre fin à
Insurance coverage will terminate lawfully (rightfully)...	L'assurance prend fin de plein droit...
Clause of annual cancellation Annual termination clause	La clause de résiliation annuelle

Der venale Wert Der Geldwert	El valor venal
Der Schrottwert	El valor de desguace El valor de chatarra
Der Liquidationswert	El valor de liquidación
Der Abbruchwert	El valor de derribo (demolición)
Der Nennwert	El valor nominal
Der Gebrauchswert Der Nutzwert	El valor útil El valor de utilización
Der Wert bei Auswertung *(Patente, usw.)* Der Wert bei Verwertung	El valor potencial de explotación *(patentes, bienes intangibles, etc.)*
Die Baufälligkeit Die Veralterung	La vetustez La obsolescencia
Die Baufälligkeitsklausel	La cláusula de obsolescencia
Der Minderwert Die Abschreibung	La depreciación La amortización
Der Mietwert	El valor rentable El valor de arrendamiento El valor alquiladero
Der kapitalisierte Wert der Rente	El valor capitalizado de la renta (pensión)
Der Beleihungswert	El valor pignoraticio
Der Rückkaufswert	El valor de rescate El valor de reembolso
Der Naturalersatz Die Ersatzbeschaffung	La substitución en especies
Die Dauer	La duración
Der Frist	El plazo
Der Zeitraum	El periodo
Jede einzelne Periode Jeder einzelne Zeitraum	Cada periodo
Ablaufen *(Police)* Beenden	Acabarse Terminar
Die Versicherung läuft von rechtswegen... ab	El seguro se termina con pleno derecho...
Die jährliche Kündigungsklausel	**La cláusula de rescisión anual** **La cláusula de anulación anual**

Resolutory condition Clause of avoidance	La clause résolutoire
Notice of cancellation Notice of termination	L'avis de résiliation
Notice of expiration	L'avis d'expiration
Tacit renewal Renewal by tacit agreement	La reconduction tacite
Retroactive effect	L'effet rétroactif
To back-date To antedate	Antidater
To postdate To date forward	Postdater
Insurance rates Tariff book	Le tarif
Rating agreement Agreement on insurance rates	L'accord tarifaire
Non-tariff market	Le marché dissident
Non-tariff company	La compagnie dissidente
To undercut the rates	Souscrire au rabais Consentir des taux de rabais
Fringe market	Le marché marginal
To rate up To load the premium	Surtarifer Surprimer
Flat rating	La tarification forfaitaire
Rating adjustment	Un ajustement de tarif
Interinsurance	L'assurance réciproque
Reciprocal basis	Une base de réciprocité
Handling commission	La commission de gestion
Commission sharing	Une rétrocession de commissions
Return of commission	Une ristourne de commission
Rebating of commissions	Un abandon partiel de commissions
Reviving of an agreement	La remise en vigueur d'un accord
Claim	La demande d'indemnité
Damage (insured) Loss (insured)	Le risque assuré

Die vertragsauflösende Bestimmung	La cláusula resolutoria
Die Voranzeige der Vertragskündigung	La notificación previa de anulación
Die Mitteilung des Deckungsverfalls	El aviso de vencimiento
Die stillschweigende Verlängerung (Erneuerung)	La renovación tácita La prórroga por acuerdo tácito
Die rückwirkende Gültigkeit	El efecto retroactivo
Vordatieren	Antedatar
Nachdatieren	Postdatar
Der Tarif Die Versicherungstarife	La tarifa
Die Tarifvereinbarung	El acuerdo de tarificación
Der tariffreie Markt	El mercado fuera de la tarifa común
Die tariffreie Versicherungsgesellschaft	La compañía de seguros que practica sus propias tarifas
Tarifnachlässe gewähren Die Tarife unterbieten	Ofrecer seguros a tarifa reducida Conceder rebajas sobre las tarifas
Der Randmarkt Der Marginalmarkt	El mercado marginal
Ein Risiko höher tarifieren Eine Zusatzprämie festsetzen	Imponer una sobreprima Tarifar un riesgo más alto
Die Pauschaltarifierung	La tarificación a un tanto alzado
Eine Tarifberichtigung	Un reajuste de la tarifa
Die gegenseitige Versicherung	Los seguros recíprocos
Eine Gegenseitigkeitsgrundlage	Una base de reciprocidad
Die Bearbeitungsgebühr	La comisión administrativa
Eine Provisionsteilung	Una retrocesión de comisiones
Eine Provisionsrückerstattung	Una bonificación sobre la comisión
Ein teilweiser Provisionsverzicht	Una renuncia parcial a la comisión
Die Wiederinkraftsetzung eines Vertrages	La repuesta en vigor de un acuerdo
Der Versicherungsanspruch	La solicitud de indemnización La demanda de indemnización
Das versicherte Risiko	El riesgo asegurado

Casualty	Le sinistre corporel
Salvage	Objets sauvés Marchandise récupérée dans un sinistre
Flotsam and Jetsam	Choses de flot et de mer
Right of flotsam, jetsam and lagan	Droit des choses de flot et de mer Droit de bris et de naufrage
Unpremeditated suicide Suicide while of unsound mind	Le suicide inconscient
Premeditated suicide Suicide with malice aforethought	Le suicide prémédité Le suicide volontaire
Attempted suicide	La tentative de suicide
Right of recourse Right of recovery	Le droit de recours
Dispute at law Litigation Law suit	Un litige
Opposing party	La partie adverse
Arbitration clause	La clause d'arbitrage
Arbitration proceedings	La procédure d'arbitrage
Settlement by mutual agreement Settlement out of court	Un règlement à l'amiable
Bona fide In good faith	« B. F. » De bonne foi
With utmost good faith With utter good faith	Avec une bonne foi absolue
In bad faith Mala fide	De mauvaise foi
Long-tailed business Long-winded business	Affaire lente, qui traîne
Level premium method	Le système à prime forfaitaire
Premium assessment method Pay-as-you-go premium system	Le système à prime variable
Loss settlement Damage settlement	La liquidation des sinistres
Casualty settlement	La liquidation des sinistres corporels
Settlement by mutual agreement	Un règlement de gré à gré Un règlement transactionnel
Liquidated damages	Dommages-intérêts fixés d'avance par contrat

Der Personenschaden	El siniestro personal
Bergegut	Objetos salvados de un siniestro
Schiffsbruchgüter	Mostrenco de mar Bienes mostrencos de mar Res derelicta
Strandrecht Bergungsrecht	Derecho de los bienes mostrencos Derecho de res derelicta
Der nicht vorsätzliche Selbstmord	El suicidio inconsciente
Der vorsätzliche Selbstmord	El suicidio premeditado El suicidio voluntario
Der Selbstmordversuch	La tentativa de suicidio
Das Regreßrecht Das Rückgriffsrecht	El derecho de recobro
Ein Rechtsstreit Ein Prozeß	Una causa Un litigio Un proceso
Der Gegner	La parte contraria
Die Schiedsklausel	La cláusula de arbitraje
Das Schiedsverfahren	El procedimiento de arbitraje
Ein außergerichtlicher Vergleich Eine gütliche Einigung	Un arreglo amistoso Un arreglo al margen del tribunal
Guten Glaubens In gutem Glauben	De buena fé
In absolut gutem Glauben	Con buena fé absoluta
Schlechten Glaubens In schlechtem Glauben	De mala fé
Eine langwierige Angelegenheit Ein wahrer Rattenschwanz	Un asunto de larga duración Un asunto que va para largo
Das Pauschalprämiensystem	El sistema a prima global
Das taxierte Prämiensystem	El sistema a prima variable
Die Schadensregulierung	La liquidación de siniestros
Die Personenschadensregulierung	La liquidación de siniestros corporales
Eine Regulierung in gegenseitigem Einverständnis	Una liquidación con acuerdo recíproco
Vertraglich im voraus festgesetzte Schadenserstattungssumme	Daños y perjuicios estipulados anticipadamente en el contrato

Full and final settlement	Le règlement total et définitif
Settlement in kind	Le règlement en nature
Average adjustment Average statement	Le règlement-dispache Le règlement (évaluation) du dispacheur L'évaluation d'avarie par le dispacheur
Average account Average bill	Dispache Document établissant les détails de l'avarie

Insurance policy *Police d'assurance*

To be one's own insurer	Être son propre assureur
To take out an insurance	Contracter une assurance
A form A blank (U.S.A.)	Un formulaire
A proposal form	Une proposition d'assurance
Family history	Antécédents familiaux
Full age Majority age	(L'âge de) la majorité
Documents in proof	Pièces justificatives
The standard policy The common policy	La police type La police normale
The master policy The general policy	La police générale
To write out a policy	Établir une police d'assurance
A policy endorsement (indorsement)	Un avenant (police)
A rider	Un avenant
Addendum	L'addenda Le supplément
Scale Tariff	Le tarif
The table *(prices, etc.)*	Le barème Le tableau *(prix, etc.)*

Die endgültige und volle Schadensregulierung	La liquidación entera y definitiva
Die Regulierung durch Ersatzbeschaffung	La liquidación en especies
Die Havarieregelung Die Havarieaufmachung Die Dispacheaufmachung	El arbitraje por el perito de seguros marítimos El dictamen (pericial) de avería
Havarierechnung	Cuenta de avería Detalles de una avería

Versicherungspolice — *Póliza de seguro*

Sein eigener Versicherer sein	Ser su propio asegurador
Eine Versicherung abschliessen	Suscribir un seguro
Ein Formular	Un formulario
Ein Antragsformular	Una solicitud de seguro Un formulario de solicitud
Krankheitsfälle in der Familie des Antragstellers	Antecedentes familiares
Die Volljährigkeit Die Mündigkeit	La mayoría de edad
Belege Beweisstücke	Comprobantes Documentos justificativos
Die Normalpolice	La póliza normal La póliza normalizada
Die Generalpolice	La póliza general
Eine Versicherungspolice ausfertigen	Establecer una póliza de seguro Hacer una póliza de seguro
Ein Versicherungsnachtrag	Una póliza adicional
Ein Nachtrag	Una póliza adicional
Der Anhang Der Zusatz Der Nachtrag	El apéndice El suplemento
Der Tarif	La tarifa
Die Tabelle	La tabla *(de precios)*

Escalator clause Sliding scale clause	L'échelle mobile La clause d'indexation
Surrender value	Valeur de rachat
Loan and advance on policy	Emprunt et avance sur police
A policy form	Un formulaire de police
The policy-holder The policy-owner (U.S.A.)	Le titulaire d'une police
A policy may be invalidated	Un contrat d'assurance peut être déclaré nul
An open policy A floating policy An unvalued policy	Une police d'assurance ouverte Une police flottante Une police d'abonnement
Multiple location policy (U.S.A.)	Police d'assurance couvrant du matériel mobile
Life insurance	L'assurance-vie
Survivorship insurance	L'assurance-vie sur deux têtes L'assurance de survie L'assurance de survie réciproque
The surviving spouse	Le conjoint survivant
Collective insurance	L'assurance sur plusieurs têtes
Whole-life insurance	L'assurance en cas de décès
For life	Viager
Life interest	L'usufruit viager
Life annuity	La rente viagère
Immediate annuity	La rente immédiate
Deferred annuity Contingent annuity	La rente viagère différée
Reversionary life annuity Survivorship annuity	La rente viagère reversible La rente avec reversion
Survivorship pension Survivorship annuity Survivors annuity (U.S.A.)	La pension de reversion La rente de reversion
Old age insurance Old age pension insurance Old age benefit insurance	L'assurance-vieillesse
Old age pension Old age benefit	La pension de vieillesse
Sickness insurance Health insurance	L'assurance-maladie
Medical care and hospitalization insurance	L'assurance-maladie et hospitalisation

Die Indexklausel	La escala móvil (cláusula)
	La cláusula del índice
Rückkaufwert	Valor de rescate de una póliza
Ablösungswert	Valor de redención
Darlehen und Vorschuß auf Police	Préstamo y anticipo sobre póliza
Ein Policenformular	Un formulario de póliza
Der Policeninhaber	El titular de una póliza
Eine Versicherungspolice kann für ungültig erklärt werden	Un contrato de seguro puede ser anulado (declarado nulo)
Eine offene Police	Una póliza abierta
Eine Abschreibepolice	
Eine Pauschalpolice	
Police für die Versicherung beweglicher Güter	Póliza asegurando bienes móviles
Die Lebensversicherung	El seguro de vida
Die Überlebensversicherung	El seguro de supervivencia
	El seguro de vida recíproco
Der überlebende Eheteil	El cónyuge superviviente
Der überlebende Ehegatte	
Die Gruppenversicherung	El seguro colectivo
Die Todesfallversicherung	El seguro en caso de defunción
Auf Lebenszeit	Vitalicio
Die Nutznießung auf Lebensdauer	El usufructo vitalicio
Die Leibrente	La renta vitalicia
Die sofort zahlbare Rente	La renta (pensión) inmediata
Die bedingte Rente	La renta diferida
	La renta condicional
Die Überlebensrente	La renta vitalicia con reversión
Die Überlebenspension	La renta vitalicia de reversión
Die Überlebensrente	La pensión vitalicia de reversión
Die Altersversicherung	El seguro de la vejez
Die Altersrentenversicherung	
Die Altersrente	La pensión de vejez
Die Krankenversicherung	El seguro de enfermedad
Die Arztkosten- und Krankenhausversicherung	El seguro de gastos médicos y hospitalarios

Working day Business day (U.S.A.)	Le jour ouvrable
Working accident Accident arising out of and in the course of employment	L'accident du travail
Disablement	L'invalidité L'incapacité de travail
Disablement scale Disability scale	Le barème d'invalidité
Disability pension Disability benefits	La pension d'invalidité
Graduated pension	Une pension proportionnelle
Indexed pension Geared pension Pegged pension	Une pension indexée
Accident insurance	L'assurance-accidents
Industrial injuries compensation insurance Industrial injuries and casualties insurance	L'assurance-accidents du travail
National Insurance (U.K.) Health and Welfare Insurance (U.S.A.)	La Sécurité sociale
Social insurance	Les Assurances sociales
Social insurance funds	Les caisses d'assurances sociales
National Insurance benefits (U.K.) Health and Welfare payments (U.S.A.)	Les prestations de la Sécurité sociale
Family allowances (U.K.) Dependents' allowances (U.S.A.)	Les allocations familiales
Allowance granted to families with one wage-earner only	L'allocation de salaire unique
Compulsory unemployment insurance	L'assurance-chômage obligatoire
Top hat insurance scheme Executive pension insurance scheme	La retraite complémentaire des cadres supérieurs
Non-contributory pension scheme	Régime de retraite complémentaire entièrement supporté par l'employeur

Der Arbeitstag Der Werktag	El día laborable El día hábil
Der Arbeitsunfall	El accidente del trabajo
Die Arbeitsunfähigkeit	La incapacidad de trabajo La invalidez
Die Invaliditätseinstufung Die Erwerbsunfähigkeitstabelle	La escala de invalidez (laboral) El índice de la incapacidad de trabajo (laboral)
Die Invalidenrente Die Arbeitsunfallrente Die Unfallrente	La pensión de invalidez La pensión de incapacidad laboral La pensión de accidente
Eine gestufte Rente	Una pensión proporcional
Eine indizierte Rente	Una pensión a escala móvil
Die Unfallversicherung	El seguro contra los accidentes
Die Arbeitsunfallversicherung	El seguro contra los accidentes del trabajo
Die Sozialversicherung	La Seguridad social
Das soziale Versicherungswesen	La Seguridad social
Die Sozialversicherungskassen	Las cajas de Seguridad social
Die Sozialversicherungsleistungen	Los pagos de la Seguridad social
Die Familienbeihilfe Das Kindergeld	Los subsidios familiares
Die Beihilfe für Familien mit nur einem Arbeitseinkommen	Los subsidios de salario único por familia
Die obligatorische Arbeitslosenversicherung	El seguro obligatorio de desempleo
Pensionsversicherung für leitende Angestellte	Seguro de pensiones para el personal dirigente
Unternehmenspensionskasse ohne Arbeitnehmerbeitrag	Caja de pensiones alimentada solamente por la empresa

Real estate Real property Landed estate Landed property	Bien-fonds
A piece of real estate	Un bien-fonds
A piece (plot) of ground	Un terrain
A built-up site (plot)	Un terrain bâti
A vacant site (plot)	Un terrain non bâti
Residential building Apartment house (U.S.A.)	L'immeuble d'habitation
House Dwelling-house Home (U.S.A.)	La maison d'habitation La maison individuelle
Flat Apartment	L'appartement
Comprehensive household insurance	L'assurance mobilière tous risques
Furniture insurance	L'assurance-meubles
Comprehensive jewelry insurance	Assurance-bijoux tous risques
Comprehensive insurance on jewelry, works of art and valuables	L'assurance tous risques de bijoux, œuvres d'art et objets de valeur
Theft insurance Burglary insurance	L'assurance-vol
Fire insurance	L'assurance-incendie
Water damage insurance	L'assurance contre les dégâts des eaux
Motor-car insurance Motor-vehicle insurance	L'assurance-automobile
Comprehensive motor-car insurance All-risks motor-vehicle insurance	L'assurance - automobile multi-risques
Business purposes	Utilisation affaires Utilisation professionnelle
Social, domestic and pleasure purposes	Déplacements privés
Major accident	L'accident grave
Fatal accident	L'accident mortel

Grundeigentum	Propiedad inmueble Propiedad inmobiliaria Bienes raíces
Ein Grundstück	Un bien raíz
Ein Grundstück	Un terreno
Ein bebautes Grundstück	Terreno construido
Ein nicht bebautes Grundstück	Terreno vacío Terreno no construido
Das Wohnhaus	El edificio de vivienda
Das Eigenheim	La casa particular
Die Wohnung Die Etagenwohnung	La vivienda El apartamento El piso
Die Hausversicherung für alle Risiken Die Haushaltsversicherung	El seguro mobiliario todos riesgos El seguro de vivienda
Die Möbelversicherung	El seguro de muebles
Die Juwelenversicherung für alle Risiken	El seguro de joyas todos riesgos
Die Versicherung für alle Risiken von Juwelen, Kunstwerken und Wertgegenständen	El seguro todos riesgos de joyas, obras de arte y objetos de valor
Die Diebstahlsversicherung	El seguro contra el robo
Die Feuerversicherung	El seguro contra incendio
Die Wasserschadenversicherung	El seguro contra los daños causados por las aguas
Die Kraftfahrzeugversicherung	El seguro de automóviles
Die Vollkaskoversicherung	El seguro a todo riesgo *(automóviles)*
Geschäftszwecke	Utilización limitada a asuntos profesionales
Privatbenutzung	Utilización privada
Der schwere Unfall	El accidente grave
Der tödliche Unfall	El accidente mortal

Third party passenger	Le tiers transporté
Third party accident	L'accident aux tiers
Accident with punishable absconding Hit-and-run accident (U.S.A.)	L'accident avec délit de fuite
Compensation for loss of use of the motor vehicle	Indemnité pour immobilisation de la voiture Indemnité de non-jouissance de la voiture
Accident-free year	Année sans accident
No-accident bonus	Bonus pour non-sinistre
Injured party Aggrieved party	La partie lésée
A third party	Un tiers
Party at fault	La partie responsable L'auteur d'un accident
Beneficiary third party	Le tiers bénéficiaire
Third party accident insurance	L'assurance au tiers (accident) (responsabilité civile)
Liability insurance Third-party liability insurance	L'assurance-responsabilité civile
An office building	Un bâtiment à usage de bureaux Un immeuble de bureaux
An industrial building	Un bâtiment à usage industriel
Silent premises Vacant premises Unused premises	Locaux en chômage Locaux vides Locaux non utilisés
Industrial insurance	L'assurance industrielle
Securities-in-transit insurance Securities transport insurance	L'assurance de valeurs en transit L'assurance de transport de valeurs
Fidelity guarantee insurance Fidelity insurance	L'assurance de cautionnement L'assurance de garantie
Weather insurance	L'assurance contre le mauvais temps
Insurance against special risks : hail, lightning, floods...	Assurance contre risques spéciaux grêle, orages, inondations...
Luggage insurance	L'assurance-bagages
Seaworthy	En (bon) état de navigabilité

Der Insasse *(Kraftfahrzeug)*	La tercera persona *(transporte automóvil)*
Der haftpflichtige Unfall	El accidente contra tercera persona
Der Unfall mit Fahrerflucht	El accidente con delito de fuga
Entschädigung für Nutzungsentgang eines Kraftfahrzeuges	Indemnización para la inmovilización del coche
Unfallfreies Jahr	Año sin accidente
Bonus für unfallfreies Fahren	Bonificación de no siniestro
Die verletzte Partei Die beschwerte Partei	La parte perjudicada
Eine dritte Person Ein Dritter	Una tercera persona
Der Schuldige eines Unfalls	El autor de un accidente El responsable de un accidente
Der berechtigte Dritte Die berechtigte dritte Person	La tercera persona beneficiaria La parte tercera beneficiaria
Die Haftpflichtversicherung	El seguro de accidentes por tercera persona
Die Haftpflichtversicherung	El seguro por tercera persona
Ein Bürohaus Ein Bürogebäude	Un edificio de oficinas Un edificio comercial
Ein Industriegebäude	Un edificio industrial
Leerstehende Räumlichkeiten Ungenützte Räume	Locales vacíos Locales no utilizados
Die Industrieversicherung	El seguro industrial
Die Wertpapiertransportversicherung	El seguro de valores en tránsito El seguro de transportes de valores
Die Kautionsversicherung	El seguro de garantía El seguro de caución (fianza)
Die Wetterversicherung	El seguro contra el mal tiempo
Versicherung gegen besondere Risiken : Hagel, Blitzschlag, Überschwemmungen, usw.	Seguro contra riesgos especiales : granizo, rayos, inundaciones, etc.
Die Gepäckversicherung	El seguro del equipaje
Seetüchtig	En buen estado de navegación marítima

Airworthy	En (bon) état de vol
Marine insurance	L'assurance maritime
Voyage insurance	L'assurance au voyage
Insurance against strikes, riots and civil commotions	L'assurance contre les risques de grèves, d'émeutes et de troubles intérieurs
A period of apprehension	Une période troublée
War risks insurance War damage insurance	L'assurance en cas de guerre L'assurance contre les dommages de guerre
A blanket policy Insurance under a blanket policy	Une police globale (tous risques) Une assurance sous une police globale
Insurance under an open policy	Une assurance d'abonnement
Insurance under a floating policy	Une assurance sous une police ouverte Une assurance sous police flottante
A floater (U.S.A.) An unvalued policy	Une police ouverte (flottante, d'abonnement) Une police non évaluée
World-wide insurance	Une assurance couvrant le monde entier
One-day insurance Time insurance	L'assurance à la journée L'assurance à terme fixe
Forward insurance	L'assurance à effet différé
Named policy Personal policy	La police nominative
Policy to order	La police à ordre
Bearer policy Policy to bearer	La police au porteur
Additional insurance (policy) Supplementary insurance (policy)	L'assurance complémentaire
Endowment insurance	L'assurance à capital différé L'assurance à rente différée
Mixed insurance Combined endowment and whole-life insurance	L'assurance en cas de vie et de décès
Reinstatement up to sum insured (value insured)	Le remplacement jusqu'à la valeur assurée

Lufttüchtig	En buen estado de navegación aérea
Die Seeversicherung	El seguro marítimo
Die Reiseversicherung	El seguro al viaje (de un barco)
Die Versicherung gegen Streik-, Aufruhr- und Tumultschäden	El seguro contra los riesgos de huelgas, motines y disturbios interiores
Spannungszeiten	Un período de tensión
Die Kriegsschadenversicherung	El seguro contra los daños de guerra
Eine Generalpolice (alle Risiken)	Una póliza global (todos riesgos)
Eine Versicherung unter einer globalen Police	Un seguro bajo una póliza global
Eine Versicherung unter einer offenen Police	Un seguro bajo una póliza abierta
Eine Tagesversicherung	Un seguro al día
Eine offene Police	Una póliza abierta
Eine weltweite Versicherungsdeckung	Una cobertura aseguradora mundial
Die Versicherung auf Zeit	El seguro a término (a plazo fijo)
Die Terminversicherung Die Vorausversicherung	El seguro con efecto aplazado
Die Namensversicherung Die Versicherung zugunsten eines bestimmten Berechtigten Die Namenspolice	El seguro nominativo La póliza al portador
Die Orderpolice	La póliza a la orden
Die Inhaberpolice	La póliza al portador
Die Zusatzversicherung (Police)	El seguro complementario (póliza)
Die Erlebensversicherung	El seguro a término fijo
Die Versicherung auf den Erlebens- und Todesfall	El seguro de vida con capitalización a término fijo
Der Schadensersatz bis zur Höhe der Versicherungssumme	La sustitución (indemnización) hasta el valor asegurado

Reinstatement value insurance Depreciation insurance (U.S.A.) Replacement cost insurance	L'assurance valeur à neuf
Reinsurance	La réassurance
Premium basis	L'assiette de la prime
Premium table Rate table Scale of premiums Scale of rates	Le barème des primes Le tarif des primes
Premium computation Rate calculation	Le calcul des primes
To rate someone up	Majorer la prime de quelqu'un
Basic premium	La prime de base
Fixed premium Level premium	La prime fixe La prime constante
Increasing premium	La prime croissante
Decreasing premium	La prime dégressive
Additional premium	Le complément de prime
Charges additional to premium	Accessoires de primes
Flat charge	La charge forfaitaire
Premium adjustment	L'ajustement de prime
Nominal premium	La prime nominale
Premium-free year No-premium year	Année exonérée de prime
Pro rata premium Proportional premium	La prime prorata temporis La prime proportionnelle
Premium charged	La prime exigible
Premium arrears	Primes arriérées
Premium reminder	L'avis de rappel de prime
Formal notice	La mise en demeure
Official payment summons (U.S.A.) Solicitor's letter (U.K.)	La mise en demeure par exploit d'huissier
Order to pay Court order to pay	L'injonction de paiement
Second reminder	Le rappel d'échéance La deuxième réclamation

Die Neuwertversicherung	El seguro de indemnización al precio de nuevo
Die Rückversicherung	El reaseguro
Die Prämienberechnungsgrundlage	La base del cálculo de la prima
Der Prämientarif	La tarifa de las primas La escala de las primas
Die Prämienberechnung	El cálculo de las primas
Die Prämie eines Versicherungsnehmers erhöhen	Aumentar la prima de alguien
Die Grundprämie	La prima de base La prima básica
Die Festprämie	La prima fija
Die wachsende Prämie	La prima creciente
Die degressive Prämie	La prima regresiva
Die Zusatzprämie	La prima adicional
Die Kosten außerhalb der Prämie Zusätzliche Versicherungskosten und Gebühren	Los gastos y derechos adicionales del seguro
Die Pauschalkosten	Los gastos a tanto alzado
Die Prämienangleichung	El reajuste de la prima
Die Nominalprämie	La prima nominal
Prämienfreies Jahr	Año sin prima Año libre de prima
Die anteilige Prämie Die Prorataprämie	La prima a prorrata La prima proporcional
Die zahlbare Prämie	La prima exigible La prima a pagar
Rückständige Prämien	Primas retrasadas
Die Prämienmahnung	La notificación de pago
Die Inverzugsetzung	El requerimiento de pago
Die amtliche Inverzugsetzung	El requerimiento de pago por procurador
Der Zahlungsbefehl	El mandamiento de pago
Die zweite Mahnung	El nuevo requerimiento de pago

Receipt Receipt in discharge	Le reçu La quittance L'acquit
Insurance benefit	La prestation de l'assurance
The service trades The services	Les entreprises de prestations de services (le tertiaire)
Loss of use Loss of enjoyment	La privation de jouissance
Compensation Indemnity	L'indemnité
Indemnification	L'indemnisation
Accumulation of insurance benefits Overlapping of insurance benefits	Le cumul des indemnités
Pain and suffering damages indemnity Smart money Smart compensation Damages for moral injuries (intangible injuries)	Le pretium doloris L'indemnité au titre du pretium doloris
Social security payments (U.S.A.) Social security benefits (U.K.) Health and Welfare Insurance Payments (U.S.A.) National Insurance benefits (U.K.)	Les prestations de la Sécurité sociale
Not refunded portion of medical expenses (French Social Security) Prescription fee (U.K.)	Le ticket modérateur

Die Empfangsbestätigung Die Quittung	El recibo
Die Versicherungsleistung	La prestación del seguro
Die Dienstleistungsbetriebe	Las empresas prestatarias de servicios
Die Genußentziehung Die Nutzungsentziehung	La privación del uso La privación del usufructo
Der Schadensersatz	La indemnidad
Die Entschädigung Die Schadenersatzleistung	La indemnización
Die mehrfachen Versicherungsleistungen	El cúmulo de indemnizaciones de seguro
Das Schmerzensgeld	El pretium doloris La indemnización de perjuicios morales
Die Sozialversicherungsleistungen	Las prestaciones de la Seguridad social
Die Selbstbeteiligung des Versicherten an den Behandlungs- und Arzneikosten (französische Sozialversicherung)	*El porcentaje de los gastos médicos no reembolsados por la Seguridad social*

22 Shipping and air freight — Armement maritime et fret aérien

The high sea(s)	La haute mer
The Channel	La Manche
Ocean shipping High seas navigation Foreign navigation	L'armement hauturier La navigation hauturière La navigation au long cours
Sea carriage Carriage by sea	Le transport par mer
Shipping Sea-borne shipping Sea transport	Les transports maritimes
Sea route	La route maritime
Freight shipping Cargo shipping	Les messageries maritimes
Sea-borne trade	Le commerce maritime
Shipping business Shipping trade	L'armement Les activités de l'armement maritime Le domaine de l'armement maritime
The ship-owner	L'armateur
The managing-owner The manager-freighter	L'armateur gérant L'armateur titulaire
The master of the ship The shipmaster The ship's master	Le commandant du navire Le maître du navire
The purser The ship's purser	Le commissaire Le commissaire du bord
The carrier	Le transporteur
The sea carrier The carrier of goods by sea	Le transporteur par mer Le transporteur maritime
The shipbuilder	Le constructeur de navires
The ship-broker	Le courtier maritime
The shipping agent	L'agent maritime

Seeschiffahrt und Luftfracht

Navegación marítima y flete aéreo 22

Die hohe See	La alta mar
Der Ärmelkanal	La Mancha
Die Hochseeschiffahrt Die Hochseenavigation	La navegación de altura
Der Seetransport Die Seeverfrachtung	El transporte por mar
Die Schiffsverfrachtung Die Seeverfrachtung Die Seeschiffahrt	Los transportes marítimos
Die Seeroute	La vía marítima La ruta marítima
Die Frachtschiffahrt	La navegación de cargo
Der Überseehandel	El comercio marítimo
Die Schiffahrt	La navegación marítima El sector naviero
Der Reeder	El armador marítimo El naviero
Der Korrespondenzreeder	El armador titular El armador gerente
Der Kapitän des Schiffes	El capitán del barco El patrón del buque
Der Zahlmeister	El sobrecargo
Der Beförderer	El transportador
Der Seefrachtbeförderer	El transportador marítimo
Der Schiffbauer	El constructor de buques
Der Schiffsmakler	El corredor marítimo
Der Schiffahrtsverfrachter Der Schiffahrtsvertreter	El agente de transportes marítimos El agente marítimo El agente naviero

The shipper	L'expéditeur
The forwarding agent	Le commissionnaire de transports
The ship-chandler	Le fournisseur maritime L'entreprise de fournitures maritimes
To ship aboard	Embarquer, charger, mettre à bord
To ship	Expédier, envoyer
To transship	Transborder
To fly a flag	Battre pavillon Arborer un pavillon
A flag of convenience	Un pavillon de complaisance
Seaworthy	En (bon) état de navigabilité
The certificate of seaworthiness	Le certificat de navigabilité
The gross registered tonnage The gross tonnage	La jauge brute de registre La jauge brute
The dead-weight The dead-weight tonnage	Le port en lourd Le tonnage réel
The carrying capacity The pay load	La charge maximale La charge utile
The first trial run of a ship	La première sortie d'un navire
It is the maiden voyage of this ship	C'est le premier voyage de ce navire
This ship does 16 knots	Ce navire file 16 nœuds
Nautical mile Sea mile	Mille marin (1 852 mètres)
The port of registry	Le port d'immatriculation Le port d'armement
To put in at the home port	Faire escale à son port d'attache
To put in at a port of call	Relâcher à un port d'escale
The named port of shipment	Le port d'embarquement convenu
The named port of destination	Le port de destination convenu

Der Absender	El expedidor
Der Spediteur	El agente expedidor
Der Schiffsbedarfslieferant Der Schiffsbedarfshändler	La empresa de suministros marítimos
Verladen An Bord verladen	Embarcar a bordo
Absenden, verfrachten	Despachar, enviar
Umladen (von einem Schiff auf ein anderes)	Trasbordar
Eine Flagge führen Unter einer Flagge segeln	Llevar un pabellón Enarbolar un pabellón
Eine « billige » Flagge Eine Steuerflagge	Un pabellón de conveniencia (fiscal)
Seetüchtig	En buen estado de navegabilidad (de navegación)
Das Seetüchtigkeitszeugnis	El certificado de navegabilidad (de navegación) El permiso de navegar
Die Bruttoregistertonnage Die Bruttotonnage	El arqueo de registro bruto El arqueo bruto
Die Leertonnage	El peso muerto La carga máxima
Die Höchstbelastung (die Höchstlast) Die Nutzlast	La carga máxima La carga útil
Die erste Probefahrt eines Schiffes	La primera salida de un buque
Das ist die Jungfernfahrt dieses Schiffes	Es el primer viaje de este buque
Dieses Schiff macht 16 Knoten	Este buque hace 16 nudos
Seemeile	Milla náutica
Der Heimathafen Der Reedereihafen	El puerto de inmatriculación El puerto de armamento El puerto de matrícula
Den Heimathafen anlaufen	Hacer escala en el puerto de matrícula
Einen Ladehafen anlaufen	Hacer escala en un puerto de la ruta (de carga)
Der vereinbarte Ladeort	El punto de carga convenido
Der vereinbarte Bestimmungshafen	El puerto de destinación convenido

The outward bound ships	Les navires en partance Les navires faisant voile sur le large
To hold up the departure of a ship	Retarder le départ d'un bateau
" Blue Peter "	Pavillon de partance, hissé lors de l'appareillage
The homeward bound ships	Les navires sur le retour
The ship will be laid up after the next voyage	Le navire sera désarmé après le prochain voyage
Ship's books	Les livres de bord
Ship's journal Sea journal Logbook	Le livre de bord
Ship's register Ship's manifest	Le registre de bord Le manifeste de bord
To beacon a port To beacon a harbour	Baliser les approches d'un port Baliser les bassins d'un port
The anchoring berth	Le poste de mouillage Le poste d'amarrage
The open berth	Le poste à quai L'emplacement
The loading berth	L'emplacement de chargement
Berthing	Le mouillage d'un navire L'amarrage au quai d'un navire
When the ship docked	Quand le navire est entré dans le bassin du port
Dock dues	Droits de bassin Droits de dock
When the ship was dry-docked	Quand le bateau a été mis en cale sèche
Coaling Bunkering	Le charbonnage d'un navire
Fuelling	L'alimentation (en fuel) d'un navire
The ship fuels up and lays in supplies with a ship-chandler	Le navire se ravitaille en combustible et fait des provisions auprès d'un fournisseur maritime

Die auslaufenden Schiffe	Los buques en franquía Los buques a punto de salir Los buques haciendo rumbo hacia la alta mar
Das Auslaufen eines Schiffes verzögern	Retrasar la salida de un barco
« Blauer Peter » (Auslaufsignalflagge)	Pabellón de salida de un barco
Die einlaufenden Schiffe Die auf Heimatkurs fahrenden Schiffe	Los barcos navegando hacia el puerto de matrícula
Das Schiff wird nach der nächsten Reise außer Dienst gestellt werden	El barco se desarmará al fin del próximo viaje
Die Schiffsbücher	Los libros de bordo
Das Bordbuch Das Logbuch	El libro de bordo
Das Laderegister	El registro de bordo
Einen Hafen betonnen	Balizar los accesos de un puerto Balizar un puerto
Der Ankerplatz	El fondeadero
Der Liegeplatz	El puesto de atraque (muelle)
Der Ladeplatz	El puesto de carga (muelle)
Das Anlagen eines Schiffes Das Vorankergehen eines Schiffes in einem Hafen	El fondeo de un barco El atraque de un barco
Als das Schiff im Hafenbecken einlief	Cuando el barco entró en la dársena
Dockgebühren Hafengebühren	Derechos de dársena
Als das Schiff ins Trockendock gebracht wurde	Cuando el barco fue conducido al dique seco
Die Bekohlung eines Schiffes	El abastecimiento de carbón de un barco
Das Fuelling eines Schiffes Das Auftanken eines Schiffes	El abastecimiento de fuel de un barco
Das Schiff tankt auf und kauft Vorräte bei einem Schiffslieferanten ein	El barco se abastece de combustible y suministros en una empresa de suministros marítimos

The dry dock	La cale sèche Le bassin de radoub
The floating dock	Le dock flottant
The docker The stevedore The longshoreman (U.S.A.)	Le docker
Navy	La marine de guerre
Naval vessels	Navires de la marine de guerre
Warships Men-of-war	Vaisseaux de guerre
The flagship	Le vaisseau amiral Le bâtiment commandant Le premier navire d'une ligne maritime
The naval architect	L'ingénieur du génie maritime
The shipyard	Le chantier naval
To launch a ship	Lancer un bateau
The repair shop	L'atelier de réparation
The repair yard	Le chantier de réparation Le chantier de radoub
Merchant fleet Mercantile Marine	La marine marchande
We are hiring six pilots	Nous sommes en train d'engager six pilotes
A ship	Un navire (marchand) Un vaisseau (guerre)
Port	Bâbord
Starbord	Tribord
The small craft	L'embarcation
The motor launch	La vedette
The steamship The steamer	Le bateau à vapeur Le vapeur
The passenger and mail ship The passenger ship	Le paquebot
A shipping company	Une compagnie de transports maritimes
A shipping line	Une ligne maritime
A line service	Un service régulier

Das Trockendock	El dique seco
Das Schwimmdock	El dique flotante
Der Dockarbeiter Der Hafenarbeiter	El docker El cargador de muelle
Die Kriegsmarine	La marina de guerra La armada La flota
Schiffe der Kriegsmarine	Navíos de la armada
Kriegsschiffe	Navíos de guerra Buques de guerra
Das Flaggschiff	El buque almirante de una escuadra El primer buque de línea
Der Schiffbauingenieur	El ingeniero naval
Die Schiffswerft	El astillero
Ein Schiff vom Stapel lassen	Botar un buque
Die Reparaturwerkstatt	El taller de reparaciones
Die Reparaturwerft	El astillero de reparaciones
Die Handelsmarine	La marina mercante
Wir sind dabei, sechs Lotsen anzuheuern	Estamos matriculando seis prácticos
Ein Schiff	Un navío Un buque Un barco
Backbord	Babor
Steuerbord	Estribor
Das Wasserfahrzeug (e)	La embarcación
Das Motorboot	La lancha
Das Dampfschiff Der Dampfer	El barco de vapor El vapor
Das Passagierschiff	El paquebote
Eine Schiffahrtsgesellschaft	Una compañía marítima Una compañía naviera
Eine Schiffahrtslinie	Una línea marítima
Ein Linienfrachtdienst	Un servicio regular de cargo

The liner	Le paquebot de ligne
The line freighter	Le cargo de ligne
Tramp freighter	Cargo relâchant dans tout port lui assurant du fret Cargo en cueillette
Tramping Tramp shipping	Navigation à la cueillette
The mail ship The mail steamer RMS = Royal Mail Ship (U.K.) USMS = United States Mail Ship	Le paquebot postal
The cargo-boat The freighter	Le cargo ordinaire
The dry cargo traffic	Le trafic de cargaison ordinaire
The container-ship	Le porte-conteneurs Le porte-containers
The collier The coaler	Le navire charbonnier
The tanker	Le navire pétrolier
The deep-draught tanker	Le pétrolier de grand tirant d'eau
A mammoth tanker	Un navire-citerne géant
Ocean-going behemoths	Monstres des mers (navires)
The cold-storage vessel The cold-storage ship	Le navire frigorifique
The fishing-boat	Le bateau de pêche
Deep-sea fishing	La grande pêche
The drifter The trawler	Le chalutier
The shrimper	Le crevettier
The whaler	Le baleinier
The tug The tow-boat	Le remorqueur
To commission a tug	Mettre en service un remorqueur Armer un remorqueur
The lighter	L'allège Le chaland
A loaded ship	Un navire chargé
A ship laden with wheat	Un navire chargé de blé
A ship in ballast A ship in ballast-trim	Un navire sur lest

Das Linienschiff Der Liniendampfer	El paquebote de línea
Der Linienfrachter	El carguero de línea
Trampfrachter	Carguero sin línea regular Carguero volandero
Trampschiffahrt	Servicio de carga sin línea regular
Das Postschiff	El paquebote de correos
Das Frachtschiff	El carguero El buque de carga
Der Trockenfrachtverkehr Die Trockenfrachtschiffahrt	La navegación de carga ordinaria Los cargamentos ordinarios
Das Containerschiff	Carguero de contenedores Carguero containers
Der Kohlenfrachter	El carbonero El barco carbonero
Der Tanker	El petrolero
Der Tanker mit großem Tiefgang	El petrolero de mucho calado
Ein Riesentanker	Un petrolero gigante
Riesenschiffe	Buques gigantes
Das Kühlschiff	El buque frigorífico
Der Fischdampfer	El barco de pesca
Die Hochseefischerei	La pesca de alta mar
Der Trawler Der Schleppnetzfischdampfer	El bou
Der Krabbenkutter	El (barco) camaronero
Der Walfänger	El ballenero
Der Schlepper	El remolcador
Einen Schlepper in Dienst stellen	Armar un remolcador Poner en servicio un remolcador
Der Leichter Der Flußkahn	El alijador El lanchón
Ein beladenes Schiff	Un buque cargado
Ein mit Weizen beladenes Schiff	Un buque cargado de trigo
Ein mit Ballast beladenes Schiff	Un buque en lastre

The ice-breaker	Le brise-glace
The weather-ship	Le bateau météorologique
An old ship An old boat	Un navire âgé
An obsolescent ship	Un navire suranné
To break up old tonnage and scrap it	Démolir le vieux tonnage et le ferrailler
Coasting Coastal shipping	Le cabotage
Inland water transport (U.K.) River navigation (U.S.A.)	La navigation fluviale
An inland water-way	Une voie fluviale navigable
The barge	La péniche
The shipping exchange	La bourse des frets
A voyage charter party	Une charte-partie au voyage
A time charter party	Une charte-partie à terme
Barratry	La baraterie
Demurrage	Les surestaries
Allowance of demurrage Demurrage payment	L'indemnité de surestaries
To waive demurrage claims	Renoncer à l'indemnité de surestaries
The marine insurance underwriter The marine underwriter	L'assureur maritime
Lloyd's Register of Shipping	Registre des spécifications de navires de presque tous les pays qui ont obtenu la classification de Lloyd's (environ 30 % du tonnage mondial)
"A-1"- class	Categorie A1 Classification la meilleure au Lloyd's, passée dans le langage courant pour signifier « de premier ordre »
Lloyds' policy	Police d'assurance portant le cachet du Lloyd's
Lloyds'room appears like a pandemonium	La salle centrale du Lloyd's apparaît comme une tour de Babel
A ship mortgage	Une hypothèque maritime
A maritime lien	Un contrat à la grosse
A bottomry loan	Un prêt à la grosse sur corps

Der Eisbrecher	El rompehielos
Das Wetterschiff	El barco meteorológico
Ein altes Schiff	Un barco viejo
Ein veraltetes Schiff	Un barco anticuado
Die alte Tonnage abwracken und verschrotten	Desguazar los barcos anticuados y convertirlos en chatarra
Die Küstenschiffahrt	El cabotaje
Die Flußschiffahrt	La navegación fluvial
Die Binnenschiffahrt	Los transportes fluviales
Eine Binnenschiffahrtsstraße	Una vía de agua navegable
Der Lastkahn	La barcaza de carga
Der Flußkahn	La gabarra de carga
Die Frachtenbörse	La Bolsa de los fletes
Ein Reisechartervertrag	Un contrato de flete al viaje
Ein Zeitchartevertrag	Un contrato de flete a plazo fijo
Die Baratterie	La baratería
Die Überliegezeit	La sobrestadía
Das Überliegegeld	La compensación de sobrestadía La indemnidad de sobrestadía
Auf Überliegegeldansprüche verzichten	Renunciar a la indemnidad de sobrestadía
Der Seeversicherer	El asegurador marítimo
Register der Spezifikationen von Schiffen fast aller Länder, denen die Klasse « Lloyd's » zuerkannt worden ist (ca. 30 % der Welttonnage)	Registro de barcos mercantes de casi todos los países admitidos a la clase « Lloyd's » (aproximadamente 30 por 100 del tonelaje mundial)
A-1 Klasse von Lloyd's bezeichnet im allgemeinen Sprachgebrauch « erste Klasse »	Clase A-1 del Lloyd's A-1 significa en la lengua corriente « de primera clase »
Versicherungspolice von Lloyd's	Póliza de seguro del Lloyd's
Der Börsensaal von Lloyd's macht den Eindruck eines Pandemoniums	La sala principal de transacciones del Lloyd's parece un pandemonio
Eine Schiffshypothek	Una hipoteca marítima
Ein Schiffspfandrecht	Un contrato a la gruesa
Ein Bodmereidarlehen	Un préstamo a la gruesa

A ship's protest	Un rapport de mer Un procès-verbal d'avaries
The shipwreck	Le naufrage d'un navire
A derelict ship	Un navire abandonné en mer
A derelict	Une épave flottante
A stranded ship	Une épave de naufrage sur la côte
A wrecked ship	Une épave maritime en mer
Flotsam	Marchandise d'un navire ayant fait naufrage en mer Choses de flot et de mer Épave(s) flottante(s)
Flotsam, jetsam and lagan	Choses de flot et de mer Choses de bris et naufrage
Shipment	Le chargement La cargaison Le fret La charge
Value of the shipment	La valeur du chargement
A shipment may include several consignments	Un chargement peut comporter plusieurs envois
Packing (U.K.) Packaging (U.S.A.)	L'emballage
Packed in crates Crated	Emballé dans des caisses à claire-voie
In iron-hooped cases	En caisses cerclées de fer
In cases lined with zinc or tin plate	En caisses doublées de zinc ou de fer-blanc
In sacks of 380 lbs In 380 pound bags (U.S.A.)	En sacs de 380 livres anglaises
The packing list	La liste de colisage
All cases to be covered with tarpaulins	Toutes les caisses doivent être couvertes de bâches
The container	Le conteneur Le container
An airline	Une ligne aérienne Une compagnie aérienne
Airlines based in...	Compagnies aériennes ayant des bases d'opérations en...
The air terminal The air station	L'aérogare

Eine Verklarung Ein Seeprotest	Una declaración de averías (marítimas), daños (marítimos)
Der Schiffbruch	El naufragio de un barco
Ein auf See aufgegebenes Schiff	Un barco derrelicto en alta mar
Ein treibendes Wrack	Un derrelicto flotante
Ein gestrandetes Schiff	Un derrelicto de costa
Ein Wrack	Un derrelicto marítimo
Seetrift Treibendes Wrack	Derrelicto flotante
Seetrift und Strandgut	Derrelictos de costa y de mar
Die Fracht Die Ladung	El cargamento El flete La carga
Der Ladungswert	El valor de la carga
Eine Ladung kann mehrere Sendungen umfassen	Una carga puede comprender varias remesas
Die Verpackung	El embalaje
In Holzverschlägen verpackt	Embalado en cajas caladas
In mit Eisenband gesicherten Kisten	En cajas con arcos de acero
In mit Zink oder Weißblech ausgelegten Kisten	En cajas forradas de cinc o de hojalata
In Säcken von 380 englischen Pfund	En sacos de 380 libras inglesas
Die Stückliste Das Frachtverzeichnis	La lista de los bultos embalados
Alle Kisten müssen mit Planen bedeckt werden	Todas las cajas deben cubrirse con lonas
Der Container Der Frachtbehälter	El contenedor El container
Eine Luftlinie Eine Fluggesellschaft	Una línea aérea Una compañía aérea
Fluggesellschaften mit Operationsbasen in...	Compañías aéreas con bases de operaciones en...
Der Luftterminus Die Flugabfertigungsstelle	El terminal La estación terminal

The airport	L'aéroport
Airport tax	La taxe d'aéroport
Air traffic	Le trafic aérien
Air transport	Le transport aérien
Home freight Return freight	Le fret de retour
Air-freight consignment note Air bill of shipping	Le connaissement pour marchandises transportées par avion Le connaissement aérien

Der Flughafen	El aeropuerto
Die Flughafengebühr	El impuesto de aeropuerto La tasa de aeropuerto
Der Luftverkehr	El tránsito aéreo El tráfico aéreo
Der Lufttransport	El transporte aéreo
Die Rückfracht Die Retourfracht	El flete de vuelta
Der Luftfrachtbrief	El conocimiento aéreo

23 Domestic trade — Commerce intérieur

The merchants — *Les commerçants*

The Chambers of Commerce	Les Chambres de commerce
A mercantile agency	Une agence commerciale
A credit inquiry agency / A commercial inquiry agency	Une agence de renseignements commerciaux
A merchant for his own account / An independent merchant	Un commerçant à son compte
Notice of opening of a business	Avis d'ouverture d'une affaire
To set up in business on one's own account	S'établir à son propre compte
To set up in trade on one's own account	S'établir à son propre compte comme commerçant ou dans un métier (artisan, etc.)
To turn over one's business / To sell one's business	Céder son affaire
To be out of business	S'être retiré des affaires
A tradesman	Un artisan / Un commerçant
The business operator	L'exploitant d'une affaire
A commonplace shop / A run-of-the mill shop	Un magasin quelconque
A retailer	Un détaillant
A shopkeeper	Un petit commerçant / Un boutiquier
A wholesaler	Un grossiste
The merchant princes	Les gros négociants
A mercantile factor	Un consignataire de marchandises / Un consignataire de commerce
Exhibitor at the Paris Fair	Exposant à la Foire de Paris
An itinerant vendor / A pedlar	Un marchand ambulant / Un colporteur
A middleman / An intermediary	Un intermédiaire

Binnenhandel

Comercio interior 23

Die Kaufleute

Los comerciantes

Die Handelskammern	Las cámaras de comercio
Eine Handelsvertretung	Una agencia comercial
Eine Auskunftei Eine Geschäftsauskunftei	Una agencia de informes comerciales
Ein Einzelkaufmann Ein selbständiger Kaufmann	Un comerciante por cuenta propia Un negociante por propia cuenta
Geschäftsöffnungsanzeige	Aviso de apertura de un negocio
Sich selbständig machen Sich selbständig niederlassen	Establecerse por cuenta propia
Sich als Kaufmann oder Handwerker selbständig niederlassen	Establecerse por cuenta propia como comerciante o en un oficio
Sein Geschäft (Firma) verkaufen Seine Firma aufgeben	Traspasar su negocio
Sich von den Geschäften zurückgezogen haben Nich mehr geschäftlich tätig sein	Haberse retirado de los negocios
Ein Einzelhändler Ein Handwerker	Un artesano Un tendero
Der Gewerbetreibende	El operador de un negocio
Ein Geschäft ohne Besonderheiten	Una tienda cualquiera
Ein Einzelhändler	Un detallista Un comerciante al por menor
Ein kleiner Einzelhändler	Un comerciante al por menor Un tendero
Ein Großhändler	Un comerciante al por mayor
Die Großkaufleute	Los grandes negociantes
Ein Kommissionär Ein Kommissionsvertreter	Un comisionista
Aussteller auf der Pariser Messe	Expositor en la Feria de París
Ein ambulanter Händler Ein Hausierer	Un vendedor ambulante Un vendedor callejero
Ein Mittelsmann	Un intermediario

A go-between	Un intermédiaire (*dans une négociation*)
Department store	Grands magasins
A chain-store (U.S.A.) A multiple store (U.K.)	Un magasin à succursales multiples
The multiple shop concerns	Les magasins de vente à succursales multiples
A one-price store A dime-store (U.S.A.) A penny-store (U.K.)	Un magasin à prix unique
A supermart A supermarket	Un supermarché
A distribution network	Un réseau de distribution
A vending machine An automatic vending machine	Un distributeur automatique
Mail order business	La vente par correspondance
We have just set up a commission agency	Nous venons de fonder une maison de commission
A zippy promotor (U.S.A.) A zippy prime mover (U.S.A.)	Un promoteur plein d'allant
A dynamic developer	Un promoteur immobilier dynamique
A concession holder A concessionary	Un concessionnaire (*mines, etc.*)
A sole distributor An exclusive distributor	Un concessionnaire exclusif (*automobiles, etc.*)
A building contractor	Un entrepreneur (*construction et travaux publics*)
Engineering company	Société de construction mécanique
Electrical engineering company	Société de construction électromécanique
Expertise Expertness	Les connaissances techniques La compétence
The know-how	Le fond technique Le savoir-faire technique
The knack	Le tour de main

Ein Vermittler	Un intermediario *(de una negociación)*
Warenhaus	Grandes almacenes
Ein Filialgeschäft	Una cadena de almacenes Una cadena de tiendas
Die Filialbetriebe des Einzelhandels	Las empresas de cadenas de almacenes (tiendas) Las empresas con múltiples sucursales
Ein Einheitspreisgeschäft	Un almacén a precio único
Ein Supermarkt	Un supermercado
Ein Verkaufsnetz	Una red de distribución Una red de venta
Ein Warenautomat	Un distribuidor automático
Das Versandhausgeschäft	La venta por correspondencia
Wir haben gerade ein Kommissionshaus gegründet	Acabamos de fundar una casa de comisionistas
Ein energischer Promotor Ein unternehmungslustiger Geschäftsmann	Un promotor muy activo
Ein energischer Baulöwe	Un promotor inmobiliario muy activo
Ein Konzessionsinhaber	Un concesionario (*minas, etc.*)
Ein Konzessionär Ein Alleinvertreter (Verteiler)	Un concesionario (*coches, etc.*) Un agente exclusivo
Ein Hochbauunternehmer Ein Tiefbauunternehmer	Un contratista de obras
Maschinenbaugesellschaft	Empresa de construcción de maquinaria
Elektrogesellschaft Maschinenbaugesellschaft für elektrische Anlagen	Empresa de construcción de maquinaria eléctrica
Technische Kenntnisse Spezialkenntnisse	Los conocimientos técnicos Los conocimientos especiales
Der Knowhow Die technische Kapazität Das technische Wissen	El fondo técnico La habilidad técnica
Der Dreh	El tino

By-business	Commerce auxiliaire
Joint venture	Opération en participation
With a view to reselling	En vue de revendre
Good salesmen must be good listeners	Les bons vendeurs doivent savoir écouter
To be as glib as a bagman	Avoir la faconde du commis voyageur
A bagman cuts his teeth	Un démarcheur se fait la main
An outdoor salesman	Un vendeur visitant la clientèle
A book canvasser	Un placier en librairie
This salesman is the agressive type	Ce vendeur a tout le mordant qu'il faut
An intrusive representative	Un représentant trop insistant
Sales contest	Concours de vente entre vendeurs pour stimuler l'émulation
To promise the moon and the stars to everybody	Promettre la lune à tous
The soul-destroying world of the commercial traveller	Le monde abrutissant du commis voyageur
A commercial traveller canvasses for orders A drummer canvasses for orders (U.S.A.)	Un voyageur de commerce visite la clientèle à la recherche de commandes
The commercial traveller's territory	La région assignée à un commis voyageur
Our traveller is leaving for a round of your district	Notre voyageur de commerce part en tournée dans votre région
Our agent will have the pleasure of putting himself at your disposal	Notre représentant aura le plaisir de se mettre à votre disposition
Disgruntled salesmen who did not receive immediate commission payment on business they turned in	Des représentants mécontents de n'avoir pas reçu le paiement immédiat des commissions sur les affaires qu'ils avaient apportées
Legislation limiting door-to-door selling	Législation limitant le démarchage à domicile
A sales manager must have a flair for public relations and image building	Un directeur des ventes doit avoir du flair pour tout ce qui touche aux relations publiques et à la création de l'image de marque

Nebengeschäft	Comercio auxiliar
Beteiligungsgeschäft	Operación en participación
Zum Zweck des Wiederverkaufs	Con vistas a la reventa
Gute Verkäufer müssen gute Zuhörer sein	Los buenos vendedores deben saber escuchar
Das Mundwerk eines Handelsreisenden haben	Tener la facundia de un viajante de comercio
Ein Handelsvertreter übt sich ein	Un viajante de comercio se hace la mano
Ein Reisevertreter	Un vendedor que visita la clientela
Ein Buchhandelsvertreter	Un corredor de libros
Dieser Verkäufer geht ran Dieser Verkäufer hat Schneid	Este vendedor aborda los clientes como se debe
Ein aufdringlicher Vertreter	Un representante demasiado pegajoso Un viajante demasiado agresivo
Verkaufswettbewerb unter Verkäufern	Certamen de vendedores para estimular las ventas
Allen die Sterne vom Himmel versprechen	Prometer a todos la luna
Die geisttötende Welt des Handelsreisenden	El mundo de monotonía mortal del viajante de comercio
Ein Handelsvertreter besucht die Kundschaft, um Aufträge hereinzuholen	Un viajante de comercio visita los clientes para suscitar pedidos
Das Verkaufsgebiet eines Handelsreisenden	La zona de actividad de un viajante de comercio
Unser Handelsreisender begibt sich auf eine Besuchsrunde in Ihren Bezirk	Nuestro viajante de comercio emprende una vuelta en su región
Unser Vertreter wird sich gern zu Ihrer Verfügung halten	Nuestro viajante se pondrá con mucho gusto a su disposición
Unzufriedene Handelsreisende, die nicht sofort die Provisionen der von ihnen angebrachten Aufträge erhalten haben	Viajantes descontentos por no haber recibido el pago inmediato de las comisiones sobre los negocios que habían realizado
Gesetzgebung, die das Hausieren einschränkt	Legislación que limita la venta a domicilio
Ein Verkaufsdirektor muß eine Nase für Öffentlichkeitsarbeit und die Schaffung des Markenimpaktes haben	Un director de ventas debe tener buen olfato para las relaciones públicas y la creación de la imagen pública de una marca

Sales

Product development New product development	La création de produits
Sales range Product line	Un programme de vente Une gamme de produits
New products and processes	Nouveaux produits et procédés
Marketing life	La vie commerciale d'un nouveau produit
Product life Product life expectancy Economic life Useful life	La durée utile d'un produit
A break-through	Une percée
A technological break-through	Une percée technique Une innovation technique fondamentale
To stand up for a long time	Faire bon usage Être très résistant à l'usage
To last a long time	Durer longtemps Être très résistant à l'usure
Trade mark Brand	Marque de fabrique Marque commerciale
A test sample	Un échantillon de contrôle
Registered trade mark	Marque de fabrique déposée
Proprietary brand Registered brand	Marque commerciale déposée
The brand image The hall-mark image	L'image de marque
The public familiarity of a brand The brand penetration The market penetration of a brand	La notoriété d'une marque
Brand loyalty	La fidélité à la marque
These articles meet with a ready sale These articles sell well	Ces articles se vendent bien
Fancy goods sell like hot cakes	Les « articles de Paris » se vendent comme des petits pains
Gimcrackery Frippery	Camelote, « toc »
The inherent vice The intrinsic vice	Le vice inhérent Le vice intrinsèque
The latent vice	Le vice caché

Les ventes

Der Verkauf   *Las ventas*

Die Entwicklung neuer Erzeugnisse	La creación de nuevos productos
Ein Verkaufsprogramm	Un programa de venta Una línea de productos
Neue Erzeugnisse und Verfahren	Nuevos productos y métodos
Die marktfähige Lebensdauer eines neuen Produktes	La vida comercial de un nuevo producto
Die Nutzungsdauer eines Erzeugnisses	La vida útil de un producto
Ein Durchbruch	Una brecha
Ein wichtiger technischer Durchbruch	Una innovación tecnológica fundamental
Widerstandsfähig sein	Ser muy resistente
Lange Zeit halten Lange Zeit brauchbar sein	Durar mucho tiempo Durar mucho
Warenzeichen Marke	Marca de fábrica Marca comercial
Ein Kontrollmuster Ein Probemuster	Una muestra de verificación Una muestra de prueba
Eingetragenes Warenzeichen	Marca registrada
Eingetragene Marke	Marca registrada
Der Ruf einer Marke Das Öffentlichkeitsbild einer Marke	La imagen de una marca La reputación de una marca
Die Marktdurchdringung einer Marke Die Verbreitung einer Marke	La notoriedad de una marca
Die Markentreue	La fidelidad a la marca
Diese Artikel verkaufen sich gut	Estos artículos se venden bien
Modeartikel verkaufen sich wie heiße Brötchen	Los artículos de fantasía se venden como rosquillas
Ramschware	Baratijas
Der innere Mangel (Fehler)	El vicio inherente El vicio propio
Der versteckte Mangel (Fehler)	Un vicio oculto

Infringement of a patent Patent infringement	La contrefaçon La violation d'un brevet
Our new catalogue is in the press	Notre nouveau catalogue est sous presse
A pattern book	Un catalogue d'échantillons
Catalogue Parts list Parts schedule	Nomenclature
A ready-reckoner	Un barème
An estimate An estimate of quantities and costs	Un devis
Offer Quotation	L'offre La cotation
Tender	La soumission L'offre de soumission
To call for tenders	Faire des appels d'offre
Please quote your best terms and prices for...	Veuillez nous soumettre vos meilleures conditions de prix et de paiement pour...
A small trial order	Une petite commande d'essai
The written order	Le bon de commande
The order-form The order-blank (U.S.A.)	Le formulaire de commande
The order-book	Le carnet de commandes
The indent	L'ordre d'achat provenant de l'étranger
Buyers Customers	La clientèle (d'un commerçant ou d'un industriel)
A good selection of customers	Un bon noyau de clientèle
A valued customer	Un client important Un client très apprécié
An important customer	Un client pour d'importantes quantités
A round-lot customer A round-lot buyer	Un client achetant une seule marchandise par grosses quantités
An odd-lot customer An odd-lot buyer	Un client qui achète des stocks restants
A prospect (U.S.A.) A prospective buyer	Un client possible

Die Patentverletzung	Imitación fraudulenta Violación de una patente
Unser neuer Katalog ist im Druck	Nuestro nuevo catálogo está en prensa
Ein Musterkatalog	Un catálogo de muestras
Warenverzeichnis Stückliste Katalog	Lista de mercancías Lista de piezas Catálogo
Eine Rechentabelle	Un baremo
Ein Kostenvoranschlag	Un presupuesto
Das Angebot Die Notierung	La oferta La cotización
Das Ausschreibungsangebot	La licitación La oferta de sumisión
Zu Ausschreibungsangeboten auffordern	Solicitar ofertas de sumisión Solicitar licitaciones
Wir bitten um Ihr Preisangebot zu den bestmöglichen Zahlungsbedingungen über...	Rogamos a Vd. nos dé a conocer sus mejores condiciones de precio y de pago para...
Ein kleiner Versuchsauftrag	Un pequeño pedido de prueba
Der schriftliche Auftrag	El pedido por escrito El encargo por escrito
Das Auftragsformular	El formulario de pedido El formulario de encargo La hoja de pedido (encargo)
Das Auftragsbuch Der Auftragsbestand	El libro de encargos (pedidos) Los pedidos pendientes
Der Exportauftrag	El pedido de exportación
Die Kundschaft	La clientela (comercial)
Eine gute Stammkundschaft	Una buena selección de clientes
Ein wichtiger Kunde	Un cliente importante Un cliente apreciado
Ein großer Kunde	Un cliente que compra grandes cantidades
Ein Käufer großer Serien	Un cliente que compra grandes cantidades de una sola mercancía
Ein Kunde für Restpartien	Un cliente que compra mercancías no corrientes (difíciles de vender)
Ein eventueller Kunde	Un cliente eventual Un cliente posible

Prospective new customers	Nouveaux clients en perspective
A client	Un client
No exchanging or refunding Purchases are neither exchanged nor refunded	Ni échangé ni repris
We are willing to take your goods on sale or return	Nous sommes disposés à prendre vos marchandises en dépôt avec reprise des invendus
Satisfaction or your money back Satisfaction or refund	Satisfaits ou remboursés
A good will refund A refund without obligation	Un remboursement sans engagement Un remboursement non obligatoire
To run out of an article	Manquer d'un article
Sold out Out of stock	Épuisé
Unobtainable Unavailable	Non disponible
At the present rate of demand At the current demand level	Au taux actuel de la demande Au niveau actuel de la demande
Faded goods	Marchandises défraîchies
Shop-soiled goods Shop-worn goods	Marchandises ayant fait l'étalage
Fire sale	Vente de marchandises légèrement abîmées par le feu
Jumble sale	Vente d'objets usagés, défraîchis, dépareillés Déballage
Odd sizes	Tailles non suivies Dimensions non courantes
The dead stock	Les vieilles marchandises difficiles à vendre
Broken lines Broken lots	Fins de séries Tailles non suivies Marchandises dépareillées
Goods left on hand	Marchandises laissées pour compte

Eventuelle neue Kunden	Posibles clientes nuevos Eventuales nuevos clientes
Ein Klient	Un cliente
Weder Umtausch noch Rückzahlung	La casa no admite ni cambios ni devoluciones
Wir sind bereit, Ihre Waren zum Verkauf mit Rückgaberecht zu übernehmen	Estamos dispuestos a aceptar sus mercancías para la venta con derecho de devolución
Zufrieden oder Ihr Geld zurück!	Satisfacción o devolución de su dinero
Eine unverbindliche Rücknahme einer Ware Eine unverbindliche Kaufpreisrückvergütung	Un reembolso no obligatorio
Einen Artikel nicht mehr vorrätig haben	No tener existencias de un artículo
Ausverkauft Nicht mehr vorrätig	Agotado
Unbeschaffbar	No puede conseguirse No disponible
Bei der gegenwärtigen Nachfrage Bei dem gegenwärtigen Nachfrageniveau	Al índice actual de la demanda Al nivel actual de la demanda
Nicht mehr farbfrische Waren Verschossene Waren	Mercancías descoloridas
Schaufensterware Ausstellungsware Angeschmutzte Ware	Mercancías de escaparate rebajadas
Verkauf feuerbeschädigter Waren	Venta de mercancías averiadas por un incendio
Ramschverkauf	Venta a bajo precio de objetos usados, descoloridos, etc.
Sondergrößen Schwerverkäufliche Größen	Tamaños no corrientes
Die Ladenhüter Die schwerverkaufbaren alten Ware	La mercancía pasada de moda o invendible
Restware Serienreste Einzelstücke	Restos de serie
Unverkaufte Ware Restposten	Mercancía no vendida Restos no vendidos

Second-hand articles	Articles d'occasion
Alteration sale Sale for renovation of premises Renovation sale	Soldes pour rénovation
To sacrifice To sell at a loss	Sacrifier Vendre à perte
To sell at a profit	Vendre avec bénéfice
Merchandising	Commercialisation
To merchandise	Commercer Commercialiser
1975 sales up 100 % versus 1974	Ventes en 1975 en hausse de 100 % sur 1974
Consolidated turnover (ex taxes) up 20% over 1974	Chiffre d'affaires consolidé (hors taxes) en hausse de 20 % sur 1974
Group turnover (after taxes) up 40 % for first six months	Chiffre d'affaires du Groupe (après impôts) en hausse de 40 % pour le premier semestre
Turnover Sept 30 1975, FF 100 millions, 25 % higher than 1974	Au 30 septembre 1975, le chiffre d'affaires est de FF 100 millions, dépassant de 25 % celui de 1974 à la même date
Turnover 1975: 30% up versus 1974	Chiffre d'affaires 1975 en hausse de 30 % sur celui de 1974
To draw up a contract To draft a contract	Rédiger un contrat
To finalize a contract To conclude a contract	Conclure un contrat Signer un contrat
To put the final touches to a contract	Mettre la dernière touche à un contrat
It's as good as done It's as good as settled	L'affaire est dans le sac
The business is promising The business is shaping well	L'affaire prend bonne tournure L'affaire est en bonne voie

Prices

Les prix

Supply and demand	L'offre et la demande

Gelegenheitsartikel Artikel aus zweiter Hand Gebrauchtartikel	Artículos de ocasión
Renovierungsausverkauf	Venta por renovación
Mit Verlust verkaufen Zu Verlustpreisen verkaufen	Malvender Malbaratar Vender con pérdida
Mit Gewinn verkaufen	Vender con provecho Vender con ganancia
Kommerzialisierung Organisation des Verkaufs	Comercialización
Handel treiben Den Verkauf organisieren	Comercializar
Umsatz 1975 um 100 % höher als 1974	Ventas de 1975 superiores del 100 % a las de 1974
Umsatz vor Steuer 1975 um 20 % höher als 1974	Facturación consolidada (sin impuestos) de 1975 superior del 20 % a la de 1974
Gruppenumsatz nach Steuern um 40 % höher im ersten Halbjahr	Facturación del Grupo (impuestos descontados) en aumento del 40 % en el primer semestre
Umsatz per 30.9.1975 ist 100 Millionen FF. um 25 % höher als 1974.	Las ventas al 30 de septiembre de 1975 son de FF 100 millones superando del 25 % las de 1974
Umsatz 1975 um 30 % höher als 1974	Facturación de 1975 superando de 30 % la de 1974
Einen Vertrag aufsetzen	Redactar un contrato
Einen Vertrag abschliessen	Concluir un contrato
Einem Vertrag den letzten Schliff geben	Poner el toque final a un contrato
Die Sache ist geregelt Das Geschäft ist im Sack	El negocio es cosa hecha El negocio está en el bote
Das Geschäft ist auf einem guten Wege Die Sache läßt sich gut an	El asunto toma buen cariz

Die Preise / *Los precios*

Angebot und Nachfrage	Oferta y demanda

Pricing policy	Politique relative au calcul et à la fixation des prix
Pricing method	Méthode d'évaluation
Price policy	La politique des prix
The determination of prices for these products	La fixation des prix de ces produits
To post the prices in dollars	Inscrire les prix en dollars
The prices are fixed by commission on the recommendation of its adviser	Les prix sont fixés par une commission sur la recommandation de son rapporteur
The sales value	La valeur marchande
The market value	La valeur vénale
Price maintenance clause	Clause de la revente à prix imposé
The market price	Le prix marchand
The current price	Le prix courant
The going price	
For a nominal extra	Moyennant un supplément insignifiant
Just a mite dearer	A peine plus cher
The price range	La gamme des prix
Prices are increasing	Les prix augmentent
Prices are on the up	
Prices are being jacked up	On pousse les prix
Prices are being hiked up	On fait monter les prix
To balloon prices	Faire bondir les prix
Price escalation	Graduelle augmentation des prix
The sudden price increase	La flambée des prix
The price flare-up	
The price ceiling	Le plafond des prix
A laughable price	Un prix dérisoire
To buy something for a song	Acheter quelque chose pour rien
To get value for one's money	En avoir pour son argent
An excellent bargain	Une affaire en or
The best value in the market	La meilleure affaire sur le marché actuel

Preispolitik (eines Unternehmens) Bewertungsmethode	Política de una empresa para la fijación de los precios Método de valoración
Die Preispolitik (einer Regierung)	La política de los precios
Die Preisfestsetzung für diese Erzeugnisse	La fijación de los precios de estos productos
Die Preise in Dollars bekanntgeben	Anunciar los precios en dólares
Die Preise werden von einer Kommission entsprechend der Empfehlung ihres Berichterstatters festgesetzt	Los precios se fijan por una junta según la recomendación de su ponente (relator)
Der Marktwert	El valor comercial corriente
Preisbindungsklausel	Cláusula de la reventa a precios fijos
Der Marktpreis	El precio del mercado El precio corriente
Der handelsübliche Preis	El precio corriente
Gegen einen unwesentlichen Aufschlag	Contra un suplemento sin importancia
Es kostet nur wenig mehr Es kostet nur ein paar Groschen mehr	Vale solamente una perra más Solamente un poquito más caro
Die Preisskala	La escala de los precios
Die Preise steigen	Los precios aumentan
Die Preise werden hochgetrieben	Pujar los precios al alza
Die Preise hochjagen	Provocar el alza de los precios
Fortlaufende Preiserhöhung	Alza gradual de los precios
Die plötzliche Preiserhöhung	El alza súbita de los precios
Die Höchstpreise	Los precios máximos Los precios tope
Ein lächerlicher Preis	Un precio irrisorio
Etwas für einen Apfel und ein Ei kaufen	Comprar algo por casi nada
Etwas für sein Geld bekommen	Sacarle jugo al dinero
Ein ausgezeichnetes Geschäft	Une ganga Un negocio magnífico
Das beste Geschäft auf dem Markt Das augenblicklich bestmögliche Geschäft	El mejor negocio que existe en el mercado actual

A ground-floor opportunity A ground-floor bargain	Une véritable occasion
To snap up a bargain	Sauter sur une occasion Saisir l'occasion aux cheveux
To get in on the ground-floor	S'assurer la primeur d'une bonne spéculation S'assurer une situation privilégiée
The keen price The rock-bottom price	Le prix le plus bas
At a bargain price	A un prix avantageux A un prix de solde
Bargain sale Clearance sale	Soldes
At a 50 % discount At 50 % off	Avec 50 % de rabais
Job lot articles	Articles d'occasion
To buy (sell) as a job lot	Acheter (vendre) en vrac
A stiff price A sky-high price	Un prix exorbitant
Highway robbery	Le « coup de fusil »
At a ransom price	A prix d'or
To pay a pretty penny To pay through the nose	Payer à prix d'or
An unconscionable bargain An unconscionable contract	Un contrat contraire aux usages commerciaux
A leonine agreement	Un contrat léonin
A swindle A sucker's deal	Un marché de dupe
To bargain To haggle over prices To dicker (U.S.A.)	Marchander
Closely haggled mark-downs	Des démarquages âprement marchandés
To knock off a price	Rabattre un prix

Eine einmalige Gelegenheit	Una ocasión de verdad Una ganga
Eine gute Gelegenheit wahrnehmen	Caer sobre una buena ocasión Asir la ocasión por los pelos
Bei einer guten Spekulation von Anfang an mitmachen Sich eine gute Ausgangsposition sichern	Asegurarse las primicias de una buena especulación Asegurarse una buena posición desde el principio de un negocio
Der niedrigste Preis	El precio más bajo
Zu einem günstigen Preis Zum Ausverkaufspreis	A un precio muy favorable A un precio muy ventajoso A precio de saldo
Ausverkauf	Venta de liquidación de mercancías Saldos
Mit 50 % Rabatt Mit 50 % Preisnachlaß	Con una rebaja del 50 por 100
Ausverkaufsartikel Gelegenheitsartikel	Artículos de ocasión
In Bausch und Bogen kaufen (verkaufen)	Comprar (vender) a granel
Ein stolzer Preis Ein übertriebener Preis	Un precio exorbitante
Der « Straßenraub » (Hotelrechnung, usw.) Die Vorlegung einer gesalzenen Rechnung	Un clavo (factura)
Sehr teuer Zu einem königlichen Preis	A precio de oro
Einen stolzen Preis bezahlen	Pagar a precio de oro
Ein sittenwidriger Vertrag	Un contrato poco escrupuloso
Ein leonischer Vertrag	Un contrato leonino
Ein Schwindelgeschäft	Un timo
Feilschen Um den Preis feilschen	Regatear
Hart gefeilschte Preisnachlässe	Rebajas regateadas duramente
Einen Preisnachlaß gewähren	Rebajar un precio

Cash discount	Remise consentie pour paiement comptant
Trade discount	Remise consentie aux revendeurs Remise commerciale
Profitless point Break-even point	Point d'équilibre d'exploitation
Loss of profit	Le manque à gagner
A competitive price	Un prix compétitif Un prix concurrentiel
A knock-out price	Un prix défiant toute concurrence
A cut price	Un prix de rabais
To sell at cut prices	Vendre au-dessous des cours
To sell at a friendship price	Vendre à prix d'ami
To be sold dirt cheap To be sold at a give-away price	Être vendu à vil prix Être vendu pour rien
Given into the bargain	Donné en prime
Cut-rate competition Dumping competition	Concurrence par la réduction de prix
An unfair competition	Une concurrence déloyale
A fraudulent competition	Une concurrence frauduleuse
An illicit competition	Une concurrence illicite
To shade prices To fix degressive prices	Établir des prix dégressifs *(suivant les quantités)*
Tapering charges Shaded charges Degressive charges Degressive tariff	Un tarif dégressif
Profit margin	La marge bénéficiaire
The mark-up	La marge bénéficiaire du commerçant
To mark up prices	Élever les prix
To eliminate the processor's mark-up (U.S.A.)	Éliminer la marge bénéficiaire de l'industrie de transformation

Skonto	Rebaja concedida con pagamento al contado
Händlerrabatt Handelsrabatt	Rebaja concedida a los revendedores Rebaja comercial
Kostengleichgewichtspunkt Kostenausgleichspunkt	Punto de equilibrio de los costes (de explotación)
Der Gewinnentgang Der entgangene Gewinn	El beneficio no obtenido
Ein konkurrenzfähiger Preis	Un precio competitivo
Ein konkurrenzloser Preis	Un precio que resiste a toda competencia
Ein herabgesetzter Preis	Un precio rebajado
Unter den Listenpreisen verkaufen	Vender a precios inferiores a los corrientes
Zu einem Freundschaftspreis verkaufen	Vender a un precio de amigo
Zu einem lächerlichen Preis verkauft werden	Ser vendido a un precio irrisorio
Als Zugabe gegeben	Ofrecido por añadidura
Konkurrenz durch Preisunterbietung Preisunterbietungswettbewerb	Competición a base de bajos precios
Ein unlauterer Wettbewerb Eine unlautere Konkurrenz	Una competición desleal
Ein betrügerischer Wettbewerb	Competición fraudulenta
Ein nicht zulässiger Wettbewerb Eine illegale Konkurrenz	Una competición ilícita Una competición ilegal
Nach unten gestaffelte Preise festsetzen Preise mit Mengenrabatten festsetzen	Fijar precios regresivos *(según las cantidades)*
Ein degressiver Tarif Degressive Gebühren	Una tarifa regresiva

Die Gewinnspanne	El beneficio
Die Handelsspanne	El margen de ganancia del comerciante
Die Preise erhöhen	Aumentar los precios
Die Gewinnspanne des Weiterverarbeiters ausschalten	Eliminar el margen de ganancia de la industria transformadora

To eliminate the series of price mark-ups due to succeeding middlemen	Éliminer la hausse des prix en cascade due aux intermédiaires successifs
Stores mark down the goods	Les magasins démarquent les marchandises
To pass on higher costs to the customer	Répercuter sur le client des prix de revient plus élevés

The market / Le marché

Working days Business days (U.S.A.)	Les jours ouvrables
The public holidays The bank-holidays (U.K.)	Les fêtes légales
Year in, year out	Bon an, mal an
All through the season	Pendant toute la saison
The dull season The slack time	La morte saison
Off-peak season Off-peak time	Période creuse
An off-peak day A quiet day	Un jour creux
Overnight	Du jour au lendemain
The rush hours The peak hours	Les heures de pointe
Market Mart	Le marché
Market outlet	Les débouchés
Monopsony The buying monopoly	Le monopsone Le monopole d'achat
Monopoly	Le monopole
Monopolized market	Le marché monopolisé
To market To do one's market	Faire son marché
To market agricultural products	Vendre des produits agricoles
To market a new product	Lancer un produit

Die durch hintereinander geschaltete Zwischenhändler entstehende Serie von Preiserhöhungen ausschalten	Eliminar la serie de aumentos de precio causada por los intermediarios sucesivos
Die Geschäfte setzen die Preise herunter	Las tiendas rebajan el precio de sus mercancías
Kostenerhöhungen auf den Kunden abwälzen	Pasar el aumento del precio de coste al cliente

Der Markt — *El mercado*

Die Arbeitstage	Los días laborales
Die gesetzlichen Feiertage	Los días festivos legales / Los días festivos oficiales
Jahraus, jahrein	Un año con otro
Während der ganzen Saison / Während der ganzen Jahreszeit	Durante toda la temporada
Die tote Zeit	La temporada muerta / La temporada de calma
Ruhige Zeit	Tiempo de poca actividad / Época de calma
Ein ruhiger Tag	Un día de calma
Über Nacht	De un día al otro
Die Hauptgeschäftszeit / Die Hauptverkehrszeit	Las horas punta
Der Markt	El mercado
Der Absatzmarkt	La salida comercial / El mercado
Das Monopson / Das Einkaufsmonopol	El monopolio de compra
Das Monopol / Die Marktbeherrschung	El monopolio
Der monopolisierte Markt	El mercado monopolizado
Seine Einkäufe machen	Hacer sus compras
Landwirtschaftliche Erzeugnisse verkaufen	Vender productos agrícolas
Ein neues Erzeugnis auf den Markt bringen	Lanzar un producto nuevo

Sales area	Territoire de vente
The trading area of a company	Le territoire des activités commerciales d'une société
	Le marché d'une société
A point of sale	Un point de vente
A market study	Une étude de marché
A market survey	
The market trend	La tendance du marché
The long term market trend	La tendance à long terme du marché
Market exploration	La prospection du marché
A market opportunity	Un créneau
A market gap	
A market opening	
Demand assessment	L'évaluation de la demande
A lopsided trade situation	Une situation commerciale déséquilibrée
A lopsided business	Une entreprise déséquilibrée
The market is dead alive	Le marché est en sommeil
	Le marché stagne
The market is overstocked	Le marché est surchargé
The buyers are hanging back	Les acheteurs se tiennent sur la réserve
The buyers are keeping back	
Sales forecast	La prévision des ventes
Sales expectations	Les espérances de ventes
Sales target	L'objectif de ventes
Sales objective	
Sales planning	La planification des ventes
A sales drive	Une campagne de ventes
A sales campaign	
Marketing mix	La structure du programme de vente
	La combinaison des produits commercialisés

Verkaufsgebiet	Zona de venta
Das Marktgebiet einer Gesellschaft Der Markt einer Gesellschaft	La zona de las actividades comerciales de una empresa
Eine Verkaufsstelle	Un punto de venta
Eine Marktstudie Eine Marktforschung	Una encuesta de mercado Una investigación del mercado
Die Markttendenz	La tendencia del mercado
Die langfristige Markttendenz	La tendencia a largo plazo del mercado
Die Marktforschung Die Marktuntersuchung	La prospección del mercado
Eine Marktlücke Eine freie Marktlücke	Un mercado desocupado
Die Nachfrageschätzung Die Nachfragebewertung	El cálculo de la demanda La evaluación de la demanda
Eine unausgeglichene Handelssituation Eine einseitig orientierte Handelssituation	Una situación comercial desequilibrada
Ein unausgeglichenes Unternehmen Ein einseitig orientiertes Unternehmen	Una empresa desequilibrada
Der Markt stagniert	El mercado está estancado
Der Markt ist überfüllt Es besteht ein Überangebot auf dem Markt	El mercado está recargado
Die Käufer halten sich zurück Die Käufer sind reserviert	Los compradores están sobre aviso Los compradores son reservados
Der Verkaufsvoranschlag Die Verkaufsschätzung	La previsión de las ventas
Die Verkaufserwartungen	La expectativa de venta
Das Verkaufsziel Das Verkaufsobjektiv	El objetivo de ventas
Die Verkaufsplanung	La programación de las ventas
Eine Verkaufskampagne Ein Verkaufsfeldzug	Una campaña de ventas
Die Verkaufsprogrammstruktur Die Zusammensetzung des Verkaufsangebots	La estructura del programa de ventas La combinación de los productos comercializados

The distribution circuit	Le circuit de distribution
The distribution network	Le réseau de distribution
The sales force	L'équipe de vente
A task force for hard selling	Un groupe de vendeurs de choc pour la vente agressive
Sales talk	La démonstration d'un vendeur
Sales arguments	Les arguments de vente
Soft selling	La vente en douceur
To push sales with easy payments	Stimuler les ventes avec des facilités de paiement
To stimulate sales by easy terms	
To push sales, you have to suit every pocket and every taste	Pour stimuler les ventes, il vous faut satisfaire tous les budgets et tous les goûts
To increase turnover thanks to an intricate system of kickbacks	Augmenter le chiffre d'affaires grâce à un système complexe de remises
A transaction which figures out at FF...	Une transaction qui se chiffre à FF...
To gross up to FF 100,000	Produire des recettes brutes jusqu'à FF 100 000
A competitive thrust	Une poussée compétitive
The company's competitive thrust is strong	La force compétitive de la société est considérable
A business break-through	Une percée commerciale
A competitive edge	Une avance concurrentielle
To conquer the market	Conquérir le marché
To sweep the market	Balayer ses concurrents du marché
Restrictive trade practice	Atteinte à la libre concurrence
	Pratique portant atteinte à la libre concurrence
To barter	Troquer
To swap	
To buy up products	Accaparer des marchandises
To hoard products	

Das Verkaufsnetz Das Verteilernetz	El circuito de distribución La red de distribución
Die Verkaufsmannschaft Das Verkäuferteam	El equipo de vendedores
Eine Verkäufergruppe mit einem Sonderauftrag Eine Verkäufergruppe für eine scharfe Verkaufsmission	Un grupo de vendedores preparados para la venta agresiva
Die Verkaufsrede Die Verkäuferrede	La plática de un vendedor La plática de venta
Die Verkaufsargumente	Los argumentos de venta
Der Verkauf auf die weiche Tour	La venta con tiento
Die Verkäufe durch günstige Zahlungsbedingungen stimulieren	Estimular las ventas con facilidades de pago
Um die Verkäufe zu stimulieren, müssen Sie sich an jede Brieftasche und an jeden Geschmack anpassen	Para estimular las ventas, hay que adaptarse a todos los bolsillos y gustos
Den Umsatz durch ein kompliziertes Nachlaßsystem steigern	Aumentar el volumen de la facturación mediante un sistema complejo de rebajas
Ein Geschäft, das FF... beträgt	Una operación que se calcula a FF...
Einen Bruttoumsatz von bis zu FF 100.000 erzielen Bis zu FF 100.000 brutto umsetzen	Alcanzar una facturación bruta de unos 100.000 FF.
Ein Wettbewerbsdruck	Una presión competitiva
Die Wettbewerbsfähigkeit der Gesellschaft ist bedeutend	La potencia competitiva de la empresa es importante
Ein geschäftlicher Durchbruch	Una penetración comercial Una brecha comercial
Ein Konkurrenzvorsprung Ein Wettbewerbsvorteil	Una ventaja competitiva
Den Markt erobern	Conquistar el mercado
Seine Konkurrenten vom Markt fegen	Echar sus competidores del mercado
Beeinträchtigung des freien Wettbewerbs Wettbewerbschädliches Verhalten	Práctica que perjudica la libre competición económica
Tauschen Tauschgeschäfte abschliessen	Trocar
Waren horten Waren aufkaufen	Acaparar productos

To corner a market	Monopoliser un marché
Good quality croco hide is hard to come by	La peau de crocodile de bonne qualité se trouve difficilement
Horse trading	Le maquignonnage
The black marketeers	Les trafiquants du marché noir
To fob someone off with something	Refiler quelque chose à quelqu'un

Payments / *Paiements*

An advance payment A payment in advance	Un paiement par anticipation
A cash payment A spot payment	Un paiement comptant
Spot cash	L'argent comptant
Cash on delivery (C.O.D.)	Paiement comptant à la livraison
A down-payment A payment on account	Un versement à la commande Un acompte Les arrhes
Payment in specie Hard cash payment	Un paiement en espèces
A payment in kind	Un paiement en nature
A token payment	Un paiement symbolique
To pay a deposit The give earnest money	Verser des arrhes
To pay an instalment	Verser un acompte Effectuer un paiement partiel
To pay in instalments To pay by instalments To spread payments over a period	Échelonner les paiements Payer à tempérament
With easy payments	Avec facilités de paiement
A part payment	Un paiement partiel Un acompte
A payment in full	Un paiement intégral
A single payment	Un paiement en une seule fois
To pay on the nail To pay on the last farthing	Payer « rubis sur l'ongle »
Ponctual in payments Prompt in payments	Régulier dans les paiements
To hold over a payment To postpone a payment	Différer un paiement

Einen Markt monopolisieren	Monopolizar un mercado
Gute Krokodilhäute sind schwer zu beschaffen	Las pieles de cocodrilo de buena calidad son difíciles de encontrar
Der Pferdehandel	La chalanería
Die Schwarzmarkthändler	Los traficantes del mercado negro Los estraperlistas
Jemand(em) etwas andrehen	Colar algo a alguien

Zahlungen / *Pagos*

Eine Vorauszahlung Eine Zahlung im voraus	Un pago anticipado
Eine Barzahlung	Un pago al contado
Die Barkasse	El dinero al contado
Barzahlung bei Lieferung	Pago al contado a la entrega
Eine Anzahlung	Un pago a cuenta Una cantidad a cuenta La señal
Eine Zahlung in Bargeld	Un pago en metálico
Eine Zahlung in Naturalien	Un pago en especie
Eine symbolische Zahlung	Un pago simbólico
Eine Anzahlung leisten Ein Handgeld zahlen	Dejar una señal Pagar un anticipo
Eine Rate zahlen Eine Kaufpreisrate zahlen	Pagar una cantidad a cuenta
In Raten zahlen	Pagar a plazos
Mit Zahlungserleichterungen Mit erschwingbaren Raten	Con facilidades de pago
Eine Teilzahlung	Un pago parcial Un plazo
Eine volle Zahlung	Un pago completo
Eine einmalige Zahlung	Un pago único
Bis auf den letzten Pfennig zahlen	Pagar hasta el último céntimo
Ein pünktlicher Zahler Ein prompter Zahler	Pagos puntuales Puntual por los pagos
Eine Zahlung zurückstellen Eine Zahlung hinausschieben	Retardar un pago Aplazar un pago

To suspend payments	Suspendre les paiements
To dishonour a bill	Refuser de payer un effet
A dishonoured cheque	Un chèque non payé
The date of payment The due date	L'échéance La date de paiement La date d'échéance
To extend the date of payment	Proroger la date de l'échéance
To renew a bill To prolong a bill	Proroger l'échéance d'un effet
To buy as a job lot	Acheter à forfait
To buy on hire-purchase To buy on instalment terms To buy on deferred terms	Acheter en location-vente Acheter à tempérament
May I have your invoice duly receipted at your earliest convenience?	Puis-je avoir votre facture dûment acquittée dans les meilleurs délais?
To push for payment To press for payment	Insister pour se faire payer
To follow up a client To follow up a customer	Relancer un client
A reminder letter A follow-up letter	Une lettre de relance
To hound a customer down	Traquer un client Poursuivre un client sans relâche
He is dunned by his creditors He is harried by his creditors	Il est harcelé par ses créanciers

Delivery of goods

Livraison de marchandises

We are finishing off your order	Nous mettons la dernière main à votre commande
The order is ready for dispatch	La commande est prête à expédier
The goods are stored on the premises	Les marchandises sont déposées dans les locaux
The tally	Le pointage

Die Zahlungen einstellen	Suspender los pagos
Die Zahlung eines Wechsels verweigern	Negarse a pagar una letra
Ein nicht eingelöster Scheck	Un cheque no pagado
Das Fälligkeitsdatum Die Fälligkeit Der Zahltag	La fecha de vencimiento El vencimiento La fecha de pago
Die Fälligkeit verlängern	Prorrogar el vencimiento
Einen Wechsel prolongieren	Prorrogar una letra
In Bausch und Bogen kaufen	Comprar a destajo Comprar a tanto alzado
Auf Teilzahlung kaufen Mit Ratenzahlung kaufen	Comprar a plazos
Kann ich Ihre ordnungsgemäß quittierte Rechnung sobald wie möglich haben?	¿Puede enviarme su factura con recibo en debida forma a la primera oportunidad?
Die Zahlung anmahnen Die Zahlung dringend anmahnen	Reclamar el pago de una deuda con insistencia
Einem Kunden auf den Fersen bleiben	Dar otro toque a un cliente
Ein Mahnbrief	Una carta de insistencia
Einen Kunden auf's Korn nehmen Hinter einem Kunden wie der Teufel her sein	Acosar a un cliente
Er wird von seinen Gläubigern gejagt	Se encuentra acosado por sus acreedores

Warenauslieferung *Entrega de mercancías*

Wir legen die letzte Hand an Ihren Auftrag Wir sind bei der Fertigstellung Ihres Auftrages	Estamos a punto de despachar su pedido
Der Auftrag ist versandbereit	El pedido está listo para la remesa
Die Waren sind in den Räumlichkeiten gelagert	Las mercancías están depositadas en los locales
Die Kontrolle	El control

To keep tally of goods	Pointer des marchandises
The tare	La tare
A stout packing	Un emballage solide
An express company (U.S.A.) A delivery company (U.K.)	Une société de messageries
Delivered at residence	Livré à domicile
Door-to-door delivery	Livraison à domicile
By overland route By land	Par voie terrestre
By air	Par voie aérienne
A permit for transire A transire	Un passavant Un passe-debout Un acquit-à-caution
The consignment was found short of 100 kg	Il manquait 100 kilos à la livraison
With an allowance of plus or minus 5 %	Avec une tolérance de plus ou moins 5 %
Empties are not taken back	Les emballages vides ne sont pas repris
Return of empties *(jars, bottles, etc.)*	Retour des emballages vides *(récipients, bouteilles, etc.)*
Customers service After sales service	Service après-vente

Other commercial operations / *Autres opérations commerciales*

An estate-agent A house-agent A real-estate agent A realtor (U.S.A.)	Un agent immobilier
The furniture-warehouse The furniture-depository	Le garde-meuble
Business premises for sale	Locaux commerciaux à vendre
The shop is in bad repair	Le magasin est en mauvais état

Den Wareneingang (den Warenausgang) kontrollieren Den Wareneingang auf einer Liste abhaken	Puntear la salida y entrada de mercancías
Die Tara	La tara
Eine solide Verpackung	Un embalaje resistente
Eine Eiltransportgesellschaft	Una empresa de recados Un recadero
Geliefert frei Haus	Repartido a domicilio
Lieferung frei Haus	Reparto a domicilio
Auf dem Landweg	Por vía terrestre Por tierra
Auf dem Luftweg	Por vía aérea
Ein Zollbegleitschein Ein Zolldurchlaßchein	Un pase de aduana Un permiso de tránsito (aduana)
Der Sendung fehlten 100 KG	Faltaron 100 kg a la remesa
Mit einer Toleranz von plus/minus 5 %	Con una tolerancia de 5 % más o menos Con una margen admitida de 5 % más o menos
Leere Verpackungen werden nicht vergütet Keine Rücknahme leerer Verpackungen	No se aceptan envases No se admiten envases
Rücknahme des Leerguts *(Gläser, Flaschen, usw.)*	Vuelta de los envases
Kundendienst	Servicio de postventa

Andere Geschäftsvorgänge

Otras operaciones comerciales

Ein Hausmakler Ein Grundstücksmakler	Un agente inmobiliario
Der Möbelspeicher Die Möbelaufbewahrung	El guardamuebles
Geschäftsräume zu verkaufen	Locales comerciales en venta
Das Geschäftslokal ist in einem schlechten Zustand	La tienda está en mal estado

Under repair	En réparation
To be sold or let with immediate possession	A vendre ou à louer avec jouissance immédiate
Business for sale Business as going concern for sale Business to be disposed of	Fonds de commerce à céder
A superb location A superb site	Un excellent emplacement
To let	Louer Donner en location A louer
To hire out	Louer, donner en location *(services, biens, meubles)*
To rent	Louer, prendre en location
Life tenancy	Occupation à vie Jouissance viagère
The lodger	Le locataire en meublé
The tenant	Le locataire
The lessor	Le bailleur
The lessee	Le locataire à bail Le fermier Le tenancier
The exchange of patents	L'échange de brevets
Patent trading	La commercialisation de brevets
A grant of land A concession of land	Une concession de terrain
A mining concession	Une concession minière
A land claim-holder A grantee of land	Un concessionnaire de terrains
The swap The exchange	Le troc L'échange
A back-leasing	Une cession-bail
Franchising	Franchisement
Our lease runs out next month Our lease expires next month	Notre bail expire le mois prochain
The quarter-day	Le jour du terme

In Reparatur	En reparación
Mit sofortigem Nießbrauch zu verkaufen oder zu vermieten	Se vende o se alquila con posesión inmediata
Laufendes Geschäft mit Kundschaft zu verkaufen Geschäft zu verkaufen	Se vende negocio Se vende comercio
Eine ausgezeichnete Lage	Un sitio excelente Una situación magnífica
Vermieten Zu vermieten	Alquilar Dar en alquiler Se alquila
Vermieten *(Dienstleistungen, Gegenstände)*	Alquilar *(servicios, objetos)* Dar en alquiler
Mieten	Alquilar, tomar en alquiler
Nießbrauch auf Lebenszeit Nutznießung auf Lebenszeit	Posesión vitalicia Usufructo vitalicio
Der Mieter eines möblierten Zimmers	El inquilino de un cuarto amueblado
Der Mieter	El inquilino
Der Verpächter	El arrendador
Der Pächter	El arrendatario El colono
Der Patentaustausch	El intercambio de patentes
Der Patentverkauf	La comercialización de patentes
Eine Landverleihung Eine Überlassung von Grund und Boden	Una concesión de terreno
Eine Bergbaukonzession Eine Grubenkonzession	Una concesión minera
Ein Landkonzessionsinhaber	Un concesionario de terrenos
Der Austausch	El trueque El intercambio
Eine Rückverpachtung	Una cesión en arrendamiento
Die Markenkonzession	La franquicia La concesión de marca comercial
Unser Pachtvertrag läuft nächsten Monat aus Unser Pachtvertrag läuft nächsten Monat ab	Nuestro arrendamiento vence el próximo mes
Der Mietzahltag	El día del pago del alquiler trimestral

The back rent	Le loyer arriéré
A rack-rent A rack-rental	Un loyer excessif
The rake-off	La gratte La commission clandestine
The tenant's recourse against the landlord	Le recours du locataire contre le propriétaire
The copyright	Le droit de reproduction
The royalty	Les droits d'auteur
The royalties	La redevance
Licence royalties Licence fees	Redevances sur licence
Cross licensing	La concession réciproque de licence

Die rückständige Miete	El alquiler atrasado
Eine übertrieben hohe Miete	Un alquiler excesivo
Die heimliche Provision	La sisa La comisión clandestina
Der Regreß des Mieters gegen den Hausbesitzer	El recurso del inquilino contra el propietario
Das Urheberrecht	El derecho de reproducción
Die Verfassertantieme Der Verfasseranteil	Los derechos de autor
Die Lizenzabgaben Die Konzessionsgebühren	Los derechos de licencia Los derechos de concesión
Lizenzgebühren	Derechos de licencia
Lizenzvergabe auf Gegenseitigkeit	Cesión recíproca de licencias

24 International trade — Commerce international

In general — Généralités

A market survey	Une étude de marché
Commodities	Marchandises
Commodities	Denrées et matières premières
Staples / Staple goods	Les produits de première nécessité
Raw materials	Les matières premières
To export capital goods to the U.S. market	Exporter des biens d'équipement sur le marché américain
A turn-key job / A turn-key contract	Un contrat clés en main
An escrow agreement / An escrow	Un contrat de dépôt / Un contrat conditionnel
The escalator clause	La clause de l'échelle mobile / La clause d'indexation
The performance bond	La garantie de bonne fin
A confirming house / An export house	Une maison d'exportation
A security	Une garantie réelle / Un gage
A letter of indemnity / A letter of guarantee	Une lettre de garantie / Une lettre de caution
As surety	Bon pour aval
Joint and several	Conjoint et solidaire
With recourse	Avec recours
The referee / The arbitrator	L'arbitre / L'arbitre rapporteur
A tender / A binding offer	Une soumission / Une offre réelle
The bid bond	La caution de soumission
The quotation corresponds exactly to your specification	L'offre correspond exactement à vos spécifications

466

Aussenhandel

Comercio internacional 24

Allgemeines

Generalidades

Eine Marktstudie	Una encuesta de mercado
Waren	Mercancías
Naturprodukte und Rohstoffe	Materias primas y productos
Die Stapelgüter	Los productos de primera necesidad
Die Grundstoffe Die Rohstoffe	Las materias primas
Kapitalgüter auf den amerikanischen Markt exportieren	Exportar bienes de equipo al mercado americano
Ein Vertrag für die schlüsselfertige Ausführung einer Anlage oder eines Gebäudes	Un contrato clave en la mano Un contrato todo comprendido
Ein Hinterlegungsvertrag Ein bedingter Vertrag	Un contrato condicional Un contrato de depósito
Die Indexklausel Die Gleitklausel	Una cláusula de la escala móvil
Die Ausführungsgarantie	La garantía de ejecución La fianza de buena ejecución
Ein Exporthaus	Una empresa de exportación
Eine Sicherheit Ein Sicherheitspfand	Una fianza tangible Una prenda
Ein Bürgschaftsvertrag Eine Bürgschaft	Un contrato de fianza Un contrato de garantía
Als Bürge Als Wechselbürge	Por aval
Als Gesamtschuldner	Conjunto y solidario
Mit Regreß	Con recurso
Der Schiedsrichter	El árbitro
Ein Ausschreibungsangebot Eine Submissionsofferte Ein Realangebot	Una oferta Una oferta real
Die Ausschreibungsbürgschaft Die Angebotsbürgschaft	La fianza de oferta La garantía de oferta
Das Angebot entspricht genau Ihrer Spezifikation	La oferta corresponde exactamente a sus especificaciones

A test order / A sample order	Une commande d'essai
Sampling	Un prélèvement d'échantillons
To order from sample	Passer une commande d'après l'échantillon
Fair prices	Des prix honnêtes
Dumping / Price dumping	Dumping / Vente à des prix artificiellement bas
The discount	Le rabais
The attorney in fact	Le mandataire de fait
The attorney-at-law	L'avocat-conseil
The trustee	Le curateur / Le mandataire dépositaire
To keep in trust	Garder fiduciairement
The factor	L'agent dépositaire
The consigner / The forwarder / The consignor	L'expéditeur
The del credere agent	Le commissionnaire ducroire
The transit agent / The forwarding agent	Le transitaire
To dispatch	Acheminer / Expédier
The consignee	Le destinataire
Ex warehouse	Départ magasin
Ex works / Ex mill / Ex factory	Départ usine
To ship	Expédier
To ship aboard	Mettre à bord
Bill of lading consigned to...	Connaissement établi au nom de...
A set of bills of lading	Un jeu de connaissements
The charter-party	La charte-partie

Ein Musterauftrag Ein Versuchsauftrag	Un pedido de prueba Un pedido de muestra
Eine Musterentnahme Eine Probenentnahme	Una toma de muestras Una toma de pruebas
Nach Muster bestellen	Hacer un pedido según muestra
Korrekte Preise	Precios correctos Precios regulares
Dumping Schleuderverkauf Verkauf zu Schleuderpreisen	Dumping Venta a precios artificialmente bajos
Der Rabatt Der Preisnachlaß	La rebaja
Der Beauftragte Der faktische Beauftragte	El mandatario de facto El apoderado de hecho
Der Rechtsanwalt	El abogado El procurador
Der Vormund Der Pfleger Der Treuhänder	El mandatario depositario El fiduciario
Treuhänderisch verwahren	Conservar fiduciariamente
Der Faktor Der Warenkommissionär	El factor El comisionista depositario
Der Absender	El expedidor El remitente
Der Delcredereagent	El comisionista responsable
Der Transitspediteur	El transitario
Absenden	Despachar Expedir
Der Empfänger	El destinatario
Ab Lager	Ex almacén
Ab Werk	Ex fábrica
Absenden	Despachar
An Bord verladen	Cargar a bordo
Auf... ausgestelltes Konnossement Auf... ausgestellter Seefrachtbrief	Conocimiento establecido al nombre de...
Ein Satz von Seefrachtbriefen	Un juego de conocimientos
Der Befrachtungsvertrag Der Charterpartie	El contrato de flete El fletamento

The ship-load	Le chargement d'un navire
The gauge of a ship The gage of a ship	La jauge d'un navire Le tirant d'eau d'un navire
The ship's hold	La cale d'un navire
Under hatches	Dans la cale Aux fers dans la cale Mort et enterré
The ship is on the slip The ship is in the dry dock The ship is dry-docked	Le navire est en cale sèche Le navire est en radoub
The freight note The freight bill The freight account	La note de fret Le compte de fret
The account of disbursements	Le compte de frais
"Incur no expenses" *(on a bill)*	« Sans frais », « Sans protêt » *(sur un effet)*
No charges incurred No charges involved	Sans frais
The principal	Le principal
The principal amount	Le montant principal
A lump sum	Une somme forfaitaire
Payable at sight Payable on demand	Payable à vue Payable sur demande
Leasing	Leasing Crédit-bail
A case	Une caisse
A crate	Une caisse à claire-voie Un cageot
A drum	Un fût Un baril
A bale of cotton	Une balle de coton
To stencil	Marquer au pochoir Faire un stencil
"DOWN"	« BAS »
"UP"	« HAUT »
"To be kept dry"	« Craint l'humidité »
"To be kept in a cool place"	« Tenir au frais »

Die Schiffsladung	La carga de un buque
Die Wasserverdrängung eines Schiffes	El arqueo de un buque El calado
Der Laderaum eines Schiffes	La cala de un buque La bodega de un buque
Im Laderaum Unter Eisen im Laderaum Tot und begraben	En la bodega Encadenado en la cala Muerto y enterrado
Das Schiff ist im Dock Das Schiff ist im Trockendock	El buque está en dique El buque está en el varadero
Die Frachtrechnung	La nota de flete La factura de flete
Die Auslagenrechnung Die Spesenrechnung	La factura de gastos La nota de gastos
« Ohne Kosten, » « Ohne Protest » *(auf einem Wechsel)*	« Sin protesto » (sobre una letra)
Kostenfrei	Sin gastos
Das Kapital (einer Schuld)	El principal El capital *(de una deuda)*
Die Hauptsumme	El importe principal
Eine runde Summe Eine Pauschalsumme	Un tanto alzado
Zahlbar bei Sicht	Pagadero a la vista
Leasing Anlagenpachtung	Leasing Crédito-arrendamiento
Eine Kiste	Una caja
Ein Kistenverschlag Eine Lattenkiste	Una banasta Una jaula, un jaulón
Eine Tonne	Un barril
Ein Ballen Baumwolle	Una bala de algodón
Mit Schablone markieren Mit Schablone kennzeichen	Estarcir
« UNTEN »	« PARTE BAJA » « ABAJO »
« OBEN »	« ARRIBA »
« Trocken lagern »	« Se altera con la humedad »
« Kühl lagern »	« Consérvese en un lugar fresco »

"Handle with care"	« Fragile »
Export packing	Emballage pour exportation
Seaworthy packing	Emballage maritime
The label	Le label
	L'étiquette *(collée)*
The tag	L'étiquette *(attachée)*
Shortages	Les manquants
Three missing cases in dispute	Trois caisses manquantes en litige
Breakage	La casse
Pilferage	Les larcins
	Le chapardage
Transit pilferage	Tout vol de marchandises au cours du transport
Storage	L'entreposage
Warehousing	Le magasinage
A warehouse receipt	Un récépissé d'entrepôt
A warehouse warrant	Un warrant
A bond warrant	Un acquit-à-caution en douane
A bond note	
Handling charges	Les frais de manutention
	Les frais de manipulation

Customs

Douanes

The customs territory	Le territoire douanier
The customs walls	Les barrières douanières
The customs barriers	
The custom-house	Le bureau de douane
A custom-officer (U.K.)	Un douanier
A custom-official (U.S.A.)	Un officier de douane
A land-waiter (U.K.)	Un douanier visiteur
A landing-officer (U.K.)	Un visiteur
A searcher	
A bonded warehouse	Un entrepôt en douane
A public weigh-master	Un peseur assermenté
An official weighman	

« Vorsicht! Zerbrechlich! »	« Frágil »
Seefeste Verpackung	Embalaje marítimo
Das Klebeschild Das Anhängeschild	La etiqueta *(engomada)* El marbete *(atado)*
Das Manko	La merma Lo que falta
Die umstrittenen drei Mankokisten Das umstrittene Manko von 3 Kisten	Las tres cajas que faltan en litigio
Der Bruch	Lo roto
Der Diebstahl	El hurto El robo
Transportdiebstahl Diebstahl während des Transportes	Hurto de mercancías durante el transporte
Die Lagerung	El almacenaje El almacenamiento
Ein Lagerschein	Un recibo de depósito Un warrant
Ein Zollagerschein	Una guía aduanera
Die Bearbeitungsgebühren	Los gastos de manipulación

Zölle

Aduanas

Das Zollgebiet	El territorio aduanero El territorio arancelario
Die Zollschranken Der Zollschutz	Las barreras arancelarias La protección arancelaria
Das Zollamt Die Zollstelle	La aduana
Der Zollbeamte	El aduanero El jefe de aduana
Ein Zollinspektor	Un vista de aduanas Un inspector de aduanas
Ein Zollager	Un almacén de aduanas Un depósito de aduanas
Ein öffentlicher Wiegemeister Ein amtlicher Wiegemeister	Un pesador jurado

Customs regulations	Les règlements douaniers
Customs tariffs	Les tarifs douaniers
A bill of sight	Une déclaration d'entrée provisoire
A customs declaration A customs entry	Une déclaration en douane
Certificate of origin confirmed by the competent authority	Certificat d'origine visé par les autorités compétentes
Consular invoices	Factures consulaires
The ad valorem tariff	Le tarif ad valorem Le tarif proportionnel
The specific tariff	Le tarif spécifique Le tarif unitaire
Customs formalities	Les formalités douanières
The customs clearance	Le dédouanement
The fixing of customs rates The fixing of customs duties The fixing of the customs tariff	La tarification douanière
A customs broker A customs agent	Un agent en douane
A customs examination	Une visite douanière
The customs visa	Le visa de la douane
The customs seal	Le cachet de la douane
The customs lead-stamp	Le plomb de douane
The customs permit The customs clearance permit	Le permis de douane L'acquit à caution douanier
The customs duties	Les droits de douane
Free of customs duties Duty-free Non-dutiable	Exempt de droits de douane En franchise
Liable to duty Dutiable	Passible de droits Soumis aux droits
Customs charges	Les frais de douane
To pay customs duties	Payer des droits de douane
A collector of customs	Un receveur de douanes
Remission of customs duties	La remise de droits de douane

Die Zollbestimmungen	El reglamento aduanero El reglamento arancelario
Der Zolltarif Die Zollsätze	Los aranceles Las tarifas de aduana
Ein vorläufiger Zollabfertigungsschein	Una declaración de entrada provisoria
Eine Zollerklärung	Una declaración de aduana
Von den zuständigen Behörden beglaubigtes Ursprungszeugnis	Certificado de origen visado por la autoridad competente
Konsularrechnungen	Facturas consulares
Der Wertzolltarif	Aranceles ad valorem Aranceles proporcionales
Der spezifische Zolltarif Der Gewichtszolltarif	Los aranceles específicos Los aranceles unitarios
Die Zollformalitäten	Las formalidades aduaneras
Die Zollabfertigung	El aforo aduanero
Die Zolltarifierung	La tarificación aduanera
Ein Zollagent	Un agente de aduanas
Eine Zollkontrolle	Una inspección aduanera
Der Zollsichtvermerk	El visado de la aduana El visto bueno de la aduana
Der zollamtliche Stempel	El sello de la aduana
Der zollamtliche Plombenverschluß	El precinto de la aduana
Die zollamtliche Genehmigung	El permiso de la aduana
Die Zölle	Los aranceles Los derechos arancelarios
Zollfrei	Exento de derechos arancelarios
Verzollbar	Sujeto a derechos arancelarios
Die Verzollungskosten Die Verzollungsgebühren	Los gastos de aduana
Zölle bezahlen Zölle entrichten	Pagar derechos de aduana
Ein Zolleinnehmer	Un recaudador de aduanas
Der Zollerlaß Die Zollbefreiung	La remisión de los derechos arancelarios

To smuggle	Faire de la contrebande
Smuggled goods Contraband goods	Des marchandises passées en contrebande
The rummage	La visite de douane à bord d'un navire
Open store clearing Open store clearance	Dédouanement et mise dans des magasins généraux
Under-bond storage Bonded storage	Entreposage en douane
Sale ex bonded warehouse	Vente hors douane
Customs union	L'union douanière
Free trade	Le libre-échange
The free trade area The free trade zone	La zone de libre-échange
The territorial waters	Les eaux territoriales
Domestic firms favoured by customs protectionism	Des entreprises nationales favorisées par le protectionnisme douanier
A free zone	Une zone franche
A free port	Un port franc
Free admission Duty-free admission	L'admission en franchise douanière
Uses and customs Usages and customs Ways and customs	Les us et coutumes

Schmuggeln	Hacer contrabando
Geschmuggelte Waren	Mercancías de contrabando
Zollamtliche Untersuchung eines Schiffes	Inspección aduanera de un barco
Zollamtliche Freigabe und freie Einlagerung	Aforo aduanero y depósito en los almacenes generales (libres)
Zolleinlagerung	Almacenamiento en depósito aduanero
Verkauf ab Zollager	Venta en depósito aduanero
Die Zollunion Der Zollverein	La unión aduanera
Der Freihandel	El libre cambio
Die Freihandelszone Das Freihandelsgebiet	La zona de libre cambio
Die Territorialgewässer Die Hoheitsgewässer	Las aguas territoriales
Durch den Zollprotektionismus begünstigte inländische Firmen	Empresas nacionales favorecidas por el proteccionismo aduanero
Ein Zollfreigebiet	Una zona franca
Ein Freihafen	Un puerto franco
Der zollfreie Einfuhr	La admisión con franquicia aduanera
Die Sitten und Gebräuche	Usos y costumbres

25 Agriculture

Agriculture

The agricultural economy	L'économie agricole
Agricultural economics	La science économique agraire
The agricultural policy	La politique agricole
The Government aid to agriculture	L'aide de l'État à l'agriculture
State-aided agriculture	L'agriculture subventionnée par l'État
State grants to agriculture	Les aides de l'État à l'agriculture
The cost of agricultural support policy The cost of farming support policy (U.S.A.)	Le coût de la politique de soutien à l'agriculture
An agricultural mortgage corporation A farmers' mortgage corporation (U.S.A.)	Une société de crédit hypothécaire agricole
The agricultural credit co-operatives The farmers' loan and credit co-operatives	Les coopératives de crédit agricole
An agrarian reform A land reform	Une réforme agraire
The parcelling of land into small holdings	Le morcellement des terres
The small holdings system	Le régime de la petite propriété
Small farm holdings	La petite propriété foncière
A small patch of land	Un petit lopin de terre
A freehold	Une propriété foncière
A leasehold	Une propriété affermée Une propriété tenue à bail
An agricultural holding A farm	Une exploitation agricole
A subsistence farm A homestead farm (U.S.A.)	Une exploitation agricole assurant la subsistance d'une famille

Landwirtschaft — Agricultura

Die Landwirtschaft Die landwirtschaftliche Volkswirtschaft	La economía agraria
Die Wirtschaftswissenschaften der Landwirtschaft	La ciencia económica agraria
Die Landwirtschaftspolitik	La política agraria
Die staatliche Landwirtschaftshilfe	La ayuda del Estado a la agricultura
Die staatlich unterstützte Landwirtschaft	La agricultura subvencionada por el Estado
Die staatlichen Hilfen für die Landwirtschaft	Las subvenciones del Estado a la agricultura
Die Kosten der Politik zur Unterstützung der Landwirtschaft	El costo de la política de ayuda a la agricultura
Eine landwirtschaftliche Hypothekenbank	Un instituto de créditos hipotecarios agrícolas
Die landwirtschaftlichen Kreditgenossenschaften Die Raiffeisenkassen	La cooperativas agrícolas de crédito
Eine Bodenreform	Una reforma agraria
Die Parzellisierung der landwirtschaftlichen Nutzfläche	La parcelización de las tierras agrícolas
Das System des landwirtschaftlichen Kleinbesitzes	El sistema de la pequeña propiedad agrícola
Der landwirtschaftliche Kleinbesitz	La pequeña propiedad agrícola
Ein kleines Stück Land	Una haza de tierra
Ein Grundbesitz	Una propiedad, una hacienda
Ein gepachteter Grundbesitz	Una propiedad arrendada
Ein landwirtschaftliches Besitztum Ein Bauernhof	Una propiedad agrícola Una alquería
Ein Kleinbauernhof	Una propiedad agrícola que asegura la subsistencia de una sola familia

A farming lease	Un bail à ferme
The taxation of farming	Le régime fiscal agricole
Cottage farming	La petite culture
Small farming	Les petites exploitations agricoles
Large-scale farming	Les grandes exploitations agricoles
Intensive agriculture	L'agriculture intensive
To streamline farming	Rationaliser l'agriculture
The population employed in agriculture The farming population	La population agricole
In Scotland, a landowner having vast private hunting estates	En Écosse, un grand propriétaire terrien ayant de vastes domaines privés pour la chasse à courre
A gentleman-farmer	Un propriétaire faisant valoir lui-même ses terres
A land-grabber with land-hunger	Un accapareur de terres avec une soif de biens fonciers
A land-agent	Un agent de biens agricoles
A land-steward A farm-bailiff	Un administrateur de domaines
An agricultural engineer	Un ingénieur agronome
A land surveyor	Un géomètre expert Un cadastreur Un arpenteur
Land surveying Land measuring	L'arpentage
An agricultural college	Un institut agronomique
A model farm	Une ferme modèle Une exploitation agricole modèle

Ein landwirtschaftlicher Pachtvertrag	Un arriendo agrícola
Die Besteuerung der Landwirtschaft	La imposición agraria Los impuestos agrícolas
Die Kleinlandwirtschaft Die Nebenverdienstlandwirtschaft	El cultivo en pequeña escala La pequeña labranza
Die Kleinbauernhöfe	Las pequeñas explotaciones agrícolas La agricultura de minifundios
Die Großlandwirtschaft	Las grandes explotaciones agrícolas Los latifundios La agricultura de los latifundios
Die Intensivlandwirtschaft	La agricultura intensiva
Die Landwirtschaft rationalisieren	Racionalizar la agricultura
Die landwirtschaftliche Bevölkerung	La población agraria
In Schottland, ein Großgrundbesitzer, der ausgedehnten Grundbesitz für die Jagd mit der Meute hat	En Escocia, un propietario que tiene grandes latifundios para la caza de montería
Ein Gutsbesitzer Ein Rittergutsbesitzer	Un propietario que se ocupa personalmente de sus tierras
Ein landhungriger Landaufkäufer	Un acaparador de tierras sediento de adquirir nuevas haciendas
Ein Gütermakler Ein Landwirtschaftsmakler	Un agente de propiedades agrícolas
Ein Gutsverwalter	Un administrator de propiedades agrícolas
Ein Diplomlandwirt	Un ingeniero agrónomo
Ein Landvermesser	Un geómetra Un agrimensor Un perito topógrafo
Die Landvermessung	La agrimensura
Eine Landwirtschaftsschule	Un instituto de enseñanza agronómica
Ein Musterhof Ein landwirtschaftlicher Musterbetrieb	Una explotación agrícola modelo Una granja modelo

A farmer An agriculturist	Un exploitant agricole Un agriculteur
To go in for farming	Se faire agriculteur
A tenant farmer	Un fermier Un cultivateur à bail
A share-cropper (U.S.A.)	Un métayer
Under the share-cropper system the share-cropper pays the owner a percentage of the crop, the owner furnishing the stock-in-trade and the seeds	Dans le métayage, le métayer paie au propriétaire un pourcentage de la récolte, le propriétaire fournissant équipement et semences
An agricultural worker A farm hand	Un ouvrier agricole
Arable land Plough-land	La terre arable
Pasture-land Grazing-land	Pâturages Herbages
Waste land	Terre inculte
Reclaimed land	Terre amendée Terre rendue cultivable
Land reclaimed from the sea	Terre reconquise sur la mer
To lay land fallow	Mettre une terre en jachère
Land development	La mise en valeur d'une terre
Farming	La culture
Mecanized farming	La motoculture
The farm equipment	Le matériel agricole
A farming implement An agricultural implement	Un outil d'agriculture Un instrument aratoire
A plough	Une charrue
A farm tractor	Un tracteur agricole
A reaper A reaping machine	Une moissonneuse
A harvester A combine harvester	Une moissonneuse-batteuse

Ein Bauer Ein Landwirt	Un agricultor Un labrador
Sich der Landwirtschaft widmen Ein Bauer werden	Hacerse labrador
Ein Pachtbauer Ein Pachtlandwirt	Un labrador arrendatario Un rentero
Ein landwirtschaftlicher Halbpächter Ein Landwirt auf Halbpachtbasis	Un aparcero Un colono aparcero
Im Halbpachtsystem liefert der Halbpächter einen Prozentsatz der Ernte an den Verpächter, der das Ausrüstungsmaterial und das Saatgut zur Verfügung stellt	En el sistema de la aparcería el aparcero paga un porcentaje de la cosecha al terrateniente. Éste proporciona los aperos y las semillas
Ein Landarbeiter	Un trabajador del campo Un trabajador agrícola
Die landwirtschaftliche Nutzfläche Der Ackerboden	La tierra arable
Weideland Weideflächen	Tierra de pasto Tierra de herbaje
Ödland Brachland	Tierras sin cultivar Escajo
Nutzbar gemachtes Land Gewonnenes Land	Tierras abonadas Tierras hechas cultivables
Dem Meer abgewonnenes Land	Tierras arrancadas al mar Tierras recuperadas del mar
Land brachliegen lassen	Dejar una tierra en barbecho
Die Landerschließung	La beneficiación de tierras
Der Ackerbau Die Landwirtschaft	La agricultura La labranza
Die mechanisierte Landwirtschaft	El motocultivo La agricultura mecanizada
Die landwirtschaftliche Ausrüstung Die landwirtschaftlichen Betriebsanlagen	Los aperos de labranza Los aperos agrícolas
Ein landwirtschaftliches Gerät	Un pertrecho agrícola
Ein Pflug	Un arado
Ein Landwirtschaftstraktor	Un tractor agrícola Un tractor de labranza
Eine Mähmaschine	Una segadora mecánica
Ein Mähdrescher	Una segadora cosechadora

A nitrate fertilizer	Un engrais azoté
The manure The dung The muck	Le fumier
Where the muck is, there is money	Où il y a du fumier, il y a un paysan riche
The farm produce The agricultural products	Les produits agricoles
The Agricultural Marketing Board (U.K.)	L'Office pour la Régulation des marchés agricoles (O.R.M.A.)
Grains	Les céréales
Wheat	Le blé Le froment
Rye	Le seigle
Oat	L'avoine
Maize (U.K.)	Le maïs
Corn	Le blé (G.B.) Le maïs (U.S.A.)
Buckwheat	Le sarrasin
Rice	Le riz
Sugar-beet	La betterave à sucre
An uncropped harvest	Une récolte sur pied
A bumper crop	Une récolte extraordinaire
The rotation of crops	La rotation des cultures L'assolement
Poultry farming	L'élevage de volaille L'aviculture
A poulterer A poultry-merchant	Un marchand de volaille
An egg	Un œuf
A long dozen A baker's dozen	Treize à la douzaine
Stock-breeding Stock-farming Stock-raising	L'élevage de bétail
Sheep-farming	L'élevage de moutons
Pig-breeding Hog-raising (U.S.A.)	L'élevage porcin L'élevage de porcs
The live stock	Le bétail

Ein Stickstoffdünger	Un fertilizante nitrogenado
Der Naturdünger	El estiércol
Die reichsten Bauern haben den größten Misthaufen	Donde hay estiércol hay riqueza
Die landwirtschaftlichen Erzeugnisse	Los productos agrarios
Das Bundesamt für die landwirtschaftliche Marktordnung	El Instituto para la regulación de los mercados agrarios
Das Getreide	Los cereales
Der Weizen	El trigo
Der Roggen	El centeno
Der Hafer	La avena
Der Mais	El maíz
Der Weizen (G.B.) Der Mais (U.S.A.)	El trigo (G.B.) El maíz (U.S.A.)
Der Buchweizen	El alforfón
Der Reis	El arroz
Die Zuckerrübe	La remolacha azucarera
Eine Ernte auf dem Halm	Una cosecha sin recoger
Eine Rekordernte Eine ausgezeichnete Ernte	Una cosecha extraordinaria Una cosecha muy abundante
Die Fruchtwechselwirtschaft	La rotación de cultivos
Die Geflügelzucht	La avicultura
Ein Geflügelhändler	Un negociante de aves de corral
Ein Ei	Un huevo
Dreizehn im Dutzend Ein gutes Dutzend	Trece por docena
Die Viehzucht	La cría de ganado La ganadería
Die Schafzucht	La cría de carneros La ganadería ovina
Die Schweinezucht Die Schweinemast	La cría de cerdos
Das Vieh	El ganado

A stock-breeder A cattle-breeder	Un éleveur de bétail
A grazier	Un herbager Un cheptelier
Tillage and pasturage are France's mother milk	Labourage et pâturage sont les deux mamelles de la France
Vine growing Viticulture	La viticulture
A vine grower	Un viticulteur
The vintage The wine harvest	Les vendanges
A good vintage A vintage wine	Un bon cru Une bonne année
The vintner The wine-merchant	Le négociant en vins
The wine cellar	La cave à vin
A demi-john of wine	Une bonbonne de vin
Bee-keeping Apiculture	L'apiculture
The bee-keeper produces honey in his hives	L'apiculteur produit du miel dans ses ruches
Oyster farming	L'ostréiculture
Fur farming	L'élevage des animaux à fourrure
A fur ranch (U.S.A.) A fur farm (U.K.)	Un élevage d'animaux à fourrure
A forest	Une forêt
Afforestation Retimbering	Le reboisement
A sawmill	Une scierie
The forest products The timber products	Les produits forestiers
Plywood	Le contre-plaqué
Paper-pulp	La pâte à papier
A paper-mill	Une fabrique de papier Une papeterie

Ein Viehzüchter	Un ganadero
Ein Viehpächter Ein Viehmäster	Un aparcero de ganado
Ackerbau und Viehzucht sind die Grundlagen Frankreichs	La labranza y la ganadería son la base nutritiva de Francia
Der Weinbau	La viticultura La vinicultura
Ein Weinbauer	Un viticultor Un vinicultor
Die Weinernte	La vendimia
Ein guter Jahrgang	Un buen caldo Un buen año
Der Weinhändler	El negociante de vinos
Der Weinkeller	La bodega
Eine Weinkorbflasche Eine Korbflasche mit Wein	Un garrafón de vino Una damajuana de vino
Die Bienenhaltung Die Bienenzucht	La apicultura
Der Bienenzüchter erzeugt Honig in seinen Bienenkörben	El apicultor produce miel en sus colmenas
Die Austernzucht	La ostricultura
Die Pelztierzucht	La cría de animales de peletería
Eine Pelztierfarm Eine Pelztierzucht	Una granja de peletería Una cría de animales de peletería
Ein Wald Ein Forst	Un bosque Una selva
Die Aufforstung	La repoblación forestal
Ein Sägewerk	Un aserradero Una serrería
Die Forsterzeugnisse Die Erzeugnisse der Forstwirtschaft	Los productos forestales
Das Sperrholz	El contrachapado
Der Holzschliff Die Papiermasse Der Pulp	La pulpa de madera La pulpa papelera
Eine Papiermühle Eine Papierfabrik	Una fábrica de papel Una papelera

A mill	Un moulin Une usine
A flour-mill	Une minoterie
Dairy-farming	L'élevage laitier
Dairy-industry	L'industrie laitière
A dairy makes butter and cheese	Une laiterie fait du beurre et du fromage
A cheese-shop	Un commerce de fromages Une fromagerie
A cheese-dairy A cheese-factory	Une fabrique de fromages
France is generally considered supreme for the quantity and quality of its cheese	La France est généralement considérée comme souveraine pour la quantité et la qualité de ses fromages
An oil-mill	Une huilerie
A sugar refinery A sugar factory	Une raffinerie de sucre
A sugar-mill	Un moulin à cannes à sucre
A cold-storage warehouse	Un entrepôt frigorifique
Preserves	Les confitures
Canned food (U.S.A.) Tinned food	Les conserves alimentaires
Tinned ready-made food Canned ready-cooked food	Les plats cuisinés en conserves

Eine Mühle Eine Fabrik Ein Werk	Un molino Una fábrica
Eine Mehlmühle	Una fábrica de harinas
Die Milchlandwirtschaft Die Milch erzeugende Landwirtschaft	La ganadería lechera
Die Milchwirtschaft Die Milchwarenindustrie	La industria láctea La industria de la leche
Eine Molkerei stellt Butter und Käse her	Una central lechera produce mantequilla y queso
Ein Käsegeschäft	Una quesería
Eine Käsefabrik	Una quesera Una fábrica de queso
Frankreich wird allgemein als das Spitzenland für die Menge und die Qualität seiner Käsesorten betrachtet	Generalmente se considera que Francia es insuperable tanto por la cantidad como por la calidad de sus quesos
Eine Ölmühle	Una fábrica de aceite
Eine Zuckerraffinerie Eine Zuckerfabrik	Una fábrica de azúcar Una azucarera
Eine Zuckerrohrmühle	Un molino de caña de azúcar
Ein Kühlhaus	Un almacén frigorífico
Die Konfitüren Die Marmeladen	Las confituras
Die Konserven Die Konservennahrungsmittel	Las conservas alimenticias
Die Fertiggerichte in Konserven	Las conservas de platos guisados Los platos cocinados en conserva

26 Industry / Industrie

In General / Généralités

Primary industry	L'industrie de base
Staple industry Main industry	L'industrie principale
Key industry	L'industrie clef
Cottage industry	L'industrie artisanale
Small industries	Les petites industries
An infant industry	Une industrie naissante
An industry still in its infancy	Une industrie encore dans son enfance
Press-button industry	Industrie entièrement automatisée
An innovative industry A vanguard industry A leader industry	Une industrie de pointe
Primary industries Basic industries	Les industries du secteur primaire Les industries de base
Heavy industry	L'industrie lourde
Heavy engineering	La mécanique lourde
War industries	Les industries de guerre
War material	Le matériel de guerre
Industrial espionage Industrial spying	L'espionnage industriel
Industrial security	La sécurité industrielle La sûreté industrielle
Industrial security services	Le contre-espionnage industriel
A steelworks A steel-plant	Une aciérie
A blast-furnace	Un haut fourneau
A rolling mill	Un laminoir
To equip a foundry	Équiper une fonderie
Mechanical engineering	L'industrie mécanique

Industrie | Industria

Allgemeines | Generalidades

Die Grundindustrie	La industria primordial
Die Hauptindustrie	La industria principal
Die Schlüsselindustrie	La industria clave
Das industrielle Handwerk	La industria de artesanía
Die Hausindustrie	La artesanía industrial
Die Kleinindustrien	Las pequeñas industrias
Eine embryonale Industrie	Una industria embrionaria
Eine in den Kinderschuhen steckende Industrie	Una industria naciente
Eine noch in den Kinderschuhen steckende Industrie	Una industria que comienza
Voll automatisierte Industrie	Una industria completamente automatizada
Eine Spitzenindustrie	Una industria de vanguardia
Die Grundindustrien	El sector primario
	Las industrias de base
Die Schwerindustrie	La industria pesada
Der Großmaschinenbau	La industria mecánica pesada
Die Kriegsindustrien	Las industrias de guerra
Das Kriegsmaterial	El material de guerra
	El equipo de guerra
Die Industriespionage	El espionaje industrial
Die industrielle Sicherheit	La seguridad industrial
Die Industriespionageabwehr	El contraespionaje industrial
Ein Stahlwerk	Una fundición de acero
Ein Hüttenwerk	
Eine Eisenhütte	
Ein Hochofen	Un alto horno
Ein Walzwerk	Una laminadora
Eine Gießerei ausrüsten	Equipar una fundición
Die Maschinenbauindustrie	La industria mecánica
Der Maschinenbau	

Machine-tool industry	L'industrie des machines-outils
A brass-founder and finisher	Un robinetier
Coal industry Coal mining	L'industrie houillère
Mining industry Mining	L'industrie minière
Pharmaceutical industry	L'industrie pharmaceutique
Chemical industry	L'industrie chimique
Petrochemical industry	L'industrie pétrochimique
Potash industry	L'industrie de la potasse
Cement industry	L'industrie du ciment
Paper industry	L'industrie du papier
Glass industry	L'industrie du verre
An optical glass factory	Une usine fabriquant du verre optique
Building materials industry	L'industrie des matériaux de construction
A power plant A generating plant	Une centrale électrique
A generating set	Un groupe électrogène
A gasworks	Une usine à gaz
Wool industry	L'industrie lainière
A spinning factory	Une filature
A cotton spinning mill	Une filature de coton
A weaving mill	Une usine de tissage
Leather industry	L'industrie du cuir
Agribusiness (U.S.A.) Industrial agriculture	L'agriculture industrielle
A brewery	Une brasserie
Sugar-beet industry	L'industrie betteravière
Sugar industry	L'industrie sucrière
Canning industry (U.S.A.) Tinned food industry	L'industrie de la conserve alimentaire
Meat-packing industry	L'industrie de la conserve de viande
Convenience food Ready-cooked foods Ready foods	Les plats cuisinés

Die Werkzeugmaschinenindustrie	La industria de máquinas herramientas
Ein Armaturenfabrikant	Un fabricante de grifos
Der Kohlenbergbau	La industria de la hulla La industria del carbón
Der Bergbau	La industria minera
Die pharmazeutische Industrie	La industria farmacéutica
Die chemische Industrie Die Chemie	La industria química
Die petrochemische Industrie	La industria petroquímica
Die Kaliindustrie	La industria de la potasa
Die Zementindustrie	La industria del cemento
Die Papierindustrie	La industria papelera La industria del papel
Die Glasindustrie	La industria del vidrio
Eine optische Glasfabrik	Una fábrica de vidrio óptico
Die Baumaterialienindustrie Die Baumaterialindustrie	La industria de materiales de construcción
Ein Elektrizitätswerk	Una central eléctrica
Ein Stromaggregat	Un grupo electrógeno
Ein Gaswerk	Una fábrica de gas
Die Wollindustrie	La industria de la lana
Eine Spinnerei	Una hilatura
Eine Baumwollspinnerei	Una fábrica de hilados de algodón
Eine Weberei	Una fábrica de tejidos
Die Lederindustrie	La industria del cuero
Die industrielle Landwirtschaft	La agricultura industrial
Eine Brauerei	Una fábrica de cerveza
Die Zuckerrübenindustrie	La industria remolachera
Die Zuckerindustrie	La industria azucarera
Die Konservenindustrie	La industria conservera
Die Fleischkonservenindustrie	La industria conservera de la carne
Fertiggerichte Fertigspeisen	Platos preparados

Canned ready-cooked foods (U.S.A.) Tinned ready-cooked foods (U.K.)	Conserves de plats cuisinés
Aircraft industry	L'industrie aéronautique
Electronics industry	L'industrie électronique
Nuclear industry	L'industrie nucléaire
Computer industry	L'industrie des ordinateurs
Electronic data processing industry EDP-industry	L'industrie de l'informatique
Telecommunications industry	L'industrie des télécommunications
Car industry Automobile industry Motor industry	L'industrie automobile
An automaker A car manufacturer	Un fabricant d'automobiles
Motor-show	Le salon de l'auto
Industry of durable consumer goods	L'industrie des biens de consommation durables
An assembly plant	Une usine de montage
A plant will be built to assemble cars and manufacture engines	Une usine sera construite pour assembler des voitures et fabriquer des moteurs
A repair-shop	Un atelier de réparation
To machine	Usiner Ajuster Façonner
Allied industries Related industries	Industries connexes Industries annexes
Industrial tie-ups	Alliances industrielles
Restrictive industrial agreements	Ententes anticoncurrentielles
An industrial complex	Un complexe industriel
An industrial merger	Une fusion industrielle
State-run industries State-owned industries	Les industries étatiques

Fertiggerichtkonserven	Conservas de platos preparados

Die Flugzeugindustrie	La industria aeronáutica
Die elektronische Industrie Die Elektronikindustrie	La industria electrónica
Die Kernenergieindustrie Die Atomindustrie	La industria nuclear La industria atómica
Die Computerindustrie Die Rechnerindustrie Die Rechenanlagenindustrie	La industria de las calculadoras electrónicas
Die EDV-Industrie Die elektronische Datenverarbeitungsindustrie	La industria de la informática
Die Industrie des Fernmeldewesens Die Fernmeldeindustrie	La industria de telecomunicaciones
Die Automobilindustrie Die Kraftwagenindustrie	La industria automóvil

Ein Autohersteller Ein Kraftwagenfabrikant	Un fabricante de automóviles
Die Automobilausstellung	La feria del automóvil
Die Gebrauchsgüterindustrie	La industria de bienes durables de consumo
Ein Montagewerk	Una fábrica de montaje
Ein Werk für die Montage von Autos und die Herstellung von Motoren wird gebaut werden	Se construirá una fábrica para el montaje de coches y la fabricación de motores
Eine Reparaturwerkstatt	Un taller de reparaciones
Bearbeiten Maschinell bearbeiten	Trabajar una pieza a máquina Formar una pieza a máquina

Verbundene Industrien Nebenindustrien	Industrias conexas Industrias anexas
Industrielle Verpflechtung Industrielle Bindungen	Alianzas industriales
Industrielle Kartellabsprachen	Acuerdos industriales anticompetitivos
Ein Industriekomplex	Un complejo industrial
Eine industrielle Fusion	Una fusión industrial
Die staatlichen Industrien	Las industrias del Estado

Nationalized industries	Les industries nationalisées
Sheltered industries Protected industries	Industries protégées contre la concurrence étrangère
Restrictive practices and strikes were forbidden	Les cartels industriels et les grèves étaient interdits
Produce and manufactured products	Denrées et produits fabriqués Produits naturels et produits fabriqués
The manufacturers	Les fabricants
The industrialists	Les industriels
The actual maker of this brand The actual manufacturer of this brand	Le véritable fabricant de cette marque
The plant manager The works manager	Le directeur d'usine
The production manager The plant superintendent	Le chef de fabrication
The supervisor	Le chef d'atelier
A foreman	Un contremaître
A charge hand	Un chef d'équipe
The guardian will show you round the factory	Le gardien vous fera visiter l'usine
Conditions on the spot Conditions on the site Local conditions	Les conditions sur place
Facilities	Les facilités Les installations
Fixtures and fittings	Installations et agencements Aménagements immeubles par incorporation aux locaux
The assembly line	La chaîne de montage
Disassembling and re-assembling Disassembly and re-assembly	Démontage et remontage
Dismantling Dismantlement	Démontage définitif Démantèlement
Suitable for use on the building sites	Utilisable sur les chantiers
Suitable for use in the works	Utilisable dans les ateliers

Die nationalisierten Industrien Die vergesellschaftlichten Industrien	Las industrias nacionalizadas
Schutzzollindustrien Geschützte Industrien	Industrias protegidas contra la competición extranjera
Kartelle und Streiks waren verboten	Carteles industriales y huelgas estaban prohibidos
Natur- und Industrieerzeugnisse	Productos naturales y productos fabricados
Die Fabrikanten	Los fabricantes
Die Industriellen	Los industriales
Der eigentliche Hersteller dieser Marke	El verdadero fabricante de esta marca
Der Fabrikdirektor	El director de la fábrica
Der Fertigungsleiter Der Betriebsleiter	El jefe de la fabricación El director de la producción
Der Werksbereichsleiter	El jefe de taller El encargado del taller
Ein Werkmeister	Un contramaestre Un capataz
Ein Vorarbeiter	Un capataz
Der Wachtmann wird Ihnen die Fabrik zeigen	El conserje le hará ver la fábrica
Die Verhältnisse am Ort Die Bedingungen an Ort und Stelle	Las condiciones in situ Las condiciones en el mismo lugar Las condiciones en el propio terreno
Die Einrichtungen	Las facilidades Las instalaciones
Einrichtungs- und festverbundene Gegenstände	Instalaciones y pertrechos
Die Montagekette	La cadena de montaje
Demontage und Neumontage	Desmontaje y remontaje
Endgültige Demontage	Desmantelamiento Desmontaje definitivo
Für den Gebrauch auf den Baustellen geeignet	Que conviene para las obras de construcción
Für den Gebrauch im Betrieb geeignet	Adaptado al uso de los talleres

A plant is in operation or idle	Une usine est en activité ou arrêtée
The plant will be operative in July	L'usine sera prête pour la fabrication en juillet
The workshop is in full swing	L'atelier est en pleine activité
The works is in full running The factory is in full operation	L'usine est en pleine activité
Business is brisk	Les affaires sont actives
To keep the factory humming	Maintenir l'usine en activité
Business is slack	Les affaires sont au ralenti
A factory closes down	Une usine ferme définitivement
To bring into production a more advanced type	Mettre en fabrication un modèle plus moderne
To pioneer To break new ground	Innover
Pioneer products	Produits de conception nouvelle
Pilot production	La production pilote
Workmanship	La main-d'œuvre *(façon)* La qualité du travail (du fini)
Made to gauge Made to gage (U.S.A.)	Fabriqué conformément aux normes
A faulty product A defective product	Un produit défectueux
Due to improper use or handling and not to any manufacturing fault	Dû à une utilisation anormale et non pas à quelque défaut de fabrication
A spare gear	Un équipement de rechange
Set of spare parts	Série de pièces de rechange
Spare parts manual Replacements manual	Catalogue des pièces de rechange
Industry clamours for quotas	L'industrie réclame à cor et à cri des contingents
To safeguard an industry	Protéger une industrie
To rationalize an industry	Rationaliser une industrie
To syndicate an industry	Cartelliser une industrie
To channel investments into industry	Canaliser les investissements vers l'industrie

Eine Fabrik arbeitet oder steht still	Una fábrica marcha o está parada
Die Fabrik ist im Juli startbereit	La fábrica estará lista para la producción en el mes de julio
Der Betrieb ist in vollem Schwung	El taller está en plena actividad
Die Fabrik arbeitet mit Hochdruck Das Werk ist vollbeschäftigt	La fábrica está en plena actividad
Die Geschäfte sind aktiv	Los negocios son activos
Die Fabrik in Gang halten	Mantener la fábrica en marcha
Die Geschäfte gehen langsam	Los negocios marchan despacio
Eine Fabrik wird endgültig stillgelegt	Una fábrica cierra definitivamente
Ein fortgeschritteneres Modell auflegen Die Fertigung eines fortgeschritteneren Typs aufnehmen	Iniciar la fabricación de un modelo más perfeccionado
Pionierarbeit leisten Neue Dinge einführen Bahnbrechende Arbeit leisten	Innovar Introducir nuevos métodos Ponerse en la vanguardia
Neuartige Erzeugnisse Bahnbrechende Erzeugnisse	Productos de nuevo concepto Productos de vanguardia
Die Versuchsfertigung	La fabricación piloto
Die Verarbeitung Die Verarbeitungsqualität	La calidad del trabajo La calidad de la fabricación
Normgerecht hergestellt	Fabricado conforme a las normas
Ein fehlerhaftes Erzeugnis Ein Erzeugnis mit Mängeln	Un producto defectuoso
Auf eine mißbräuchliche Benutzung und nicht auf einen Fertigungsfehler zurückzuführen	Consecuencia de la utilización abusiva y no de un defecto de fabricación
Eine Ersatzausrüstung	Un equipo de recambio
Ersatzteilserie	Serie de piezas de recambio
Ersatzteilkatalog	Lista de piezas de recambio
Die Industrie schreit nach Kontingentierung	La industria clama por cupos
Eine Industrie schützen	Proteger una industria
Eine Industrie rationalisieren	Racionalizar una industria
Eine Industrie kartellisieren	Cartelizar una industria
Die Investitionen in die Industrie schleusen	Canalizar las inversiones hacia la industria

Industrial Management / Gestion industrielle

Management engineering	L'organisation de la gestion d'une entreprise
A system-managed company	Une société gérée suivant un système préétabli
Management by objectives (MBO)	La direction par objectifs (DPO)
Management practices	Les procédures de gestion
Management ratios	Les ratios de gestion
Programmed management	La gestion programmée
Job engineering	L'organisation du travail
Job classification	La classification des fonctions
Job description	La description de poste
Job simplification	La simplification du travail
Job specification	Les caractéristiques de poste
Job improvement	L'amélioration des tâches
Job rotation	La rotation des postes
A management consultant	Un conseil en gestion
An efficiency expert	Un expert en organisation
A developer (U.S.A.)	Un promoteur
Long-term planning	La planification à long terme
Field research	La prospection sur le terrain / L'étude sur le terrain
The engineering office / The engineering and design department	Le bureau d'études
A draughtsman	Un dessinateur industriel

Industrielle Betriebswirtschaft	*Gestión industrial*
Die betriebswirtschaftliche Organisation Die Organisation der Unternehmensleitung	La organización de la gestión de una empresa
Eine systemorientierte Betriebswirtschaft Eine systemorientierte Unternehmensführung	Una gestión por sistema
Die zielorientierte Betriebswirtschaft Die zielorientierte Unternehmensführung	La dirección por objetivos (DPO)
Die betriebswirtschaftlichen Methoden Die Betriebsleitungsverfahren	Los métodos de gestión
Die Unternehmensleitungsfaktoren Die betriebswirtschaftlichen Koeffizienten	Los coeficientes de gestión Los factores de gestión
Die programmierte Betriebsführung	La gestión programada
Die Arbeitsorganisation	La organización del trabajo
Die Arbeitsklassifizierung	La clasificación de las funciones
Die Arbeitsplatzbeschreibung Die Funktionsbeschreibung	La descripción de puesto de trabajo
Die Arbeitsvereinfachung	La simplificación del trabajo
Die Arbeitsplatzdefinierung	La especificación de un puesto de trabajo
Die Arbeitsplatzverbesserung	La mejora de los puestos de trabajo
Der Kreislauf der Arbeitsplätze	La rotación de los puestos de trabajo
Ein Betriebsberater	Un consejero de gestión
Ein Organisationsfachmann Ein Wirtschaftsingenieur	Un ingeniero de organización
Ein Promoteur	Un promotor
Die langfristige Planung	La planificación a largo plazo
Die Untersuchung an Ort und Stelle	La prospección en el terreno Los estudios in situ
Das technische Büro Die technische Entwurfsabteilung	La oficina técnica
Ein technischer Zeichner	Un diseñador técnico Un delineante

A scale model	Un modèle réduit Une maquette
The mock-up of a machine	La maquette d'une machine
The dummy of a book The lay-out of a page	La maquette d'un livre La maquette d'une page
A clay model A wax model	Une maquette en argile Une maquette en cire
The establishment charges The promotion cost	Les frais d'établissement (d'une entreprise)
Start-up cost	Les frais de démarrage
Capital spending for : — expansion of capacity — modernization — replacement of obsolescent facilities — replacement of outmoded equipments	Immobilisations pour : — développement de la capacité de production — modernisation — remplacement d'installations périmées — remplacement d'équipements démodés
Self-financing	L'autofinancement
To plow back current profits into labor-saving mechanization and automation projects	Réinvestir les bénéfices courants dans une mécanisation économisant la main-d'œuvre et dans des projets d'automation
Owing to the high rate of interest, it seems beneficial to some industrialists to use their profits in buying risk-free bonds rather than putting back money into their business	Par suite du taux élevé des intérêts, il semble avantageux à quelques industriels d'utiliser leurs bénéfices à l'achat d'obligations exemptes de risques plutôt qu'à réinvestir dans leurs affaires
To trim an investment program	Émonder un programme d'investissements
Cost accounting Cost accountancy	La comptabilité analytique
Costing	Le calcul des prix de revient
Prime costs	Les coûts de fabrication Les coûts de production
Prime costs are direct materials, direct labour and other direct expenses chargeable to the cost of production of a specific product	Les coûts de fabrication sont les dépenses de matériels directs, de la masse salariale directe et les autres coûts directs imputables au prix de revient d'un produit spécifique

Ein Modell im verkleinerten Maßstab Ein Maßstabmodell	Una maqueta a escala
Das Maschinenmodell Das Modell einer Maschine	La maqueta de una máquina
Der Entwurf eines Buches Der Musterentwurf	La maqueta de un libro El bosquejo de una página
Ein Tonmodell Ein Wachsmodell	Una maqueta de arcilla Una maqueta de cera
Die Gründungskosten (eines Unternehmens)	Los gastos de establecimiento (de una empresa)
Die Anlaufkosten	Los gastos de puesta en marcha
Kapitalanlagen für : — Erweiterung der Fertigungskapazität — Modernisierung — Ersatz veralteter Anlagen — Ersatz veralteter Ausrüstungen und Maschinen	Inversiones para : — expansión de la capacidad de producción — modernización — reposición de instalaciones anticuadas — reposición de maquinaria anticuada
Die Selbstfinanzierung	La autofinanciación El autofinanzamiento
Die laufenden Gewinne in Arbeitskräfte sparende Mechanisierungs- und Automatisierungsprojekte anlegen	Investir los beneficios corrientes en proyectos de mecanización y automatización que economizan la mano de obra
Auf Grund der hohen Zinssätze sehen manche Industrielle einen Vorteil in der Anlage ihrer Gewinne in risikofreien Obligationen, anstelle der Reinvestierung des Geldes in ihren Unternehmen	En razón del interés elevado del dinero, ciertos industriales parecen ver con ventaja la utilización de sus beneficios en la compra de obligaciones sin riesgo en lugar de reponer el dinero en sus negocios
Ein Investitionsprogramm beschneiden	Desbrozar un programa de inversiones
Das betriebliche Rechnungswesen Die betriebliche Kostenrechnung	La contabilidad analítica
Die Selbstkostenrechnung	El cálculo del precio de coste (del precio de fábrica)
Die Fertigungskosten	El coste de producción El coste de fabricación
Die Fertigungskosten sind die direkten Material-, Arbeitslohn- und andere Aufwendungen, die den Selbstkosten eines bestimmten Erzeugnisses angerechnet werden können	El coste de fabricación representa los gastos directos (materiales, salarios y otros) imputables al precio de coste de un producto específico

Production cost price	Le prix de revient à la production Le prix de revient à la fabrication
The production cost price decrease is a remote prospect	La diminution des prix de revient à la production est une perspective assez éloignée
Operating, maintenance and depreciation costs	Les frais d'exploitation, d'entretien et d'amortissement
Planned maintenance	Maintenance programmée Entretien systématique
Depreciation and renewal of machinery	L'amortissement et le renouvellement de l'équipement
To take stock	Faire l'inventaire
A spot checking	Une vérification ponctuelle
A safety stock	Un stock de sécurité
A buffer stock	Un stock tampon
Replacement schedule (U.S.A.) Replacement program	Le programme de renouvellement
Replacement time (U.S.A.)	Le délai de réapprovisionnement
Current replacement cost	Le coût de remplacement courant
Raw materials for 30 days continuous operation	Matières premières pour une autonomie de 30 jours de fabrication à régime continu
Gross margin	La marge brute
Net margin	La marge nette
Profit margin	La marge bénéficiaire
The cash flow	La marge brute d'autofinancement (M.B.A.)
A no-profit operation A loss operation A losing operation	Une opération déficitaire
A non-profit organisation	Une organisation sans but lucratif
To hold the margins	Maintenir les marges

Der Fertigungsselbstkostenpreis	El precio de coste de la producción El precio de coste de la fabricación
Die Verminderung des Fertigungsselbstkostenpreises ist eine ziemlich ferne Möglichkeit	La disminución del precio de coste de la producción se sitúa en una perspectiva lejana
Die Betriebs-, Wartungs- und Abschreibungskosten	El coste de la explotación, del mantenimiento y de la amortización
Programmierte Wartung Geplante Wartung	Mantenimiento programado
Die Abschreibung und Erneuerung der maschinellen Anlagen	La amortización y reposición de la maquinaria
Inventur machen	Hacer inventario
Eine Stichprobenprüfung	Una verificación puntual
Sicherheitsvorräte Ein Notvorrat	Existencias de seguridad
Ein Puffervorrat	Existencias tapón
Das Erneuerungsprogramm	El programa de reposición
Die Wiederbeschaffungsfrist	El plazo de reabastecimiento
Die gegenwärtigen Wiederbeschaffungskosten	El coste actual de reposición
Rohstoffe für eine ununterbrochene Produktion von 30 Tagen	Materias primas para una producción continua de 30 días
Die Bruttomarge Die Bruttospanne	El margen bruto
Die Nettomarge Die Nettospanne	El margen neto
Die Gewinnspanne	El margen de beneficio El margen de ganancia
Der Cashflow Die Bruttospanne der Selbstfinanzierung Die Selbstfinanzierungsspanne	El margen bruto de autofinanciación
Eine Verlustoperation Ein Verlustgeschäft	Una operación deficitaria
Eine gemeinnützige Organisation	Una organización sin finalidad lucrativa
Die Spannen erhalten	Mantener los márgenes

To maintain or improve profit margins through cost cutting, development of new products, or intensified marketing	Maintenir ou améliorer les marges bénéficiaires par la compression des coûts, la mise au point de nouveaux produits, ou par une commercialisation intensifiée
To fight over-spending and over-staffing	Combattre le gonflement des dépenses et celui du personnel
Escalator clause covering a possible increase in the cost of labour	Une clause d'échelle mobile couvrant une augmentation possible des coûts salariaux
Our products are underpriced in relation to rising labour costs	Nos produits ont des prix trop bas par rapport au coût croissant de la main-d'œuvre
It will be a question of phasing out marginal lines and plants	Il s'agira de se débarrasser progressivement de lignes de fabrication et d'usines marginales
Manufacturing capacity	La capacité de production
Production targets	Les objectifs de production
Production schedule Production program	Le programme de fabrication
Production engineering	La technique de production
Production process	Le procédé de fabrication Le processus de production
Continuous flow production	La production en régime continu
Flow line and mass production techniques	Les techniques de travail à la chaîne et de production en grandes séries
Continuous flow production Continuous line production	La fabrication à la chaîne
Mass-produced	Fabriqué en grande série
A labour-saving machine	Une machine qui économise la main-d'œuvre
A productivity bonus A merit bonus	Une prime de productivité
Plant capacity	La capacité de l'usine La capacité de l'installation
A factory working close to capacity	Une usine travaillant près de sa capacité
Capacity utilization rate Load factor	Coefficient d'utilisation de la capacité Facteur de charge

Die Gewinnspannen durch Kostensenkung, Entwicklung neuer Erzeugnisse oder durch eine Intensivierung des Verkaufs erhalten oder verbessern	Mantener o mejorar los márgenes de beneficios por la compresión del coste de producción, el desarrollo de nuevos productos o la intensificación de las ventas
Zu hohe Ausgaben und Personalüberschuß bekämpfen	Frenar el aumento de los gastos y la mano de obra excesiva
Eine Gleitklausel für die Deckung einer eventuellen Erhöhung der Lohnkosten	Una escala flexible para cubrir un posible aumento del coste de la mano de obra
Im Verhältnis zu den steigenden Lohnkosten sind die Preise unserer Erzeugnisse zu niedrig	En relación con el coste creciente de la mano de obra, nuestros precios son demasiado bajos
Es handelt sich darum, die nichtlohnenden Erzeugnisgruppen und Werke allmählich auszumerzen	Será cuestión de eliminar gradualmente los productos y las fábricas marginales
Die Fertigungskapazität	La capacidad de fabricación
Die Produktionsziele Die Fertigungsziele	Los objetivos de producción
Das Fertigungsprogramm Der Fertigungsplan	El programa de fabricación
Die Fertigungstechnik	La técnica de la fabricación
Das Fertigungsverfahren	El método de fabricación
Die kontinuierliche Fertigung Die Fertigung im Dauerbetrieb	La producción en régimen continuo
Die Fließband- und Massenfertigungstechniken Die Fließband- und Massenfertigungsverfahren	Las técnicas de fabricación en cadena continua y en grandes series
Die Fließbandfertigung	La fabricación en cadena continua La fabricación en linea continua
In Massenfertigung hergestellt	Fabricado en grandes series
Eine Arbeitskräfte sparende Maschine	Una máquina que economiza la mano de obra
Eine Produktivitätsprämie	Una prima de productividad
Die Werkskapazität Die Kapazität der Anlage	La capacidad de la fábrica La capacidad de la instalación
Ein an seiner Kapazitätsgrenze arbeitendes Werk	Una fábrica trabajando cerca de su capacidad
Kapazitätsausnützungsfaktor Leistungsfaktor	Factor de utilización de la capacidad Factor de carga

Load factor *(electricity)*	Coefficient de charge *(électricité)*
To put men to work To set men to work	Mettre des hommes au travail
To lay out a building site	Mettre en œuvre un chantier
To start a piece of work	Mettre un travail en chantier
Work in hand Work in progress	Les travaux en cours
Down time Idle period	Le temps mort Le temps d'arrêt
The efficiency fall-down The drop in performance The decrease in efficiency	La baisse de rendement
Decrease in output	La baisse de la production La baisse du rendement
Ten-hour continuous rating	Régime de marche continue de 10 heures
Stocks in progress Products in progress	Fabrication en cours
Semi-finished products	Les produits semi-finis
Semi-finished stocks	Les produits semi-finis en stock
Finished products	Les produits finis
Finished stocks	Les produits finis en stock
Product line Product range	La gamme de produits
The set price ex-works is FF...	Le prix fixe sortie d'usine est de F...
Equipment will be charged at the price ruling at the forwarding date	Le matériel sera facturé au prix en vigueur à la date de l'expédition
A firm order	Une commande ferme
A heavy backlog	Un carnet de commandes très bien garni
The shortening of orders	La diminution en quantité des commandes
The slowing-down of new orders The slackening of incoming orders	Le ralentissement de nouvelles commandes
The break-even point	Le seuil de rentabilité Le point critique

Belastungsfaktor *(Elektrizität)* Lastfaktor	Factor de carga *(electricidad)*
Arbeitskräfte einsetzen	Poner la mano de obra al trabajo
Einen Bauplatz in Angriff nehmen	Empezar una obra de construcción
Eine Arbeit in Angriff nehmen	Empezar un trabajo
Die in der Ausführung befindliche Arbeit	El trabajo pendiente
Die Stillstandszeit	El tiempo muerto El período muerto
Der Leistungsabfall	La baja de rendimiento El descenso de la producción
Der Produktionsabfall	La baja de la producción
Zehn Stunden Dauerbetrieb	Régimen continuo de diez horas
Erzeugnisse in der Fertigung	Productos en curso de fabricación
Die Halbfertigerzeugnisse	Los productos semimanufacturados
Die Halbfertigerzeugnisse auf Lager	Los productos semimanufacturados en almacén
Die Fertigerzeugnisse	Los productos manufacturados
Die Fertigerzeugnisse auf Lager	Los productos manufacturados en almacén
Die Fertigungsreihe Die Erzeugnisreihe	La línea de productos La serie de productos
Der feste Abwerkpreis beträgt FF...	El precio fijo ex fábrica es de FF...
Die Geräte werden zu dem am Versandtag gültigen Preis berechnet	El material se facturará al precio vigente el día de la remesa
Ein fester Auftrag	Un pedido firme
Ein sehr guter Auftragsbestand	Una gran cantidad de pedidos pendientes
Die Auftragsverminderungen	La disminución de los pedidos
Die Verlangsamung des Auftragseingangs	La disminución de nuevos pedidos
Die Rentabilitätsschwelle Der Kostendeckungspunkt	El umbral de la rentabilidad El punto crítico

Further cut-backs are necessary to bring dealer's stocks into line	D'autres réductions sont nécessaires pour ramener les stocks des revendeurs à une juste proportion

Labour — *Main-d'œuvre*

International Labour Organisation (I.L.O.)	L'Organisation Internationale du Travail (O.I.T.)
Labour market	Le marché du travail
Labour demand Demand for labour	La demande de main-d'œuvre
Labour shortage Scarcity of labour	La pénurie de main-d'œuvre
Distribution of labour Geographical location of labour	La répartition géographique de la main-d'œuvre
Allocation of labour	L'allocation de main-d'œuvre
Labour turnover Personnel turnover	La rotation du personnel
Mobility of labour	La mobilité de la main-d'œuvre
The labour force The personnel employed	L'effectif
Labour Manpower Hands	La main-d'œuvre
Direct hiring of labour	L'engagement direct de main-d'œuvre
Labour force of a nation	La population active d'une nation
Female labour	La main-d'œuvre féminine
An aide An assistant	Un adjoint
An auxiliary An occasional help	Un auxiliaire Un surnuméraire, un extra
An occasional worker A casual labourer	Un ouvrier occasionnel Un intérimaire
Temporary labour	La main-d'œuvre intérimaire
Manual labour Hand work	Le travail manuel
Unskilled labour	La main-d'œuvre non qualifiée

Weitere Verkürzungen sind notwendig, um die Wiederverkäufervorräte auf ein angemessenes Maß zurückzuführen	Otras limitaciones son necesarias para restablecer las existencias de los distribuidores a un nivel adecuado

Arbeitskräfte / *Mano de obra*

Die Internationale Arbeitsorganisation	La Organización Internacional del Trabajo (O.I.T.)
Der Arbeitsmarkt	El mercado de la mano de obra El mercado del trabajo
Die Arbeitsnachfrage	La demanda de mano de obra
Der Arbeitermangel Der Mangel an Arbeitskräften	La escasez de mano de obra
Die geographische Verteilung der Arbeitskräfte	La distribución geográfica de la mano de obra
Die Arbeitskräftezuteilung	La asignación de la mano de obra
Der Personalumschlag	La rotación de la mano de obra La rotación del personal
Die Beweglichkeit der Arbeitskräfte	La mobilidad de la mano de obra
Der Personalbestand Die beschäftigten Arbeitskräfte	El personal empleado El personal
Die Arbeitskräfte Das Personal	La mano de obra
Die Direkteinstellung von Arbeitskräften	La contratación directa de mano de obra
Die erwerbstätige Bevölkerung einer Nation	La población activa de una nación
Die weiblichen Arbeitskräfte	La mano de obra femenina
Ein persönlicher Mitarbeiter Ein Gehilfe	Un ayuda, un ayudante Un colaborador personal
Eine Aushilfskraft	Un auxiliar ocasional Un auxiliar
Ein Gelegenheitsarbeiter	Un obrero ocasional Un temporero
Die Aushilfsarbeitskräfte	La mano de obra interina La mano de obra temporal
Die Handarbeit	El trabajo manual
Die ungelernten Arbeitskräfte	La mano de obra no calificada La mano de obra no especializada

Skilled labour	La main-d'œuvre qualifiée
Common labour	Le travail en commun
Common labourer (U.S.A.) Common worker	Un ouvrier ordinaire
A labour colony A labour settlement	Une colonie ouvrière Une agglomération ouvrière
Workers' dwellings	Une cité ouvrière
The works' labour force	L'effectif de l'usine
The factory's clerical staff	Le personnel administratif de l'usine
The company's staff and labour	Le personnel employé et ouvrier de la société
White collars White collar workers	Le personnel de bureau
Blue collars Blue collar workers	Les travailleurs manuels
An out-worker	Un travailleur à domicile
A job-worker A piece-worker A jobber	Un ouvrier à la tâche Un ouvrier à la pièce Un tâcheron
A migrant worker	Un ouvrier migrateur
An immigrant worker A guest-worker	Un travailleur immigré
Efficiency wages (U.K.) Incentive wages (U.S.A.)	Le salaire au rendement
They work by the job	Ils travaillent à la pièce
Work by contract Contract work	Travail à forfait
A shift A work-shift	Une équipe de travail
The working shift The shift	La durée du travail
The night-shift	L'équipe de nuit
Labour code Labour laws	Le code du travail
Labour legislation	La législation du travail
Labour-management relations Industrial relations	Les rapports patrons-salariés

Die gelernten Arbeitskräfte	La mano de obra especializada
Die gemeinsame Arbeit	El trabajo en común
Ein einfacher Arbeiter	Un simple obrero Un trabajador ordinario
Eine Arbeitersiedlung	Una colonia laboral
Ein Arbeiterwohnkomplex	Una residencia obrera Una ciudad obrera
Die Werksbelegschaft	El personal obrero de la fábrica
Das Verwaltungspersonal der Fabrik	El personal administrativo de la fábrica
Die Angestellten und Arbeiter der Gesellschaft	El personal administrativo y obrero de la empresa
Das Büropersonal Die Angestellten	El personal administrativo Los empleados administrativos
Die Arbeiter	Los trabajadores manuales Los obreros
Ein Heimarbeiter	Un trabajador a domicilio
Ein Akkordarbeiter	Un trabajador a destajo Un destajista
Ein Wanderarbeiter	Un trabajador migratorio
Ein Fremdarbeiter Ein Gastarbeiter	Un trabajador inmigrado
Der produktivitätsgebundene Lohn Der Leistungslohn	El salario conforme a la productividad El salario conforme al rendimiento
Sie arbeiten im Akkord	Trabajan a destajo
Arbeit zu einem Pauschalpreis	Trabajo a tanto alzado
Eine Arbeitsschicht	Un equipo de trabajo
Die Arbeitszeit	Las horas de trabajo
Die Nachtschicht	La cuadrilla de noche
Das Arbeitsgesetzbuch	El código del trabajo El código laboral
Die Arbeitsgesetzgebung	La legislación laboral
Das Verhältnis der Sozialpartner Die Beziehungen der Sozialpartner	Las relaciones industriales Las relaciones entre patronos y empleados

Occupational hazards Occupational risks	Les risques professionnels
An occupational disease	Une maladie professionnelle
Health insurance	L'assurance maladie
A factory inspector	Un inspecteur du travail
A welfare officer	Une assistante sociale
Labour Exchange Employment bureau (U.S.A.)	La bourse du travail L'agence pour l'emploi
An employers association	Un syndicat patronal
The employers federation The industrial federation (U.S.A.)	La fédération patronale
A trade union (U.K.) A labor union (U.S.A.)	Un syndicat de salariés
To embarrass the unions To intimidate the unions	Déconcerter les syndicats Intimider les syndicats
To face down the unions	Rabattre les prétentions des syndicats
Excessive wage claims by labour unions	Des demandes salariales excessives par les syndicats
Union lodge Union branch Local (U.S.A.)	La section syndicale
Union local Local union office	Le siège local d'un syndicat
A shop steward	Un délégué syndical
An union militant (U.K.) A labor militant (U.S.A.)	Un militant syndicaliste
A Labour militant (U.K.)	Militant du parti travailliste anglais
A yellow-dog (U.S.A.) A yellow belly ((U.S.A.)	Un sale type Un froussard
A yellow-dog contract (U.S.A.)	Un contrat de travail excluant l'appartenance à un syndicat et la grève
The workers' demands	Les revendications ouvrières
Labour unrest	L'agitation ouvrière
Labour troubles	Les conflits ouvriers
Labour-capital conflicts Industrial conflicts	Les conflits capital-travail

Die Berufsrisiken	Los riesgos profesionales
Eine Berufskrankheit	Una enfermedad profesional
Die Krankenversicherung	El seguro de enfermedad
Ein Gewerbeaufsichtsbeamter	El inspector de trabajo
Eine Wohlfahrtspflegerin Ein Wohlfahrtsbeamter	Una asistenta social
Das Arbeitsamt	La bolsa del empleo El instituto del empleo
Ein Arbeitgeberverband	El sindicato patronal
Die Vereinigung der Arbeitgeberverbände	La federación patronal
Eine Gewerkschaft	Un sindicato de asalariados
Die Gewerkschaften in Verlegenheit bringen Die Gewerkschaften einschüchtern	Desconcertar los sindicatos Intimidar los sindicatos
Die Ansprüche der Gewerkschaften herunterschrauben	Limitar las reivindicaciones de los sindicatos
Unmäßige Lohnforderungen der Gewerkschaften	Exigencias salariales excesivas de los sindicatos obreros
Die Ortsgewerkschaft	La sección local de un sindicato obrero
Der lokale Gewerkschaftssitz Das örtliche Gewerkschaftsbüro	La delegación local de un sindicato obrero
Ein Betrieblicher Ein Gewerkschaftsvertreter	Un delegado de un sindicato en una empresa
Ein Gewerkschaftsaktivist	Un militante sindicalista
Ein Aktivist der Labour-Partei	Un militante del partido « Labour »
Eine Angsthase Ein Feigling	Un cagueta Un cobarde Un gallina
Ein Arbeitsvertrag, der das Streikrecht und die gewerkschaftliche Organisation ausschließt	Un contrato de trabajo que excluye la huelga y la sindicalización
Die Forderungen der Arbeiter	Las reivindicaciones laborales
Die soziale Unruhen	La agitación obrera
Die Arbeitskonflikte	Los conflictos laborales
Die Konflikte zwischen Arbeitgebern und Gewerkschaften	Los conflictos capital-mano de obra

The grievances committee The arbitration board The conciliation board	La commission d'arbitrage La commission paritaire
Grievance procedure Arbitration procedure	La procédure prud'homale
The arbitration board The conciliation board	Le conseil des prud'hommes
They cannot push up wages faster than inflation devalues them	Ils ne peuvent pousser la hausse des salaires plus vite que l'inflation qui les dévalue
The works council The works committee The joint consultative committee (U.K.)	Le comité d'entreprise
The staff council The staff consultative committee	Le comité d'entreprise des salariés non manuels (employés)
The staff counselling service	Le service d'information et de conseil pour les salariés d'une entreprise
Company profit sharing	La participation des salariés aux bénéfices de l'entreprise
Collective bargaining demands	Les revendications salariales collectives
Collective bargaining	Les négociations collectives Les négociations salariales collectives
Plant bargaining	Les négociations salariales au niveau de l'usine
Joint negotiations Joint consultations	Les négociations paritaires
Productivity agreement	Une convention de productivité
A service contract (U.K.) A labor contract (U.S.A.)	Un contrat de travail
Indexation to insulate them from drops in purchasing power	L'indexation pour les protéger contre les chutes du pouvoir d'achat
A closed shop	Une entreprise qui s'est engagée à ne pas embaucher de personnel non syndiqué
A collective agreement	Une convention collective
A collective bargaining agreement A wage pact (U.S.A.)	Une convention collective salariale
To put workers on short shifts	Réduire l'horaire des ouvriers

Der Schiedsausschuß Der paritätische Schiedsausschuß Der Schlichtungsausschuß	La junta paritaria laboral El comité paritario laboral
Die Schiedsverfahren Die Schlichtungsverfahren	El trámite de arbitraje laboral El trámite de conciliación laboral
Das Schiedsgericht	La junta de arbitraje El tribunal de conciliación laboral
Sie können die Löhne nicht schneller hochschrauben als die Inflation die die Löhne entwertet	No se puede elevar el aumento de los salarios más rápidamente que la inflación que los disminuye
Der Betriebsrat	El jurado de empresa
Der Betriebsrat der Angestellten	El jurado de empresa de los empleados administrativos
Die Personalinformations- und Beratungs-Abteilung	El servicio de información y de consejo para los empleados de una empresa
Die Personalgewinnbeteiligung Die Belegschaftsgewinnbeteiligung	La participación del personal a los beneficios de la empresa
Die kollektiven Lohnforderungen	Las reivindicaciones salariales colectivas
Die kollektiven Lohnverhandlungen	Las negociaciones salariales colectivas
Die Lohnverhandlungen auf Werksebene	Las negociaciones salariales en la fábrica
Die paritätischen Verhandlungen	Las negociaciones paritarias Las negociaciones mixtas
Ein Produktivitätsabkommen	Un convenio colectivo de productividad
Ein Arbeitsvertrag	Un contrato de trabajo Un contrato de empleo
Die Indexierung zum Schutz vor Kaufkraftverminderungen	Escala móvil para protegerles contra la baja del poder adquisitivo
Ein Unternehmen, das sich verpflichtet hat, kein nicht organisiertes Personal einzustellen	Una empresa que se ha comprometido a no emplear personal no sindicado
Ein Gesamtarbeitsvertrag	Un convenio colectivo
Ein Lohnabkommen	Un convenio colectivo salarial
Arbeiter auf kurze Schicht setzen	Reducir las horas de trabajo de los obreros

To dismiss workers To give workers notice To lay off workers (U.S.A.)	Licencier des ouvriers
To give workers a vacation (U.S.A.) To give workers a holiday	Accorder des vacances aux ouvriers
Four weeks paid vacation	Quatre semaines de congés payés
Paid vacations (U.S.A.) Paid holidays (U.K.)	Les « congés payés »
The paid vacationers (U.S.A.) The paid holiday-makers (U.K.)	Les salariés en congés payés
A stoppage of work	Un arrêt de travail
A sick-leave	Un congé de maladie Un arrêt de travail pour maladie
A lock-out	Un lock-out
A walk-out (U.S.A.) A strike	Une grève
Rattening	Sabotage dans les ateliers
To knock off at 6 o'clock	Cesser le travail à 6 heures
To knock off plenty of work	Abattre de la besogne Faire beaucoup de travail
To strike To go on strike To walk out (U.S.A.)	Faire la grève Se mettre en grève
To abstain from work To lay down tools To stop working	Cesser le travail
To call a strike	Appeler à la grève
To stand by idle	Se tenir là sans rien faire Rester là sans intervenir
To stand idle	Rester à ne rien faire Rester à se croiser les bras
The factory stands idle	L'usine est arrêtée (fermée)
A strike picket	Un piquet de grève
To brandish a picket sign to protest against a 90 day pay-freeze	Brandir une banderole de grève pour protester contre un blocage de salaires de 90 jours
A token strike	Une grève d'avertissement Une grève symbolique
Work to rule strike Working to rule	La grève du zèle

Arbeiter entlassen	Despedir obreros
Die Arbeiter beurlauben Den Arbeitern einen Urlaub gewähren	Conceder vacaciones a los obreros
Vier Wochen bezahlter Urlaub	Cuatro semanas de vacaciones retribuidas
Urlaub mit Lohnfortzahlung Bezahlter Urlaub	Vacaciones pagadas
Die bezahlten Urlauber Die Urlauber mit Lohnfortsetzung	Los salariados en vacaciones pagadas
Eine Arbeitsunterbrechung	Una interrupción del trabajo
Ein Krankenurlaub	Una baja por enfermedad
Eine Aussperrung	Un lock-out
Ein Streik	Una huelga
Arbeitssabotage	Sabotaje en los talleres Saboteo en los talleres
Die Arbeit um 6 Uhr beendigen	Terminar el trabajo a las seis
Viel Arbeit erledigen	Trabajar mucho Darle duro al trabajo
Streiken	Hacer la huelga
Nicht arbeiten	Parar el trabajo Suspender el trabajo
Einen Streik ausrufen	Proclamar una huelga
Dabeistehen ohne einzuschreiten	Presenciar sin hacer nada
Nichts tun	No hacer nada
Das Werk ist ohne Arbeit Das Werk steht still	La fábrica está sin trabajo La fábrica está parada
Ein Streikposten	Un piquete de huelga
Ein Streikplakat zeigen, um gegen einen Lohnstopp von 90 Tagen zu protestieren	Blandir un cartel para protestar contra una congelación de los salarios de 90 días
Ein Warnstreik Ein symbolischer Streik	Una huelga de advertencia Una huelga simbólica
Arbeit genau nach den Dienstvorschriften	Trabajo ejecutado exactamente conforme al reglamento

A go-slow strike	Une grève perlée
To go slow To ca'canny	Faire la grève perlée
Official strike Constitutional strike	Une grève réglementaire Une grève statutaire
Work demarcation strike	Une grève de compétence
A strike with occupations of the premises	Une grève avec occupation des lieux de travail
A sit-down strike A sit-in strike	Une grève sur le tas
A sympathetic strike A solidarity strike	Une grève de solidarité
A wildcat strike	Une grève sauvage
A strike for higher pay and fringe benefits	Une grève pour hausse des salaires et des avantages hors salaire
To call off a strike	Annuler une grève
To resume work	Reprendre le travail
A scab A rat (U.S.A.) A blackleg A strike-breaker	Un « jaune » Un « renard » Un briseur de grève
To break the strike by using blackleg labour	Briser la grève en utilisant des « jaunes »
To lay off the strikers (U.S.A.)	« Débarquer » (congédier) les grévistes
The company has rehired 100 employees laid off last year (U.S.A.)	La Société a réembauché 100 employés congédiés l'an dernier
To phase out the strikers	Renvoyer progressivement les grévistes
The plant will have to stick it out till the strike is over	L'usine devra tenir jusqu'à la fin de la grève
A steel strike will put a crimp in the economic recovery (U.S.A.)	Une grève de l'acier mettra un frein au redressement économique
An idle worker	Un ouvrier sans travail
To be out of work To be jobless To be unemployed To be on the dole (U.K.)	Être en chômage

Ein Bummelstreik	Una huelga intermitente
Einen Bummelstreik machen	Hacer una huelga intermitente
Ein offizieller Streik Ein rechtmäßig organisierter Streik	Una huelga oficial Una huelga legal Una huelga estatutaria
Ein Kompetenzstreik Ein Arbeitszuteilungsstreik	Una huelga por la distribución del trabajo
Ein Streik mit Betriebsbesetzung	Una huelga con ocupación del local de trabajo
Ein Sitzstreik Ein Streik auf dem Arbeitsplatz	Una huelga de brazos caídos Una huelga en el puesto de trabajo
Ein Sympathiestreik Ein Solidaritätsstreik	Una huelga de solidaridad
Ein wilder Streik	Una huelga salvaje
Ein Streik für höhere Löhne und Nebenleistungen (außergehaltliche Leistungen)	Una huelga para obtener un alza de los salarios y beneficios sociales
Einen Streik abblasen	Anular una huelga
Die Arbeit wieder aufnehmen	Reanudar el trabajo
Ein Streikbrecher	Un rompehuelgas Un esquirol
Den Streik mit Hilfe von Streikbrechern zu Ende bringen	Quebrar la huelga utilizando esquiroles
Die Streikteilnehmer entlassen	Despedir a los huelguistas
Die Gesellschaft hat 100 voriges Jahr entlassene Arbeitnehmer wiedereingestellt	La empresa ha contratado de nuevo 100 empleados despedidos el año pasado
Die Streikteilnehmer allmählich entlassen	Despedir progresivamente a los huelguistas
Das Werk muß bis zum Ende des Streiks durchhalten	La fábrica tiene que aguantar hasta el fin de la huelga
Ein Stahlstreik wird den Wirtschaftsaufschwung bremsen	Una huelga siderúrgica frenará el restablecimiento económico
Ein Arbeiter ohne Arbeit	Un obrero sin trabajo
Arbeitslos sein	Estar sin empleo

An unemployed A jobless worker	Un chômeur Un ouvrier sans emploi
Unemployment benefit Unemployment compensation Dole (U.K.)	L'allocation de chômage
To line up for unemployment benefits	Faire la queue pour les allocations de chômage
In the U.S.A., the day a man over 45 loses his job is the day he becomes old	Aux U.S.A., le jour où un homme de plus de 45 ans perd sa situation est le jour où il devient vieux

Ein Arbeitsloser Ein arbeitsloser Arbeiter	Un parado Un obrero en paro
Die Arbeitslosenunterstützung	El subsidio de paro

Für die Arbeitslosenunterstützung Schlange stehen	Hacer la cola para los subsidios de paro
Der Tag, an dem ein Mann über 45 in den U.S.A. seine Stellung verliert, ist der Tag, an dem er alt wird	El día que un hombre de más de 45 años pierde su empleo en los EE.UU. ese día empieza a hacerse viejo

27 Transports

Transports

In general

Transport facilities

Ease of transport

A carrier

A forwarding agent

A shipping agent

Consignment note

Dispatch note

Carriage paid
Post paid

Carriage forward

By passenger train

The public passenger transport systems
The public transit systems (U.S.A.)

The common carriers

Air transport

The dirigible
The airship
The zeppelin (U.K.)

The aeroplane
The aircraft
The airplane (U.S.A.)

The propeller plane

The turboprop plane

To fly around the world

The jet plane
The jet

Généralités

Moyens de transport

La facilité du transport

Un transporteur

Un agent expéditeur

Un transitaire

Le bordereau d'expédition
Le récépissé d'expédition (S.N.C.F.)

L'avis d'expédition

Port payé
Franco destination

Port dû

Par grande vitesse

Les transports en commun

Les transports publics

Transports aériens

Le dirigeable

L'avion

L'avion à hélice

L'avion turbo-prop

Faire le tour du monde en avion

L'avion à réaction
Le jet

Transportwesen | Transportes 27

Allgemeines | Generalidades

Transporteinrichtungen Transportmittel	Facilidades de transporte
Die leichte Transportierbarkeit	La facilidad del transporte
Ein Transporteur Ein Beförderer	Un transportista Una entidad transportadora
Ein Spediteur	Un agente de transportes
Ein Transitspediteur	Un agente de tránsito
Der Frachtbrief	La nota de expedición
Die Versandanzeige	El aviso de expedición
Frachtfrei Portofrei Franco	Franco de porte Franco de transporte
Unter Portonachnahme Unter Frachtnachnahme	Transporte pagadero por el destinatario
Als Expreßgut	Por exprés
Die öffentlichen Verkehrseinrichtungen Der öffentliche Personenverkehr	Transportes públicos de viajeros
Die öffentlichen Transportmittel Die öffentlichen Verkehrsmittel	Los transportes públicos

Lufttransport | Transportes aéreos

Das Luftschiff Der Zeppelin	El dirigible El zepelin
Das Flugzeug	El avión
Das Propellerflugzeug	El avión a hélice
Das Turbopropflugzeug	El avión turbopropulsor
Die Welt umfliegen	Dar la vuelta al mundo en avión
Das Düsenflugzeug Der Jet	El avión a reacción El jet

525

Thanks to Concorde, flying time cut in half and less jet-lag and less fatigue	Grâce à Concorde, temps de vol diminué de moitié, décalage horaire et fatigue moindres
A non-stop flight	Un vol sans escale
The helicopter The copter The chopper	L'hélicoptère
The spacecraft	Le vaisseau spatial L'engin spatial
The cargo aircraft The air freighter	L'avion cargo
A large capacity cargo aircraft	Un avion cargo de grande capacité
The air-conditioned cargo-hold	La soute climatisée
The pressurized cabin	La cabine pressurisée
The front seat	Le siège avant
The rear seat	Le siège arrière
The aisle seat	Le siège côté couloir
The window-seat The port-hole seat	Le siège près du hublot
The flight range The range of operation	Le rayon d'action
The cruising speed	La vitesse de croisière
To break the sound barrier	Franchir le mur du son
To fly a glider To do gliding	Faire du vol plané
The aerodrome The airfield	L'aérodrome
The runway	La piste de décollage
The air station The air terminal	L'aérogare
The airport	L'aéroport
The airline coach	L'autobus navette aéroport-aérogare
The tarmac	L'aire d'embarquement
To take off	Décoller

Dank Concorde ist die Flugzeit um die Hälfte vermindert worden, außerdem geringerer Zeitunterschied und weniger Ermüdung	Gracias al Concorde, el vuelo dura la mitad, el huso horario se reduce y se fatiga uno menos
Ein Nonstoppflug Ein Flug ohne Zwischenlandung	Un vuelo sin escala
Der Hubschrauber Der Helikopter	El helicóptero
Das Raumschiff Das Raumfahrzeug	El vehículo espacial
Das Frachtflugzeug	El avión de carga
Ein Frachtflugzeug mit großem Fassungsvermögen	Un avión de carga de gran capacidad
Der klimatisierte Frachtraum	La cala con aire acondicionado
Die Luftdruckkabine	La cabina sobrecomprimida
Der Sitz im vorderen Teil	El asiento de proa
Der Sitzplatz im hinteren Teil	El asiento de popa
Der Sitzplatz im Mittelgang	El asiento de pasillo
Der Fensterplatz	El asiento de ventanilla
Der Aktionsradius	El radio de acción
Die Marschgeschwindigkeit Die Marschfahrt Die Reisegeschwindigkeit	La velocidad de crucero
Die Schallmauer durchbrechen	Franquear el muro del sonido
Mit einem Segelflugzeug fliegen Die Segelfliegerei betreiben	Praticar el vuelo sin motor
Der Flugplatz	El aeródromo
Die Startbahn	La pista de despegue
Der Luftterminal Der Luftterminus	El terminal aéreo La estación terminal
Der Flugplatz	El aeropuerto
Der Flugplatzomnibus Der Fluglinienbus	El autobús del aeropuerto
Der Tarmac Die Ladezone	El terreno de embarque
Abfliegen	Despegar

To land To touch down (U.S.A.)	Atterrir
A flight ticket	Un billet d'avion
The air way-bill	Le connaissement aérien

Rail transport / Transports ferroviaires

The railways (U.K.) The railroads (U.S.A.)	Les chemins de fer
Railway line (U.K.) Railroad line (U.S.A.)	La ligne ferroviaire
Main line Trunk line	La grande ligne
Heavily travelled line	La ligne à fort trafic
Branch lines	Les lignes secondaires
Feeder lines Local lines	Les lignes d'intérêt local
Rolling stock	Le matériel roulant
The locomotive The engine	La locomotive
Motor carriage Motor unit	La motrice
A shunting engine A shunting locomotive	Une machine de manœuvres Une locomotive de manœuvres
A railway coach A railway carriage A railroad passenger car (U.S.A.)	Une voiture de voyageurs Une voiture
The dining-car The diner	Le wagon-restaurant
A sleeping-car A sleeping	Un wagon-lit
A goods wagon (U.K.) A freight wagon (U.K.) A freight car (U.S.A.)	Un wagon de marchandises
A rail lorry	Un lorry
An open rail truck	Un wagon plat Un wagon plate-forme
The guard's van The railway van	Le fourgon

Landen	Aterrizar
Ein Flugschein	Un billete de avión
Der Luftfrachtbrief	El conocimiento aéreo

Eisenbahntransport — *Transportes ferroviarios*

Die Eisenbahnen	Los ferrocarriles
Die Eisenbahnstrecke	La línea ferroviaria
Die Hauptstrecke	La línea principal
Die verkehrsreiche Strecke	La línea de mucho tráfico
Die Nebenlinien	Las líneas secundarias
Die Lokallinien Die Anschlußlinien	Las líneas locales
Das rollende Material	El material móvil
Die Lokomotive	La locomotora
Die Antriebslokomotive Die Diesellokomotive Die E-Lok	La locomotora Diesel La locomotora eléctrica
Eine Rangierlokomotive	Una locomotora de maniobras
Ein Eisenbahnwagen Ein Personenwagen	Un vagón
Der Speisewagen	El vagón restaurante
Ein Schlafwagen	El coche cama
Ein Güterwagen	Un vagón
Ein Lore Ein offener Güterwagen	Una vagoneta Un cangrejo Una zorra
Ein flacher Güterwagen	Un vagón descubierto
Der Personalwagen	El furgón

A Diesel train	Un autorail
The funicular railway	Le funiculaire
The teleferic The cable-car	Le téléférique (téléphérique)
The railway station (U.K.) The station The rail road station (U.S.A.)	La gare
Railway tariffing	La tarification ferroviaire
A platform ticket	Un ticket de quai
A season ticket (U.K.) A commutation ticket (U.S.A.) A railway pass	Une carte d'abonnement Une carte mensuelle, annuelle, etc. Une carte de circulation
The commuter (U.S.A.) The suburbanite The suburban (U.S.A.)	L'abonné *(pour un trajet de chemin de fer)* Le banlieusard
The free railway pass	La carte de circulation
To take a shuttle-train from... to... To commute from... to... (U.S.A.)	Utiliser un train navette (une navette) de... à...
The goods station (U.K.) The freight depot (U.S.A.) The railway freight depot (U.S.A.)	La gare de marchandises
Goods yard	Un dépôt de marchandises Une cour de marchandises
The marshalling yard The switching yard	La gare de triage
Shunting operations	Manœuvres de triage
Truck-load Railway truck-load Railroad car-load (U.S.A.)	Plein wagon Charge de wagon
Truck-load rates Car-load rates (U.S.A.) Truck rates Freight car rates (U.S.A.)	Tarif plein wagon
The underground railway The tube (U.K.) The subway (U.S.A.)	Le métro
The overhead railway The overhead (U.S.A.)	Le métro (aérien)

Ein Triebwagenzug Ein Dieselzug	Un autovía Un ferrobús
Die Zahnradbahn	El funicular
Die Seilbahn Die Drahtseilbahn	El teleférico
Der Bahnhof	La estación
Die Gestaltung der Eisenbahntarife Die Festsetzung der Bahntarife	La fijación de tarifas
Eine Bahnsteigkarte	Un billete de andén Un boleto de andén
Eine Zeitkarte Eine Pendlerkarte Eine Monatskarte, Jahreskarte usw.	Un abono (ferroviario) Un billete mensual, anual, etc.
Der Zeitkarteninhaber Der Pendler Der Vorstadtbewohner	El abonado *(ferrocarril)* El suburbano
Die Eisenbahnfreikarte	El pase de ferrocarril (gratuito)
Eine Pendelzug von... nach... benutzen	Utilizar un tren ómnibus para la ida y la vuelta
Der Güterbahnhof	La estación de mercancías
Eine Güterabfertigung	Un almacén de mercancías Un depósito ferroviario de mercancías
Der Rangierbahnhof	El apartadero La estación de clasificación
Rangiermanöver	Maniobras de apartadero Maniobras de clasificación
Güterwagenladung	Carga de vagón
Güterwagentarif	Tarifa de vagones
Die Untergrundbahn	El metro El metropolitano
Die Stadtbahn Die Hochbahn	El metro a cielo abierto El metro aéreo

A book of tickets	Un carnet de tickets

Road transport

Transports routiers

Highway Code Traffic regulations	Le code de la route
A tram A streetcar (U.S.A.)	Un tramway
Vehicle classification	Classement des véhicules
Two-wheeled vehicles Two-wheelers	Les deux-roues
A private car	Une voiture particulière
Five HP and over	Cinq chevaux et plus
With trailer or caravan	Avec remorque ou caravane
The commercial vehicles	Les véhicules utilitaires
A coach with less than 10 seats A bus (U.S.A.)	Un car de moins de 10 places
Four or more axles	Quatre essieux ou plus
A bus	Un autobus
A bus (U.S.A.)	Un autocar
A double-decker	Un autobus à étage
A parking bay An open garage	Un box ouvert Un garage ouvert
A parking-meter lot	Un emplacement à parcmètre
The filling-station (U.K.) The gas-station (U.S.A.) The service-station	La station-service
Prestige sports-cars are petrol-thirsty	Les voitures de sport de luxe sont avides d'essence
A van (U.K.) A delivery van (U.K.) A delivery truck A light truck (U.S.A.)	Une camionnette Une voiture de livraison
A lorry (U.K.) A truck (U.S.A.)	Un camion
A lorry driver (U.K.) A teamster (U.S.A.) A truck driver (U.S.A.)	Un chauffeur de camion Un chauffeur de poids lourd Un routier

Ein Fahrscheinheft	Un taco de billetes Un carnet de billetes

Straßentransport

Transportes por carretera

Die Straßenverkehrsordnung	El código de la circulación
Eine Straßenbahn	Un tranvía
Fahrzeugklassifizierung	Clasificación de vehículos
Die Zweiradfahrzeuge	Los vehículos de dos ruedas
Ein Privatwagen	Un coche particular
Fünf PS und mehr	Cinco caballos y más
Mit Anhänger oder Wohnwagen	Con remolque o caravana
Die Nutzfahrzeuge	Los vehículos utilitarios
Ein Autobus mit weniger als 10 Plätzen	Un autobús con menos de diez asientos
Vier Achsen oder mehr	Cuatro ejes o más
Ein Autobus, ein Omnibus, ein Bus	Un autobús
Ein Reisomnibus Ein Reisebus	Un autocar
Ein Doppeldeckerbus	Un autobús de dos pisos
Eine offene Garage	Un garaje abierto Un compartimiento de garaje
Ein Parkometerplatz	Un aparcamiento con contador automático
Die Tankstelle	La estación de servicio
Die Luxussportwagen sind sehr benzindurstig	Los coches sport de lujo chupan mucha gasolina
Ein Lieferwagen	Una camioneta
Ein Lastwagen Ein LKW	Un camión
Ein Lastwagenfahrer	Un camionero Un chófer de camión

A heavy lorry A road juggernaut	Un camion poids lourd Un mastodonte routier
The tractor trailer The semitrailer The articulated lorry	La semi-remorque Le tracteur et semi-remorque
The tractor The mechanical horse	Le tracteur
Will you take me in tow?	Voulez-vous me remorquer?
The trailer	La remorque
Road haulage Trucking (U.S.A.)	Le camionnage
Haulage (U.K.) Trucking charges (U.S.A.)	Les frais de transport routier
The road haulier (U.K.) The haulage contractor (U.K.) The road transport contractor The trucking contractor (U.S.A.)	L'entrepreneur de transports
To turn back To back-track (U.S.A.)	Rebrousser chemin Faire demi-tour
To by-pass To skirt	Contourner Dévier Éviter

Sea transport

(cf. SHIPPING, page 414)

Transports maritimes

(voir ARMEMENT, page 414)

Ein Schwerlaster Ein Straßengigant	Un camión pesado Un mastodonte (de la carretera)
Der Sattelschlepperanhänger Der Sattelschleppzug	El semirremolque El tractor y semirremolque
Der Traktor	El tractor
Wollen Sie mich abschleppen?	¿Quiere Vd. remolcarme?
Der Lastwagenanhänger Der Anhänger	El remolque
Der LKW- Transport	El camionaje El transporte en camiones
Die Straßentransportkosten	Los gastos de transporte por carretera
Der Transportunternehmer	El transportista
Umkehren Kehrtmachen	Dar marcha atrás Dar media vuelta Volver sobre sus pasos
Umgehen Umleiten Vermeiden	Dar la vuelta Desviar Evitar

Seetransport   *Transportes marítimos*

(siehe SCHIFFAHRT, Seite 415)   (véase Navegación marítima, página 415)

28 Roads — Routes

Overland By land	Par voie de terre
The route	L'itinéraire
The key of a road-map The legend of a road-map	La légende d'une carte routière
The stage The leg	L'étape
Thoroughfare Public thoroughfare	La voie de communication La voie publique
Main thoroughfare	L'artère de circulation
No thoroughfare	Impasse Passage interdit au public
The first instalment of... (motor-road, etc.) The first section of...	Le premier tronçon de... (la route, etc.)
A motorway (U.K.) A freeway (U.S.A.) A superhighway (U.S.A.)	Une autoroute (sans péage)
A toll motorway (U.K.) A turnpike road (U.S.A.)	Une autoroute (à péage)
Start of toll section End of toll section (U.K.) End of turnpike (U.S.A.)	Début d'autoroute à péage Fin d'autoroute à péage
A motorway nearing completion	Une autoroute en voie d'achèvement
A freeway under construction	Une autoroute (sans péage) en construction
Exit signs	Les panneaux de sortie
The servicing area	L'aire de service
The rest area	L'aire de repos
The lay-by lane The lay-by area	Le refuge Le parking de secours
The toll-gate The toll-bar	La barrière de péage Le poste de péage

Strassen | Carreteras

Auf dem Landweg	Por vía terrestre
Die Beförderungsstrecke Der Beförderungsweg	El itinerario
Die Zeichenerklärung einer Straßenkarte	Texto (o pie) de un mapa de carreteras
Der Wegabschnitt Die Zwischenstation Die Etappe	La etapa La escala
Die Durchfahrtstraße Die öffentliche Durchfahrtstraße	La vía de paso La vía pública
Die Hauptdurchfahrtstraße	La vía principal de tránsito
Die Sackgasse Durchfahrt verboten!	Vía sin salida Prohibido el paso
Die erste Teilstrecke der... (Straße, usw.)	El primer tramo de... (autopista, etc.)
Eine Autobahn (gebührenfrei)	Una autopista (sin peaje)
Eine Autobahn (gebührenpflichtig)	Una autopista de peaje
Anfang der gebührenpflichtigen Autobahn Ende der gebührenpflichtigen Autobahn	Comienzo de la autopista de peaje... Fin de la autopista de peaje
Eine fast fertiggestellte Autobahn	Una autopista casi terminada
Eine gebührenfreie Autobahn im Bau	Una autopista sin peaje en construcción
Die Ausfahrtschilder	Las señales de salida
Die Autobahnservicestation	El terreno de servicio
Die Raststätte Der Rastparkplatz	El aparcamiento de descanso El terreno de descanso
Die Haltestelle Der Notparkplatz	El refugio El puesto de socorro El apartadero
Die Zahlstelle für Autobahngebühren	El puesto de peaje

Have your toll money ready Prepare your toll	Préparez votre monnaie pour le péage
Max. speed 130 km/hour Speed limit 130 km/hour	Vitesse limitée à 130 km/h
The interchange (U.K.) The clover-leaf (U.S.A.)	L'échangeur
The fly-over The two-level intersection	Le toboggan
A-road (U.K.) Main road Highway (U.S.A.)	La route nationale
Right lane reserved for... Right lane only for...	Voie de droite réservée pour...
Slow-moving vehicles: keep to the right Slow vehicles: keep to nearside lane	Véhicules lents, serrez à droite
One-way street One-way road	Rue à sens unique Route à sens unique
By-pass By-pass road	Route de déviation Route d'évitement
Deviation (traffic)	Déviation (circulation)
Fork Road fork	Bifurcation
Cross-roads Intersection Circus	Carrefour
Roundabout	Détour
Roundabout traffic	Circulation giratoire
Junction Road junction	Embranchement Bifurcation
At the junction	Au croisement
Traffic lights	Feux de signalisation
Cat's eyes (roads)	Cataphotes (fixés sur les routes)
Zebra crossing	Passage pour piétons
Road traffic	La circulation routière
Road blocked Road block	Route barrée Barrage routier

Bitte, abgezähltes Geld für die Autobahngebühr bereithalten!	Por favor, prepare la moneda para el peaje
Höchstgeschwindigkeit 130 km	Velocidad limitada a 130 km/h
Der Verteiler Der Straßenverteiler	El cruce de carreteras La encrucijada
Der Autobahnverteiler	El cambiador de autopista La encrucijada de cambio (de la autopista)
Die Hauptverkehrsstraße Die Bundesstraße	La carretera general La carretera nacional
Rechte Fahrbahn nur für...	Pista de derecha reservada a...
Langsame Fahrzeuge : rechts aufschließen! Langsame Fahrzeuge : rechte Fahrbahn benutzen!	Vehículos lentos : guardar la derecha
Einbahnstraße	Sentido único
Umgehungsstraße	Carretera de desviación Camino de desviación
Umleitung	Desviación (tránsito)
Abzweigung Gabelung	Bifurcación
Straßenkreuzung Straßenknotenpunkt	Encrucijada Cruce de carreteras
Umweg	Rodeo
Kreisverkehr	Tránsito giratorio
Straßenabzweigung	Encrucijada
An der Abzweigung	Al cruce
Verkehrslichter	Señales de tránsito
Katzenaugen (Straße)	Catafaros (carreteras) Catafotos
Fußgängerübergang	Paso de peatones
Der Straßenverkehr	El tránsito rodado
Straße gesperrt Keine Durchfahrt Straßensperre	Carretera interceptada Barrera de carretera

A traffic-jam A congestion of traffic A traffic snarl	Un embouteillage
A traffic hold-up An obstacle to traffic A block in the traffic	Un bouchon Un encombrement de la circulation
Dreading the bumper-to-bumper traffic	Craignant le trafic pare-chocs contre pare-chocs
Traffic regulations	Le code de la route
To fit a road for traffic	Mettre une route en état de viabilité

Eine Verkehrsstauung	Un embotellamiento
Ein Verkehrshindernis	Un atasco
Den Verkehr Stoßstange an Stoßstange fürchtend	Temiendo el tránsito parachoques contra parachoques
Die Straßenverkehrsordnung	El código de la circulación
Eine Straße verkehrsfähig machen	Reponer una carretera en estado para el tránsito

29 Economy / Économie

The consumer society	La société de consommation
For the common good In the common interest	Dans l'intérêt général
Town planning (U.K.) Urban planning (U.S.A.) Urban development planning	L'urbanisme
Regional economic planning and promotion	L'aménagement du territoire

Gross national product (G.N.P.) :
the total of the global production (goods and services) of a country and its imports for a given year

Produit national brut (P.N.B.) :
l'ensemble de la production globale (biens et services) d'un pays et ses achats à l'extérieur pour une année déterminée

Gross domestic product (G.D.P.) :
gross national product less payments of wages, interest, rent, and other income items paid abroad. Nations in which foreigners have extensive investments, or whose citizens have extensive holdings abroad, usually find the G.D.P. concept a more revealing gauge of economic activity than the G.N.P.

Produit intérieur brut (P.I.B.) : *le P.N.B. moins les paiements de salaires, d'intérêts, de rentes, de bénéfices et d'autres genres de revenus payés à l'étranger. Les nations dans lesquelles les étrangers ont des investissements importants, ou dont les nationaux ont des avoirs substantiels à l'étranger, trouvent généralement le concept du P.I.B. un instrument de mesure plus révélateur de l'activité économique que le P.N.B.*

Real gross national product
Real gross domestic product :
G.N.P. or G.D.P. figures adjusted for current inflation

Produit national brut réel
Produit intérieur brut réel :
les chiffres du P.N.B. ou P.I.B. ajustés en tenant compte de l'inflation courante

Trade balance :
the difference between the value of goods exported by a nation and the value of imported goods

Balance commerciale :
la différence entre la valeur des marchandises exportées et la valeur de celles importées par une nation

Wirtschaft | Economía

Die Verbrauchergesellschaft
Die Konsumgesellschaft

La sociedad de consumo
La sociedad consumidora

Im allgemeinen Interesse

Por el bien común
En el interés general

Die Stadtplanung

El urbanismo

Die Landeswirtschaftsplanung
Die wirtschaftliche Raumordnung
Die Raumordnung

El fomento y ordenación regional
La planificación económica regional

Der Bruttosozialprodukt :
die Summe der globalen Produktion (Güter und Dienstleistungen) eines Landes und seiner Einfuhren für ein bestimmtes Jahr

El producto nacional bruto (PNB) :
la totalidad de la producción (bienes y servicios) de un país y sus importaciones

Bruttoinlandsprodukt :
das Bruttosozialprodukt nach Abzug aller Auslandszahlungen von Gehältern, Zinsen, Renten, Gewinnen und anderen Erträgen. Länder, in denen Ausländer bedeutende Investitionen haben, oder Länder, die große Auslandseinkommen haben, finden im allgemeinen das Konzept des Bruttoinlandsprodukts aufschlußreicher als Maßtab für die wirtschaftliche Tätigkeit als das Bruttosozialprodukt

Producto interior bruto (PIB) :
el PNB sin los pagos de salarios, intereses, rentas, beneficios y otras ganancias pagadas al extranjero. Los países en donde los extranjeros disponen de inversiones importantes, o que tienen haberes sustanciales en el extranjero, encuentran en general el PIB más revelador de la actividad económica que el PNB

Effektives Bruttosozialprodukt
Effektives Bruttoinlandsprodukt :
Bruttosozialprodukt oder Bruttoinlandsprodukt mit der Korrektur der jeweiligen Inflationsrate

Producto nacional bruto real
Producto interior bruto real :
PNB o PIB ajustados teniendo en cuenta la inflación corriente

Handelsbilanz :
der Unterschied zwischen dem Wert der Einfuhren und dem Wert der Ausfuhren eines Landes

Balanza comercial :
la diferencia entre el valor de las importaciones y el valor de las exportaciones de un país

Balance on current account :
the net value of a nation's exports of goods and services, plus or minus all unilateral monetary transfers abroad (e.g. : remittances, social security payments, grants-in-aid, etc.)

Balance of payments :
balance on current account plus net inflows of foreign capital (direct investments, international security investments, international bank deposits, and reserves of gold and foreign exchange)

G.N.P. per capita in the U.S.A. is around $ 6 850 a year, in Germany $ 7 000

Gross national income

All former economic guide-lines, truisms, stereotypes, and yardsticks must be thrown to the winds or revised

Four years is not a bad guess for the average economic cycle : three years up and one year down is about par for the course

During his term, the best strategy will be to improve the structure of the economy and to phase out the existing wage and price controls without rekindling inflation

Business was good in 1968, but growing inflation led to a credit crunch and recession in 1969

Stock Exchange boom
Economic boom

Balance des comptes courants :
la valeur nette des exportations de biens et de services d'une nation, plus ou moins tous les transferts monétaires unilatéraux à l'étranger (par ex. virements, paiements de Sécurité sociale, subventions, etc.)

Balance des paiements :
balance des comptes courants, plus les arrivées nettes de capital étranger (investissements directs, investissements internationaux en titres, dépôts en banque internationaux, et réserves d'or et de change)

Le P.N.B. par habitant aux États-Unis est d'environ $ 6 850 par an, en Allemagne de $ 7 000

Le revenu national brut

Tous les anciens panneaux indicateurs, truismes, clichés et paramètres économiques doivent être rejetés ou revisés

Quatre années constituent une bonne hypothèse pour un cycle économique moyen : trois ans de hausse et une année de baisse correspondent à peu près à la normale du parcours

Durant son mandat, sa meilleure stratégie sera d'améliorer la structure de l'économie et d'éliminer progressivement les contrôles existant sur les prix et les salaires sans ranimer l'inflation

Les affaires marchaient bien en 1968, mais l'inflation grandissante conduisit à un resserrement du crédit et à une récession en 1969

Une hausse rapide et forte
Une vague de prospérité
Un « boom »

Außenhandelsbilanz :
der Nettowert der Güter- und Dienstleistungsausfuhren, zuzüglich oder abzüglich der unilateralen monetären Bewegungen ins Ausland (z. B. Überweisungen, Sozialversicherungszahlungen, Auslandshilfe, usw.)

Zahlungsbilanz :
die Außenhandelsbilanz zuzüglich der Nettoeinnahmen von Auslandskapital (direkte Investitionen, internationale Wertpapierinvestitionen, internationale Bankeinlagen und Gold- und Devisenreserven)

Das Bruttosozialprodukt in den U.S.A. liegt bei ungefähr $ 6 850 und in Deutschland bei $ 7 000

Das Bruttosozialeinkommen

Alle alten wirtschaftlichen Richtlinien, Binsenwahrheiten, stereotypen Formeln und Maßstäbe müssen beiseite gelegt oder revidiert werden

Vier Jahre sind keine schlechte Einschätzung des durchschnittlichen wirtschaftlichen Zyklus : drei Jahre aufwärts und ein Jahr abwärts bilden ungefähr den Normalrhythmus des Kreislaufs

Während seiner Amtszeit bilden die Verbesserung der Wirtschaftsstruktur und die allmähliche Ausmerzung der gegenwärtigen Preis- und Lohnkontrollen die beste Strategie, und zwar ohne eine Wiederbelebung der Inflation

1968 war ein gutes Geschäftsjahr, aber die wachsende Inflation führte zu einer Kreditenge und Rezession im Jahre 1969

Eine starke Hausse
Eine Wohlstandswelle
Ein Boom

Balanza de las cuentas corrientes :
el valor neto de las exportaciones de bienes y servicios, más o menos las transferencias monetarias unilaterales al extranjero (por ejemplo : remesas, pagos de la Seguridad social, subvenciones, etc.)

Balanza de pagos :
la balanza de las cuentas corrientes, más las entradas netas de capital extranjero (inversiones directas, inversiones internacionales en valores, depósitos bancarios internacionales y reservas de oro y divisas)

El producto nacional bruto es en los Estados Unidos de cerca de $ 6 850 per capita y en Alemania de $ 7 000

La renta nacional bruta

Las viejas líneas directivas, perogrulladas, fórmulas estereotipadas y los viejos parámetros económicos deben eliminarse o revisarse

Cuatro años representan una estimación regular de un ciclo económico medio : tres años de alza y un año de baja traducen más o menos el ritmo normal del proceso

Durante su mandato la mejor estrategia consistirá en mejorar las estructuras económicas y eliminar progresivamente las restricciones existentes por lo que concierne los precios y los salarios sin reavivar la inflación

Los negocios fueron buenos en 1968, pero la inflación creciente condujo a una limitación del crédito y a una regresión en 1969

Un alza fuerte
Una ola de prosperidad

Boomlet Mini-boom	Une mini-hausse Une brève période de prospérité
Business recovery Revival of business	La reprise des affaires
Consumer-led recovery	Une reprise menée grâce aux consommateurs
To buck up the economy	Ranimer l'économie
To crank up recovery	Lancer la reprise
Inventory restocking, renewed consumer spending, good export performance are the mainstays of industrial recovery	La reconstitution des inventaires, la reprise des dépenses de la consommation, de bonnes réalisations dans l'exportation constituent le soutien principal de la reprise industrielle
The economic activity is flattening out	L'activité économique retrouve un palier horizontal L'activité économique retrouve un régime de croisière
Business is looking up Business shapes well	Les affaires prennent une meilleure tournure
The economy shows fitful signs of recovery	L'économie montre des signes erratiques de reprise
We are on an upturn	Nous sommes sur la voie d'une reprise
The economy picks up steam	L'économie précipite son allure
The economy picks up momentum thanks to increasing efficiency in the public sector and productivity in the industrial field	L'économie accélère son rythme grâce à une efficacité croissante dans le secteur public et à une productivité croissante dans le domaine industriel
The economy is expected to benefit from bigger Government spending on public works	L'économie devrait profiter de dépenses gouvernementales accrues en matière de travaux publics
The horn of plenty	La corne d'abondance
The economy remains unresponsive to stimuli	L'économie reste indifférente aux stimulants
To spend on new equipment and the expansion of the facilities	Engager des dépenses pour de nouveaux équipements et le développement d'installations

Eine Minihausse Eine kurze Wohlstandswelle	Una alza de poca monta Una ola de prosperidad breve
Der Geschäftsaufschwung	La reactivación de los negocios La recuperación económica
Ein durch den Verbraucher bestimmter Wirtschaftsaufschwung	Una reactivación económica provocada por el aumento de consumo
Die Wirtschaft anregen	Reanimar la economía
Den Wirtschaftsaufschwung ankurbeln	Lanzar la reactivación económica
Die Vorräteaufstockung, der Anstieg der Verbraucherausgaben, gute Exportleistungen sind die Hauptstützen des industriellen Aufschwungs	La reconstitución de las existencias, la reactivación del consumo y las buenas realizaciones exportadoras son los pilares de la recuperación industrial
Die Wirtschaftstätigkeit normalisiert sich Die wirtschaftliche Entwicklung geht auf ein normales Niveau zurück	La actividad económica se normaliza La actividad económica se sitúa en su nivel normal
Die Geschäfte gehen aufwärts	Los negocios recuperan
Die Wirtschaft zeigt ungleichmäßige Zeichen des Aufschwungs	La economía da señales erráticas de recuperación
Wir sind auf dem Weg nach oben Wir sind im Aufschwung	Estamos en vías de reactivación económica
Die Wirtschaft kommt in Fahrt	La economía está en vías de expansión La economía está acelerando
Durch eine steigende Leistung im öffentlichen und durch eine höhere Produktivität im industriellen Bereich kommt die Wirtschaft in Fahrt	La economía está acelerando gracias a la eficiencia creciente en el sector público y la productividad creciente en el campo industrial
Man hofft, daß die Wirtschaft von den höheren Regierungsausgaben für öffentliche Arbeiten profitiert	Se espera que la economía se beneficie del aumento de las inversiones gubernamentales en las obras públicas
Das Füllhorn	La cornucopia El cuerno de la abundancia
Die Wirtschaft reagiert nicht auf Anreize	La economía permanece indiferente a los estimulantes
Für neue Maschinen und die Erweiterung der Anlagen Geld ausgeben	Hacer gastos para nuevas máquinas y la expansión de las instalaciones

Compulsory acquisition of property by public bodies Expropriation of property by official departments	Expropriation d'intérêt public par des organismes d'État
The ability to put a lid on spending	La capacité de comprimer les dépenses
A retrenchment policy	Une politique de compression des dépenses
With scores of program reductions and terminations	Avec un grand nombre de programmes réduits et arrêtés
Peace will enlarge the opportunities for economic growth	La paix augmentera les possibilités de croissance économique
Growth is slacked or halted by lack of finance or management skills	La croissance est ralentie ou arrêtée par le manque de capitaux ou de compétence en matière de gestion
Industrial productivity has plunged as a result of labour unrest	La productivité industrielle s'est effondrée par suite de l'agitation sociale
Slump Bust	L'effondrement Le marasme
A short-fall	Un déficit
Sluggishness	L'atonie
Dull season	La morte-saison
Off season	Hors saison
The low point	Le creux
The best time The peak season	La pleine saison
Standstill	L'arrêt complet Le calme plat
Stagnation	La stagnation
In the grips of depression	En proie à la crise
Business is slack	Les affaires languissent
Inventories have not fallen	Les stocks n'ont pas diminué
Depression	La crise
Recession	La récession

Enteignung von Privateigentum durch die öffentliche Hand	Expropiación de propiedad privada por las instituciones del Estado
Die Fähigkeit, die Ausgaben zu begrenzen	La capacidad de limitar los gastos
Eine Politik der Ausgabenverminderung	Una política de compresión de los gastos
Mit zahlreichen Programmeinschränkungen und -einstellungen	Con muchas reducciones e interrupciones de programas
Der Frieden wird die Möglichkeiten des Wachstums der Wirtschaft steigern	La paz aumentará las posibilidades del crecimiento económico
Das Wachstum wird durch unzureichende Kapitalien oder den Mangel an Betriebsführungskompetenzen verlangsamt oder beendet	El crecimiento se amodera o se para por falta de capitales o capacidades de gestión
Die industrielle Produktivität ist infolge der sozialen Unruhe zusammengebrochen	La productividad industrial se hundió como consecuencia de la agitación laboral
Der Zusammenbruch Die Krise	La crisis económica La depresión económica
Ein Defizit	Un déficit
Die Apathie	El entorpecimiento
Die tote Zeit Die ruhige Zeit	La temporada muerta
Außerhalb der Saison	Fuera de la temporada
Der Tiefpunkt	El punto bajo
Die Hauptsaison	La plena temporada
Der Stillstand	La parada completa La calma chicha
Die Stagnation	El estancamiento
In voller Depression	En plena crisis económica En plena depresión económica
Die Geschäfte gehen schlecht	Los negocios andan mal Los negocios se ponen feos
Die Vorratshaltung ist nicht gesunken	Las existencias no han disminuido
Die Depression	La depresión La crisis económica
Die Rezession	La recesión

Business is breaking up	Les affaires s'effondrent
Consumer goods prices	Les prix des biens de consommation
Price escalation	La progressive augmentation des prix
A price flare-up	Une flambée des prix
The rising cost of living means you are now starving on the wage you once used to dream about	La hausse du coût de la vie signifie maintenant la faim avec un salaire dont vous rêviez naguère
Stagflation	La stagflation
Double-digit inflation Two-figure inflation	L'inflation à deux chiffres
Demand-pull inflation	L'inflation par la demande
Cost-push inflation	L'inflation par les coûts
Inflation, the handmaiden of all economic booms	L'inflation, la servante docile de toutes les vagues de prospérité
The boost of wages is merely a catching-up of past inflation	La poussée des salaires représente un simple rattrapage de l'inflation passée
Inflation eats up wage increases	L'inflation dévore les hausses des salaires
Inflation absorbs wage increases	L'inflation absorbe les hausses de salaires
Spending capacity Spending power	Le pouvoir d'achat (d'un ménage, etc.)
Purchasing power Buying power	Le pouvoir d'achat (d'une monnaie, d'un salaire, etc.)
Spending increases are traced to higher payrolls	Les augmentations des dépenses trouvent leur source dans la hausse des salaires
Consumer buying power Consumer purchasing power Consumer spending power	Le pouvoir d'achat des consommateurs
Indexation to insulate from drops in purchasing power	L'indexation pour protéger contre les chutes du pouvoir d'achat

Die Geschäfte brechen zusammen	Los negocios se hunden
Die Verbrauchsgüterpreise	Los precios de los bienes de consumo
Die allmähliche Preissteigerung	El aumento gradual de los precios
Eine plötzliche Preissteigerung	El alza súbita de los precios
Die steigenden Lebenshaltungskosten bedeuten, daß Sie jetzt mit einem Gehalt verhungern, von dem Sie früher nur geträumt haben	El coste de la vida creciente quiere decir que ahora Vd. pasa hambre con un salario que antes era únicamente un sueño
Die Stagflation	La stagflación
Eine Inflation in den zweistelligen Zahlen	Una inflación a dos cifras
Die Nachfrageinflation	La inflación provocada por la demanda
Die Kosteninflation	La inflación provocada por el coste La inflación debida a los precios de coste
Die Inflation, das Dienstmädchen aller Hochkonjunkturen	La inflación, la criada de todas las olas de prosperidad
Die Lohnsteigerungen kompensieren lediglich die vergangene Inflation	El aumento de los salarios constituye únicamente la compensación de la inflación pasada
Die Inflation verschlingt die Lohnerhöhungen	La inflación se come los aumentos de salarios
Die Inflation absorbiert die Lohnerhöhungen	La inflación absorbe los aumentos de los salarios
Die Kaufkraft (eines Haushalts, usw.)	El poder adquisitivo (de una familia, etc.)
Die Kaufkraft (einer Devise, eines Gehalts, usw.)	El poder adquisitivo (de una divisa, de un salario, etc.)
Die Steigerung der Verbraucherausgaben sind auf die Lohnsteigerungen zurückzuführen	Los aumentos de gastos tienen su origen en el alza de los salarios
Die Verbraucherkaufkraft	El poder adquisitivo de los consumidores
Die Indexierung zur Abwendung von Verminderungen der Kaufkraft	El ajustamiento al índice del coste de vida como medio de protección contra la disminución del poder adquisitivo

The use of inflation clauses spreads in the US for wage pacts, commercial leases, insurance benefits, and long term purchase contracts (U.S.A.)	L'usage des clauses d'inflation s'étend aux États-Unis pour les conventions collectives, les baux commerciaux, les prestations d'assurances et pour les contrats d'achat à long terme
The index of whole sale prices rose 0,6 % from September to October	L'indice des prix de gros a augmenté de 0,6 % de septembre à octobre
The monthly rise in the Labor Department's seasonally adjusted consumer price index was well under the September's 0,5 %, but still over the Administration target of 0,4 %	La hausse mensuelle de l'indice (avec corrections saisonnières) des prix de détail du ministère du Travail a été bien en dessous du 0,5 % de septembre, mais encore au-dessus de l'objectif de 0,4 % fixé par le gouvernement
The period preceding the Government's wage and price freeze	La période précédant le blocage des prix et des salaires par le gouvernement
Unless the Government cuts spending sharply, or raises taxes, it faces large inflationary budget deficits during this fiscal year and the next	A moins que le gouvernement ne fasse des coupes sombres dans les dépenses, ou n'augmente les impôts, il devra faire face à d'importants déficits budgétaires inflationnistes au cours de cet exercice et du suivant
A healthy surplus of exports	Un salutaire excédent d'exportations
The persistent falling-off in exports	Le fléchissement continu des exportations
Unrequited exports	Exportations sans entrées corrélatives de devises
The national production is subject to two types of competition : the substitution of materials and foreign producers	La production nationale est soumise à deux types de concurrence : les matières de remplacement et les producteurs étrangers
To dampen sales of imported cars, leaving more room for home-brewed cars	Diminuer les ventes des voitures importées pour laisser davantage de place à celles qui sont fabriquées dans le pays
The Government is stopped short by the wall of money	Le gouvernement est arrêté court par le mur d'argent
This policy is paying off	Cette politique est payante

Für die Lohnabkommen, die Miet- und Pachtverträge, die Versicherungsleistungen und die langfristigen Kaufverträge breiten sich in den U.S.A. die Inflationsklauseln immer mehr aus	El uso de las cláusulas de inflación se extiende en los Estados Unidos a los convenios colectivos, los arriendos comerciales, las prestaciones de seguros y los contratos de compra a largo plazo
Der Großhandelsindex ist im Oktober um 0,6 % im Vergleich zum September gestiegen	El índice de los precios al por mayor aumentó de 0,6 % entre setiembre y octubre
Die monatliche Steigerung des Einzelhandelspreisindexes des Arbeitsministeriums war unter den 0,5 % des Monats September, aber immer noch höher als das Ziel der Regierung, d.h. : 0,4 %	El aumento mensual del índice de los precios al por menor (con ajustes estacionales del Ministerio de Trabajo) estuvo bastante por debajo del 0,5 % en setiembre, pero todavía por encima del objetivo del gobierno que es de 0,4 %
Der Zeitraum vor dem Preis- und Lohnstopp der Regierung	El período anterior a la congelación de precios y salarios del gobierno
Wenn die Regierung die Ausgaben nicht scharf kürzt oder die Steuern erhöht, muß sie mit großen inflationären Budgetdefiziten rechnen	A no ser que disminuya radicalmente los gastos o aumente los impuestos, el gobierno se encontrará con importantes déficits presupuestarios durante el presente año fiscal como en el próximo
Ein gesunder Exportüberschuß	Un saludable excedente de las exportaciones
Das andauernde Fallen der Exporte	El persistente descenso de las exportaciones
Exporte ohne Devisenertrag	Exportaciones no pagadas en divisas
Die Inlandproduktion ist zwei Arten von Konkurrenz ausgesetzt : die Ersatzstoffe und die ausländischen Hersteller	La producción nacional está expuesta a dos clases de competición : los materiales de sustitución y los fabricantes extranjeros
Den Verkauf von Importwagen einschränken, und den im Inland erzeugten Fahrzeugen einen größeren Markt lassen	Disminuir las ventas de coches importados y reservar un mercado más importante a los coches fabricados en el país
Die Regierung wird durch die Mauer des Geldes gestoppt	El gobierno se encuentra frenado por el muro de dinero
Diese Politik zahlt sich aus Diese Politik lohnt sich	Esta política es rentable Esta política da resultados positivos

The welfare state	L'État providence
To bail out sick corporations by financial aids	Sauver des entreprises en difficulté par des aides financières
The Government wants to salvage the sprawling marine activities	Le gouvernement veut sauver les constructions navales en très mauvaise posture
To spin off certain state-run activities that would seem to be better run by private enterprise	Se défaire progressivement de certaines activités gérées par l'État qui sembleraient mieux gérées par le secteur privé
Over the past years, efforts have been expended by the industry to regroup and restructure their operations	Au cours de ces dernières années, l'industrie a déployé des efforts pour regrouper et restructurer ses opérations
The automakers are reportedly seeking just technical co-operation and licensing agreements, not capital tie-ups	A ce que l'on dit, les fabricants d'automobiles recherchent seulement une coopération technique et des contrats de licence, et non pas des prises de participation
The rich industrialized powers	Les riches puissances industrialisées
The developed world	Le monde industrialisé
Poor developing nations	Les nations pauvres en voie de développement
Boondocks (U.S.A.)	Une région arriérée (éloignée de tout)
Between the developed and the developing countries, the gap is widening	Entre les pays développés et ceux en voie de développement, l'écart s'élargit
The under-developed countries do not seem to have yet the educated manpower or industrial infrastructure necessary to take full advantage of economic aid	Les pays sous-développés ne semblent pas encore avoir la main-d'œuvre qualifiée ou l'infrastructure industrielle nécessaires pour profiter pleinement de l'aide économique
Deficiency payments	Paiements compensatoires
Without parceling the aid	Sans morceler l'aide
To dovetail member nations' economies	Harmoniser les économies des pays membres
To tilt the balance of economic power	Faire basculer l'équilibre de la puissance économique

Der Wohlfahrtsstaat	El Estado providencia
In Schwierigkeiten befindliche Unternehmen durch Subventionen retten	Salvar empresas en mala postura con una ayuda financiera
Die Regierung will die brachliegende Schiffbauindustrie retten	El gobierno quiere sacar a flote la construcción naval en muy mala postura
Gewisse Tätigkeiten der öffentlichen Hand, die anscheinend besser von der Privatindustrie ausgeführt würden, allmählich ausmerzen	Eliminar gradualmente ciertas actividades del Estado que, al parecer, serían mejor explotadas por el sector privado
Während der letzten Jahre hat die Industrie große Anstrengungen gemacht, um ihre Tätigkeit zu reorganisieren und mit neuen Strukturen zu versehen	Durante estos últimos años, la industria ha hecho esfuerzos para reagrupar y reestructurar sus operaciones
Dem Hörensagen nach suchen die Automobilfabrikanten lediglich eine technische Zusammenarbeit und Lizenzabkommen, jedoch keine Kapitalbindungen	Los fabricantes de automóviles, según se dice, buscan únicamente colaboración técnica y convenios de licencias y no participaciones al capital
Die reichen industrialisierten Mächte	La ricas potencias industrializadas
Die entwickelte Welt	El mundo industrializado
Die armen Entwicklungsländer	Los países pobres en vías de desarrollo
Eine abgelegene Region Eine unentwickelte Region	Una región apartada de la civilización Una región atrasada
Der Abstand zwischen den Industrieländern und den Entwicklungsländern wird ständig größer	La distancia entre los países desarrollados y subdesarrollados se hace cada vez mayor
Die unterentwickelten Länder haben anscheinend noch nicht die qualifizierten Arbeitskräfte oder die industrielle Infrastruktur, um voll und ganz die Wirtschaftshilfe auszunützen	Los países subdesarrollados no parecen tener todavía la mano de obra formada ni la infraestructura industrial necesaria para beneficiarse totalmente de la ayuda económica
Ausgleichszahlungen	Pagos de compensación
Ohne die Wirtschaftshilfe aufzusplittern	Sin dispersar la ayuda económica
Die Wirtschaft der Mitgliedländer auf einander abstimmen	Armonizar las economías de los países miembros
Das Gleichgewicht der wirtschaftlichen Macht verschieben	Bascular el equilibrio del poder económico

This country trails U.K. and France in per-capita income	Ce pays est derrière le Royaume-Uni et la France pour le revenu par habitant
The U.S. loan has helped to revamp the country's economy	Le prêt américain a aidé à renflouer l'économie du pays
Capital-short economies of Europe	Les économies de l'Europe manquant de capitaux
The U.S. buys up European industries with eurodollars	L'Amérique achète en masse les industries européennes avec des eurodollars
The aggregate book value of direct U.S. investments abroad now exceeds... billion dollars	La valeur comptable cumulée des investissements américains à l'étranger dépasse à présent ... milliards de dollars
This country is now quite clearly a nation to be reckoned with	Ce pays est indiscutablement à présent une nation avec laquelle il faut compter

Dieses Land ist hinter dem Vereinigten Königreich und Frankreich in Bezug auf das Einkommen pro Einwohner	Este país está por debajo del Reino Unido y de Francia en la renta per capita
Die amerikanische Anleihe hat zum Wiederflottmachen der Wirtschaft des Landes beigetragen	El préstamo de los EE.UU. ha ayudado a sacar a flote la economía del país
Kapitalschwache Wirtschaften Europas	Las economías escasas de capitales de Europa
Die USA kaufen die Industrien Europas mit Eurodollars auf	Los EE.UU. compran masivamente las industrias europeas con eurodólares
Der Gesamtbuchwert der amerikanischen Investitionen im Ausland liegt gegenwärtig bei über ... Milliarden Dollars	El valor contable acumulativo de las inversiones de los EE.UU. en el extranjero sobrepasa en la actualidad ... miles de millones de dólares
Es ist absolut klar, daß dieses Land jetzt eine Nation ist, mit der man rechnen muß	Sin duda, este país es ahora una nación que hay que tener en cuenta

30 Accountancy — La comptabilité

Accountancy and accounts
Comptabilité et comptes

The waste-book / The rough-book	La main courante / Le mémorial
The cash book	Le livre de caisse
The petty-cash book	Le livre de la petite caisse
The day book / The journal	Le livre journal / Le journal
A competent accountant	Un comptable compétent
A filing clerk	Un archiviste
A book of reference / A directory / A repertory	Un répertoire
An address book	Un répertoire d'adresses
Registration	L'enregistrement / L'inscription / L'immatriculation
A chartered accountant (U.K.) / A certified public accountant (U.S.A.)	Un expert-comptable agréé
A qualified accountant	Un comptable diplômé / Un expert-comptable
An auditor	Un vérificateur aux comptes / Un expert-comptable vérificateur
The statutory auditor	Le commissaire aux comptes
An internal auditor / A member of the Audit Committee of the Board of Directors	Un censeur
To tick off items in an account	Pointer les écritures d'un compte
Random check / Sample check	La vérification par sondage / La vérification ponctuelle

Buchhaltung | La contabilidad | 30

Buchhaltung und Konten | Contabilidad y cuentas

Die Buchungskladde	El libro borrador
Das Kassenbuch	El libro de caja
Das Portokassenbuch	El libro de gastos menudos
Das Journal	El libro diario
Ein kompetenter Buchhalter Ein fähiger Buchhalter	Un contable competente
Ein Registraturangestellter Ein Ablageangestellter	Un archivero
Ein Nachschlagewerk Ein Verzeichnis	Un repertorio
Ein Adreßbuch	Un libro de señas
Die Einschreibung Die Registrierung Die Beurkundung	El registro La inscripción La matrícula
Ein vereidigter Wirtschaftsprüfer	Un contador oficial
Ein qualifizierter Buchhalter Ein Diplom-Buchhalter Ein Bilanzbuchhalter	Un contable calificado Un contable diplomado
Ein Rechnungsprüfer Ein Wirtschaftsprüfer	Un perito mercantil Un verificador de cuentas Un interventor de cuentas
Der vereidigte Wirtschaftsprüfer	El contador oficial El perito mercantil jurado El perito de cuentas jurado
Ein Mitglied des Rechnungsprüfungsausschusses des Aufsichtsrates	El censor de cuentas El interventor de cuentas
Die Buchungen eines Kontos abhaken	Puntear las partidas de una cuenta Puntear los asientos de una cuenta
Die Stichprobenkontrolle	La verificación por sondeo La intervención por sondeo

To manage an accounting department is a trying job	Gérer un service de comptabilité est une tâche ingrate
The accounting plan	Le plan comptable
The accounts chart The chart of accounts	Le tableau des comptes
Within the framework of the Company's accounting	Dans le cadre de la comptabilité de la Société
An accounting executive	Un cadre comptable
Single-entry book-keeping	Comptabilité en partie simple
Double-entry book-keeping	Comptabilité en partie double
An account	Un compte
A subsidiary account A sub-account	Un sous-compte
The name of an account	L'intitulé d'un compte
On account of...	A valoir sur...
Management accounts	Les comptes de gestion
Trading account Operating account	Le compte d'exploitation
Purchases account Supplies account	Le compte d'achats Le compte d'entrées
The wages-book The personnel-expenses book	Le livre des salaires Le livre des frais de personnel
Sundries account	Le compte de divers
Loan account	Les comptes d'avances
Suspense account	Le compte d'ordre
Impersonal accounts	Le compte fictif
Capital account	Le compte de capital
Capital expenditure account	Le compte d'immobilisations
Profit and loss account	Le compte de profits et pertes Le compte de résultats
Account of intangible assets	Le compte des actifs incorporels
To list	Classer Cataloguer Inscrire sur une liste

Die Leitung einer Buchhaltungsabteilung ist eine aufreibende Arbeit	Dirigir un departamento de contabilidad es un trabajo ingrato
Der Kontenplan Der Kontenrahmen	El plan contable El sistema de cuentas
Die Kontenplanübersicht Die Kontenplandarstellung	El cuadro de las cuentas
Im Rahmen der Buchhaltung der Gesellschaft	Dentro de los límites de la contabilidad de la empresa
Ein leitender Angestellter des Rechungswesens	Un ejecutivo de la contabilidad
Einfache Buchhaltung	Contabilidad por partida simple
Doppelte Buchführung	Contabilidad por partida doble
Ein Konto	Una cuenta
Ein Unterkonto	Una cuenta auxiliar Una subcuenta
Der Kontotitel Die Kontobezeichnung	El título de una cuenta La denominación de una cuenta
In Anrechnung auf...	A cuenta de...
Die Geschäftsleitungskonten Die Geschäftsführungskonten	Las cuentas de gestión
Das Betriebskonto	La cuenta de explotación
Das Einkaufskonto Das Wareneingangskonto	La cuenta de compras La cuenta de entradas
Das Lohnkostenbuch	El libro de nóminas El libro de los gastos del personal
Das Konto pro Diverso	La cuenta de varios
Das Anleihekonto Das Kreditkonto	La cuenta de créditos
Das Verrechnungskonto Das Interimskonto	La cuenta de orden
Die Sachkonten	Las cuentas no personales
Das Kapitalkonto	La cuenta de capital
Das Anlagenkonto Das Sachanlagenkonto	La cuenta de inversiones inmovilizadas La cuenta de inmovilizaciones
Die Gewinn- und Verlustrechnung Das Gewinn- und Verlustkonto	La cuenta de pérdidas y ganancias
Das Konto der immateriellen Vermögenswerte	La cuenta de bienes intangibles La cuenta de bienes inmateriales
Eintragen Einschreiben	Clasificar Inscribir

To fall due To be due	Venir à échéance
The due-date	L'échéance La date d'échéance
The bill-book The bill diary	L'échéancier des effets
The refunding plan of a loan The refunding program	L'échéancier d'un emprunt
The bills-receivable book	L'échéancier des effets à recevoir
The bills-payable book	L'échéancier des effets à payer
An order backlog	Un carnet de commandes
Account showing a balance of...	Compte présentant un solde de...
This account is made up as follows:	Ce compte se décompose comme suit :
To agree an account To reconcile an account	Apurer un compte Régulariser un compte
To apply an item to...	Imputer une écriture à...
To amalgamate these three accounts into one To consolidate these three accounts into one	Fusionner ces trois comptes en un seul
The accounts in the ledger must balance to the penny	Les comptes dans le Grand Livre doivent s'équilibrer à un sou près
Return	La réexpédition Le renvoi
Account of return	Le compte de retour *(effets)*
Return on capital	La rémunération du capital Le rendement du capital
To discount a bill without return	Escompter un effet sans recours
Tax return	La déclaration d'impôts
To file a return	Déposer une déclaration
The monthly bank return	La situation mensuelle d'une banque
The official returns	Les statistiques officielles
The accruals (U.S.A.)	Les montants cumulés Les montants courus

Fällig werden	Llegar al vencimiento Vencer
Die Fälligkeit Das Fälligkeitsdatum	La fecha de vencimiento El vencimiento
Das Wechseljournal Das Wechselverfallbuch	El registro de vencimientos de efectos de comercio
Der Rückzahlungsplan einer Anleihe Der Tilgungsplan einer Anleihe	El programa de vencimientos de un empréstito
Das Aktivakzeptbuch Das Wechselverfallbuch	El libro de efectos a cobrar
Das Passivakzeptbuch	El libro de efectos a pagar
Ein Auftragsbestand	Los pedidos pendientes
Konto mit einem Saldo von...	Cuenta con un saldo de... Cuenta que presenta un saldo de...
Dieses Konto setzt sich wie folgt zusammen :	Esta cuenta se desglosa de la forma siguiente :
Ein Konto bereinigen Ein Konto abschliessen	Liquidar una cuenta Regularizar una cuenta
Einen Posten auf... verbuchen	Imputar una partida a... Asentar una partida en...
Diese drei Konten in einem Konto vereinigen	Fusionar estas tres cuentas en una
Die Konten des Hauptbuches müssen sich auf den Pfennig ausgleichen	Las cuentas del Libro Mayor deben cuadrar al céntimo
Die Zurücksendung Die Rücklieferung	La devolución La reexpedición
Die Rückrechnung Die Retourrechnung	La nota de devolución *(efectos comerciales)*
Der Kapitalertrag	El rendimiento del capital La remuneración del capital
Einen Wechsel ohne Regreß diskontieren	Escontar un efecto comercial sin recurso
Die Steuererklärung	La declaración de impuestos
Eine Erklärung einreichen	Presentar una declaración
Der Monatsausweis einer Bank	El estado mensual de un banco La situación mensual de un banco
Die amtlichen Statistiken	Los datos estadísticos oficiales
Die aufgelaufenen Beträge Die aufgelaufenen Posten	Los importes acumulados

Accrued interest	Les intérêts courus Les intérêts cumulés
Accrued charges	Les frais cumulés
To keep the books To keep the accounts	Tenir les livres Tenir la comptabilité
For book-keeping purposes For accounting purposes	Pour les besoins de la comptabilité Pour les besoins comptables
Balancing of the books Balancing of the accounts	La clôture des comptes
To close the books annually on 31st December	Clôturer les comptes le 31 décembre de chaque année
The closing entries	Les écritures de fin d'année
To falsify the books To tamper with the books To fiddle with the books To cook the books (U.S.A.)	Falsifier les comptes Trafiquer les comptes Tripatouiller les comptes
To inflate an account To soup up an account *(slang)*	Gonfler un compte
To get rid of incriminating papers	Se débarrasser de papiers compromettants
To post an entry in the ledger To book an entry in the ledger To enter an item in the ledger	Passer une écriture au Grand Livre Comptabiliser au Grand Livre
Treasury bond recorded in the Great Book of the Public Debt	Inscription au Grand Livre de la Dette publique
To reverse	Extourner Contre-passer
To reverse an entry	Contre-passer une écriture
A clerical error has occurred	Il y a eu une erreur d'écritures Il y a eu une erreur de plume
Owing to an untoward error in printing Owing to an annoying error in printing	En raison d'une fâcheuse faute d'impression
To rectify an error To correct an error	Rectifier une erreur Corriger une erreur
To correct an oversight	Rectifier un oubli Corriger une omission Corriger une négligence
To omit the last three digits To omit the last three figures	Omettre les trois derniers chiffres Négliger les trois derniers chiffres

Die fälligen Zinsen	Los intereses vencidos Los intereses acumulados
Die aufgelaufenen Kosten	Los gastos acumulados
Die Bücher führen Die Buchhaltung führen	Llevar los libros Llevar la contabilidad
Für Buchhaltungszwecke	A fines contables
Der Jahresabschluß Der Abschluß	El cierre de cuentas
Die Bücher jedes Jahr am 31. Dezember abschliessen	Cerrar las cuentas el 31 de diciembre de cada año
Die Abschlußbuchungen Die Jahresabschlußbuchungen	Las partidas de cierre de ejercicio
Die Bücher fälschen	Falsificar los libros Manosear los libros
Ein Konto aufblähen Ein Konto aufpumpen	Meter paja en una cuenta Hinchar una cuenta
Sich kompromettierender Unterlagen entledigen	Deshacerse de documentos comprometedores
Einen Posten im Hauptbuch eintragen	Asentar una partida en el Libro Mayor
Eintragung einer staatlichen Schuldverschreibung im Staatsschuldbuch	Registro en el Libro Mayor de la Deuda del Estado
Umbuchen	Rectificar mediante contrapartidas
Einen Posten umbuchen	Rectificar una partida mediante contrapartida
Ein Buchungsfehler ist vorgekommen	Se ha cometido un error contable
Aufgrund eines unangenehmen Druckfehlers	A causa de un inoportuno error de imprenta
Einen Fehler berichtigen	Rectificar un error Corregir un error
Ein Versehen berichtigen Eine Unterlassung berichtigen Eine Nachlässigkeit richtigstellen	Rectificar un olvido Rectificar una omisión Corregir una negligencia
Die letzten drei Zahlen weglassen Die letzten drei Zahlen nicht berücksichtigen	Omitir los últimos tres números Pasar por alto los tres últimos guarismos

To compensate To set off (U.S.A.) To offset To make good	Compenser Contrebalancer
Per contra... As per contra... As set-off against... (U.S.A.)	En contrepartie de...
The respective totals will be set off against one another	Les totaux respectifs seront compensés
A statement A statement of account	Un état Un relevé de compte
The detailed account The specified account The breakdown	Le décompte
According to the data	Selon les données
The statement as rendered is correct	L'état tel que remis est exact
In full settlement In full of all demands	Pour règlement de tout compte Pour solde à l'acquit
To reconcile these figures with our files	Pour concilier ces chiffres avec notre dossier
Household account with supporting invoices	Compte de frais de ménage avec les factures justificatives
These invoices do not tally with the day-book	Ces factures ne correspondent pas au Livre Journal
We enclose the statement of your account for the month of May	Nous joignons le relevé de votre compte pour le mois de mai
We enclose the statement of your account as of 31st May	Nous joignons le relevé de votre compte au 31 mai
Please let us have your receipt Kindly send your receipt	Veuillez remettre votre reçu Veuillez nous envoyer votre reçu
To receipt	Quittancer Acquitter Apposer « ACQUITTÉ » *(facture)*
Full discharge	Le quitus
To grant full discharge to the Board of Directors	Donner quitus au conseil d'administration

Ausgleichen Aufrechnen Gegeneinander verrechnen	Compensar Contrabalancear
In Gegenrechnung... Als Ausgleich gegen...	En contrapartida de...
Die Gesamtsummen werden gegeneinander aufgerechnet werden	Los totales respectivos se compensarán entre sí
Ein Status Ein Kontoauszug	Un estado de cuentas Un extracto de cuentas
Die Abrechnung Die detaillierte Abrechnung	El detalle de una cuenta La cuenta detallada
Entsprechend den Daten Nach den Angaben	Según los datos
Die übermittelte Abrechnung ist richtig	El estado de cuentas es exacto tal como se presenta
Zum vollen Ausgleich Zur Glattstellung aller Forderungen	En liquidación total En liquidación total de todas las cuentas
Um diese Zahlen mit unseren Unterlagen in Übereinstimmung zu bringen	Para compaginar estas cifras con nuestros libros
Haushaltungskonto mit den Rechnungsbelegen	Cuenta de los gastos domésticos con las facturas justificativas
Diese Rechnungen stimmen nicht mit dem Journal überein	Esas facturas no concuerdan con el Libro Diario
Wir fügen Ihren Kontoauszug für Mai bei	Adjuntamos el extracto de su cuenta correspondiente al mes de mayo
Wir fügen Ihren Kontoauszug per 31. Mai bei	Adjuntamos el extracto de su cuenta al 31 de mayo
Bitte, senden Sie uns Ihre Quittung! Wir bitten um Zusendung Ihrer Empfangsbestätigung	Les rogamos envíen su recibo
Quittieren Den Empfang bestätigen	Dar recibo Poner el recibí
Die Entlastung Die Generalquittung	El descargo
Dem Aufsichtsrat Entlastung erteilen	Acordar el descargo al consejo de administración

Kindly return your invoice duly receipted at your earliest convenience	Veuillez retourner votre facture dûment acquittée dans les meilleurs délais
Authority to grant a rebate Authority to grant a discount	Autorisation d'accorder une remise Pouvoir d'accorder un rabais
Documents in proof of a price reduction Relevant papers for a price reduction	Pièces justificatives d'une réduction de prix
Reconveyance	La rétrocession
To be still short of the total	N'avoir pas encore atteint le total
Your payment was 200 FF short	Il manquait F 200 à votre paiement
Deferred payments	Des paiements échelonnés Des paiements différés
Payments in arrear	Des paiements arriérés
Payment on due date Payment on the term's expiration	Paiement à terme échu Paiement à la date d'échéance
In settlement of your attached invoices as listed overleaf	En règlement de vos factures ci-jointes dont la liste se trouve au verso
An increase of 5 % on the figure for 1970 An increase of 5 % over the 1970 figure	Une hausse de 5 % sur le chiffre de 1970
To add up figures To tot up figures	Additionner des chiffres
To tot up expenses	Totaliser les dépenses Faire le compte des dépenses
The bill tots up to £100	La note se monte à £ 100
To add figures down and across To add up horizontal and vertical columns	Additionner des nombres verticalement et horizontalement
Grand total	Le total général

Wir bitten um Rücksendung Ihrer ordnungsgemäß quittierten Rechnung so bald wie möglich	Les rogamos devuelvan su factura debidamente cumplimentada con el recibí tan pronto como les sea posible
Vollmacht für die Gewährung eines Rabatts Ermächtigung eines Nachlasses	Facultad para conceder una rebaja Autorización para conceder una rebaja
Belege zur Rechtfertigung eines Preisnachlasses	Documentos comprobantes para una reducción de precio Justificantes para una disminución de precio
Die Wiederabtretung Die Rückübertragung	La retrocesión
Die Gesamtsumme noch nicht erreicht haben Noch unter der Gesamtsumme bleiben	No llegar aún al total Estar todavía debajo del total
Es fehlten FF 200 an Ihrer Zahlung Sie haben FF 200 zu wenig bezahlt	En su pago faltaban FF 200
Gestaffelte Zahlungen Zahlungen in Raten	Pagos espaciados Pagos diferidos
Rückständige Zahlungen	Pagos retrasados
Zahlung bei Fälligkeit Zahlung am Fälligkeitsdatum Zahlung nach Ablauf der Zahlungsfrist	Pago a la fecha de vencimiento Pago a plazo vencido
Zur Begleichung Ihrer beiliegenden, auf der Rückseite aufgeführten Rechnungen	Como saldo de sus facturas adjuntas tal como se relacionan en el reverso
Eine Erhöhung von 5 % gegenüber dem Wert von 1970	Un aumento del 5 por 100 sobre la cifra de 1970
Zahlen addieren	Sumar cifras
Die Ausgaben zusammenzählen Die Ausgabenrechnung aufstellen	Sumar los gastos Hacer la cuenta de los gastos
Die Rechnung beläuft sich auf £100	La cuenta llega a £ 100 La factura llega a £ 100
Senkrechte und waagerechte Zahlen addieren	Sumar cifras en sentido horizontal y vertical
Die Gesamtsumme Die Gesamtendsumme	La suma total

To be out in one's reckoning	Se tromper dans son calcul
You are far out in your reckoning	Vous êtes loin du compte
A miscalculation A mistaken reckoning	Un faux calcul Une erreur de calcul
To automate clerical procedures	Automatiser les procédures administratives
To automate clerical work	Automatiser le travail administratif
An accounting machine	Une machine comptable
A calculating machine	Une machine à calculer
An electronic calculator	Une calculatrice électronique
An adding machine	Une machine à additionner
A duplicating machine	Une machine à polycopier Un duplicateur
A photocopying machine	Une machine à photocopier
A cheque-writing machine	Une machine à rédiger les chèques
A dictating machine	Une machine à dicter Un dictaphone
Improvements in accounting equipment and electronic treatment of information	Améliorations dans les équipements comptables et le traitement informatique
A computerised information system	Un système de traitement de données informatisé
A computer	Un ordinateur
Time-sharing system	Un système à temps partagé
The punch card The perforated card	La carte perforée
A punch-card reader	Un lecteur de cartes perforées
A read and punch unit	Un lecteur-perforateur
Data processing hardware DP hardware	Le matériel informatique Les équipements informatiques Le hardware La quincaillerie informatique
Software DP software	Le logiciel informatique Le software

Sich verrechnen	Equivocarse en el cálculo
Sie haben sich schwer verrechnet	Vd. se equivoca de medio a medio
Ein Rechenfehler Ein fehlerhaftes Rechnen	Un error de cálculo Un cálculo equivocado
Die Verwaltungsvorgänge automatisieren	Automatizar los procedimientos administrativos
Die Verwaltungsarbeit automatisieren	Automatizar el trabajo administrativo
Eine Buchungsmaschine	Una máquina contable
Eine Rechenmaschine	Una máquina de calcular
Eine elektronische Rechenmaschine	Una calculadora electrónica
Eine Addiermaschine	Una máquina de sumar
Eine Kopiermaschine	Una máquina multicopista
Eine Photokopiermaschine	Una máquina fotocopiadora
Eine automatische Scheckschreibemaschine	Una máquina de rellenar cheques
Ein Diktiergerät	Una máquina de dictar Un dictáfono
Verbesserungen der Buchungsmaschinen und der elektronischen Datenverarbeitung	Mejoras en los equipos contables y en el tratamiento informático
Ein EDV-Informationssystem Ein Informationssystem mit elektronischer Datenverarbeitung	Un sistema de información informatizado
Ein Rechner Eine Rechenanlage Ein Computer	Un ordenador informático
Ein Teilzeitsystem	Un sistema de tiempo compartido
Die Lochkarte	La ficha perforada La tarjeta perforada
Ein Lochkartenableser Ein Lochkartenablesegerät	Una lectora de fichas perforadas
Eine Computerlochkartenvorrichtung	Una lectora perforadora
Das EDV-Material Die EDV-Geräte Die Hardware	El material informático Los equipos informáticos El hardware
Die EDV-Betriebsprogramme Die Software	Los programas informáticos fijos El software La programación fija del sistema informático

Computer processing	Le traitement sur ordinateur Le traitement informatique
Electronic data processing	Le traitement électronique des données
Computer programming	La programmation informatique
Computer orders	Les instructions informatiques
Computer operating instructions	Les instructions d'utilisation d'un ordinateur
Computer input	Les données d'entrées informatiques
Computer output	Les données de sorties informatiques
Maintenance of the computers, technical knowledge and training of the operators	Entretien des ordinateurs, connaissance technique et formation des opérateurs

Balance sheets, statements and budgets

Bilans, états et budgets

A financial statement shows... A financial statement reflects...	Un état financier fait apparaître...
The annual report to the meeting of shareholders	Le rapport annuel à l'Assemblée générale des actionnaires
The financial year	L'exercice budgétaire
The fiscal year The fiscal	L'exercice social
Budgeting	La budgétisation
Budgetary accounting Budgetary control	La comptabilité budgétaire La gestion budgétaire
Cash budgeting	La budgétisation des disponibilités
Consolidated accounts	Les comptes consolidés
Consolidated balance sheet	Le bilan consolidé
To check the merits of the forecasts	Contrôler le bien-fondé des prévisions

Die elektronische Datenverarbeitung	El procesamiento por ordenador El procesamiento informático
Die elektronische Datenverarbeitung	El procesamiento electrónico de los datos
Die EDV-Programmierung Die Rechenanlagenprogrammierung Die Rechnerprogrammierung	La programación informática
Die Rechnerbefehle Die Computerbefehle	Las instrucciones informáticas
Die Betriebsanweisungen des Rechners Die Computerbetriebsanweisungen	Las instrucciones para el empleo de un ordenador
Die EDV-Eingangsdaten	Los datos informáticos de entrada La entrada del ordenador
Die EDV-Ausgangsdaten	Los datos informáticos de salida La salida del ordenador
Wartung der Rechenanlagen, technische Kenntnisse und Ausbildung des Betriebspersonals	Mantenimiento de los ordenadores, conocimientos técnicos y formación de los operadores

Bilanzen, Status und Budgets

Balances, estados de cuentas y presupuestos

Ein Status zeigt...	Un estado financiero demuestra...
Der Jahresbericht für die Hauptversammlung	El informe anual del Consejo de administración
Das Haushaltsjahr	El ejercicio presupuestario
Das Geschäftsjahr	El ejercicio económico El año económico
Die Budgeterstellung Die Budgetisierung	La planificación presupuestaria
Das Budgetrechnungswesen Die Voranschlagskontrolle	La contabilidad presupuestaria La gestión presupuestaria
Die Budgetisierung der Geldmittel	La planificación presupuestaria del líquido
Der konsolidierte Abschluß	Las cuentas consolidadas
Die konsolidierte Bilanz	El balance consolidado
Den Wert der Vorhersagen überprüfen Den Wert der Voranschläge überprüfen	Verificar el valor de las previsiones

A surplus	Un excédent
A record budget surplus	Un excédent budgétaire record
A deficit	Un déficit
The account shows a debit balance	Le compte est déficitaire
The budget shows a deficit	Le budget est déficitaire
The balance sheet shows a loss	Le bilan est déficitaire
An adverse balance of payments A passive balance of payments	Une balance de paiements déficitaire
To have accumulated a budget deficit of...	Avoir accumulé un déficit budgétaire de...
A dead loss	Une perte sèche
The plusses The positive points	Les éléments positifs
The minusses The negative points	Les éléments négatifs
Assets	Actif *(bilan)*
The assets	Les actifs
The asset distribution	La répartition de l'actif
The liquid assets The ready assets (U.S.A.)	Les actifs disponibles Les disponibilités immédiates
The quick assets The short-term assets	Les actifs réalisables à court terme Les disponibilités à court terme
The current assets	Les actifs de roulement Les valeurs de roulement
The earning assets	Les actifs bénéficiaires Les actifs rentables
The intangible assets	Les actifs incorporels Les valeurs incorporelles
Key-money	Les arrhes *(données en louant un appartement ou une maison)*
Business key-money Goodwill and key-money Key-money for goodwill and business premises	Un pas-de-porte

Ein Überschuß	Un superávit
Ein Rekordhaushaltsüberschuß	Un superávit presupuestario sin precedentes
Ein Defizit	Un déficit
Ein Minus	
Das Konto ist im Debit	La cuenta es deficitaria
Das Konto hat einen Debitsaldo	La cuenta es deudora
Der Haushalt schließt mit Verlust ab	El presupuesto es deficitario
Das Budget weist ein Defizit auf	
Die Bilanz schließt mit Verlust ab	El balance es deficitario
Die Bilanz weist einen Verlust aus	
Eine passive Zahlungsbilanz	Un balance de pagos deficitario
Ein Haushaltsdefizit von... angesammelt haben	Haber acumulado un déficit presupuestario de...
Ein Reinverlust	Una pérdida total
Die positiven Punkte	Los puntos positivos
Die negativen Punkte	Los puntos negativos
Aktiva *(Bilanz)*	Activo *(balance)*
Die Aktivwerte	Los activos
Die Vermögenswerte	
Die Aktivaverteilung	La distribución del activo
Die verfügbaren Aktiva	El activo disponible
	El activo líquido
Die kurzfristig verfügbaren Aktiva	El activo realizable a corto plazo
Das Umlaufvermögen	El activo de operaciones
Die ertragbringenden Aktiva	Los activos beneficiarios
Die gewinnbringenden Aktiva	Los activos rentables
Die rentablen Aktiva	
Die immateriellen Aktiva	Los activos inmateriales
Die immateriellen Vermögenswerte	
Die Mietanzahlung	La señal *(en un contrato de alquiler)*
Eine Zahlung für die Übernahme eines Geschäftslokals	Un traspaso

Goodwill of a business	L'ensemble des biens incorporels d'une entreprise (raison sociale, clientèle, etc.)
	Les valeurs immatérielles d'une entreprise
The patents	Les brevets
The letters patent	Les brevets d'invention
Leasehold properties	Propriétés louées à bail
	Biens immeubles loués à bail emphythéotique
Fixtures and fittings	Les agencements inamovibles
	Les immeubles par incorporation
Office furniture and equipment	Les meubles et équipements de bureau
Machinery	Machines et outillage
Stock-in-trade (U.S.A.)	Stocks et fourniture en magasin, et fabrications en cours
Stock-in-trade (U.K.)	Fonds de commerce et actifs de roulement
Sundry debtors	Débiteurs divers
Bills receivable	Effets à recevoir
Bills for collection	Effets à encaisser
	Effets à l'encaissement
Working capital	Les fonds de roulement
	Le capital d'exploitation
Cash with banks	Avoirs en banque
Cash in bank	Espèces en compte
Cash in hand	Encaisse
Ready cash	Fonds en caisse
Cash ratio	Ratio de liquidité immédiate
Liabilities	Passif *(bilan)*
Liabilities and shareholders' equity (U.S.A.)	
Liabilities	Engagements
	Dettes
Investments	Investissements
Capital goods	Biens d'investissement
Capital	Capital

Der immaterielle Wert eines Unternehmens (Firma, Kundschaft, usw.) Goodwill	El conjunto de los bienes inmateriales de una empresa (razón social, clientela, etc.)
Die Patente Die Patentbriefe	Las patentes de invención Los certificados de patente
Grundbesitz in Erbpacht	Propiedades enfitéuticas
Die festverbundenen Einrichtungsgegenstände	Las instalaciones incorporadas al local Las instalaciones y acondicionamientos de un local
Die Büromöbel und Büromaschinen	El mobiliario y equipo de oficina
Maschinen und maschinellen Einrichtungen	Maquinaria y equipo mecánico
Warenbestand, Vorräte und Halbfertigerzeugnisse	Existencias, suministros, y productos en curso de fabricación
Betriebsvermögen	Activo de operaciones
Diverse Schuldner	Deudores varios
Aktivwechsel	Efectos del activo Efectos en cartera
Inkassowechsel	Efectos a cobrar
Das Betriebskapital Das Geschäftskapital	El capital de explotación
Bankguthaben	Saldo en bancos
Barmittel Kassenbestand	Disponible en caja
Das Verhältnis verfügbare Mittel/ kurzfristige Verbindlichkeiten	Proporción de liquidez inmediata
Passiva *(Bilanz)*	Pasivo *(balance)*
Verbindlichkeiten Schulden	Obligaciones Deudas
Investitionen	Inversiones
Investitionsgüter	Bienes de inversiones
Kapital	Capital

Capital entirely paid up	Capital entièrement versé (libéré)
To tie up capital	Immobiliser du capital
To write off invested capital	Passer des capitaux investis par pertes et profits
To depreciate invested capital	Amortir des capitaux investis
To reduce the capital	Réduire le capital
To write off a bad debt	Passer une mauvaise créance par pertes et profits Amortir une mauvaise créance
Hidden reserves	Réserves cachées Réserves latentes
Provision for taxes Tax provision	Provision pour impôts
Sundry creditors	Créanciers divers
Bills payables	Effets à payer
Loan account	Compte d'emprunts contractés
Dead money Dormant money Dead capital	Argent qui dort Capitaux non investis
Dormant balance	Solde inactif
Level of the Company's reserves	Le niveau des réserves de la société
To use up one's reserves	Épuiser ses réserves
Allocation to reserves Appropriation to the reserves	La dotation à la réserve
Allocation to the special reserve fund	La dotation de la réserve spéciale (extraordinaire)
Provision for contingencies	La provision pour dépenses imprévues
Provision for contingent liabilities	La provision pour engagements éventuels
Provision for contingent liabilities in respect of acceptances	La provision pour tierce caution
For the endowment of various reserve funds	Pour la dotation de divers fonds de réserve
Insurance and contingency fund	Le fonds d'assurance et de prévoyance

Voll eingezahltes Kapital	Capital totalmente liberado
Kapital immobilisieren Kapital anlegen	Inmovilizar capitales
Angelegte Kapitalien abschreiben	Pasar capitales invertidos a la cuenta de pérdidas y ganancias
Angelegte Kapitalien abschreiben	Amortizar capitales invertidos
Das Kapital herabsetzen	Reducir el capital
Eine uneinbringliche Forderung abschreiben	Amortizar una deuda incobrable
Stille Reserven	Reservas latentes
Steuerrückstellung Rückstellung für Steuern	Provisión para impuestos
Diverse Gläubiger	Acreedores varios
Passivwechsel	Efectos a pagar Efectos del pasivo
Konto der Verbindlichkeiten Darlehenskonto	Cuenta de empréstitos Cuenta de créditos a pagar
Nicht angelegtes Geld Schlafendes Kapital	Efectivo inactivo Capitales no invertidos
Stagnierender Saldo	Saldo inactivo
Das Niveau der Reserven der Gesellschaft	El nivel de las reservas de la empresa
Seine Reserven aufzehren Seine Reserven erschöpfen	Agotar sus reservas
Die Überschreibung an Rücklagen Die Rücklagendotierung Die Zuweisung an die Rücklagen	La asignación a la reserva La transferencia a la reserva
Die Zuweisung an die Sonderrücklage	La asignación a la reserva extraordinaria
Die Rückstellung für unvorhergesehene Ausgaben	La provisión de imprevistos
Die Rückstellung für bedingte Verbindlichkeiten	La provisión para obligaciones eventuales
Die Rückstellung für Bürgschaften und Avale	La provisión para avales
Für die Zuweisung an diverse Reservefonds	Para la asignación a varios fondos de reserva
Der Versicherungs- und Fürsorgefonds	El fondo de seguro y previsión

To appropriate funds for...	Affecter des fonds à...
Petty expenses	Les menus frais
Incidental expenses Incidentals	Les frais accessoires Les faux frais
Sundry expenses Sundries	Les frais divers
Postage and sundries Postage and sundry disbursements	Les frais de port et divers
Entertainment expenses	Les frais de représentation
Travelling expenses	Les frais de voyage
Accommodation allowance	L'indemnité de logement
Operating expenses	Les dépenses d'exploitation Les coûts d'exploitation
Overhead expenses General expenses	Les frais généraux
For its running expenses the company has lived on its reserves	Pour ses dépenses courantes, la société a vécu sur ses réserves
Expenses rose from last year by just over 3 %	Sur l'an dernier, les dépenses ont progressé d'un peu plus de 3 %
Expenditure in respect of past financial periods	Les dépenses sur exercices clos
Closing-down cost of a factory	Les frais de fermeture d'une usine
Liquidation costs Costs of closing down a company *(business)*	Les frais de liquidation
Current depreciation schedules are out of date (U.S.A.)	Les tables d'amortissement en vigueur sont surannées
The provision for depreciation of assets is calculated on...	La provision pour l'amortissement des immobilisations est calculée sur...
The straight-line depreciation method	La méthode d'amortissement linéaire
Degressive depreciation Diminishing balance depreciation	Un amortissement dégressif Un amortissement décroissant
Accelerated depreciation	Un amortissement accéléré
Depreciation rate	Le taux d'amortissement

Mittel für... zuweisen	Asignar fondos para...
Die Nebenausgaben	Los gastos menudos
Die unvorhergesehenen Ausgaben	Los gastos accesorios
Die diversen Ausgaben Die diversen Kosten	Los gastos varios
Die Porto- und diversen Ausgaben	Los gastos de franqueo y varios
Die Repräsentationskosten Die Aufwandsspesen	Los gastos de representación
Die Reisekosten	Los gastos de viaje
Die Wohnungsentschädigung Das Wohnungsgeld	Las dietas de alojamiento La indemnización de alojamiento
Die Betriebskosten	Los gastos de explotación Los costos de explotación
Die Generalunkosten Die Handlungsunkosten	Los gastos generales
Die Gesellschaft hat für ihre laufenden Kosten von ihren Reserven gelebt	Para cubrir sus gastos operativos, la empresa ha vivido a costa de sus reservas
Im Vergleich zum Vorjahr sind die Ausgaben um wenig mehr als 3% gestiegen	Los gastos aumentaron un poco más del 3 por 100 con respecto al año pasado
Die Ausgaben betreffend abgelaufene Geschäftsjahre	Los gastos con respecto a los ejercicios económicos pasados
Die Stillegungskosten	Los gastos del cierre de una fábrica
Die Liquidierungskosten	Los gastos de liquidación
Die gegenwärtigen Abschreibungspläne sind veraltet	Los planos actuales de amortización son anticuados
Die Rückstellung für Anlagenabschreibungen ist wie folgt errechnet worden :	La provisión para la amortización de activo ha sido calculada sobre la base siguiente :
Die lineare Abschreibungsmethode Die direkte Abschreibungsmethode	El método de amortizaciones directas El método de amortizaciones constantes
Eine degressive Abschreibung	Una amortización regresiva
Eine beschleunigte Abschreibung	Una amortización acelerada
Der Abschreibungssatz	El porcentaje de amortización

To sort out operating expenditure from long-term investments	Faire le tri entre les dépenses d'exploitation et les investissements à long terme
Annual expenditure over and above normal budgetary expenses	Dépenses annuelles en sus des dépenses budgétaires normales
The supplementary budget	Le collectif budgétaire
The profit works out at...	Le bénéfice ressort à...
Carried forward	Report à nouveau
Distributable net profit	Bénéfice net distribuable
Price/earnings ratio (P/E)	Taux de capitalisation (TdC)
Profit margins are narrowing	Les marges bénéficiaires s'amenuisent
Cash flow: *profitability obtained by adding depreciation, provisions and net profit*	Marge brute d'autofinancement (M.B.A.) : *productivité bénéficiaire obtenue en ajoutant amortissements, provisions et bénéfices nets*
To run a business at a loss	Gérer une affaire à perte
Gearing debt ratio	Ratio capitaux propres/dettes à long terme
Low-geared capital structure	Bas ratio capitaux propres/dettes à long terme
High-geared capital structure	Haut ratio capitaux propres/dettes à long terme

Special accounting / *Comptabilités spéciales*

Cost accounting	La comptabilité analytique
Financial analysis	L'analyse financière
Management accounting	La comptabilité de gestion
Cost analysis	L'analyse des prix de revient L'analyse des coûts
Costing	Le calcul des prix de revient L'analyse comptable des prix de revient

Die Betriebskosten von den langfristigen Anlagen trennen	Desglosar los gastos de explotación de las inversiones a largo plazo
Über die normalen Budgetausgaben hinausgehende jährliche Ausgaben	Gastos anuales fuera de los gastos presupuestarios normales
Das Zusatzbudget	El presupuesto adicional
Der Gewinn beträgt...	Los beneficios ascienden a...
Vortrag	A cuenta nueva
Ausschüttbarer Nettogewinn	Beneficios netos distribuibles
Kapitalisierungssatz Kurs/Gewinn-Verhältnis	Proporción precio en Bolsa/beneficios Coeficiente de capitalización
Die Gewinnmargen werden enger	Los márgenes de beneficios van disminuyendo
Selbstfinanzierungsrate (Cash flow) Ertragskraftsrate : *Addition der Rücklagen und Rückstellungen sowie des Reingewinns*	Margen bruto de autofinanciación : *productividad financiera obtenida por la suma de las amortizaciones, provisiones y beneficios netos*
Ein Geschäft mit Verlust betreiben	Dirigir un negocio con pérdida
Verhältnis Eigenmittel/langfristige Verbindlichkeiten	Proporción entre los capitales propios y las deudas a largo plazo
Niedriges Verhältnis Eigenmittel/ langfristige Verbindlichkeiten	Proporción baja entre los capitales propios y las deudas a largo plazo
Hohes Verhältnis Eigenmittel/ langfristige Verbindlichkeiten	Proporción alta entre los capitales propios y las deudas a largo plazo

Sonderbuchhaltungen

Contabilidades especiales

Das Kostenwesen	La contabilidad analítica
Die Finanzanalyse Die Analyse der Finanzlage	El análisis financiero
Das Rechnungswesen der Geschäftsleitung Das innerbetriebliche Rechnungswesen	La contabilidad de gestión
Die Kostenanalyse Das Kostenwesen	El análisis de los costes El análisis de los precios de coste
Das Selbstkostenwesen	La contabilidad de costes o costos

Variable costs	Les coûts variables Les frais variables
Accounting of variable costs	La comptabilité analytique des coûts variables
Product costing	L'analyse comptable des prix de revient par produit
Production costing Industrial cost accounting	La comptabilité analytique industrielle L'analyse comptable des coûts de fabrication
Application of costs	L'imputation des charges L'imputation des coûts
Cost standards	Les normes pour le calcul des coûts Les coûts standard
Standard costing	Calcul des prix de revient standard
Fixed costs	Coûts fixes Frais fixes
Distribution costs Sales costs	Coûts de distribution Coûts de commercialisation
Cost distribution	La répartition des coûts
Cost variance	Les écarts des coûts des normes
Cost variations	Les variations des coûts
Replacement costs	Coûts de remplacement
A feasibility study	Une étude préalable Une étude de faisabilité
A time study	Une étude des temps
Motion study Methods engineering (U.S.A.)	Mesure des temps élémentaires
Motion-time system	Système de temps élémentaires
Variance analysis Standard variance analysis	L'analyse des écarts des normes
Problem area Critical area	Zone critique Domaine critique
A profitability analysis	Une étude de rentabilité
Profit centre accounting	La comptabilité par centres de profit
Earning power	La capacité bénéficiaire

Die variablen Kosten Die erzeugungsgebundenen (veränderlichen) Kosten	Los costos variables Los gastos variables
Die Kostenrechnung der veränderlichen Kosten	La contabilidad analítica de los costes variables La contabilidad de los costes variables
Die Erzeugniskostenrechnung	El análisis de los costes por producto
Das industrielle Selbstkostenwesen	La contabilidad de los costes industriales
Die Kostenanrechnung	La imputación de costes La atribución de gastos
Die Kostennormen	Las normas para el cálculo de los costes Los costes normalizados
Genormte Kostenrechnung Normkostenrechnung	Contabilidad de los costes normalizados
Feste Kosten	Costes fijos Gastos fijos
Verkaufskosten	Costes de comercialización Gastos de distribución
Die Kostenverteilung	La distribución de los costes
Der Kostenunterschied	Las variaciones de los costes
Die Kostenunterschiede	La diferencia de costes
Neuanschaffungskosten	Costes de reposición
Eine Durchführbarkeitsstudie	Un estudio previo
Eine Zeitstudie	Un estudio de tiempos
Arbeitszeituntersuchung Arbeitsablaufstudie	Estudio de tiempos elementales
Arbeitsablaufsystem	Sistema de tiempos elementales
Die Normabweichungsanalyse	El análisis de las variaciones de las normas El análisis de variantes
Problemgebiet Kritische Zone	Zona crítica Zona de problemas
Eine Rentabilitätsuntersuchung	Un estudio de rentabilidad
Die Ertragszentrenbuchführung	La contabilidad por centros de beneficios
Die Ertragskraft	La capacidad beneficiaria

Cash flow	La marge brute d'autofinancement (M.B.A.)
Yield Return	Le rendement
Earning performance	Le rendement bénéficiaire
Profitability Profit-earning capacity	La rentabilité
Overplus Surplus	L'excédent
Deficit	Le déficit
Shortage	L'insuffisance Le manque La pénurie La disette
To be short of £ 50	Avoir un déficit de £ 50
Performance standards	Les normes de rendement
Performances against objectives	Les réalisations comparées aux objectifs
Earnings on assets	Les bénéfices sur actifs
Earnings on fixed assets	Les bénéfices sur les immobilisations
Return on capital employed	Le rendement des capitaux permanents Le rendement du capital investi
Earnings per share	Le bénéfice par action
Retained earnings	Les bénéfices non distribués
Impact on profits Incidence on profits	La répercussion sur les bénéfices L'incidence sur les bénéfices
The implications of higher labour costs are easy to forecast	Les implications de coûts salariaux plus élevés sont faciles à prévoir
The implications for profits are serious	Les implications pour les bénéfices sont graves
Growth index	L'indice de croissance

Der Cash flow Der Gesamtertrag	El margen bruto de autofinanciacion
Der Ertrag	El rendimiento
Die Ertragsleistung Die Rendite	El rendimiento beneficiario
Die Rentabilität	La rentabilidad
Der Überschuß	El superávit
Das Defizit Der Unterschuß Der Fehlbetrag	El déficit
Der Mangel Die Knappheit	La carencia La escasez La falta La penuria, la carestía
Einen Fehlbetrag von £ 50 haben Ein Defizit von £ 50 haben	Tener un déficit de £ 50 Hallarse con un déficit de £ 50
Die Arbeitsnormen Die Leistungsnormen	Las normas de rendimiento
Die Leistungen im Vergleich zu den Zielen	Las realizaciones comparadas con los objetivos
Die Gewinne aus dem Betriebsvermögen	Los beneficios del activo Los beneficios procedentes de los activos
Die Gewinne aus dem Anlagevermögen	Los beneficios procedentes de las inmovilizaciones Los beneficios del activo fijo
Die Erträge aus dem investierten Kapital	El rendimiento del capital invertido
Der Gewinn pro Aktie	Los beneficios por acción
Die nicht ausgeschütteten Gewinne	Los beneficios no distribuidos
Die Auswirkung auf den Gewinn	La incidencia en los beneficios
Die Implikationen höherer Lohnkosten sind leicht vorauszusehen	Las implicaciones de mayores costos salariales son fácilmente previsibles
Die potentiellen Auswirkungen auf die Gewinne sind sehr schwerwiegend	Las implicaciones para los beneficios son muy serias
Der Wachstumsindex	El índice de crecimiento

Growth region	La région de croissance
Continuous stock-taking A continuous stock review system A continuous inventory review system A perpetual inventory	Un inventaire permanent Un système d'inventaire permanent
Inventory control Inventory management	La gestion des stocks
Inventory turnover	La rotation des stocks
Movement of funds	Le mouvement des fonds
Fund flow Flow of funds	Le flux des fonds
Sources and application of funds	La provenance et l'emploi des fonds
Use of capital funds Disposal of capital funds	L'emploi des capitaux La disposition des capitaux

Die Wachstumsregion	La zona de crecimiento
Eine laufende Inventur Eine laufende Bestandsaufnahme Ein laufendes Inventursystem	Un inventario continuo Un sistema de inventario continuo
Die Vorratswirtschaft Die Bestandswirtschaft	La gestión de las existencias
Der Vorratsumschlag Der Bestandsumschlag	El movimiento de existencias
Die Kapitalbewegung	El movimiento de fondos
Der Kapitalfluß	El flujo de fondos
Die Herkunft und Verwendung der Mittel	La procedencia y empleo de los fondos
Die Kapitalverwendung	El empleo de los capitales La disposición de los capitales

31 Taxes — Les impôts

The taxation authorities The tax authorities	Les autorités fiscales
The Tax Administration The Inland Revenue Service	L'administration fiscale
Taxation	L'imposition fiscale
Taxation system	Le régime fiscal La fiscalité
Company taxation is considered too complicated	La fiscalité des sociétés est considérée comme trop compliquée
The Treasury The ministry of Finance The Department of the Treasury	Le ministère des Finances
The registry office	Le bureau de l'enregistrement Le bureau de l'état civil Le greffe du tribunal
Mortgage registry office	Le bureau du conservateur des hypothèques
Land registry office Property register office (U.S.A.)	Le bureau du cadastre Le bureau du registre de la propriété foncière
The assessor of taxes The inland revenue inspector The surveyor of taxes	Le contrôleur des contributions L'inspecteur des contributions
Tax assessment Assessment of taxation	La répartition des impôts La fixation de l'assiette fiscale
Tax schedule	Le barème d'imposition
The assessed taxes The scheduled taxes The taxes levied by assessment	Les impôts cédulaires Les impôts fixés par l'administration fiscale
Graded taxes	Impôts à taux variable
Progressive taxation	Imposition progressive
Degressive taxation	Imposition dégressive
Land tax (U.K.) Real estate tax (U.S.A.)	L'impôt foncier

Steuerwesen — Los impuestos — 31

Die Steuerbehörden	Las autoridades fiscales
Die Steuerverwaltung	La administración fiscal
Die Besteuerung	La imposición tributaria La imposición fiscal
Das Steuersystem	El régimen fiscal El régimen tributario
Die Besteuerung der Gesellschaften wird als zu kompliziert betrachtet	El régimen tributario de las sociedades se considera como demasiado complicado
Das Finanzministerium	El ministerio de Hacienda
Das Registeramt Das Standesamt Die Geschäftsstelle des Gerichts	La oficina de registro El registro de estado civil La secretaría del tribunal
Das Hypothekenregisteramt	El registro de hipotecas
Das Grundbuchamt	El registro de propiedad
Der Finanzinspektor Der Veranlagungsbeamte	El inspector de Hacienda
Die Steuerveranlagung	La derrama La fijación de la base tributaria La evaluación de la derrama
Die Steuertabelle	La tabla de impuestos La tabla tributaria
Die von Amts wegen festgesetzten Steuern Die veranlagten Steuern	Los impuestos cedulares Los impuestos fijados por la Hacienda
Gestaffelte Steuern	Impuestos variables
Progressive Versteuerung	Imposición creciente Imposición progresiva
Degressive Versteuerung	Imposición decreciente Imposición regresiva
Die Grundsteuer	El impuesto territorial La contribución territorial

591

Property tax	L'impôt sur la fortune
Assessment of land tax	La fixation de l'assiette de l'impôt foncier
Basis of land taxation	L'assiette de l'imposition foncière
Taxation of agricultural income Taxation of farm income	L'imposition des bénéfices agricoles
Pay-roll tax Employment tax (U.S.A.)	L'impôt sur la masse salariale
To levy a capital tax	Lever un impôt sur le capital
To establish a capital tax To introduce a capital tax	Instituer un impôt sur le capital
Capital-gains tax largely toothless	Un impôt sur les plus-values fortement édulcoré
A surtax An extra tax	Une surtaxe
Maintenance of the surtax Upholding of the surtax	Le maintien de la surtaxe
An emergency tax A special tax	Un impôt de crise Un impôt extraordinaire
Corporation tax (U.K.) Corporate income tax (U.S.A.)	L'impôt sur les sociétés
Corporate taxation	L'imposition des sociétés
Sales tax (U.S.A.) Turnover tax	L'impôt sur le chiffre d'affaires
Value added tax Tax on added value	La taxe à la valeur ajoutée (T.V.A.)
Tax equalization Equalization of taxes	La péréquation des contributions La répartition équitable des contributions
An equalization tax	Une taxe compensatrice
Excise duties	Les contributions indirectes Les droits sur la consommation Les droits de régie Les droits et taxes
Excise taxes	Les impôts indirects
Small business tax (U.S.A.)	L'impôt sur le revenu des petites entreprises

Die Vermögenssteuer	El impuesto patrimonial El impuesto sobre la propiedad
Die Veranlagung der Grundsteuer	La fijación de la base del impuesto territorial
Die Veranlagungsgrundlage der Grundsteuer	La base de la imposición territorial
Die Besteuerung des landwirtschaftlichen Einkommens	La imposición de los beneficios agrícolas
Die Lohnsummensteuer	El impuesto sobre la suma de los salarios pagados
Eine Kapitalsteuer erheben	Recaudar un impuesto sobre el capital
Eine Kapitalsteuer einführen	Establecer un impuesto sobre el capital Instituir un impuesto sobre el capital
Eine weitgehend entschärfte Kapitalgewinnsteuer	Un impuesto mellado sobre las plus valías
Eine Zusatzsteuer	Un recargo fiscal Un impuesto adicional
Die Aufrechterhaltung der Zusatzsteuer Die Beibehaltung der Zusatzsteuer	El mantenimiento del impuesto adicional
Eine Notstandssteuer Eine Sondersteuer	Un impuesto de emergencia Un impuesto extraordinario
Die Körperschaftssteuer	El impuesto sobre las sociedades El impuesto sobre la renta de las sociedades
Die Besteuerung der Gesellschaften	La imposición de las sociedades
Die Umsatzsteuer	El impuesto sobre la facturación El impuesto sobre las ventas
Die Mehrwertsteuer	El impuesto sobre el valor añadido
Der Steuerausgleich	La distribución equitativa de los impuestos
Eine Ausgleichssteuer Eine Ausgleichsabgabe	Un impuesto de compensación
Die Verbrauchsabgaben Die Verbrauchssteuern Die indirekte Besteuerung	Los impuestos sobre consumos Los derechos y tasas
Die indirekten Steuern	Los impuestos indirectos
Die Einkommensteuer für kleine Gewerbebetriebe	El impuesto sobre los beneficios de las pequeñas empresas

Entertainment taxes	Les taxes sur les spectacles
The motor vehicle tax label The tax label	La vignette
A motor vehicle tax	Une taxe sur les voitures automobiles
Luxury tax	La taxe de luxe
New levies on what are called external signs of wealth: pleasure boats, private planes, race horses, hunting club membership, jewelry and servants	Nouvelles surtaxes sur ce que l'on appelle les signes extérieurs de richesse : bateaux de plaisance, avions privés, chevaux de course, appartenance à une société de chasse à courre, bijoux et domestiques
Betting tax Totalizator tax Tote tax *(slang)*	Le prélèvement fiscal sur les P.M.U. (Paris mutuels urbains)
Local rates The rates	Les impôts locaux
Expenses defrayable out of local contribution	Dépenses à la charge de la collectivité locale
The town dues	Les droits d'octroi
Estate duty (U.K.) Estate tax (U.S.A.) Death duty Probate tax Legacy duty	Les droits de succession L'impôt sur les successions
Stamp tax	Le droit de timbre
Customs declaration Customs entry declaration	La déclaration en douane
Customs duties	Les droits de douane
The statistical duty	Le droit de statistique
The visitor's tax	La taxe de séjour
The Chancery dues (U.K.)	Les droits de chancellerie
A tax consultant	Un conseiller fiscal
The tax form	La feuille d'impôt
Income tax return	La déclaration d'impôt sur le revenu
The tax payer The rate payer	Le contribuable
Persons dependent on the tax payer	Personnes à la charge du contribuable

Die Vergnügungssteuer	El impuesto de espectáculos
Die Kraftfahrzeugsteuerplakette	La patente (de coche)
Eine Kraftfahrzeugsteuer	Un impuesto sobre los vehículos de motor
Die Luxussteuer	El impuesto de lujo
Neue Steuern auf das, was als äußere Anzeichen des Reichtums bezeichnet wird : Sportboote und Yachten, Privatflugzeuge, Rennpferde, Mitgliedschaft von Fuchsjagdvereinen, Schmuckstücke, und Dienstboten	Nuevos impuestos sobre lo que se llama signos exteriores de riqueza : barcos deportivos y yates, aviones privados, caballos de carrera, adhesión a una sociedad de caza de montería, joyas y servidumbre
Die Wettsteuer	El impuesto sobre las quinielas
Die Gemeindesteuern	Los impuestos municipales Los impuestos locales
Durch Gemeindesteuern zu deckende Ausgaben	Gastos sufragables con los impuestos locales
Die städtischen Zölle Die Gemeindezölle	Los arbitrios municipales
Die Erbschaftssteuer	Los derechos reales sobre herencias
Die Stempelsteuer	Los derechos de timbre
Die Zolleinfuhrerklärung Eine Zollerklärung	La declaración de aduana
Die Zölle	Los derechos de aduana Los derechos arancelarios
Die statistischen Gebühren	Los derechos de estadística
Die Kurtaxe	Los impuestos de estancia o residencia
Die Amtsgebühren	Los derechos de cancillería
Ein Steuerberater	Un consejero fiscal
Das Steuerformular	La hoja de declaración de impuestos
Die Einkommensteuererklärung	La declaración de impuestos sobre la renta
Der Steuerpflichtige Der Steuerzahler	El contribuyente
Personen, die vom Steuerzahler unterhalten werden	Personas que dependen del contribuyente

A tax payer without family charges	Un contribuable sans charge de famille
Gross income	Le revenu brut
Disposable income	Le revenu disponible
Tax reduction for earned income	Le dégrèvement sur le revenu du travail
Taxable income	Le revenu imposable
Ratable value Rateable value	La valeur locative imposable
Tax ruling concerning a particular tax payer	Décision particulière de l'Administration fiscale concernant un contribuable
Tax levy Tax bite	Le prélèvement fiscal
Free of tax	Exempt d'impôt
To claim immunity from a tax	Demander l'exemption d'un impôt
Tax exemption	L'exonération d'impôt
To get a rebate on taxes	Obtenir une remise d'impôt
Tax allowances	Déductions avant impôt
Tax credit	Le crédit d'impôt
A tax remission A tax reduction	Un abattement
Derating Tax cut Relief	La détaxe Le dégrèvement
Return of taxes unduly collected	Restitution d'impôts indûment perçus
To untax	Détaxer
Back taxes	Arriérés d'impôts
Double taxation	La double imposition
Elimination of double taxation	La suppression de la double imposition
Double taxation treaty	Une convention sur la double imposition
The tax collector	Le percepteur
To collect rates and taxes	Percevoir les taxes et impôts
Taxes difficult to get in	Impôts difficiles à recouvrer
The treasurer	Le trésorier

Ein Steuerzahler ohne Familienbelastung	Un contribuyente sin cargas familiares
Das Bruttoeinkommen	La renta bruta
Das verfügbare Einkommen	Los ingresos disponibles
Der Steuererlaß auf das Arbeitseinkommen	La reducción sobre el I.R.T.P.
Das steuerpflichtige Einkommen	La renta imponible
Der steuerpflichtige Mietwert	El valor imponible
Besondere Entscheidung des Finanzamtes, die einen Steuerzahler angeht	Decisión particular de Hacienda en favor o desfavor de un contribuyente
Die Steuererhebung	La deducción fiscal
Steuerfrei	Exento de impuestos
Eine Steuerbefreiung verlangen	Solicitar la exención de un impuesto
Der Steuererlaß	La exención de impuestos
Steuererleichterungen erhalten	Obtener una reducción de los impuestos
Steuerfreibeträge	Deducciones de impuestos
Die Steuerstundung	El crédito de impuestos
Eine Steuerermäßigung	Una deducción de los impuestos
Die Steuerbefreiung Die Steuerbegünstigung	La desgravación fiscal
Rückerstattung zuviel erhobener Steuern Steuerrückzahlung	Devolución de impuestos recaudados indebidamente
Eine Steuer erlassen	Desgravar
Rückständige Steuern	Impuestos atrasados
Die Doppelbesteuerung	La doble imposición fiscal
Die Abschaffung der Doppelbesteuerung	La exención de la doble imposición fiscal
Ein Doppelbesteuerungsabkommen	Un convenio sobre la doble imposición fiscal
Der Steuereinnehmer	El recaudador de impuestos
Die Gebühren und Steuern einnehmen	Recaudar impuestos y derechos
Schwer einzutreibende Steuern	Impuestos difíciles de recaudar
Der Schatzmeister	El tesorero

The paymaster	Le trésorier payeur (armée, etc.)
Withholding tax	Impôt retenu à la source
Pay as you earn (P.A.Y.E.)	Retenue automatique à la source de l'I.R.P.P.
To pay taxes in monthly instalments To settle taxes in monthly portions	Payer les impôts par mensualités
Harassment by taxmen	Le harcèlement, les vexations des agents du fisc
Taxmen have been hounding a famous film star	Les agents du fisc se sont acharnés sur une vedette de cinéma
To bleed the nation white by taxation	Saigner le pays à blanc par l'impôt
In the 50 % tax bracket	Dans la catégorie de ceux imposés à 50 %
Tax incidence on...	Incidence de l'impôt sur...
A tax shelter	Un paradis fiscal
To evade taxes To defraud the tax authorities	Frauder le fisc
Tax evasion	L'évasion fiscale
A new tax dodge	Un nouvel artifice pour se soustraire au fisc
Taxmanship (U.S.A.)	L'art de se soustraire aux impôts tout en restant dans la légalité
Out-foxing the tax collector is the national sport in X country	Rouler le percepteur est le sport national du pays
A tax rap	Une condamnation pour fraude fiscale
The gimmick is that the interest is tax deductible	L'astuce réside dans le fait que l'intérêt peut être déduit des revenus imposables
Using loan interest deductions is a loophole	L'utilisation des déductions d'intérêts d'emprunts constitue une échappatoire
Authorized quota amortization	Le contingent d'amortissement autorisé
A stamp tax is levied on the par, or subscribed value of share capital	Un droit de timbre est perçu sur le montant du pair ou de la valeur de souscription du capital action

Der Zahlmeister	El pagador (ejército, etc.)
Quellensteuer	Impuesto deducido en origen
Lohnsteuerabzug	Deducción automática del I.R.P.P.
Die Steuern mit Monatsraten bezahlen	Pagar los impuestos a plazos mensuales
Die Verfolgung durch die Finanzbeamten	Estar asediado por los funcionarios de Hacienda
Die Steuerbeamten haben unaufhörlich einen berühmten Filmstar verfolgt	Los funcionarios de Hacienda se han encarnizado contra una estrella de cine
Das Land durch Steuern aussaugen	Desangrar el país con impuestos
In der Kategorie derjenigen, die mit 50 % besteuert werden	En el grupo de los que tributan el 50 %
Auswirkung der Steuer auf...	Repercusión del impuesto sobre...
Eine Steueroasis	Un oasis fiscal
Steuern hinterziehen	Eludir los impuestos Defraudar el fisco
Die Steuerflucht Die Steuerhinterziehung	La evasión fiscal La fuga fiscal
Ein neuer Trick, um Steuern zu hinterziehen	Un nuevo artificio para fraudar la Hacienda
Die Kunst, sich der Steuer zu entziehen, ohne das Gesetz zu verletzen	La habilidad para evitar los impuestos dentro de la legalidad
Die Steuerhinterziehung ist der Nationalsport der Nation X	El fraude fiscal es el deporte nacional del país X
Eine Verurteilung wegen Steuerhinterziehung	Una condena por fraude fiscal
Der Dreh besteht darin, daß die Zinsen von dem steuerpflichtigen Einkommen abgezogen werden können	El truco consiste en que los intereses son deductibles de los impuestos sobre la renta
Die Verwendung der Abzüge von Darlehenzinsen bildet eine Ausflucht	El empleo de las deducciones de intereses por préstamos constituye una escapatoria
Die genehmigte Abschreibungsquote	La cuota de amortización autorizada
Eine Stempelgebühr wird auf den Paribetrag oder den Zeichnungswert des Aktienkapitals erhoben	Se recauda un impuesto del timbre sobre el valor a la par o el valor suscrito del capital social

To fine To tag To give a ticket (U.S.A.) To give a citation	Donner une contravention
Tickets dangling from my car Summons dangling from my car	Contraventions accrochées à ma voiture

Eine Überschreitungsstrafe erteilen Einen Strafbefehl erteilen	Multar Sancionar
An meinem Auto befestigte Strafzettel	Multas puestas en el parabrisas de mi coche

32 Legal matters — Affaires juridiques

Laws — *Lois*

The Law	La loi
Legislation	La législation
The law-maker / The legislator	Le législateur
To table a bill	Déposer un projet de loi
To pass a law	Voter une loi
To repeal a law	Abroger une loi
A dormant law	Une loi tombée en désuétude
Natural law	Le droit naturel
Unwritten law	Le droit non écrit
Written law / Statute law	Le droit écrit
Common law	Le droit civil coutumier
Economic legislation	La législation économique
Law reports	Le recueil de jurisprudence
International law	Le droit international
Private international law / International civil law	Le droit international privé
National law	Le droit national
Civil law	Le droit civil
Law adjective	Le code de procédure
Commercial law / Law mercantile	Le droit commercial
Maritime law	Le droit maritime
The navigation laws	Les lois de la navigation
Labour legislation / The labour laws	La législation du travail
Criminal law	Le droit pénal
Municipal law	Le droit municipal
Club law	La loi du plus fort

Rechtsfragen / Asuntos jurídicos 32

Gesetze / Leyes

Die Justiz	La Ley
Die Gesetzgebung	La legislación
Der Gesetzgeber	El legislador
Ein Gesetzesprojekt unterbreiten	Presentar un proyecto de ley
Ein Gesetz annehmen	Aprobar una ley
Ein Gesetz aufheben	Derogar una ley
Ein Gesetz außer Kraft setzen	Abrogar una ley
Ein nicht mehr angewendetes Gesetz	Una ley en desuso
Das Naturrecht	El derecho natural
Das ungeschriebene Recht	El derecho no escrito
Das geschriebene Recht	El derecho estatutario
Das Gewohnheitsrecht	El derecho procedente de la jurisprudencia
	El derecho consuetudinario
Die Wirtschaftsgesetzgebung	La legislación económica
Die Entscheidungssammlung	El cuerpo de jurisprudencia
Die Jurisprudenzsammlung	
Das internationale Recht	El derecho internacional
Das internationale Privatrecht	El derecho internacional privado
Das internationale Zivilrecht	El derecho civil internacional
Das nationale Recht	El derecho nacional
Das bürgerliche Recht	El derecho civil
Das Zivilrecht	
Die Verfahrensordnnung	Las proceduras legales
Das Handelsrecht	El derecho mercantil
Das Seerecht	El derecho marítimo
Das Schiffahrtsrecht	El derecho de navegación
Die Arbeitsgesetzgebung	La legislación laboral
	El derecho laboral
Das Strafrecht	El derecho penal
Das Gemeinderecht	El derecho municipal
Das Gesetz des Stärkeren	La ley del más fuerte

The iron law of necessity	La loi d'airain de la nécessité
Ruling, rules Regulation Regulations	Le règlement La régulation La réglementation
The departure from the rules	La dérogation aux règlements
To oppose the law To go against the law	S'opposer à la loi
To distort the law	Faire une entorse à la loi Contourner la loi
To set the law at defiance	Passer outre à la loi
To run up against the law	Enfreindre la loi
To infringe regulations	Enfreindre les règlements
Legal claims	Le contentieux
Case law	Les précédents
A law case	Une affaire contentieuse
An issue of law	Un point de droit
A border line case	Un cas limite
Sticking to the dry letter of the law	S'en tenant à la lettre de la loi
Possession is nine points of the law	Possession vaut titre

Deeds / Actes

A legal document	Un document légal Un document juridique
An authentic document	Un document authentique
Failing this document	A défaut de cette pièce
A private deed	Un acte sous seing privé
An instrument drawn by a solicitor (U.K.) A legalized deed (U.S.A.)	Un acte authentique
To execute a deed	Passer un acte Valider un acte
Legalized by a commissioner for oaths (U.K.) Legalized by a notary public (U.S.A.)	Légalisé par un notaire

Das eiserne Gesetz der Notwendigkeit	La ley de la necesidad
Die Regelung Die Regulierung Die Vorschriften	El reglamento La ordenación La reglamentación
Die Abweichung von den Regeln	La desviación de los reglamentos
Sich dem Gesetz widersetzen	Oponerse a la ley Ir en contra de la ley
Das Gesetz umgehen	Circunvenir la ley
Gegen das Gesetz verstossen	Ir en contra de la ley
Gegen das Gesetz verstossen	Contravenir las leyes
Die Vorschriften übertreten	Infringir los reglamentos
Die Rechtsstreitigkeiten	Lo contencioso
Das Jurisprudenzrecht	El derecho de la jurisprudencia
Ein Rechtsstreit Eine Streitsache	Un asunto contencioso
Eine Rechtsfrage	Una cuestión legal
Ein Grenzfall	Un caso límite
Sich an die brockenen Paragraphen halten	Atenerse a la letra de la ley
Besitz ist das halbe Eigentum	La posesión es la mitad del derecho

Urkunden / *Escrituras*

Eine Urkunde Ein juristisches Schriftstück	Un documento legal Un documento jurídico
Ein echtes Dokument Ein authentisches Dokument	Un documento auténtico
In Ermangelung dieses Dokumentes	A falta de este documento
Ein nicht vor dem Notar unterschriebenes Dokument	Un documento sin legalizar
Eine vom Notar beglaubigte Urkunde	Una escritura pública Una escritura notarial Un documento legalizado
Eine Urkunde notariell beglaubigen	Legalizar un documento
Von einem Notar beglaubigt	Legalizado ante notario

X francs representing the legalization charges	X francs représentant les frais notariés
To draw a deed	Rédiger un acte
The premises of a deed	L'intitulé d'un acte
To seal a deed	Sceller un acte
To register a deed	Enregistrer un acte
The deed of assignment The deed of assignation	L'acte de transfert L'acte attributif
An agreement	Un contrat Un accord
The original of a deed	L'original d'un acte La minute d'un acte
The counterpart of a deed The duplicate of a deed	Le second original d'un acte Le double d'un acte
A supplementary agreement	Un avenant
A bill A note (of hand) A promissory note	Un billet à ordre
The acknowledgment of a debt	La reconnaissance de dette
The minutes of a meeting	Le procès-verbal d'une réunion
The policeman's report The ticket	Le procès-verbal d'un agent de police, P.V. Le papillon
The proceedings of a conference	Le procès-verbal d'une conférence
The court record	Le procès-verbal d'une audience
The minute-book	Le registre des procès-verbaux
The minute-book	Le minutier d'un notaire Le journal d'actes
In witness whereof	En foi de quoi En témoignage de quoi

FF X für Notariatskosten	La cantidad de X francos corresponde a los gastos notariales
Ein Dokument aufsetzen Eine Urkunde aufsetzen	Extender (redactar) un documento
Der Eingang eines Dokumentes Der Eingang einer Urkunde	Las premisas de un documento
Eine Urkunde mit einem Amtssiegel versehen	Sellar un documento
Eine Urkunde im amtlichen Register einschreiben lassen	Registrar un documento
Die Übertragungsurkunde Die Zuständigkeitsurkunde	La escritura de transmisión La escritura adjudicativa
Ein Vertrag Eine Vereinbarung	Un contrato Un convenio Un acuerdo
Der Original einer Urkunde	El original de un documento La minuta de un documento
Die Zweitausfertigung einer Urkunde	El duplicado de un contrato o convenio
Eine Zusatzvereinbarung	Un acta adicional
Ein Eigenwechsel	Un pagaré Un abonaré
Der Schuldschein Die Schuldanerkenntnis	El reconocimiento de deuda
Die Verhandlungsniederschrift Das Protokoll	El acta de una reunión, sesión, etc. Las minutas
Der Strafbefehl Das Protokoll	Un boletín de multa
Das Sitzungsprotokoll	El acta de una conferencia
Die Verhandlungsniederschrift	El acta de una audiencia
Das Protokollregister	El registro de actas El libro de actas
Die Urkundenrolle eines Notars Die Urkundenrolle einer Verwaltung	El registro de escrituras El minutario
Urkundlich dessen Zur Beblaubigung dessen	En fe de lo cual

To commit to writing To record To put on record	Consigner par écrit
A certified copy	Une copie conforme
Tenor	La teneur Le texte littéral
To initial	Parafer, viser
Clean signature	Signature sans réserve
To countersign	Contresigner
The undermentionned are authorized	Les ci-dessous sont autorisés
To sign singly	Signer séparément Signer individuellement
A sole signature A single signature	Une procuration unique Une signature unique
To sign two jointly	Signer à deux conjointement
The persons here after are authorized to sign any two jointly	Les personnes ci-après sont autorisées à signer conjointement
Joint signature	Une procuration collective Une signature collective
Documents unsigned and so invalid	Documents non signés et ainsi non valables
Documents duly signed and witnessed	Documents dûment signés et attestés par témoins
Documents duly executed and attested	Documents dûment signés et légalisés
The holder signs the certificate in blank without filling in the name of the transferee	Le porteur signe le certificat en blanc sans porter le nom du cessionnaire
To empower hereby	Donner pouvoir par les présentes
To confer hereby powers of attorney	Donner procuration
For and on behalf of...	Pour et de la part de... Pour et par ordre de (P.P.O.)...
Per pro Per procurationem	Par procuration P.pon.
Separately Individually	Séparément Individuellement
Our several rights and obligations	Nos droits et nos obligations respectifs

Schriftlich niederlegen	Hacer constar por escrito
Eine beglaubigte Abschrift	Una copia legalizada
Der Wortlaut Der Text	El texto literal
Abzeichnen	Rubricar
Vorbehaltslose Unterschrift	Firma sin reservas
Gegenzeichnen	Confirmar Refrendar
Die nachstehenden Personen sind bevollmächtigt	Los abajo citados están autorizados
Getrennt unterschreiben	Firmar individualmente
Eine Einzelprokura Eine Einzelunterschrift	Un poder único Una firma única
Zu zweit unterschreiben	Firmar a dos conjuntamente
Die nachstehenden Personen sind berechtigt gemeinsam zu unterschreiben	Las personas abajo citadas están autorizadas a firmar conjuntamente
Eine Kollektivprokura Eine Kollektivunterschrift	Un poder colectivo Una firma conjunta
Nicht unterschriebene und daher ungültige Dokumente	Documentos no firmados y por consiguiente inválidos
Ordnungsgemäß unterschriebene und von Zeugen beglaubigte Dokumente	Documentos debidamente firmados y testificados
Ordnungsgemäß unterschriebene und beglaubigte Dokumente	Documentos firmados y legalizados en debida forma
Der Inhaber unterschreibt die Blankobescheinigung ohne den Namen des Übernehmers einzusetzen	El portador firma el certificado en blanco y sin poner el nombre del cesionario
Hierdurch Vollmacht erteilen	Dar poder por la presente
Hierdurch Vollmacht erteilen	Apoderar por la presente
Für und im Auftrag von... Ppo.	Por y en nombre de...
Per Prokura Pp.	Por procura Por procuración
Getrennt	Por separado Individualmente
Unsere gegenseitigen Rechte und Verbindlichkeiten	Nuestros derechos y obligaciones respectivos

Jointly and severally	Conjointement et solidairement
Ownership	La propriété Le droit de propriété
A property	Une propriété
The rightful holder	Le possesseur légitime
The righful owner	Le légitime propriétaire
The title deeds The instruments of title	Les titres de propriété
Freehold	La pleine propriété foncière
Freeholder	Le propriétaire foncier à perpétuité
Bare ownership Ownership without usufruct	La nue-propriété
Usufruct Usufructuary right Life interest	L'usufruit
A beneficial occupant An usufructuary A tenant for life	Un usufruitier
A beneficial owner	Un propriétaire avec jouissance Un propriétaire avec usufruit
Tenancy at will and free of rent	Occupation à titre précaire et gratuit
Beneficial right	Le droit de jouissance
Enjoyment	La jouissance
A concession of land (U.K.) A land grant (U.S.A.)	Une concession de terrain
A land grant (U.K.)	Un don de terrain
To survey a piece of land	Lever le plan d'un terrain
To demarcate a strip of land	Délimiter une bande de terrain
A party wall	Un mur mitoyen
Land subject to a right of user	Un terrain grevé d'un droit d'usage
A piece of land encumbered with an easement A piece of land encumbered with a charge	Un terrain grevé d'une servitude
To trespass To enter a property illegally (U.S.A.)	Violer la propriété Pénétrer sans autorisation dans une propriété

Selbstschuldnerisch	Solidariamente Conjunta y solidariamente
Das Eigentumsrecht	La propiedad El derecho de propiedad
Ein Eigentum	Una propiedad
Der rechtmäßige Inhaber	El poseedor legítimo
Der rechmäßige Eigentümer	El propietario legítimo
Die Eigentumsurkunden	Los títulos de propiedad
Das unbeschränkte Eigentum	La propiedad absoluta
Der Grundeigentümer	El propietario absoluto de un bien inmueble
Das Eigentumsrecht ohne Nießbrauch	La nuda propiedad La propiedad sin usufructo
Der Nießbrauch Das Nießbrauchrecht	El usufructo
Ein Nießbraucher Ein Nießbrauchsberechtigter	Un usufructuario
Ein Eigentümer mit Nießbrauch	Un propietario con usufructo
Kostenloser Nießbrauch mit jederzeitigem Kündigungsrecht	Ocupación a título precario y gratuito
Das Nießbrauchrecht	El derecho de usufructo
Der Nießbrauch	El disfrute, el usufructo
Eine Landkonzession	Una concesión de terreno
Eine Landschenkung	Una donación de terreno
Ein Grundstück vermessen	Levantar el plano de un terreno Hacer las mediciones de un terreno
Ein Grundstück markieren	Deslindar una franja de terreno
Eine Brandmauer	Una pared medianera
Ein mit einem Benutzerrecht belastetes Grundstück	Un terreno gravado de un derecho de costumbre
Ein mit einer Dienstbarkeit belastetes Grundstück	Un terreno gravado de una servidumbre
Ein Privateigentum ohne Genehmigung betreten	Penetrar en una propiedad privada sin autorización

" No trespassing "	« Propriété privée - Entrée interdite »
Realty Real estate Real property Landed property	Les biens immeubles par nature
Landlord's fixtures Fixtures and fittings	Les biens immeubles par destination Les biens immeubles par incorporation
An estate agency	Une agence immobilière
Ground rent	Une rente foncière payée au propriétaire d'un terrain sur lequel on fait bâtir Une redevance emphythéotique Un loyer emphythéotique
The breaking up of an estate	Le morcellement d'une propriété foncière
To part with a property To make over a real estate	Céder une propriété
To vest property in someone	Assigner un bien à quelqu'un Mettre quelqu'un en possession d'un bien
A mortgage deed (U.K.) A mortgage bond (U.S.A.) A mortgage certificate (U.S.A.)	Un contrat d'hypothèque Un titre hypothécaire
The mortgage creditor The mortgagee	Le créancier hypothécaire
The mortgage debtor The mortgager	Le débiteur hypothécaire
A loan on first mortgage	Un prêt sur hypothèque de premier rang
To pay off a mortgage To clear off a mortgage	Purger une hypothèque
To foreclose a mortgage	Saisir le bien hypothéqué
Co-property Co-ownership	La copropriété
Undivided estate Joint property	Les biens indivis
Funded property	Les biens en rente d'État
Literary property Copyright	La propriété littéraire

« Privateigentum - Zutritt verboten »	« Privado - Se prohibe la entrada »
Das Grundeigentum	Los bienes raíces naturales Los bienes inmuebles naturales
Die wesentlichen Bestandteile eines Grundeigentums	Los bienes inmuebles incorporados
Eine Häusermaklerfirma Eine Grundstücksmaklerfirma	Una agencia inmobiliaria Una agencia de bienes raíces
Eine Erbpacht Ein Erbpachtzins	Un arriendo enfitéutico
Die Parzellierung eines Grundbesitzes	El parcelamiento de un terreno
Ein Eigentum abtreten	Ceder una propiedad
Jemand(en) in den Besitz eines Eigentums setzen	Asignar a alguien una propiedad
Ein Hypothekenbrief	Una escritura de hipoteca Un título hipotecario
Der Hypothekengläubiger	El acreedor hipotecario
Der Hypothekenschuldner	El deudor hipotecario
Ein erstrangiges Hypothekendarlehen	Una hipoteca prioritaria
Eine Hypothek abtragen	Deshipotecar
Aus einer Hypothek die Zwangsvollstreckung betreiben	Embargar un bien hipotecado
Das Gemeineigentum	La copropiedad
Das gemeinschaftliche Eigentum Das ungeteilte Eigentum	Los bienes indivisos
Der Staatsrentenbesitz	La propiedad en rentas del Estado
Das geistige Eigentum Das Copyright	La propiedad literaria

All rights of the record producer and of the owner of the work reproduced reserved	Tous les droits du producteur du disque et du propriétaire de l'œuvre reproduite réservés
Copying, public performance and broadcasting of this recording prohibited	Reproduction, émission publique et radiodiffusion de cet enregistrement interdites
Movable property Personal estate Personal property Movables	Les biens mobiliers Les biens meubles
The bailiff has seized his movables and unmovables	L'huissier a saisi ses biens meubles et immeubles
Seizure of movable property	La saisie mobilière
Vested rights Vested interests	Les droits acquis
Prescriptive rights	Les droits consacrés par l'usage
Acquisitive prescription	La prescription acquisitive
Rights of recourse	Les droits de recours
With an express salvo of all my rights Reserving explicitly all my rights	Avec la réservation expresse de tous mes droits
The party entitled The rightful claimant The rightful owner	L'ayant droit
The interested party	La partie intéressée
On the strength of a promise	Sur la foi d'une promesse
On the condition that... With the proviso that...	A condition que...
Without prejudice	Sous toutes réserves Sans préjudice
Under the usual reserves	Sous les réserves habituelles
To disclaim any responsibility	Décliner toute responsabilité
This information is given without engagement or responsibility on the part of the company or of the signatory	Cette information est donnée sans engagement ou responsabilité de la part de la société ou du signataire

Unter Vorbehalt aller Rechte des Herstellers und des Eigentümers des reproduzierten Werkes	Reservados todos los derechos del productor del disco y los del propietario de la obra reproducida
Nachahmung, öffentliche Darbietung, und Rundfunkübertragung dieser Schallplatte ist verboten	Prohibida la reproducción, representación pública o radiodifusión de este disco
Die beweglichen Güter	Los bienes muebles
Der Gerichtsvollzieher hat seine bewegliche Habe und seinen Grundbesitz gepfandet	La justicia ha embargado sus bienes muebles e inmuebles
Die Pfändung des beweglichen Gutes	El embargo mobiliario El embargo de los bienes muebles El secuestro adquirido
Die wohlerworbenen Rechte	Los derechos adquiridos
Die durch den langjährigen Gebrauch erworbenen Rechte	Los derechos adquiridos por la prescripción adquisitiva
Die Ersitzung	La prescripción adquisitiva
Die Regreßrechte Die Rückgriffsrechte	Los derechos de recurso
Unter ausdrücklichem Vorbehalt aller meiner Rechte	Con la salvedad expresa de todos mis derechos
Der Berechtigte	El derechohabiente
Die interessierte Partei	La parte interesada
Auf Grund eines Versprechens Im Glauben an ein Versprechen	Prestando fe a una promesa
Mit dem Vorbehalt, daß...	A condición de que...
Mit allen Vorbehalten	Con todas las reservas Sin prejuicio
Mit den üblichen Vorbehalten	Con las reservas habituales
Jede Verantwortung ablehnen	Declinar toda responsabilidad
Diese Auskunft wird unter Ausschluß jeder Haftung oder Verbindlichkeit der Gesellschaft oder des Unterzeichneten erteilt	Esta información se ofrece sin compromiso ni responsabilidad por parte de la compañía o del signatario

Contracts	*Contrats*
A contract	Un contrat Une convention
The party entitled	L'ayant droit
Party to	Partie contractante
The high contracting parties	Les hautes parties contractantes
To make a contract	Passer un contrat
To enter into an agreement To conclude an agreement	Conclure un accord
To enter into a bargain To strike a bargain	Conclure un marché
By virtue of our contract Under our contract	En vertu de notre contrat
As per our agreement According to our agreement	Suivant notre accord
Without cost	A titre gratuit Sans frais
Free As a gift By free gift	Gratuitement Comme cadeau
A contract without cost	Un contrat à titre gratuit
For a valuable consideration	A titre onéreux
A direct contract A contract without intermediary	Un contrat direct Un contrat sans intermédiaire
A bilateral contract	Un contrat bilatéral Un contrat synallagmatique
A simple contract	Une convention verbale
A private contract	Un contrat sous seing privé
A contract at an agreed price	Un contrat à forfait
A contract without consideration A naked contract A nude contract	Un contrat sans contrepartie
A quasi contract An implied contract	Un quasi-contrat
To buy on contract	Acheter à forfait
To come into force To inure	Entrer en vigueur
Renewable by tacit reconduction Renewable by tacit continuation	Renouvelable par tacite reconduction

Verträge	*Contratos*
Ein Vertrag Eine Vereinbarung	Un contrato Un convenio
Der Anspruchsberechtigte	El derechohabiente
Der Vertragspartner	La parte contratante
Die hohen Vertragspartner	Las altas partes contratantes
Einen Vertrag machen	Establecer un contrato
Ein Abkommen abschliessen	Cerrar un trato
Ein Geschäft abschliessen	Hacer un negocio
Nach unserem Vertrag Entsprechend unserem Vertrag Gemäß unserer Vereinbarung	Según nuestro contrato En virtud de nuestro contrato Según nuestro convenio
Ohne Kosten	A título gratuito
Kostenlos Umsonst Als Geschenk	Regalado Como regalo
Ein kostenloses Abkommen Ein Vertrag ohne Kosten	Un contrato a título gratuito
Gegen Entgelt	A título oneroso
Ein direkter Vertrag Ein Vertrag ohne Mittelsmann	Un contrato directo Un contrato sin intermediario
Ein bilateraler Vertrag Ein zweiseitiger Vertrag	Un contrato bilateral Un contrato sinalagmático
Ein mündlicher Vertrag	Un contrato verbal
Eine nichtnotarieller Vertrag	Un contrato sin legalizar
Ein Vertrag mit Pauschalpreis	Un contrato a precio fijo convenido
Ein Abkommen ohne Gegenleistung	Un contrato sin contrapartida
Ein Quasivertrag Eine vertragsähnliche Vereinbarung	Un contrato implícito
Zu einem Pauschalpreis kaufen	Comprar a un tanto alzado
In Kraft treten	Entrar en vigor
Durch stillschweigende Vereinbarung erneuern	Renovable por acuerdo tácito

To terminate a contract	Résilier un contrat
To void a contract	Annuler un contrat
To contract out of...	Renoncer par contrat à...
Liable at law	Responsable civilement
Unlimited liability	Responsabilité illimitée
I the undersigned hereby undertake	Je soussigné m'engage par les présentes
We jointly and severally undertake	Nous nous engageons conjointement et solidairement
I cannot accept your offer without this proviso	Je ne peux accepter votre offre sans cette condition expresse
The guarantee (U.K.) The guaranty (U.S.A.)	La garantie
To endorse To guarantee	Endosser Avaliser Garantir
Pledging	La mise en gage Le nantissement
A letter of indemnity A letter of guarantee	Une lettre de garantie
Under this guarantee	En vertu de cette garantie
Joint surety	Le cautionnement solidaire
To obtain safeguards	Obtenir des garanties
This guarantee shall inure to the benefit of... and be binding upon...	Cette garantie entrera en vigueur au profit de... et liera...
To underwrite the solvency or default	Garantir la solvabilité ou la défaillance
We indemnify you against all consequences which may arise from...	Nous vous garantissons contre toutes conséquences pouvant découler de...
To save someone harmless from any claims	Mettre quelqu'un à couvert de toutes réclamations
Retention Retainage	Retenue de garantie sur un contrat
To be promise-bound	Être lié par sa promesse
To pay just lip service to the contract	Respecter la lettre, non l'esprit du contrat

Einen Vertrag kündigen	Rescindir un contrato
Einen Vertrag ungültig machen	Anular un contrato
Durch Vertrag auf... verzichten	Renunciar por contrato a...
Haftpflichtig	Responsable civilmente
Unbeschränkte Haftung	Responsabilidad ilimitada
Der Unterzeichnete verpflichtet sich hierdurch	El abajo firmante, por la presente, se compromete a...
Wir verpflichten uns gemeinsam und selbstschuldnerisch	Nos comprometemos conjunta y solidariamente a...
Ich kann Ihr Angebot ohne diese ausdrückliche Bedingung nicht annehmen	No puedo aceptar su oferta sin este requisito
Die Bürgschaft Die Garantie	La garantía
Indossieren Mit Aval versehen Verbürgen Garantieren	Avalizar Garantizar
Die Sicherheitsübereignung Die Verpfändung	La pignoración
Eine Bürgschaft Ein Garantiebrief	Una carta de garantía
Aufgrund dieser Garantie	En virtud de esta garantía
Die selbstschuldnerische Bürgschaft Die Solidarbürgschaft	El contrato de garantía solidaria
Garantien erhalten	Obtener garantías
Diese Garantie tritt in Kraft zu Gunsten von... und verpflichtet...	Esta garantía entrará en vigor en beneficio de... y obligará...
Die Zahlungsfähigkeit oder die Nichtbezahlung garantieren	Garantizar la solvencia o el no pagamiento
Wir werden Sie für alle Folgen, die sich aus... ergeben könnten, entschädigen	Le damos garantía contra todas las consecuencias que puedan derivarse de...
Jemand(en) für alle Forderungen schadlos halten	Poner a alguien a salvo de todas las reclamaciones
Vertragliche Garantieeinbehaltung	Retención de garantía de un contrato
Durch sein Versprechen gebunden sein	Estar obligado por su promesa
Den Wortlaut, nicht den Sinn des Abkommens einhalten	Atenerse a lo escrito y no al espíritu del contrato

The cancelling clause	La clause résolutoire
A joker	*Clause ambiguë permettant diverses interprétations*
The waiver	La dérogation
Demurrable	Opposable
To disregard the priority right of purchase granted to...	Ne pas reconnaître le droit de préemption accordé à...
The provisions of this clause shall be construed as being in derogation with...	Les dispositions de cette clause doivent être interprétées comme étant en dérogation avec...
The lien	Le privilège Le droit de rétention
A specific lien A particular lien	Un privilège spécial
A lienor	Un créancier gagiste Un créancier rétentionnaire
The vendor's lien	Le privilège du vendeur
The lien on the personal property of a debtor	Le privilège sur les biens meubles d'un débiteur
The privilege	Le privilège
A privileged creditor	Un créancier privilégié
The sale by private contract	La vente de gré à gré
The sale with power of redemption The sale with option of redemption	La vente avec faculté de rachat La vente à réméré
Compulsory acquisition of property by public bodies	Expropriation pour cause d'utilité publique
Due allowance being made to...	Tenant compte de...
The marriage settlement (U.K.) The antenuptial contract (U.K.) The premarital agreement (U.S.A.)	Le contrat de mariage
Separation of estates	La séparation de biens
Judicial separation	La séparation judiciaire
Separation of bed and board	La séparation de corps et de biens
Matrimonial alimony Maintenance	La pension alimentaire matrimoniale
A breadwinner has to feed his dependents	Un soutien de famille doit nourrir les personnes à sa charge

Die Vertragsauflösungsklausel	La cláusula de rescisión
Zweideutige Klausel, die verschiedene Auslegungen zuläßt	*Cláusula ambigua que da lugar a interpretaciones diversas*
Die Verzichtungerklärung Die Derogation	La derogación
Angreifbar	Oponible
Das ... gewahrte Vorkaufsrecht nicht anerkennen	Desestimar el derecho preferente de compra concedido a...
Die Bestimmungen dieser Klausel müssen als Abweichung von... ausgelegt werden	Las disposiciones de esta cláusula deberán interpretarse como derogación de...
Das Zurückbehaltungsrecht	El derecho de retención de la fianza
Ein genau bestimmtes Vorzugsrecht	Un privilegio especial Un privilegio específico
Ein Pfandgläubiger	Un acreedor con el derecho de retención de la fianza
Das Vorzugsrecht des Verkäufers	El privilegio del vendedor
Das Vorzugsrecht auf das bewegliche Gut eines Schuldners	El privilegio sobre los bienes mobiliarios de un deudor
Das Vorrecht	El privilegio
Ein bevorrechtigter Gläubiger	Un acreedor prioritario
Der frei verhandelte Verkauf	La venta de mutuo acuerdo
Der Verkauf mit Ruckkaufsrecht	La venta con facultad de retrocesión
Enteignung aus Gründen des Gemeinwohls	Expropiación por razones de utilidad pública
Unter Berücksichtigung von...	Teniendo en cuenta que...
Der Ehevertrag	El contrato de matrimonio
Die Gütertrennung	La separación de bienes
Die gerichtliche Trennung	La separación legal
Die Trennung von Tisch und Bett	La separación de lechos y pertrechos
Die Alimente	Subsidios de separación matrimonial
Ein Geldverdiener muß seine Familie ernähren	Un sostén de familia debe alimentar a las personas a su cargo

To take out an annuity	Contracter une rente viagère
To put all into an annuity	Tout mettre en rente viagère
To buy an annuity	Acheter une rente viagère
To invest money in a life annuity To invest money at life interest	Placer de l'argent en viager
A survivorship annuity	Une rente viagère avec réversion
A conveyance of property inter vivos	Une mutation entre vifs
A demise	Une cession à bail Une transmission par testament Une cession de titre
Legal capacity	La capacité juridique
The testator The testatrix	Le de cujus, le testateur La testatrice
The last will The will The testament	Le testament
To be cut out of any former wills	Être exclu de tous les testaments antérieurs
A codicil	Un codicille
To bequeath	Léguer
Various legacies and bequests	Divers dons et legs
To challenge any will that leaves out the blood cousins	Contester tout testament qui écarte les cousins consanguins
A recompense	Une récompense Un dédommagement
The deed of gift	L'acte de donation
To make over one's money to someone	Disposer de ses biens en faveur de quelqu'un
Transfer by death	La mutation par décès
To come into a property	Hériter d'un bien immobilier
Estate distribution	Le partage successoral

Einen Leibrentenvertrag abschliessen	Contratar una renta vitalicia
Alles in einer Leibrente anlegen	Meterlo todo en una renta vitalicia
Eine Leibrente erwerben	Adquirir una renta vitalicia
Geld auf Leibrente anlegen	Invertir dinero en una renta vitalicia
Eine Überlebensleibrente	Una renta vitalicia reversible
Eine Eigentumsübertragung	Una transmisión de bienes inter vivos
Die Abtretung eines Pachtvertrags Eine Übertragung durch Testament Eine Wertpapierabtretung	La translación de un contrato de arriendo Una translación por testamento La cesión de un título
Die Rechtsfähigkeit	La capacidad jurídica
Der Erblasser Die Erblasserin	El testador La testadora
Das Testament	El testamento
Von allen vorausgegangenen Testamenten ausgeschlossen sein	Estar excluido de cualquier testamento anterior
Die Nachtragsbestimmung eines Testaments	Un codicilo
Vermachen Hinterlassen	Legar
Verschiedene Schenkungen und Vermächtnisse	Diversas donaciones y legados
Jedes Testament anfechten, das die blutsverwandten Vettern ausschließt	Refutar todo testamento que excluya a los primos carnales
Eine Belohnung	Una recompensa
Die Schenkungsurkunde	Una escritura de donación
Über sein Vermögen zu Gunsten von jemand (em) verfügen	Disponer de su dinero en favor de alguien
Die Eigentumsübertragung durch Todesfall	La transmisión por defunción
Ein Grundeigentum erben	Heredar un bien inmueble
Die Nachlaßteilung	La partición de una herencia El reparto sucesorio

As he is dead, the portion that would have been his goes back into the estate to be shared out among you	Comme il est mort, la part qui aurait été la sienne revient à la masse successorale pour être répartie entre vous
A party to an estate	Un cohéritier
An assignee	Un ayant cause
The residuary legatee	Le légataire universel
The executor of the estate The executor of the will	L'exécuteur testamentaire
Amount due to the estate of the deceased which will be paid on production of probate to me	Montant dû à la succession du défunt qui sera payé sur la production entre mes mains du certificat d'ouverture de succession
The administrator of the estate	Le liquidateur d'une succession
The estate office	Le bureau de gérance du domaine
The guardian	Le tuteur
The trustee *(inheritance)*	Le curateur *(successions)*
This estate is devolved to... This estate is vested in...	Ce patrimoine successoral est dévolu à...
The illegitimate child has no share in the estate of the natural father	L'enfant illégitime ne participe pas à l'héritage du père naturel
The residue of an estate	L'actif net d'une succession
The portion accruing to each heir	La part afférente à chaque héritier
An involved estate	Une succession grevée de dettes
To come into an encumbered estate	Hériter d'une succession obérée

Legal proceedings   *Actions judiciaires*

To have a bone to pick with...	Avoir maille à partir avec...
The jungle of legal procedure	Le maquis de la procédure
To read law To study law	Faire son droit

Da er gestorben ist, fällt sein Anteil wieder an die Erbmasse und wird zwischen Ihnen aufgeteilt werden	Como ha fallecido, la parte que le hubiera correspondido queda en la herencia para ser repartida entre ustedes
Ein Miterbe	Un coheredero
Ein Rechtnachfolger	Un causahabiente Un sucesor legal
Der Universalerbe	El heredero universal
Der Testamentsvollstrecker	El albacea testamentario El ejecutor testamentario
Der Betrag, der an die Erbmasse des Verstorbenen fällig ist und gegen Vorlage des Erbscheins bei mir ausgezahlt wird	La cantidad correspondiente a la herencia del finado que se pagará a la presentación de la homologación del testamento en mis manos
Der Nachlaßverwalter	El administrador testamentario
Die Gutsverwaltung	La oficina de administración de la propiedad
Der Vormund	El tutor legal
Der Nachlaßverwalter	El administrador *(herencia)*
Diese Erbmasse steht ... zu	Esta herencia ha pasado a... Este patrimonio sucesoral ha sido atribuido a...
Das uneheliche Kind hat keinen Anteil an der Erbmasse des Vaters	El hijo ilegítimo no comparte la herencia del padre natural
Die Nettoerbmasse	El activo neto de una herencia
Das jedem Erben zustehende Erbteil	La parte aferente a cada heredero
Eine mit Schulden belastete Erbschaft	Una herencia cargada de deudas
Eine verschuldete Erbschaft machen	Heredar una herencia cargada de deudas

Gerichtliche Maßnahmen

Acciones legales

Eine Nuß mit... zu knacken haben	Andar en dimes y diretes con...
Der Dschungel der Gerichtsverfahren	El embrollo de la procedura judicial
Jura studieren	Estudiar derecho

The bachelor of laws (B.LL.)	Le licencié en droit
The doctor of laws (D.LL.)	Le docteur en droit
A law firm A law partnership	Un cabinet d'avocats associés
To buy a law practice	Acheter un cabinet d'avocàt
Lawyer's chambers (U.K.) Lawyer's office (U.S.A.)	Le cabinet d'un avocat
Incumbent of an office	Titulaire d'une charge
To be in law To be a lawyer	Travailler dans une étude Être juriste
A law clerk	Un clerc
The legal adviser The legal counsel	L'avocat conseil, Le conseiller juridique
We want to take the advice of our legal counsel	Nous tenons à prendre l'avis de notre avocat conseil
A barrister-at-law (U.K.) An attorney (U.S.A.)	Un avocat inscrit au Barreau
To be disbarred	Être rayé de l'Ordre des avocats
A notary public	Un notaire
A solicitor	Un avoué
An attorney-at-law	Un avocat
A Paris based attorney	Un avocat domicilié à Paris Un avocat ayant son centre d'activité à Paris
The commissioner for oaths (U.K.) The notary public (U.S.A.)	L'officier ministériel habilité à recevoir les déclarations sous serment Le notaire
The court baillif (U.K.) The sheriff's officer (U.S.A.)	L'huissier de justice
The tipstaff (U.K.) The process-server	L'huissier exécutoire
An affidavit made by a process-server	Un constat d'huissier
The usher	L'huissier chargé de vous introduire
To brief a lawyer	Confier une cause à un homme de loi

Der Referendar	El licenciado en derecho
Der Doktor beider Rechte Doctor Iuris (Dr. Iur.)	El doctor en derecho
Eine Rechtsanwaltsfirma Eine Partnerschaft von Rechtsanwälten	Un bufete de abogados asociados
Eine Anwaltspraxis kaufen	Comprar un bufete de abogado
Das Anwaltsbüro	La oficina de un abogado
Amtsinhaber	Titular de un cargo
Jurist sein	Ser jurista
Der Kanzler eines Anwalts oder Notars	Un pasante
Der beratende Anwalt Der Rechtsberater	El consejero jurídico
Wir legen Wert darauf, die Meinung unseres beratenden Anwalts zu hören	Deseamos conocer la opinión de nuestro consejero jurídico
Ein plädierender Rechtsanwalt	Un abogado
Aus der Anwaltskammer ausgeschlossen werden	Ser excluido del gremio de abogados
Ein Notar	Un notario
Ein nichtplädierender Anwalt	Un procurador
Ein Rechtsanwalt	Un abogado Un procurador judicial
Ein in Paris ansässiger Rechtsanwalt	Un abogado instalado en París Un procurador judicial instalado en París
Die Amtsperson, die berechtigt ist, eidesstattliche Erklärungen entgegenzunehmen Der Notar	La persona habilitada para recibir declaraciones bajo juramento El notario
Der Gerichtsvollzieher	El escribano judicial
Der Vollzugsbeamte	El embargador oficial El alguacil embargador
Ein Protokoll des Vollzugsbeamten	Una testificación realizada por el embargador oficial
Der Bürodiener	El ujier El ordenanza
Einem Juristen einen Rechtsfall übertragen	Confiar una causa a un letrado

To be acting for...	Agir pour le compte de...
To hold a brief	Être chargé d'une cause
With full powers to act on your behalf	Avec pleins pouvoirs pour agir pour votre compte
How is the solicitor getting along with this affair?	Où l'avoué en est-il de cette affaire?
The fees	Les honoraires
A retainer fee	Honoraires versés d'avance à un avocat pour s'assurer son concours éventuel
A retainer	
Brief and refresher amount to...	Honoraires de dossier et suppléments s'élèvent à...
The costs	Les frais de justice
The court costs	
Before calling for prosecution	Avant d'engager des poursuites pénales
Owing to his default, I take proceedings against him to obtain redress	En raison du manquement à ses engagements, j'intente une action contre lui pour obtenir réparation
To take legal action	Engager des poursuites judiciaires
To embark on legal proceedings	
To go to law	
The interested party	La partie intéressée
A legal summons	Une convocation en justice
	Une assignation en justice
	Une citation en justice
To issue a legal summons for a debt	Assigner pour dette
A summons for execution	Une mise en demeure
To take out a summons against someone	Faire assigner quelqu'un
The writ has been served on your agent	Le commandement a été signifié à votre représentant
To bring an action against...	Intenter une procédure contre...
A libel suit	Un procès en diffamation
An action for libel or slander	
To claim damages	Réclamer des dommages et intérêts
To sue for damages	Poursuivre en dommages et intérêts
To litigate a claim in Court	Porter une demande devant les tribunaux

Für... handeln	Actuar por cuenta de...
Mit einem Rechtsfall beauftragt sein	Estar encargado de una causa Abogar por...
Mit Generalvollmacht, für Sie zu handeln	Con plenos poderes para actuar por cuenta de usted
Wie weit ist der Anwalt in dieser Angelegenheit (Sache)?	¿Cómo lleva el letrado este asunto?
Die Honorare	Los honorarios
Im voraus bezahlte Honorare, um sich die Dienste eines Rechtsanwalts zu sichern	Anticipo de honorarios para asegurarse los servicios de un abogado
Die Prozeßhonorare und die Anschlußhonorare betragen...	La minuta y los honorarios complementarios ascienden a...
Die Prozeßkosten Die Gerichtskosten	Los gastos judiciales
Vor der Einleitung eines Strafverfahrens	Antes de entablar una acción penal
Wegen Nichteinhaltung seiner Verpflichtungen reiche ich eine Klage gegen ihn ein, um Entschädigung zu erhalten	Su negligencia de sus obligaciones me obliga a tomar medidas judiciales contra él para obtener reparación
Ein gerichtliches Verfahren einleiten	Entablar una acción judicial
Die betroffene Partei	La parte interesada
Eine gerichtliche Vorladung	Una citación
Die Bezahlung einer Schuld einklagen	Citar para el pago de una deuda
Eine Inverzugsetzung	Un requerimiento
Jemand(en) verklagen	Citar a alguien
Die gerichtliche Aufforderung wurde Ihrem Vertreter zugestellt	Se ha notificado el mandamiento a su representante
Eine Klage gegen... einreichen..	Entablar un proceso contra...
Ein Verleumdungsprozess	Un proceso por difamación
Schadenersatz fordern	Reclamar daños y perjuicios
Wegen Schadenersatz klagen	Perseguir judicialmente por daños y perjuicios
Eine Forderung vor Gericht bringen	Presentar una demanda ante los tribunales

In support of my claim	A l'appui de ma requête
You have no call to claim that	Vous n'avez aucune raison de faire cette réclamation
We cannot entertain your claim	Nous ne pouvons donner une suite favorable à votre réclamation
To abandon one's legal action	Abandonner, retirer sa plainte
To issue an attachment	Faire arrêt sur la personne et/ou les biens de quelqu'un
A distraint	Une saisie-exécution
To levy a distraint	Opérer une saisie
Furniture under distraint	Meubles saisis
An impounded washing machine	Une machine à laver saisie en gage
The distraint of goods for debts	La saisie de marchandises pour dettes
A valuer An appraiser	Un expert estimateur
An arbitrator	Un arbitre
An umpire between two arbitrators	Un tiers arbitre
To submit disputes to arbitration, on the understanding that the award shall be final and conclusively binding upon parties	Soumettre les litiges à l'arbitrage, étant entendu que la sentence arbitrale sera sans appel et obligera définitivement les parties
To indemnify	Indemniser Dédommager
To recoup oneself	Rentrer dans ses fonds
The replevin	La main-levée
Abuse Misuse	L'abus
A breach of trust	Un abus de confiance
An embezzlement A defalcation	Un détournement de fonds
A misuse of authority	Un abus de pouvoir
To act ultra vires	Commettre un excès de pouvoir

Zur Unterstützung meines Antrages	En apoyo de mi demanda En apoyo de mi reclamación
Sie haben keinen Grund, diesen Anspruch geltend zu machen	No tiene usted derecho para recabar esa reclamación
Wir können Ihrer Forderung nicht stattgeben	No podemos tomar en consideración su demanda
Seine Klage zurückziehen	Renunciar a su demanda judicial
Eine gerichtliche Personalhaft oder Güterhaft verordnen	Incautar la persona o los bienes de alguien
Eine Pfändungsvollziehung	La ejecución de un embargo
Eine Pfändung vollziehen	Realizar un embargo
Gepfändete Möbel	Mobiliario embargado
Eine als Pfand beschlagnahmte Waschmaschine	Una máquina de lavar en depósito de embargo
Die Warenpfändung zur Deckung von Schulden	El embargo de mercancías por deudas
Ein Gutachter	Un valorador Un tasador
Ein Schiedsrichter	Un arbitrador Un árbitro
Ein dritter Schiedsrichter zwischen zwei Schiedsrichtern	Un tercer juez árbitro (entre dos árbitros)
Streitfragen dem Schiedsgericht vorlegen, unter der Voraussetzung, daß der Schiedsspruch endgültig ist und von den Parteien als verbindlich anerkannt wird	Someter los litigios al arbitraje, en el entendimiento de que la sentencia será decisiva y definitivamente obligatoria para las partes
Entschädigen	Indemnizar
Die angelegten Kapitalien wieder hereinholen	Resarcirse Recuperar sus fondos
Die Pfändungsaufhebung	El desembargo
Der Mißbrauch	El abuso El uso indebido
Ein Vertrauensbruch	Un abuso de confianza
Eine Geldunterschlagung	Un desfalco
Ein Mißbrauch der Amtsgewalt	Un abuso de autoridad
Eine Vollmachtsüberschreitung begehen	Cometer un exceso de poderes

The defalcation of public money	La concussion
Malversation	La malversation
His malpractices have been disclosed	Ses détournements ont été découverts
Peculation	Le vol public Le péculat
The maladministration of official functions	La prévarication
They are next door to bankruptcy	Ils frôlent la faillite
A spate of bankruptcies	Une avalanche de faillites
To go bankrupt	Faire faillite
Dunned by creditors	Harcelé par les créanciers
A petitioning creditor	Un créancier requérant
To go into voluntary or compulsory liquidation	Se mettre en liquidation volontaire ou forcée
The declaration of bankruptcy	Le constat de faillite
To file a petition in bankruptcy	Déposer son bilan pour cause de faillite
The statement of affairs	Le bilan de liquidation
The bankruptcy Court	Le tribunal des faillites
To be adjudicated bankrupt	Être déclaré en faillite
The winding up order	L'ordonnance de liquidation judiciaire
The decree in bankruptcy	Le jugement déclaratif de faillite
A fraudulent bankruptcy	Une banqueroute frauduleuse
The receiving order	L'ordonnance de mise sous séquestre
The official assignee	L'administrateur judiciaire
The receiver in bankruptcy (U.K.) The trustee in bankruptcy (U.S.A.)	Le syndic de faillite
The committee of inspection	L'assemblée des créanciers
To prove claims in bankruptcy	Produire à une faillite
A secured creditor A privileged creditor	Un créancier privilégié
An unsecured creditor	Un créancier sans garantie Un créancier chirographaire

Die Veruntreuung öffentlicher Mittel	La concusión
Die Veruntreuung Die Unterschlagung	La malversación
Seine Unterschlagungen wurden entdeckt	Sus desfalcos han sido descubiertos Sus malversaciones han sido descubiertas
Der Diebstahl öffentlichen Eigentums	El robo de la propiedad pública
Die Amtspflichtverletzung	La prevaricación
Sie stehen vor dem Konkurs	Están rayando la quiebra
Eine Konkursserie	Un aluvión de quiebras
Konkurs machen	Ir a la quiebra
Von den Gläubigern bedrängt	Acosado por los acreedores
Ein klagender Gläubiger	Un acreedor demandante
Freiwillige oder Zwangsliquidation vornehmen	Declararse en liquidación voluntaria u obligatoria
Die Konkursfeststellung	El atestado de quiebra
Konkurs anmelden	Declararse en quiebra
Die Liquidationsbilanz Die Konkursbilanz	El balance de liquidación
Das Konkursgericht	El tribunal de quiebras
In Konkurs erklärt werden	Haber sido declarado en quiebra
Der gerichtliche Konkursbeschluß	La orden de liquidación judicial
Das Konkursurteil	La sentencia de quiebra
Ein betrügerischer Konkurs	Una quiebra fraudulenta
Der Zwangsverwaltungsbeschluß	La orden de embargo
Der Vergleichsverwalter	El administrador judicial
Der Konkursverwalter	El síndico de quiebras El síndico liquidador
Die Gläubigerversammlung	La junta de acreedores
Konkursforderungen belegen	Justificar los créditos en una quiebra
Ein bevorrechtigter Gläubiger	Un acreedor preferente Un acreedor prioritario
Ein nicht gesicherter Gläubiger Ein Chirographargläubiger	Un acreedor sin garantía Un acreedor quirografario

An amicable settlement	Un règlement à l'amiable
A deed of arrangement	Un acte de compromis
A composition	Un concordat
A scheme of arrangement A scheme of composition	Un échéancier de concordat Un plan de redressement
In liquidation	En liquidation
A certificated bankrupt	Un concordataire
An uncertificated bankrupt	Un failli n'ayant pas obtenu son concordat
A discharged bankrupt	Un failli réhabilité
An undischarged bankrupt	Un failli non réhabilité
A deed of assignment A deed of assignation	Un acte de transfert Un acte attributif
A compulsory sale	Une vente par autorité judiciaire Une vente forcée

The courts of justice   *Les tribunaux*

A/ OFFENCES AGAINST THE LAW	A/ LES DÉLITS
Ignorance of the law excuses no one	Nul n'est censé ignorer la loi
In pursuance of the law	Conformément à la loi
The wrong-doer The culprit The guilty party	Le délinquant Le malfaiteur Le coupable
A violation of the law	Une violation de la loi
An infringement of the law	Une transgression de la loi
A petty offence	Une contravention
A misdemeanour	Un délit mineur
A technical offence	Un quasi-délit
An offence	Un délit
To be caught in the act To be caught red-handed To be taken on the hop	Être pris en flagrant délit Être pris sur le fait Être pris la main dans le sac

Eine gütliche Einigung	Un arreglo amistoso
Ein Vergleichsvertrag	Un convenio concordatorio
Ein gütlicher Vergleich Ein Konkordat	Un convenio concordatorio de pagos
Ein gütlicher Vergleichsvertrag	El plano de pagos de un convenio concordatorio
In Liquidation (i.L.)	En liquidación
Ein Vergleichsschuldner	Un concordatorio
Ein Konkursschuldner	Una persona en quiebra que no ha obtenido su concordato
Ein rehabilitierter Konkursschuldner	Una persona rehabilitada después de una quiebra
Ein nicht rehabilitierter Konkursschuldner	Una persona no rehabilitada después de una quiebra
Ein Vermögensabtretungsvertrag eines Konkursschuldners	Un convenio de transferencia de bienes de una persona en quiebra
Ein Zwangsverkauf	Una venta decretada por las autoridades judiciales

Die Gerichte — *Los tribunales de justicia*

A/ VERGEHEN — A/ LOS DELITOS

Unkenntnis schützt vor Strafe nicht	La ignorancia de la ley no es una excusa
Dem Gesetz entsprechend	Conforme a la ley
Der Schuldige Der Übeltater	El malhechor El culpable
Eine Gesetzesverletzung	Una violación de la ley
Eine Gesetzesverletzung	Una transgresión de la ley
Eine geringfügige Gesetzesüberschreitung	Una contravención a la ley
Eine Gesetzesübertretung	Un delito menor
Ein nicht vorsätzliches Vergehen	Un cuasi delito
Ein Vergehen	Un delito
Auf frischer Tat ertappt werden	Ser descubierto en flagrante delito

He thought he put something over on the company by taking the funds, but they found out	Il pensa berner la compagnie en lui prenant les fonds, mais il fut découvert
This embezzler turned himself in	Cet escroc se livra à la police
To notify the police	Avertir la police
To zero in on the gang (U.S.A.)	Cerner la bande
To be searched To be frisked	Être fouillé
To search someone's premises	Perquisitionner chez quelqu'un
An arrest warrant against...	Un mandat d'arrêt contre...
To commit someone to prison	Faire écrouer quelqu'un
To examine the accused To question the accused	Interroger l'inculpé
To elicit an admission from someone	Provoquer un aveu de quelqu'un
To grill a prisoner *(slang)*	Cuisiner un détenu
To turn snitch	Vendre ses complices
To break out of prison To bust out of prison	S'évader de prison
A get-away A prison break-out	Une évasion de prison
To track down the convict with dogs	Traquer le condamné avec des chiens
B/ INSTITUTIONS OF THE LAW	**B/ LES INSTITUTIONS JUDICIAIRES**
Justice will out	La justice aura le dernier mot
The Law Courts	Le Palais de justice
A court-day	Un jour de Palais Un jour d'audience
The Police Court	Le tribunal de simple police Le tribunal des flagrants délits
The Summary Court	Le tribunal des référés
To be tried under summary procedure	Être jugé par le tribunal des flagrants délits
To hear a case in chambers	Juger une cause en référé

Er dachte, die Gesellschaft zu prellen, indem er das Geld unterschlug, aber sie entdeckten die Unterschlagung	Pensaba estafar a la compañía defraudando los fondos, pero le descubrieron
Dieser Schwindler hat sich der Polizei gestellt	Este estafador se entregó a la policía
Die Polizei verständigen	Avisar a la policía
Die Bande einkreisen	Cercar a la banda
Durchsucht werden	Ser hurgado Ser registrado
Bei jemand(em) Haussuchung vornehmen	Registrar el domicilio de alguien
Ein Haftbefehl gegen...	Una orden de arresto contra...
Jemand(en) in Haft nehmen	Encarcelar a alguien
Den Angeklagten vernehmen	Interrogar al acusado
Jemand(en) zu einem Geständnis bringen	Provocar una confesión de alguien
Einen Häftling streng verhören	Interrogar severamente a un detenido
Seine Mittäter verkaufen	Delatar a sus cómplices
Aus dem Gefängnis ausbrechen	Escaparse de la cárcel Evadirse de la cárcel
Ein Gefängnisausbruch	Una evasión de la cárcel
Den Gefangenen mit Hunden hetzen	Seguir con perros la pista del convicto

B/ DAS GERICHTSWESEN

B/ LAS INSTITUCIONES JUDICIALES

Das Gericht wird das letzte Wort haben	La justicia dirá la última palabra
Das Gericht	El palacio de justicia
Ein Gerichtstag	Un día judicial Un día de audiencia
Das Polizeigericht Das Schnellgericht	El tribunal de flagrantes delitos
Das Gericht für dringende Fälle	El juzgado de recursos
Vom Polizeigericht verurteilt werden	Ser juzgado por el tribunal de policía
Eine Sache in einstweiliger Verfügung entscheiden	Juzgar un caso en el tribunal de recursos

The Civil Courts	Les tribunaux civils
The Magistrate's Court	Le tribunal de première instance
The County Court	Le tribunal de grande instance
The Criminal courts	Les tribunaux criminels Les assises
The Commercial Court	Le tribunal de commerce
The register of commerce The company register (U.K.) The corporate register (U.S.A.)	Le registre du commerce
The Court of Appeal	La cour d'appel
The Supreme Court of appeal	La Cour de cassation
The Judicial Committee of the House of Lords (U.K.) The Supreme Court (U.S.A.)	La Cour Suprême La Haute Cour
A judge A justice	Un juge
The judge takes the oath as he takes up his office	Le juge prête serment lorsqu'il prend possession de sa charge
Judges must eschew politics and be even-handed	Les juges doivent s'abstenir de politique et être impartiaux
Never judge a case on its outside merits	Ne jugez jamais un cas sur ses apparences extérieures
A surrogate judge (U.S.A.) A probate judge (U.S.A.)	Un juge chargé d'homologuer les testaments
The examining magistrate in France, Germany, Spain	Le juge d'instruction
A judge in chambers	Un juge siégeant au tribunal
The judge bangs his gavel	Le juge frappe avec son marteau
A panel of three judges	Un tribunal de trois juges
The Public Prosecutor (U.K.) The District Attorney (U.S.A.)	Le procureur de la République
The Clerk of the Court (U.K.) The Registrar of the Court (U.S.A.)	Le greffier du tribunal
The judge impounds the documents	Le juge ordonne le dépôt des documents au greffe
Case law	La jurisprudence Le droit des précédents

Die Zivilgerichte	Los tribunales civiles
Das Amtsgericht	El Tribunal de primera instancia
Das Landgericht	La Audiencia provincial
Die Strafgerichte	Los tribunales penales
Das Handelsgericht	El Tribunal mercantil
Das Handelsregister	El Registro mercantil
Das Berufungsgericht	El Tribunal de apelación
Der Kassationgerichtshof Das oberste Bundesgericht	El Tribunal Supremo
Das oberste Bundesgericht	El Tribunal Supremo
Ein Richter	Un juez
Der Richter legt einen Eid ab, wenn er sein Amt übernimmt	El juez presta juramento cuando toma posesión de su cargo
Die Richter müssen sich jeder Politik enthalten und müssen unparteiisch sein	Los jueces deben abstenerse de tomar parte en la política y ser imparciales
Beurteilen Sie niemals einen Fall nach seinem äußeren Anschein!	No juzgue nunca un caso por su apariencia exterior
Ein Erbschaftsrichter	Un juez de testamentarías
Der Untersuchungsrichter	El juez de instrucción
Eine amtsausübender Richter	Un juez ocupando su asiento en el tribunal
Der Richter schlägt mit seinem Hammer	El juez hace sonar su martillo
Ein aus drei Richtern bestehendes Gericht	Un tribunal compuesto de tres jueces
Der Staatsanwalt	El fiscal
Der Urkundsbeamte des Gerichtes	El secretario del tribunal
Der Richter ordnet die gerichtliche Aufbewahrung der Dokumente	El juez da la orden de depositar los documentos en la Secretaría del tribunal
Das Jurisprudenzrecht Das Präzedenzrecht	El derecho basado sobre la jurisprudencia El derecho jurisdicional

A moot point A moot case	Un point de droit Un sujet à débattre
Import of a legal text	Le sens d'un texte juridique La portée d'un texte juridique
The ambit of a law	Le domaine d'application d'une loi
The scope of an action	La portée d'une action
The scope of application	Le domaine d'application
This contract will be construed to the law of England	Ce contrat sera interprété conformément à la loi anglaise

C/ LEGAL PROCEDURES	C/ LES PROCÉDURES JUDICIAIRES
To take the law into one's own hands is forbidden	Se faire justice soi-même est interdit
To go to law	Recourir à la justice
To lodge a complaint against someone	Porter plainte contre quelqu'un
To bring an action at law against someone	Porter plainte en justice contre quelqu'un
To bring a case before the Court	Saisir le tribunal d'une affaire Porter une affaire devant le tribunal
To arraign	Traduire devant un tribunal
To frame someone	Monter une accusation contre quelqu'un
To press charges To forward charges	Accuser
With a subpoena to appear before a Court	Avec une citation à comparaître devant un tribunal *(sous peine d'amende)*
To appear before the Court To come before the Court	Comparaître devant le tribunal
To garnish	Appeler un tiers à comparaître en justice
This case does not come under my jurisdiction	Cette affaire ne dépend pas de ma juridiction
This case is not within the jurisdiction of the Justice of the Peace	Cette affaire ne relève pas de la compétence du juge de paix
The first hearing of a case	La première audience d'un procès La première audition d'une cause

Eine Rechtsfrage	Una cuestión de derecho
Die Auslegung eines juristischen Textes Die Tragweite eines juristischen Textes	El sentido de un texto jurídico La acepción de un texto jurídico
Der Anwendungsbereich eines Gesetzes	El ámbito de una ley
Die Tragweite einer Handlung	La portada de una acción
Der Anwendungsbereich	El campo de aplicación
Die Auslegung dieses Vertrages unterliegt den Bestimmungen des englischen Rechtes	La interpretación del presente convenio se hará exclusivamente según la ley de Inglaterra

C/ DIE GERICHTSVERFAHREN — C/ LAS PROCEDURAS JUDICIALES

Sein Recht in die eigene Hand nehmen ist verboten	Está prohibido hacerse justicia por sí mismo
Sich an die Gerichte wenden	Recurrir a la justicia
Eine Klage gegen jemand(en) vorbringen	Quejarse de alguien Denunciar a alguien
Jemand(en) gerichtlich verklagen	Presentar una denuncia judicial contra alguien
Eine Angelegenheit vor Gericht bringen	Llevar un caso a los tribunales
Vor Gericht bringen	Procesar
Jemand(en) unter falschen Beschuldigungen anklagen	Tramar una acusación contra alguien
Anklagen	Acusar
Mit einer gerichtlichen Vorladung	Con una citación para presentarse ante un tribunal
Vor Gericht erscheinen	Comparecer ante el tribunal Presentarse al tribunal
Einen Dritten vor Gericht forden	Emplazar una tercera persona
Diese Angelegenheit untersteht nicht meiner Gerichtsbarkeit	Este caso no depende de mi jurisdicción
Diese Angelegenheit unterliegt nicht der Gerichtsbarkeit des Friedenrichters	Este caso no se encuentra bajo la jurisdicción del juez de paz
Der erste Verhandlungstag eines Gerichtsverfahrens	La primera audiencia de un proceso La primera vista de una causa

In camera In private hearing In session with exclusion of the public	A huis clos
To remand	Renvoyer (à une autre audience)
To change the venue of a trial	Renvoyer le procès pénal devant une autre cour
The litigant The party to a case	Le litigant Le plaideur
The plaintiff The claimant	Le plaignant Le requérant Le demandeur
Owing to the default of the plaintiff, the case was struck off the roles	Par suite du défaut de comparution du plaignant, l'affaire fut rayée des rôles
The particulars of the charge The charges	Les chefs d'accusation Les charges
The onus of the proof is upon the claimant The burden of the proof must be with the plaintiff	La charge de la preuve incombe au demandeur
This clause shifts the burden of proof on to the claimant	Cette clause rejette la charge de la preuve sur le demandeur
The defendant	Le défendeur L'accusé
The dock	Le banc des accusés
The witness stand	La barre des témoins
To swear in a witness	Faire prêter serment à un témoin
A statement on oath	Une déclaration sous serment
An affidavit	Une déclaration écrite sous serment
The witnesses are examined by the plaintiff's counsel, then cross-examined by the defendant's counsel	Les témoins sont interrogés par l'avocat du demandeur, puis contre-interrogés par l'avocat du défendeur
To swear in a jury	Faire prêter serment à un jury
The counsel for the defense	Le défenseur
The counsel pleads for...	Le défenseur plaide pour...

Unter Ausschluß der Öffentlichkeit	A puerta cerrada

Die Gerichtsverhandlung vertagen	Diferir a otra audiencia
Das Strafverfahren an ein anderes Gericht überweisen	Enviar la vista de una causa penal a otro tribunal
Die Partei eines Gerichtsverfahrens	El litigante
Der Kläger	El demandante
Da der Kläger nicht erschienen ist, wird die Klage für nichtig erklärt	Como consecuencia de la no comparecencia del demandante, el caso se eliminó del turno de causas y pleitos
Die Anklagepunkte	Los cargos de la acusación
Die Beweislast liegt beim Kläger	La carga de la prueba corresponde al demandante
Diese Klausel wälzt die Beweislast auf den Kläger ab	Esta cláusula transfiere la carga de la prueba al demandante
Der Beklagte Der Angeklagte	El demandado El acusado
Die Bank der Angeklagten	El banquillo de los acusados
Der Zeugenstand	El estrado de los testigos
Einen Zeugen vereidigen	Hacer prestar juramento a un testigo
Eine Aussage unter Eid	Una declaración bajo juramento
Eine eidesstattliche Erklärung	Una declaración por escrito bajo juramento
Die Zeugen werden von dem Anwalt des Klägers verhört, und dann von dem Anwalt des Beklagten ins Kreuzverhör genommen	El abogado del demandante interroga a los testigos, después, el abogado del demandado los contrainterroga
Die Geschworenen vereidigen	Hacer prestar juramento a un jurado
Der Verteidiger	El abogado defensor
Der Verteidiger plädiert für...	El abogado defensor habla en favor de...

To elicit the truth by alleging a falsehood	Plaider le faux pour savoir le vrai
The lawyers' pleadings	Les plaidoiries des avocats
The judge's summing up	Les attendus du juge
The jury renders its verdict	Le jury rend son verdict
A judge renders a judgement	Un juge rend un jugement
To exculpate oneself	Se disculper
He was acquitted	Il fut acquitté
An exoneration (U.S.A.) A nolle prosequi (U.K.) A full discharge (U.S.A.)	Un non-lieu
To pardon	Gracier
To reprieve	Amnistier
To set free To let off To release	Relâcher
The accused was let off for lack of proof	L'inculpé fut relâché faute de preuve
To stop the case To decide in favour of neither side	Renvoyer les gens dos à dos Ne donner raison à aucune des deux parties
To make the punishment fit the crime	Proportionner la peine au crime
The Court threw the book at him *(slang)*	Le tribunal lui infligea la peine maxima
He was sentenced in absentia He was sentenced in his absence	Il fut condamné par contumace
To abscond To jump bail	Fuir la justice
To be sentenced ten years imprisonment	Être condamné à dix ans d'emprisonnement
To serve one's sentence	Purger sa peine
Two years suspended sentence	Deux ans de prison avec sursis
To condemn to death	Condamner à mort
He got off due to his lawyer's help	Il a été relaxé grâce à l'aide de son avocat
To admit someone to bail To release someone on bail	Mettre quelqu'un en liberté provisoire sous caution

Die Wahrheit durch das Vorbringen der Unwahrheit ans Licht bringen	Decir mentira para sacar la verdad
Das Plädoyer der Anwälte	Los alegatos de los abogados
Die Urteilsbegründung des Richters	Los considerandos del juez
Die Geschworenen geben ihren Spruch ab	El jurado dictamina su fallo
Ein Richter fällt ein Urteil	Un juez dicta una sentencia
Sich rechtfertigen	Disculparse
Er wurde freigesprochen	Fue absuelto
Die Verfahrenseinstellung	El sobreseimiento del proceso
Begnadigen	Indultar
Amnestieren	Amnistiar
Freilassen	Liberar
Der Angeklagte wurde aus Mangel an Beweisen freigelassen	Liberaron al acusado por falta de pruebas
Zu Gunsten keiner der beiden Parteien entscheiden	No dar la razón a ninguna de las dos partes
Die Strafe dem Verbrechen anpassen	Proporcionar la pena al crimen
Das Gericht hat ihm die Höchststrafe auferlegt	El tribunal le aplicó la pena máxima
Er wurde in Abwesenheit verurteilt	Fue condenado por rebeldía
Sich der Gerichtsbarkeit entziehen	Huir de la justicia
Zu zehn Jahren Gefängnis verurteilt werden	Ser condenado a diez años de prisión
Seine Strafe absitzen	Cumplir su condena
Zwei Jahre Gefängnis mit Bewährung	Dos años de condena aplazada
Zum Tode verurteilen	Condenar a muerte
Er wurde dank der Hilfe seines Rechtsanwaltes freigesprochen	Fue absuelto gracias a su abogado
Jemand(en) gegen Kaution freilassen	Poner a alguien en libertad provisional bajo fianza

To be on bail	Être en liberté provisoire sous caution
To be on probation	Être en sursis Être en liberté surveillée
If judgment is entered for the plaintiff, the defendant must comply with the judgment	Si le jugement est rendu en faveur du plaignant, le défendeur doit se conformer au jugement
Damages in currency	Dommages intérêts en numéraire
The Court costs The costs	Les frais de justice
A Court order	Une ordonnance du tribunal
The writ of execution	L'ordonnance d'exécution
An injunction	Une injonction
An injunction against someone restraining him from...	Injonction à quelqu'un de s'abstenir de...
A mistrial	Un jugement entaché d'un vice de procédure
A miscarriage of justice	Une erreur judiciaire
Outrageous verdict rendered against...	Verdict scandaleux rendu contre...
Opposition was made to the execution of the judgment	Opposition fut faite à l'exécution du jugement
To apply for the annulment of the judgment	Demander l'annulation du jugement
To set aside a verdict To annul a judgment	Annuler un jugement Casser un jugement
A cross action	Une demande reconventionnelle
To bring a case before the Court of Appeal To appeal a case	Faire appel Interjeter appel
The Court has dismissed our case	Le tribunal nous a déboutés
To dismiss an appeal	Rejeter un appel
Confirmed by the Court	Homologué par le tribunal Entériné par le tribunal
The ruling was upheld by the Court of Appeal	La décision fut confirmée par la cour d'appel
The Court of Appeal upheld a lower Court decision	La cour d'appel a confirmé la décision d'une première instance

Gegen Kaution freigelassen sein	Estar en libertad provisional bajo fianza
Auf Bewährung frei sein	Estar libre con la sentencia en suspenso
Wenn das Urteil zu Gunsten des Klägers ausgesprochen wird, muß sich der Beklagte dem Urteil unterwerfen	Si se dicta sentencia a favor del demandante, el demandado debe someterse a la sentencia
Schadenersatz in Bargeld	Indemnización en efectivo por daños y perjuicios
Die Gerichtskosten	Los gastos judiciales
Eine gerichtliche Anordnung	Una orden del tribunal
Die Vollstreckungsverfügung	La orden de ejecución
Eine einstweilige Verfügung	Una conminación judicial provisional
Eine einstweilige Unterlassungsverfügung gegen jemand(en) wegen...	Una conminación judicial provisional de abstenerse de...
Ein mit einem Verfahrensmangel behaftetes Urteil	Un juicio que presenta un vicio procesoral
Ein Justizirrtum	Un error de justicia
Skandalöses Urteil gegen... ausgesprochen	Juicio escandaloso pronunciado contra...
Gegen die Urteilsvollstreckung wurde Einspruch erhoben	Se presentó oposición a la ejecución de la sentencia
Die Aufhebung des Urteils fordern	Someter una demanda de anulación del juicio
Ein Urteil aufheben Ein Urteil für nichtig erklären	Anular una sentencia
Eine Gegenklage	Una demanda reconvencional
Berufung einlegen	Apelar contra un juicio Interponer apelación
Das Gericht hat unsere Klage abgewiesen	El tribunal ha desestimado nuestro caso
Eine Berufung ablehnen	Rechazar una apelación
Gerichtlich bestätigt	Ratificado por el tribunal
Das Urteil wurde von dem Oberlandesgericht bestätigt	La decisión fué confirmada por el Tribunal de apelación
Das Berufungsgericht hat den Beschluß der ersten Instanz aufrechterhalten	El Tribunal de apelación ratificó el fallo de la primera instancia

To commute the sentences	Commuer les peines
To lodge an appeal with the Supreme Court	Se pourvoir en cassation
The Supreme Court rejects the findings of the Court of Appeal	La Cour de Cassation rejette les attendus de la cour d'appel

Die Strafen umwandeln	Conmutar las penas
Berufung bei dem Obersten Bundesgericht einlegen	Apelar al Tribunal Supremo
Das Oberste Bundesgericht verwirft die Urteilsbegründung des Berufungsgerichtes	El Tribunal Supremo rechaza los considerandos del Tribunal de apelación

33 Political life — La vie politique

Political regimes — *Régimes politiques*

Politics, the more it changes, the less it alters	La politique, plus ça change, plus c'est la même chose
This country is staggering between right and left	Ce pays oscille entre la droite et la gauche
Urban societies are leftwing	Les sociétés urbaines sont de gauche
The rural classes lean to the right	Les classes rurales penchent à droite
The humble classes / The small fry	Le menu peuple
The political horizon is clouding over	L'horizon politique se couvre de nuages
The political turmoil	L'agitation politique
The outbursts of this politician rock the political establishment	Les éclats de ce politicien ébranlent le monde politique
Monarchy	La monarchie
To accede to the throne	Accéder au trône
According to a jester, in the near future will only remain the King of England, the king of spades, the king of hearts, the king of diamonds and the king of clubs	Suivant un plaisantin, dans un proche avenir ne subsisteront que le roi d'Angleterre, le roi de pique, le roi de cœur, le roi de carreau et le roi de trèfle
The conservatives dominated the Council of the Realm	La droite dominait le Conseil de la Couronne
Senior advisers of the king	Les conseillers les plus importants du roi
To reign supreme	Régner en maître absolu
To be all powerful	Être tout-puissant
To rule the roost	Faire la pluie et le beau temps
A great statesman marks an epoch	Un grand homme d'État marque une époque
An anarchist vows to break up the present regime	Un anarchiste jure de faire sauter le présent régime
To agitate	Faire de l'agitation

Das politische Leben | La vida política

Politische Regime | Regímenes políticos

Die Politik, je mehr sie wechselt, destoweniger verändert sie sich	La política, cuanto más cambia menos se altera
Dieses Land schwankt zwischen der Rechten und der Linken	Este país oscila entre las derechas y las izquierdas
Die städtischen Gesellschaften sind links orientiert	Las sociedades urbanas son de izquierdas
Die ländlichen Klassen neigen zur Rechten	Las clases rurales son afines a las derechas
Die kleinen Leute	La clase humilde / La gente baja
Der politische Horizont bewölkt sich	El horizonte político se cubre de nubes
Die politische Unruhe	La agitación política
Die Ausbrüche dieses Politikers erschüttern die politische Welt	Las erupciones de ese político sacuden al mundo político
Die Monarchie	La monarquía
Den Thron besteigen	Acceder al trono
Nach dem Ausspruch eines Spaßmachers wird es in Zukunft nur noch den König von England, den Pikkönig, den Herzkönig, den Karokönig und den Kreuzkönig geben	Según un humorista, dentro de poco sólo quedará en pie el rey de Inglaterra, el rey de bastos, el rey de oros, el rey de espadas y el rey de copas
Die Rechte beherrschte den Kronrat	Las derechas dominaban el Consejo del Reino
Die wichtigsten Ratgeber des Königs	Los consejeros más importantes del rey
Als absoluter Herrscher regieren	Reinar come soberano absoluto
Allmächtig sein	Ser todopoderoso
Gut und schlecht Wetter machen	Hacer la ley
Ein großer Staatsmann kennzeichnet eine Epoche	Un gran hombre de Estado marca toda una época
Ein Anarchist schwört das bestehende Regime zu stürzen	Un anarquista hace el voto de derribar el presente régimen
Unruhe stiften	Agitar

To orchestrate the coup from within the country	Orchestrer le coup d'État de l'intérieur du pays
To overturn the monarchy and depose the King	Renverser la monarchie et déposer le roi
To seize power in felt slippers	Saisir le pouvoir à pas feutrés
He awoke to find himself famous	Du jour au lendemain il devint célèbre
Dictatorship	La dictature
The ruling cliques	Les cliques gouvernantes
Democratic government system	Système démocratique de gouvernement
He works to democratize his country	Il travaille à démocratiser son pays
They want a right wing democracy with the participation of the left but no more. The Socialists can play a part in it, but the Communists as a legal party are still out	Ils veulent une démocratie de droite avec la participation de la gauche mais pas plus. Les socialistes pourront y jouer un rôle, mais les communistes en tant que parti légal en sont encore exclus
Demagoguery	La démagogie
A rock-ribbed conservative	Un conservateur à tout crin
A one-time socialist	Un ancien socialiste
A red-baiter (U.S.A.)	Un anticommuniste acharné
On whose side are you?	De quel côté êtes-vous?
To side with the party in power	Se ranger du côté du parti au pouvoir
To be on the winning side	Être du côté du manche
His star is dimming	Son étoile pâlit
To carry it off with flying colors	L'emporter haut la main
This party comes back to the surface This party finds its feet again	Ce parti remonte à la surface
Mr X's party wins by a razor-thin margin	Le parti de M. X... l'emporte par une marge infime
To join forces with the liberal party to thwart the candidate of the left	Lier partie avec le parti libéral pour barrer la route au candidat de la gauche

Den Umsturz aus dem Inneren des Landes inszenieren	Orquestar el golpe de Estado desde el interior del país
Die Monarchie stürzen und den König absetzen	Derribar la monarquía y destituir el rey
Auf leisen Sohlen die Macht ergreifen	Apoderarse del poder con tiento
Von heute auf morgen wurde er berühmt	De la noche a la mañana se hizo célebre
Die Diktatur	La dictadura
Die herrschenden Cliquen	Las camarillas gobernantes
Demokratisches Regierungssystem	Sistema democrático de gobierno
Er arbeitet, um sein Land zu demokratisieren	Trabaja para democratizar su país
Sie wollen eine rechts gerichtete Demokratie, mit Beteiligung der Linken, nichts weiter. Die Sozialisten können teilnehmen, aber die Kommunisten, als legale Partei, sind noch ausgeschlossen	Quieren una democracia de derechas con la participación de las izquierdas pero nada más. Los socialistas podrán tomar parte, pero los comunistas, en tanto que partido legal, están todavía excluidos
Die Demagogie	La demagogía
Ein Erzkonservativer	Un cavernícola
Ein ehemaliger Sozialist	Un antiguo socialista
Ein Kommunistenfresser	Un anticomunista fanático
Auf welcher Seite sind Sie?	¿De qué lado está usted?
Sich der herrschenden Partei anschliessen	Arrimarse al lado del partido que gobierna
Sich auf der siegenden Seite befinden	Ser partidario de los que tienen el mango de la sartén
Sein Stern verblaßt	Su estrella palidece
Mit fliegenden Fahnen siegen	Llevárselo con las banderas desplegadas
Diese Partei fällt wieder auf die Füße	Este partido vuelve a ser de importancia
Die Partei des Herrn X... gewinnt mit Haaresbreite	El partido de X... gana por una ínfima mayoría
Sich mit der liberalen Partei verbünden, um dem linken Kandidaten den Weg zu versperren	Aliarse con el partido liberal para cerrar el camino al candidato de las izquierdas

The elections | Les élections

The parliamentary elections	Les élections législatives
The voters The electors	Les électeurs
To lower the voting age to 18 years	Abaisser l'âge du vote à 18 ans
A segment of the electorate	Une fraction de l'électorat
The party machinery	L'appareil du parti
The party caucus (U.S.A.)	Les assises préélectorales des militants d'un parti
The electoral delegation is headed by...	La délégation électorale est conduite par...
The party ticket (U.K.) The party slate (U.S.A.)	La liste des candidats officiels d'un parti
A maverick (U.S.A.)	Un candidat sans étiquette
To stake one's all on this election To bet one's last shirt on this election	Jouer son va-tout sur cette élection
To be the mastermind of the dark horse campaign that catapults him senator To craft the dark horse campaign that pitchforks him senator	Manigancer la campagne du candidat inconnu qui va bombarder ce dernier au Sénat
To be on the stumps	Faire sa campagne électorale
The electoral meetings The election rallies	Les réunions électorales
The electioneering tours of the provinces	Les tournées électorales en province
To sit out a meeting	Rester jusqu'à la fin d'une réunion
A vigorous election stumping	Une vigoureuse harangue électorale
This candidate finds biting words This candidate invents cutting words	Ce candidat trouve des mots percutants
He has the gift to coin catching words	Il a le don de frapper des mots qui font fortune
The electors chorus to his words	Les électeurs font chorus avec lui
At his meetings, enthusiasm runs high	A ses réunions, l'enthousiasme est considérable

Die Wahlen

Die Parlamentswahlen
Die Wähler

Das Wahlalter auf 18 Jahre herabsetzen
Ein Teil der Wählerschaft
Der Parteiapparat
Der Wahlkongreß einer Partei

Die Wahldelegation wird von... geführt
Die offizielle Kandidatenliste einer Partei
Ein parteiloser Kandidat

Bei dieser Wahl alles aufs Spiel setzen

Die Wahlkampagne des Außenseiters, die diesen zum Senator macht, manipulieren

Seinen Wahlkampf führen
Die Walhversammlungen
Die Wahlsitzungen
Die Wahltourneen in der Provinz

Bis zum Ende einer Sitzung durchhalten
Eine vehemente Wahlrede

Dieser Kandidat findet beißende Worte
Dieser Kandidat findet einschneidende Worte

Er hat die Gabe, genau die richtigen Worte zu prägen
Die Wähler reagieren begeistert auf seine Worte
In seinen Versammlungen ist die Begeisterung groß

Las elecciones

Las elecciones legislativas
Los electores

Bajar la edad del derecho de voto a los 18 años
Una fracción del cuerpo electoral
La maquinaria del partido
El congreso electoral de un partido

La delegación electoral es conducida por...
La lista de los candidatos oficiales de un partido
Un candidato que no pertenece a ningún partido

Jugárselo todo en esa elección

Manipular la campaña electoral del candidato desconocido que hará a este último senador

Hacer su campaña electoral
Las reuniones electorales

Los viajes electorales en provincia

Permanecer hasta el final de una reunión
Una vigorosa arenga electoral

Ese candidato utiliza palabras percutantes

Tiene el don de acuñar palabras que dan en el blanco
Los electores le hacen coro

El entusiasmo es enorme en sus reuniones

He is a wonderful draw and the crowds hang on his every word	Il attire les foules et celles-ci sont suspendues à chacune de ses paroles
The electors bring the house down every time he appears	Les électeurs applaudissent à tout rompre chaque fois qu'il apparaît
He is fêted, cheered, and mobbed	Il est fêté, acclamé et assiégé par la foule
He maintains a considerable following	Il conserve un nombre considérable de partisans
He has the secret of making people feel important and appreciated He makes people feel great (U.S.A.)	Il a le secret de faire que les gens se sentent importants et appréciés
He speaks off-hand He speaks extempore	Il parle au pied levé Il parle impromptu
He keeps on arguing	Il avance sans cesse de nouveaux arguments
He is always harping on the same strings	Il récite toujours les mêmes litanies
He uses high sounding sentences	Il se sert de phrases ronflantes
The hanky-panky	Le baratin
When you are a candidate, better to know a thing or two, and be dashing	Lorsqu'on est candidat, mieux vaut être malin et avoir du panache
A candidate must feel right at home in any situation and have supple knees	Un candidat doit se sentir parfaitement à l'aise en toutes situations et avoir l'échine souple
In their electoral campaign, sometimes the candidates show the velvet glove, sometimes they put a bold face on, sometimes they brazen it out	Dans leur campagne électorale, parfois les candidats font patte de velours, parfois ils paient d'audace, parfois ils paient d'effronterie
A shifty politician evades the issue	Un politicien retors use de faux fuyants
To be double-tongued	Avoir deux paroles
Every candidate promises to right the injustices of the past	Chaque candidat promet de redresser les injustices du passé
The candidate promises pies in just about everybody's sky	Le candidat promet monts et merveilles à tout le monde
To head the election bill To top the election bill To head the election slate (U.S.A.)	Être tête d'affiche électorale

Er fasziniert die Menge, die an seinen Lippen hängt	Atira la multitud y la gente se queda embobada escuchando sus palabras
Wenn er auftritt, klatschen die Wähler dröhnenden Beifall	Los electores le aplauden con estrépito cada vez que aparece
Er wird gefeiert, bejubelt und von der Menge belagert	Es festejado, aclamado y asediado por la multitud
Er behält eine beträchliche Anhängerschaft	Conserva un número considerable de partidarios
Er versteht es, den Menschen das Gefühl zu geben, daß sie wichtig sind, und daß sie geschätzt werden	Posee el secreto de hacer que las gentes se sientan importantes y respetadas
Er spricht ohne Vorbereitung Er spricht aus dem Stegreif	Habla improvisando Habla sin preparación
Er argumentiert endlos	Avanza siempre nuevos argumentos
Er spielt immer die alte Leier Er singt immer das gleiche Lied	Repite siempre las mismas letanías
Er spricht hochtrabend Er druckt sich geschwollen aus	Emplea palabras pomposas
Die Quatscherei	La palabrería
Wenn man Kandidat ist, ist es besser Bescheid zu wissen und Schwung zu haben	Cuando se es candidato lo que más vale es ser astuto y tener buena prestancia
Ein Kandidat muß sich jeder Situation gewachsen fühlen und beweglich sein	Un candidato debe sentirse a gusto en todas la situaciones y ser zalamero
In ihrer Wahlkampagne zeigen die Kandidaten mal die Samthandschuhe, mal zeigen sie sich kühn und manchmal legen sie Frechheit an den Tag	En su campaña electoral el candidato debe ser hábil, mostrando a veces guantes de seda, a veces audacia y otras descaro
Ein gewiegter Politiker umgeht die Streitfrage	Un político trapacero utiliza la evasiva
Mit gespaltener Zunge reden	Tener dos palabras
Jeder Kandidat verspricht, die Ungerechtigkeiten der Vergangenheit zu reparieren	Cada candidato promete reparar las injusticias del pasado
Der Kandidat verspricht jedem den Himmel auf Erden	El candidato promete el oro y el moro a todo el mundo
Der erste Kandidat auf der Liste sein	Encabezar el cartel electoral

To make the most of oneself	Tirer le meilleur parti de soi-même
To push oneself forward	Se mettre en avant
To get talked about	Faire parler de soi
To put words into someone's mouth	Prêter des propos à quelqu'un
To garner votes from...	Ramasser des voix de...
To rustle up votes (U.S.A.)	Ramasser des voix par tous les moyens
To corner center votes	Accaparer les votes du centre
To siphon off votes	Capter des voix
To solidify their electoral support	Pour rendre plus solide leur base électorale
To be on the carpet	Être sur la sellette
To be under cross-examination	Subir un contre-interrogatoire
Hecklers and dissenters call him names, shower down abuses on him and give him the bird	Contradicteurs et opposants l'injurient, l'accablent d'insultes et lui lancent des tomates
To boo To catcall	Huer
Loud-mouthed contradictors do not prevent the candidate from showing a bold front	Des contradicteurs forts en gueule n'empêchent pas le candidat de faire bonne contenance
In front of vociferous opponents the candidate keeps a set face and nothing fazes him (U.S.A.)	Face à des opposants vociférants, le candidat conserve un visage impassible et rien ne le déconcerte
A face-to-face confrontation between the two candidates on TV	Une confrontation face à face entre les deux candidats à la Télé
A fight to the finish	Un combat à mort, au « finish »
An angry confrontation between the candidate and the unions	Une confrontation houleuse entre le candidat et les syndicats
X... debates with Y...	X... a un débat avec Y...
X... leap-frogs Y...	X... devance Y...
This candidate has an extra pull	Ce candidat a un avantage électoral supplémentaire
The two top vote-getters in the first ballot	Les deux locomotives électorales ayant réuni le plus de voix au premier tour
To withdraw one's candidacy	Retirer sa candidature

Das Beste aus sich herausholen	Tirar el mejor partido de sí mismo
Sich in den Vordergrund schieben	Adelantarse en primera línea
Von sich sprechen machen	Hacer hablar de uno
Jemand(em) Worte in den Mund legen	Poner palabras en la boca de alguien
Stimmen von... zusammenraffen	Recoger los votos de...
Stimmen mit allen Mitteln zusammenraffen	Pescar votos por todos los medios
Die Stimmen des Zentrums in Beschlag nehmen	Acaparar los votos del centro
Stimmen einfangen	Captar votos
Um ihre Wahlbasis zu verstärken	Para solidificar su basis electoral
Auf dem Teppich sein	Estar en el banquillo
Einem Kreuzverhör unterworfen sein	Sufrir un contrainterrogatorio
Widersacher und Gegner beschimpfen und beleidigen ihn und beschmeißen ihn mit Tomaten	Contradictores y disidentes le injurian, le llenan de improperios y le tiran tomates
Auspfeifen	Abuchear
Der Kandidat läßt sich durch die Gegner mit großem Mundwerk nicht aus der Fassung bringen	El griterío de los contradictores no consigue alterar la compostura del candidato
Wenn der Kandidat den brüllenden Gegnern gegenübersteht, verzieht er keine Miene und läßt sich nicht aus der Fassung bringen	Frente a los oponentes vocingleros el candidato conserva una máscara fija y nada le desconcierta
Eine Konfrontierung der beiden Kandidaten im Fernsehen	Una confrontación de los dos candidatos a la TV
Ein Kampf bis zum Ende	Un combate a muerte
Eine stürmische Konfrontierung zwischen dem Kandidaten und den Gewerkschaften	Una confrontación tumultuosa entre el candidato y los sindicatos
X... debattiert mit Y...	X... tiene un debate con Y...
X... überholt Y...	X... adelanta a Y...
Dieser Kandidat hat einen zusätzlichen Wahlvorteil	Ese candidato tiene una ventaja electoral adicional
Die beiden Wahllokomotiven, die beim ersten Wahlgang die meisten Stimmen erhielten	Las dos locomotoras electorales que han reunido el máximo de votos en el primer turno
Seine Kandidatur zurückziehen	Retirar su candidatura

The second ballot The electoral run-off (U.S.A.)	Le second tour électoral
By parlaying the votes, they hope to block the way of the candidate of the X party	En négociant un report des votes, ils espèrent bloquer la voie au candidat du parti X...
To hold press briefings	Tenir des réunions d'information pour la presse
To hold a press conference	Tenir une conférence de presse
To give swift asides to reporters	Accorder de brefs apartés aux reporters

The parliament / *Le parlement*

The double chamber system The two chamber system	Le système bicaméral
The Chamber of deputies (France) The House of Commons (U.K.) The Lower House (U.K.) The House of Representatives (U.S.A.)	L'Assemblée nationale La Chambre des députés
The House of Lords (U.K.)	La Chambre des lords
The Upper Chamber (U.K.)	La Chambre haute
The Senate	Le Sénat
X., M.P. for this constituency X., M.P. for this division	X..., député de cette circonscription
An old parliamentary hand	Un vétéran de la politique
The House of Commons rejected 10 House of Lords' amendments by a razor-thin margin	La Chambre des communes rejeta 10 amendements de la Chambre des lords à une infime majorité
A cross-bencher	Un député du centre
An independent member	Un député non inscrit
A clean-cut majority	Une nette majorité
With a parliamentary majority of the same political persuasion	Avec une majorité parlementaire partageant les mêmes convictions politiques
This Government steamrolls the opposition	Ce gouvernement écrase l'opposition par tous les moyens
A blocking move	Une manœuvre de blocage

Der zweite Wahlgang	El segundo turno electoral
Mit einem Stimmenubertragungshandel hoffen sie den Weg des Kandidaten der Partei X... zu blockieren	Negociando la transferencia de los votos, esperan bloquear al candidato del partido X...
Presseinformationssitzungen abhalten	Tener reuniones de información para la prensa
Eine Pressekonferenz abhalten	Dar una conferencia de prensa
Den Reportern kurze Zwiegespräche gewähren	Acordar breves entrevistas a los periodistas

Das Parlament / El parlamento

Das Zweikammersystem	El sistema bicameral
Das Abgeordnetenhaus Die Nationalversammlung (Frankreich) Der Bundestag (B.R.D.) Der Nationalrat (Schweiz)	Las Cortes La Cámara de diputados
Das Haus der Lords	La Cámara de los lores
Das Oberhaus	La Alta Cámara
Der Senat	El Senado
X..., der Abgeordnete dieses Wahlkreises	X..., diputado de esta circunscripción
Ein Veteran der Politik	Un veterano de la política
Das Unterhaus lehnte mit einer sehr geringen Mehrheit die 10 Abänderungsvorschläge des Oberhauses ab	La Cámara de los comunes rechazó diez enmiendas de la Cámara de los lores por una ínfima mayoría
Ein Abgeordneter des Zentrums	Un diputado del centro
Ein parteiloser Abgeordneter	Un diputado no perteneciente a ningún partido
Eine klare Mehrheit	Una clara mayoría
Mit einer parlamentarischen Mehrheit, die die gleichen politischen Überzeugungen teilt	Con una mayoría parlamentaria que comparte las mismas convicciones políticas
Diese Regierung unterdrückt die Opposition mit allen Mitteln	Ese gobierno aplasta a la oposición por todos los medios
Ein Blockierungsmanöver	Una maniobra de bloqueo

The attempt of reconciliation between the two parties to form a government of national union has fallen through	La tentative de réconciliation entre les deux partis pour former un gouvernement d'union nationale a échoué
Should this measure be taken, left wing MPs would bolt the party	Si cette mesure venait à être prise, les députés de l'aile gauche du parti quitteraient ce dernier
To approach the debate realistically and dispassionately	Aborder le débat d'une manière réaliste et sans passion
The opposition is dedicated to overthrow the Government	L'opposition vise à renverser le gouvernement
This Cabinet buries its head in the sand	Ce cabinet pratique la politique de l'autruche
Owing to its flight from responsibility, this Cabinet has become moribund	Par suite de sa fuite devant les responsabilités, ce Cabinet est devenu moribond
A patched-up Government	Un gouvernement replâtré

Der Versuch einer Versöhnung zwischen den beiden Parteien, um eine Regierung der nationalen Einheit zu bilden, ist fehlgeschlagen	La tentativa de reconciliación entre los dos partidos para formar un gobierno de unión nacional ha fracasado
Würde diese Maßnahme durchgesetzt werden, so würden die Abgeordneten des linken Flügels der Partei austreten	Si esta medida se aceptase, los diputados del ala izquierda del partido quitarían este último
Realistisch und ohne Passion an die Debatte herantreten	Abordar el debate de una manera realista y sin pasión
Die Opposition ist darauf aus, die Regierung umzustürzen	La oposición se dedica a derribar el gobierno
Dieses Kabinett treibt die Vogelstraußpolitik	Ese gobierno practica la política del avestruz
Auf Grund seiner Flucht vor der Verantwortung, geht dieses Kabinett seinem Ende entgegen	A fuerza de huir sus responsabilidades este gobierno se encuentra moribundo
Eine zusammengeflickte Regierung	Un gobierno chapuzado

34 Business proverbs and others / Proverbes d'affaires et autres

About money / Sur l'argent

Store is no sore / Money never hurts	Abondance de biens ne nuit pas
Money cures all ills	L'argent guérit tous les maux
Money is the root of all evils	L'argent est la source de tous les maux
Ill-gotten gains never thrive	Bien mal acquis ne profite jamais
A good name is better than riches	Bonne renommée vaut mieux que ceinture dorée
Waste not, want not	Qui épargne gagne
Take care of the pence and the pounds will take care of themselves	Les petites économies font les grandes maisons
A penny saved is a penny earned	Un sou épargné est un sou gagné
Don't be penny-wise and pound-foolish	Ne soyez pas regardant sur les centimes et prodigue avec les francs
In order to know the value of money, a man should be obliged to borrow	Pour connaître la valeur de l'argent, il faut être obligé de l'emprunter
Beggars cannot be choosers	Qui emprunte ne choisit pas
Neither a borrower nor a lender be, for loan oft loses itself and friend	Ne sois ni emprunteur, ni prêteur, car souvent le prêt se perd avec l'ami
To borrow short and lend long is courting disaster	Emprunter court et prêter long est aller au-devant de la catastrophe
Don't send good money after bad	Ne vous enfoncez pas davantage dans une mauvaise affaire
Short reckonings make long friends	Les bons comptes font les bons amis
Prosperity makes few real friends	La prospérité fait peu de vrais amis

664

Sprichwörter im Geschäftsleben und sonstige

Proverbios de los negocios y otros

34

Über das Geld

Je mehr, je besser

Das Geld heilt alle Übel
Das Geld ist die Quelle aller Übel

Wie gewonnen, so zerronnen

Guter Ruf ist Goldes wert

Wer spart gewinnt
Mit Sparpfennigen baut man große Häuser

Ein ersparter Groschen ist ein gewonnener Groschen
Sei nicht sparsam beim Pfennig und leichtsinnig bei der Mark!

Um den Wert des Geldes zu kennen, muß man gezwungen sein, es zu borgen

Wer ausborgt darf nicht wählen

Sei weder Ausborgender, noch Borgender, denn oft verliert man dabei sein Geld und den Freund!

Kurz ausgeborgt und lang geborgt führt zur Katastrophe

Werfen Sie Ihr Geld in ein Fass ohne Boden

Getrennte Rechnung erhält die Freundschaft

Der Wohlstand macht selten wirkliche Freunde

Sobre el dinero

No hacer ascos al dinero

El dinero lo cura todo
El dinero es la causa de todos los males

Bienes mal adquiridos a nadie han enriquecido

Buena fama vale más que dinero

Quien guarda halla
Un grano no hace granero, pero ayuda a su compañero

Un sueldo salvado es un sueldo ganado
No mires el céntimo y los gastes a cientos

Para apreciar el valor del dinero hay que saber lo que cuesta ganarlo

El que pide prestado no tiene derecho a elegir

Ni prestes ni pidas prestado pues, a menudo, el préstamo desaparece con el amigo

El que pide prestado menos de lo que presta está abocado a la ruina

Que no pongas tu dinero en un jarro sin fondo

Las cuentas claras mantienen la amistad

El dinero no compra los amigos

When poverty comes in by the door, loves flies out of the window	La pauvreté et l'amour font ensemble mauvais ménage
Don't live beyond your means to keep up with the Joneses	Ne vivez pas au-dessus de vos moyens pour tenter d'imiter de plus fortunés que vous
Time is money, but teamwork is money too	Le temps c'est de l'argent, mais le travail en équipe c'est aussi de l'argent
It is better to be envied than pitied	Il vaut mieux faire envie que pitié
Nothing succeeds like success	L'eau va toujours à la rivière
Many a little makes a mickle	Les petits ruisseaux font les grandes rivières
Money begets money	L'argent attire l'argent
Money has no smell	L'argent n'a pas d'odeur
Only the rich can borrow money	L'on ne prête qu'aux riches
Money is the sinew of war	L'argent est le nerf de la guerre
The more a man gets, the more he wants	L'appétit vient en mangeant
The best is cheapest in the end	Il n'y a que le bon marché qui coûte cher
Contentment is better than riches	Contentement passe richesse
There are worse things than losing money	Plaie d'argent n'est pas mortelle
Advisers run no risks	Les conseilleurs ne sont pas les payeurs
To play a straight game	Jouer cartes sur table

About work *Sur le travail*

Do it at once, it's the safest course	Fais-le tout de suite, c'est le plus sûr
Never put off till to morrow what you can do to-day	Ne remets jamais au lendemain ce que tu peux faire aujourd'hui
The early bird catches the worm	La fortune sourit à celui qui se lève tôt

Armut und Liebe bilden eine schlechte Ehe	La pobreza y el amor no se llevan bien
Lebe nicht über Deine Verhältnisse, um denen, die reicher sind als Du, zu gleichen!	No gastes más de lo que ganas por vivir a tenor de los que tienen más dinero que tú
Zeit ist Geld, aber gemeinsame Arbeit ist ebenfalls Geld	El tiempo es oro, pero el trabajo en equipo también es oro
Es ist besser Neid als Mitleid zu erwecken	Es mejor dar envidia que pena Más vale ser envidiado que compadecido
Geld fließt immer dem Reichen zu	Nada proporciona fortuna como la misma fortuna
Viele kleine Summen machen eine große aus	Muchos pocos hacen un mucho
Geld macht Geld	Dinero llama dinero
Geld stinkt nicht	El dinero no huele
Nur dem Reichen borgt man	Sólo los ricos tienen crédito
Das Geld ist die Haupttriebfeder des Krieges	El dinero es el nervio de la guerra
Je mehr man hat, je mehr man will	Cuanto más se tiene más se quiere
Je billiger, desto teuerer	Lo barato sale caro
Zufriedenheit geht über Reichtum	La satisfacción es mejor que la riqueza
Geld verloren, nichts verloren	Las heridas producidas por la pérdida del dinero no son las más difíciles de cicatrizar
Es sind nicht die Ratgeber, die bezahlen	Aconsejar no cuesta dinero
Mit den Karten auf dem Tisch spielen	Juego limpio, buen dinero

Über die Arbeit / *Sobre el trabajo*

Gleich getan ist wohl getan	Cuanto antes se haga antes se acaba
Was Du heute kannst besorgen, das verschiebe nicht auf morgen!	No dejes para mañana lo que puedas hacer hoy
Morgenstund' hat Gold im Mund	A quien madruga Dios le ayuda

First come, first served	Premier arrivé, premier servi
Well begun is half done A good beginning is half the battle	Un travail bien commencé est à moitié fait
Practice makes perfect	C'est en forgeant qu'on devient forgeron
Seek and you shall find	Cherchez et vous trouverez
The proof of the pudding is in the eating	A l'œuvre, on connaît l'artisan
Many hands make light work	A plusieurs la besogne va vite
Idle time is devil's time	L'oisiveté est la mère de tous les vices
Labour and licence do not mix	Vie de travail et de plaisir ne peuvent coexister
Lazy people are always anxious to be doing something	Les paresseux ont toujours envie de faire quelque chose
Jack of all trades is master of none	Qui est propre à tout n'est propre à rien
An ill workman quarrels with his tools A bad workman always blames his tools	Un mauvais ouvrier a toujours de mauvais outils

About courage / *Sur le courage*

Never say die Don't give up the ship	Ne jetez pas le manche après la cognée
God helps those who help themselves Help yourself and Heaven will help you	Aide-toi et le Ciel t'aidera
Grin and bear it You must take it in your stride	Faites contre mauvaise fortune bon cœur
Where there's a will, there's a way	Vouloir, c'est pouvoir
One is never so well served as by oneself	On n'est jamais si bien servi que par soi-même
No flowery path leads to fame	Aucun chemin fleuri ne conduit à la gloire

Wer zuerst kommt, mahlt zuerst	El que primero llega se la calza
Eine gut begonnene Arbeit ist schon halb gemacht	El trabajo que bien se comienza, bien se termina El trabajo bien empezado ya esta medio terminado
Übung macht den Meister	Practicando se aprende
Suche treu, so findest Du	Quien la sigue la consigue Busca y encontrarás
Am Werk erkennt man den Handwerker	El movimiento se demuestra andando
Gemeinsame Arbeit geht schneller vom Fleck	Cuantos más, antes se despacha el trabajo
Müßiggang ist aller Laster Anfang	La pereza es la madre de todos los vicios
Ein arbeitsreiches Leben und ein Schlemmerleben können nicht gleichzeitig geführt werden	El trabajo y el placer no corren parejos
Faulenzer haben immer Lust, etwas zu machen	Los vagos siempre tienen ganas de hacer algo
Krumme Wege führen zu nichts	Aprendiz de todo y maestro de nada
Ein schlechter Arbeiter sagt immer, dass er schlechte Werkzeuge hat	El que tropieza siempre echa las culpas al empedrado

Über den Mut — *Sobre el valor*

Wirf nicht die Flinte in's Korn!	¡Quién dijo miedo!
Hilf Dir selbst, dann hilft Dir Gott	A Dios rogando y con el mazo dando
Gute Miene zum bösen Spiel machen	A mal tiempo buena cara
Wer will, der kann Wo ein Wille ist, ist auch ein Weg	Querer es poder
Selbst ist der Mann	Gente pobre no necesita criados
Der Weg zum Ruhm ist nicht mit Blumen besät	Ningún camino florido conduce a la gloria

Nothing ventured, nothing gained	Qui ne risque rien n'a rien
When you set a goal, you shouldn't deviate from it	Lorsqu'un but est fixé, n'en déviez pas
You've made your bed, now sleep in it	Comme on fait son lit, on se couche
You can't hold a good man down	Un homme de valeur reprend toujours le dessus
Unless you know how to lose, you don't deserve to win	A moins de savoir perdre, l'on ne mérite pas de gagner

About silence / *Sur le silence*

Silence is golden	Le silence est d'or
To succeed, secrecy is as important as speed	Pour réussir, le secret est aussi essentiel que la vitesse
Keep your own counsel Keep you plans to yourself	Gardez vos projets pour vous-même
Least said soonest mended	Trop parler nuit
The less said, the better	Moins on parle, mieux cela vaut
Be as close as an oyster	Sache garder un secret
The spoken word belongs half to him who speaks and half to him who hears	La parole dite est moitié à celui qui parle et moitié à celui qui l'entend
A word to the wise is sufficient	A bon entendeur, salut
Many a true word is spoken in jest	L'on peut parler légèrement de choses sérieuses
Action speaks louder than words	L'action parle plus fort que les paroles
The less one thinks, the more one speaks	Moins on pense, plus on parle
Men who have little to say are great talkers	Les gens qui ont peu à dire sont de grands parleurs
Let fools talk, knowledge has its value	Laissez dire les sots, le savoir a son prix
Liars need good memories	Il faut bonne mémoire après qu'on a menti

Wer nicht wagt, der nicht gewinnt	Quien nada arriesga, nada gana Quien no se moja no pasa el río
Weiche nie von einem festgesetzten Ziel ab!	Cuando se fija une meta hay que alcanzarla
Was man sich eingebrockt hat, muß man auslöffeln	A lo hecho, pecho
Ein wertvoller Mensch gewinnt immer wieder die Oberhand	El hombre valeroso siempre se levanta
Wenn man nicht zu verlieren versteht, ist man nicht wert zu gewinnen	El que no sabe perder no merece ganar

Über das Schweigen — *Sobre el silencio*

Schweigen ist Gold	El silencio es oro
Um Erfolg zu haben, ist die Verschwiegenheit so wesentlich wie die Geschwindigkeit	Para tener éxito, el secreto es tan importante como la rapidez
Behalten Sie Ihre Projekte für sich!	Mantén tus planes en secreto
Geschwätzigkeit schadet	Quien mucho habla mucho yerra
Je weniger man spricht, desto besser ist es	Cuanto menos se diga, mejor
Ein Geheimnis zu wahren wisse!	Aprende a guardar un secreto
Das Wort gehört zur Hälfte demjenigen, der spricht und zur Hälfte demjenigen, der zuhört	Un secreto entre dos es un secreto a voces
Wer Ohren hat zu hören, der höre!	A buen entendedor con pocas palabras basta
Man kann oberflächlich über ernste Dinge reden	Las cosas serias se dicen sonriendo
Die Tat ist stärker als Worte	Los hechos tienen más fuerza que las palabras Más hechos y menos palabras
Je weniger man denkt, desto mehr schwätzt man	La ignorancia es muy atrevida
Leute, die wenig zu sagen haben, sind große Schwätzer	Los que menos tienen que decir son los que más hablan
Laß die Dummen reden, Wissen ist wertvoll	Más vale el elogio de una persona sensata que el de cien necios
Lügen erfordenein gutes Gedächtnis	Antes se coge a un mentiroso que a un cojo

Silence gives consent	Qui ne dit mot consent

About prudence / Sur la prudence

Forewarned is forearmed	Un homme averti en vaut deux
When in doubt, wait	Dans le doute, abstiens-toi
Be safe not to be sorry	Joue la sécurité pour éviter les regrets
Look before you leap	Deux précautions valent mieux qu'une
He who hesitates is lost	Celui qui hésite est perdu
A bird in the hand is worth two in the bush	Un « tiens » vaut mieux que deux « tu l'auras »
There is many a slip 'tween the cup and the lip	Il y a loin de la coupe aux lèvres
To lay up something for a rainy day	Garder une poire pour la soif
Always mind your P's and Q's	Faites toujours attention à votre comportement
Take everything with a grain of salt	Ne prenez pas tout pour argent comptant
Don't take things for granted Let sleeping dog lie	Ne réveillez pas le chat qui dort
It is not the cowl that makes the monk You can't judge a book by its cover	L'habit ne fait pas le moine
Who only hears a part hears nothing	Qui n'entend qu'une cloche n'entend qu'un son
Two heads are better than one	Deux avis valent mieux qu'un
You never can tell	Il ne faut jurer de rien
Save me from my friends	L'on n'est jamais trahi que par les siens
Rely on yourself only	Ne compte que sur toi seul

Wer nichts sagt, sagt ja	Quien calla otorga

Über die Vorsicht / *Sobre la prudencia*

Ein Gewarnter ist doppelt behutsam	Hombre prevenido vale por dos
Im Zweifelsfalle, nie Im Zweifelsfalle, halte Dich heraus!	Ante la duda, absténte
Setze auf Nummer Sicher, um Enttäuschungen zu vermeiden!	Más vale prevenir que curar
Zwei Vorsichtsmaßregeln halten besser als eine	Antes que te cases mira lo que haces
Wer zögert ist verloren	El que anda en la cuerda floja está perdido
Ein Spatz in der Hand ist besser als eine Taube auf dem Dach	Más vale pájaro en mano que ciento volando
Zwischen Lipp' und Kelchesrand schwebt der finstern Mächte Hand	De la mano a la boca desaparece la sopa
Sich einen Notpfennig zurücklegen Sich einen Notgroschen zurücklegen	Guardar algo para después
Achte immer auf Dein Benehmen!	Ponga siempre atención a su actitud
Nimm nicht alles für bare Münze!	No dés las cosas por sentado
Einen schlafenden Löwen soll man nicht wecken	No tire la cola del perro que duerme
Das Kleid macht nicht den Mann	El hábito no hace el monje
Eines Mannes Rede ist keines Mannes Rede	Más vale hacerse el sordo que saberlo todo
Zwei Meinungen sind besser als eine Zwei Augen sehen mehr als eines	Cuatro ojos ven más que dos
Man soll nie für etwas bürgen	Nadie puede decir : de esta agua no beberé
Gott bewahre mich vor meinen Freunden!	Dios me guarde de los buenos amigos, que de los malos me guardo yo
Zähle nur auf Dich selbst!	No confies más que en ti mismo

Live and learn Time will show	Qui vivra verra
You may want it some day	Ne dites pas : Fontaine, je ne boirai pas de ton eau
Gentleness achieves more than violence Gentleness does the trick	Plus fait douceur que violence
Grasp all lose all	Qui trop embrasse mal étreint
Don't halloo till you are out of the wood	Ne chantez pas trop tôt victoire

About patience / Sur la patience

Every dog has its day All comes in time to him who waits	Tout vient à point à qui sait attendre
To have the patience of Job	Avoir une patience d'ange
Patience is bitter, but its fruit is sweet	La patience est amère, mais son fruit est doux
A watched pot never boils	A trop s'impatienter, rien n'arrive
Slow and steady wins the race	Rien ne sert de courir, il faut partir à point
Look for that which lasts	Recherche ce qui dure
Achievement is the only enduring satisfaction in life	Dans l'accomplissement d'une œuvre réside la seule satisfaction durable de l'existence
Time is everything	Qui gagne du temps gagne tout

About common sense / Sur le bon sens

Sufficient unto the day is the evil thereof	A chaque jour suffit sa peine
We can cross that bridge when we come to it	Chaque chose en son temps
Don't swap horses in mid-stream	Ne change pas d'attelage au milieu du gué
Charity begins at home	Charité bien ordonnée commence par soi-même
United we stand, divided we fall	L'union fait la force

Wer lebt wird sehen	Vivir para ver
Man kann nie wissen, wo und wann man jemand(en) oder etwas brauchen kann	No digas nunca : de esta agua no beberé
Mit Güte erreicht man mehr als mit Gewalt	Se consigue más con caricias que con palos
Wer allerlei beginnt, gar wenig gewinnt	Quien mucho abarca poco aprieta
Man soll den Tag nicht vor dem Abend loben	No cantes victoria antes de tiempo

Über die Geduld / *Sobre la paciencia*

Wer zu warten versteht, kommt ans Ziel	Con paciencia todo se alcanza
Eine Engelsgeduld haben	Tener la paciencia de un ángel
Die Geduld ist bitter, aber ihre Frucht ist süß	Amarga es la paciencia, pero sabroso es su fruto
Wer zu ungeduldig ist, erreicht nichts	Sin paciencia no se llega a nada
Langsam aber sicher führt immer zum Ziel	De nada sirve correr si no se sale a tiempo
Suche was dauert!	Busca lo que perdura
In der Vollendung eines Werkes liegt die einzige dauerhafte Befriedigung des Lebens	La única satisfacción en la vida es hacer obra duradera
Zeit gewonnen, alles gewonnen	A ganar tiempo se gana todo

Über den gesunden Menschenverstand / *Sobre el buen sentido*

Jeder Tag hat seine Plage	A cada día su pena
Jedes Ding zu seiner Zeit	Cada cosa en su tiempo
Wechsle nicht das Gespann mitten in der Furt!	No cambies de montura a la mitad de la carrera
Jeder ist sich selbst der Nächste	La caridad bien entendida empieza por uno mismo
Einigkeit macht stark	La unión hace la fuerza

Choose, don't chance	Choisis, ne t'abandonne pas au hasard
Don't look for a needle in a haystack	Ne recherche pas une aiguille dans une meule de foin
Who makes excuses accuses himself	Qui s'excuse s'accuse
Where there's smoke there's fire	Il n'y a pas de fumée sans feu
He does the crime who profits by it	Celui-là commet le crime à qui le crime profite
We must choose the lesser of two evils	De deux maux il nous faut choisir le moindre
Don't cut off your nose to spite your face	Ne sciez pas la branche sur laquelle vous êtes assis
Make hay while the sun shines Strike while the iron is hot	Il faut battre le fer quand il est chaud
An apple a day keeps the doctor away	Une pomme chaque jour dispense du docteur
A stitch in time saves nine An ounce of prevention is worth a pound of cure	Mieux vaut prévenir que guérir
Once bitten twice shy	Chat échaudé craint l'eau froide
More haste less speed	Hâtez-vous lentement
Don't overplay your hand	Ne demandez pas trop
Don't count your chickens before they are hatched	Ne vendez pas la peau de l'ours avant de l'avoir tué
First things first First catch your hare	Assurez-vous d'abord de l'essentiel
There is nothing that time won't heal	Il n'est rien que le temps ne guérisse
Every little bit helps	Les petits ruisseaux font les grandes rivières
Everyone to his taste There is no accounting for tastes Each to his own that is what makes horse racing	Des goûts et des couleurs on ne discute pas
One man's meat is another man's poison	Ce qui est bon pour l'un peut être mauvais pour l'autre
Too much of one thing is good for nothing	L'excès en tout est un défaut
Brooding over problems does not help solving them	Ruminer les problèmes n'aide pas à les résoudre

Wähle, gib Dich nicht dem Zufall hin!	Escoge y no confíes nada al azar
Suche nicht eine Stecknadel in einem Heuhaufen!	Es más difícil que buscar una aguja en un pajar
Wer sich entschuldigt, klagt sich an	Quien se excusa se acusa
Kein Rauch ohne Feuer	Cuando el río suena tanto es señal que lleva agua
Derjenige begeht das Verbrechen, dem das Verbrechen nützt	Hay que buscar a quien el crimen aprovecha
Man muß von zwei Übeln das kleinere wählen	De dos males el menor
Säge nicht den Ast ab, auf dem Du sitzt!	No cortes la rama en la que estás sentado
Man muß das Eisen schmieden, solange es heiß ist	Las cosas en caliente
Täglich ein Apfel erspart den Arzt	Una manzana cada día, salud conseguida
Besser vorbeugen als heilen	Más vale prevenir que curar
Ein gebranntes Kind fürchtet das Feuer	El gato escaldado del agua fría huye
Eile mit Weile!	Vísteme despacio que voy de prisa
Sei nicht zu unbescheiden! Verlange nicht zuviel!	No hay que pedir la luna
Verkaufe nicht die Haut des Bären, bevor Du ihn erlegt hast!	No hay que hablar de los perros antes de salir del cortijo
Sichere Dir erst das Nötigste!	Antes de hablar piensa lo que dices
Die Zeit heilt alle Wunden	El tiempo todo lo cura
Kleinvieh macht auch Mist	Uva a uva se llena la cuba
Über Geschmäcke und Farben kann man nicht streiten	Sobre gustos y colores no hay nada escrito
Was dem einen seine Freud' ist dem anderen sein Leid	Todo es según el color del cristal con que se mira
Jede Übermäßigkeit ist ein Fehler	Tanto mata lo mucho como lo poco
Über die Probleme brüten hilft nicht zu ihrer Lösung	No por mucho madrugar amanece más temprano

If you've a good case, try to compromise, if you've a bad one, take it into court	Traitez si votre affaire est bonne, allez en justice si elle est mauvaise
Sleep on it Take counsel of your pillow	La nuit porte conseil
To advance too many proofs spoils the case	Qui veut trop prouver ne prouve rien
Let well alone	Le mieux est l'ennemi du bien
Go to the man at the top	Il vaut mieux s'adresser au bon Dieu qu'à ses saints

About life / *Sur l'existence*

Where there's life there's hope	Tant qu'il y a de la vie, il y a de l'espoir
The shorter the waist line, the longer the life line	La taille la plus fine, la vie la plus longue
Youth will have its flings and sow its wild oats	Il faut que jeunesse se passe et jette sa gourme
Keep abreast of the time	Vivez avec votre temps
Other days, other ways	Autres temps, autres mœurs
Beliefs change but passions dwell eternal	Les croyances changent, mais les passions demeurent éternelles
Variety is the spice of life	La variété est le piment de l'existence
Truth is often stranger than fiction	La réalité souvent dépasse la fiction
Two's company and three's a crowd	A deux on s'amuse, à trois on s'ennuie
The more, the merrier	Plus on est de fous, plus on rit
It takes all kinds to make a world	Il faut de tout pour faire un monde
In the country of the blind, the one-eyed is king	Au pays des aveugles, les borgnes sont rois
Everyone for himself and the devil takes the hindermost	Chacun pour soi et Dieu pour tous
The end justifies the means	La fin justifie les moyens
All is fair in love and war	Tout est permis en amour et dans la guerre
Birds of a feather flock together	Qui se ressemble s'assemble

Wenn Ihr Fall gut ist, versuchen Sie einen Vergleich! Wenn Ihr Fall schlecht ist, bringen Sie ihn vor Gericht!	Trate si su negocio es bueno, si es malo litigue
Guter Rat kommt über Nacht	Hay que consultar con la almohada
Zu viele Beweise sind keine Beweise	Quien mucho abarca poco aprieta
Das Bessere ist des Guten Feind	Más vale estar sólo que mal acompañado
Man muß sich gleich an die richtige Adresse wenden	Más vale dirigirse a Dios que a los santos

Über das Leben *Sobre la vida*

Solange man lebt, hofft man	Mientras hay vida hay esperanza
Je schlanker, desto länger das Leben	A cintura estrecha, vida larga
Jugend muß sich ausleben und die Hörner abstoßen	Hay que ser tolerante con la juventud
Lebe mit Deiner Zeit!	Viva con su tiempo
Andere Zeiten, andere Sitten	Otros tiempos, otras costumbres
Meinungen ändern sich, aber Leidenschaften bleiben ewig	Las creencias cambian y las pasiones permanecen
Die Abwechslung ist die Würze des Lebens	En la variedad está el gusto
Die Wirklichkeit übersteigt oft die Dichtung	La realidad supera la ficción
Zu zweit lacht man, zu dritt langweilt man sich	Dos es suficiente, tres es multitud
Je mehr Leute, umso lustiger	Cuanto más mejor
Man muß von allem haben, um eine Welt zu schaffen	De todo necesita el mundo
Bei den Blinden ist der Einäugige König	En el país de los ciegos el tuerto es rey
Jeder für sich und Gott für alle	Cada uno para sí y Dios para todos
Der Zweck heiligt die Mittel	El fin justifica los medios
In der Liebe und im Krieg ist alles erlaubt	En el amor y en la guerra todas las armas son buenas
Gleich und gleich gesellt sich gern	Cada oveja con su pareja

Blood will tell Breeding will tell	Bon sang ne peut mentir
You can't get blood from a stone	La plus belle fille du monde ne peut donner que ce qu'elle a
Still waters run deep	Il n'est pire eau que l'eau qui dort
It's the last straw which breaks the camel's back	C'est la goutte d'eau qui fait déborder le vase
Like a bull in a china shop	Comme un éléphant dans un magasin de porcelaine
When the cat's away, the mice will play	Quand le chat est loin, les souris dansent
To kill two birds with one stone	Faire d'une pierre deux coups
Who sows the wind reaps the storm	Qui sème le vent récolte la tempête
Meddle and smart for it Interfere and pay the price	Qui s'y frotte s'y pique
Life is a race which tests endurance more than speed	L'existence est une course mettant à l'épreuve davantage l'endurance que la vitesse
What woman wills, God wills	Ce que femme veut, Dieu le veut
Men make laws, women make morals	Les hommes font la loi, les femmes font les mœurs
Man says what he knows, woman says what will please	L'homme dit ce qu'il sait, la femme dit ce qui plaira
The loser is always in the wrong	Les vaincus ont toujours tort
Might is right	La force prime le droit
There is honor among thieves Dog does not eat dog	Les loups ne se mangent pas entre eux
A man is known by the company he keeps	Dis-moi qui tu hantes et je te dirai qui tu es
Use is second nature	L'habitude est une seconde nature
Necessity knows no law	Nécessité fait loi
It is either kill or be killed	Il faut être enclume ou marteau
The battle is to the strong Might is right	La raison du plus fort est toujours la meilleure

Wohl erzogen hat nie gelogen	Sangre noble no miente
Das schönste Kind der Welt kann nicht mehr geben als es hat	Nadie da lo que no tiene
Stille Wasser sind tief	Del agua mansa me libre Dios, que de la brava me guardo yo
Ein Tropfen Wasser bringt das Gefäß zum Überfließen	La gota que hace desbordar el vaso
Wie ein Elefant in einem Porzellanladen	Como un caballo en una cacharrería
Wenn die Katze aus dem Haus ist, tanzen die Mäuse	Cuando el gato está lejos los ratones bailan
Zwei Fliegen mit einer Klappe schlagen	Matar dos pájaros de un tiro
Wer Wind sät, erntet Sturm	Quien siembra vientos, recoge tempestades
Wer Pech anfaßt, beschmiert sich	El que juega con el fuego se quema
Das Leben ist ein Wettlauf, der die Geduld mehr auf die Probe stellt als die Geschwindigkeit	La vida es una carrera larga donde más vale la paciencia que la velocidad
Was die Frau will, will Gott	Lo que la mujer quiere, Dios también
Die Männer machen die Gesetze, die Frauen machen die Sitten	Los hombres hacen las leyes, las mujeres las costumbres
Der Mann sagt, was er weiß, die Frau sagt, was gefällt	El hombre dice lo que sabe, la mujer dice lo que agrada
Die Besiegten sind immer im Unrecht	Los vencidos nunca tienen razón
Gewalt geht vor Recht	La fuerza da el derecho
Eine Krähe hackt der anderen kein Auge aus	Lobos de la misma manada no se muerden entre sí
Sage mir, mit wem Du umgehst und ich sage Dir, wer Du bist!	Dime con quien andas y te diré quien eres
Die Gewohnheit wird zur zweiten Natur	La costumbre crea leyes
Not bricht Eisen	Necesidad hace ley
Entweder Amboß oder Hammer	No se puede estar en misa y repicando
Der Stärkere hat immer recht	La razón del más fuerte es la mejor

What's bred in the bone will come out in the flesh	Chassez le naturel, il revient au galop
Diamond cuts diamond	A malin malin et demi
Set a thief to catch a thief	A trompeur trompeur et demi
Once in a way won't hurt	Une fois n'est pas coutume
Like master, like man	Tel maître, tel valet

About fate / Sur le destin

Man is the architect of his own fortune	Tout homme est l'architecte de son propre destin
There is no striving against fate	L'on ne lutte pas contre son destin
To fall out of the frying pan into the fire	Tomber de Charybde en Scylla
Chance makes parents, choice makes friends	Le sort donne les parents, le choix les amis
Keep your fingers crossed / Touch wood!	Touchez du bois!
It's no use crying over spilt milk	Ce qui est fait est fait
When it rains, it pours / Misfortune never comes singly	Un malheur n'arrive jamais seul
Lucky in cards, unlucky in love	Heureux au jeu, malheureux en amour
Out of sight, out of mind / Long absent, soon forgotten	Loin des yeux, loin du cœur
The absent are always in the wrong	Les absents ont toujours tort
Everything has its day / The pitcher goes to the well once too often	Tant va la cruche à l'eau qu'à la fin elle se casse

Miscellaneous / Divers

Great artists have no country	Les grands artistes n'ont pas de patrie
Great minds think alike	Les grands esprits se rencontrent
Authority brooks no partner	L'autorité n'admet pas de partage
Evil be on him who evil thinks	Honni soit qui mal y pense

Die Natur läßt sich nicht verleugnen	Aunque la mona se vista de seda mona se queda
Auf einen Schelm, zwei Schelme	A pícaro pícaro y medio
Den Bock zum Gärtner machen	El que roba a un ladrón tiene cien años de perdón
Einmal ist keinmal	Una vez al año no hace daño
So der Herr, so der Knecht	Tal amo tal criado

Über das Schicksal   *Sobre el destino*

Jeder ist seines Glückes Schmied	Cada hombre es dueño de su destino
Man kann gegen sein Schicksal nicht ankämpfen	Uno no puede luchar contra su destino
Vom Regen in die Traufe fallen	Salir de Málaga y entrar en Malagón
Seine Verwandten hat man, seine Freunde wählt man	El destino nos da los padres, los amigos se escogen
Klopfe auf Holz!	¡Toca madera!
Was getan ist, ist getan	A lo hecho pecho
Ein Unglück kommt selten allein	Las desgracias nunca vienen solas
Glück im Spiel, Unglück in der Liebe	Desdichado en el juego, afortunado en amores
Aus den Augen, aus dem Sinn	Ojos que no ven, corazón que no siente
Die Abwesenden haben immer unrecht	Ni ausente sin culpa, ni presente sin disculpa
Der Krug geht solange zum Brunnen, bis er bricht	Tanto va el cántaro a la fuente que al fin se rompe

Verschiedenes   *Diversos*

Große Künstler haben kein Vaterland	El genio no tiene patria
Große Geister finden sich	Los seres superiores siempre se encuentran
Die Autorität verträgt keine Teilung	La autoridad no sufre reparto
Ein Schelm, der Arges dabei denkt!	Mal de ello haya quien piense mal

Do right and fear no man, don't write and fear no woman	Agis honorablement et ne crains aucun homme, n'écris pas et ne crains aucune femme
To throw the baby away with the bathwater	Tout gâcher par excès de zèle
Offended self-esteem will never forgive	L'amour-propre offensé ne pardonne jamais
Everything is pardoned save want of tact Everything is permissible but lack of tact	Tout s'excuse, sauf le manque de tact
It is a great talent to be able to conceal one's talents	C'est une grande habileté que de savoir cacher son habileté
The greatest of all gifts is the ability to estimate things at their true worth	Le plus grand de tous les dons est la faculté d'apprécier les choses à leur juste valeur
Kind deeds never die	Un bienfait n'est jamais perdu
Do your duty, come what may	Fais ce que doit, advienne que pourra
A man's house is his castle	Charbonnier est maître chez lui
Anything for a change	Tout nouveau, tout beau
If wishes were horses, beggars would ride	Avec des « si »... on mettrait Paris en bouteille
To pardon the bad is to injure the good	Pardonner aux méchants est faire du tort aux bons

Handle ehrenvoll und fürchte niemand, schreibe nicht und fürchte keine Frau!	Compórtese con honor y no tema a ningún hombre; no escriba y no tema a ninguna mujer
Alles durch Übereifer verderben	El exceso de celo lo arruina todo
Verletzter Stolz verzeiht nie	El amor propio ofendido nunca perdona
Alles ist verzeihlich, nur nicht ein Mangel an Takt	Se perdona todo salvo la falta de tacto
Es gehört viel Geschicklichkeit dazu, seine Geschicklichkeit zu verstecken	Se necesita mucha habilidad para saber disimular su habilidad
Die größte aller Gaben ist die Fähigkeit, die Dinge vollwertig einzuschätzen	Estimar las cosas a su justo valor es uno de los mayores dotes del cielo
Wohltat trägt Zinsen	Haz bien y no mires a quién
Tue recht und scheue niemand	Compórtate bien, ocurra lo que ocurra
Jeder ist Herr in seinem Haus	Mi casa es mi palacio Cada uno es rey en su casa
Neue Besen kehren gut	Lo nuevo, lo bueno
Mit « wenn »... wird alles möglich	Con los si y los pero, se pone París (Madrid) en el ajo
Den Schlechten vergeben heißt den Guten Arges antun	Quien perdona a los malos perjudica a los buenos

35 Expressions of daily life — Expressions de la vie quotidienne

To make ready for...	Se préparer à...
The starting up	La mise en train
The putting to work	La mise en marche
To reconsider one's policy	Reconsidérer sa politique
To reassess one's policy	Réévaluer les données de sa politique
To buddy-buddy with...	Faire copain copain avec...
The people's wisdom	La sagesse populaire
To think in terms of duration	Penser en termes de durée
The art of muddling through The art of getting by The art of making do	L'art de se débrouiller
That'll do the trick	Ça fera l'affaire
To work oneself into a good position	Se faire une belle situation
To nurse the fire	Entretenir le feu Rester peinard au coin du feu
To be an epicure	Être un épicurien
To like one's comfort	Aimer ses aises, son confort
To get pickings	Faire danser l'anse du panier
To make a bit out of everything	Tirer parti de tout
Never darken my doors again	Ne remettez plus les pieds à la maison
To batten on public misfortune To fatten on public misfortune	S'engraisser de la misère publique
To allow oneself to be fleeced	Se laisser tondre
To keep someone in suspense To string someone along (U.S.A.)	Tenir quelqu'un le bec dans l'eau
After a fashion	D'une certaine manière

Ausdrücke des täglichen Lebens

Expresiones de la vida corriente 35

Sich für... vorbereiten	Prepararse para... Alistarse para...
Die Inbetriebnahme	La puesta en obra
Die Inbetriebsetzung	La puesta en marcha
Seine Politik erneut überdenken	Reconsiderar su política
Seine Politik erneut überprüfen	Revisar su política
Mit... Kumpel sein	Hacerse amigote con...
Die Volksweisheit	La sabiduría popular
Im Hinblick auf die Dauerhaftigkeit denken Im Hinblick auf die Beständigkeit denken	Pensar en términos de duración
Die Kunst sich zu helfen zu wissen	El arte de arreglárselas
Das wird's machen Das wird die Sache schaffen	Eso convendrá Eso es lo que hace falta
Sich eine gute Stelle erarbeiten	Hacerse una buena situación
Auf das Feuer achten Gemütlich am Kamin sitzenbleiben	Entretener el fuego Quedarse tranquilo al lado de la chimenea
Ein Epikurianer sein	Ser un epicuriano
Seinen Komfort lieben	Gustarle a uno su comodidad
Von den Einkäufen etwas abkriegen	Sisar
Aus allen Dingen etwas zum eigenen Nutzen herausschlagen	Aprovechar de todo
Betreten Sie nicht mehr das Haus!	No vuelva a pisar la casa
Von der Misere des Volkes profitieren	Aprovecharse de la miseria pública
Sich wie ein Schaf scheren lassen Sich über das Ohr hauen lassen	Dejarse despojar
Jemand(en) in Spannung halten Jemand(en) in Ungewißheit lassen	Darle a uno la entretenida
Auf eine gewisse Weise	De una cierta manera

Somehow or other One way or another	D'une façon ou d'une autre
Taking one year with another	Bon an mal an
Get going and press on	Mettez-vous en branle et brûlez les étapes
To hand over the money directly	Remettre l'argent directement
To pay the money from hand to hand	Payer de la main à la main
To give oneself elbow room	Se donner du champ
To come to the front	Se faire connaître
Women judge as on-lookers	Les femmes jugent suivant les apparences
To paint the town red	Faire les 400 coups
To be in the dog house	Être mal vu
To bend over backward	Se mettre en quatre
To be a lucky dog	Avoir du pot
To eat one's hat	Mettre sa tête à couper
It's oldfashioned It's old hat	C'est vieux jeu
To relax To let one's hair down	Se décontracter
To live on someone	Vivre aux crochets de quelqu'un
To-morrow is another day	On continue demain
To have the upper hand To have the whip hand	Avoir le dessus
To keep someone at a distance	Tenir quelqu'un à distance
To queer a pitch	Faire échouer un plan
Just my cup of tea, he is quite a man	C'est ce que j'aime..., c'est un vrai mâle
To have the ball at one's feet	Avoir le pied à l'étrier
I shall be 10 minutes	Je reviendrai dans 10 minutes
To use the mailed fist	Recourir à la manière forte
I take it, you will spend the night with us	Je suppose, vous passerez la nuit avec nous
To win hands down	Gagner haut la main Gagner sans aucun effort

So oder so Auf die eine oder andere Weise	De cualquier forma De una manera u otra
Gutes Jahr, schlechtes Jahr Im Jahresdurchschnitt	Una año con otro
Vorwärts und Beeilung!	Comenzad y daros prisa
Das Geld direkt übergeben Von Hand zu Hand bezahlen	Entregar el dinero directamente Pagar de mano a mano
Sich Spielraum geben	Darse hueco
Sich zu erkennen geben	Hacerse conocer
Die Frauen urteilen nach dem Äußern	Las mujeres juzgan según las apariencias
Die Stadt unsicher machen Die Stadt auf den Kopf stellen	Echar una caña al aire Hacer una calaverada Hacer mil calaveradas
Schlecht angesehen sein	Estar mal visto
Sich große Mühe geben	Darse mucha pena
Ein Glückspilz sein	Tener potra Tener suerte
Einen Besen fressen	Jugarse el cuello
Das ist altmodisch	Está pasado de moda
Ausspannen Sich entspannen	Relajarse
Auf jemandes Kosten leben	Vivir de gorra Vivir a costas de uno
Morgen ist auch noch ein Tag	Mañana es otro día Continuemos mañana
Die Oberhand haben	Tener la ventaja
Von jemand(em) Abstand halten	Tenerse alejado de uno
Einem Plan in die Quere kommen	Desbaratar un proyecto
Ganz mein Fall, er ist ein echter Mann	Tal como me gusta, es un puro macho
Am Ball sein	Tener el pie en el estribo
Ich bleibe 10 Minuten fort	Volveré dentro de diez minutos
Sich der Gewalt bedienen	Recorrer a la fuerza
Ich nehme an, daß Sie bei uns übernachten werden	Supongo que usted pasará la noche con nosotros
Ohne jede Mühe gewinnen	Ganar sin esfuerzo

To let someone down To leave someone in the lurch To give someone the slip	Laisser quelqu'un en plan
To sit it out	Rester jusqu'à la fin
On the quiet	En cachette Sous le manteau
Under the rose	Méchamment et sournoisement
To bustle a thing through	Mener rondement une affaire
To live in grand style To cut a dash To go the pace	Mener la vie en grand seigneur Mener la vie à grandes guides
To chance it	Risquer le paquet
To perfect	Perfectionner Mettre au point
From time to time	De temps en temps
Once in a while Occasionally	A l'occasion
To be loath to do something	Répugner à faire quelque chose
Can you fit me in between two appointments?	Pouvez-vous m'inclure entre deux rendez-vous?
He makes good the damage	Il répare le préjudice
At a first glance	A première vue
At a rough estimate	A vue de nez
To stand up to someone	Tenir tête à quelqu'un
To win out through discipline and work	Triompher grâce à la discipline et au travail
To live up to one's income	Mener un train de vie à la hauteur de ses revenus
To live up one's income	Dépenser tous ses revenus
To exceed one's income To outrun one's income	Dépenser plus que ses revenus
To refer someone to someone	Adresser quelqu'un à quelqu'un
It has been impossible to get through to you over the last two days	Il a été impossible de vous joindre ces deux derniers jours
I am afraid this cannot get done by the end of the week	Je crains que cela ne puisse être fait d'ici la fin de la semaine
To turn a blind eye to irregularities	Vouloir ignorer les irrégularités

Jemand(en) sitzen lassen Jemand(en) im Stich lassen	Dejar a alguien plantado
Bis zum Ende bleiben	Quedarse hasta el fin
Unter dem Tisch versteckt	A escondidas
Böseartig und hinterhältig	Socarrona y malintencionadamente
Eine Sache durchziehen Eine Sache glatt durchführen	Llevar un asunto con maestría
Im großen Stil leben Wie ein großer Herr leben	Llevar la vida de un Grande de España
Es riskieren	Arriesgarlo todo
Vollenden Vervollkommen	Perfeccionar Poner a punto
Von Zeit zu Zeit	De vez en cuando
Gelegentlich	Ocasionalmente
Etwas widerwillig tun	Repugnar de hacer algo
Können Sie mich zwischen zwei Verabredungen einschieben?	¿Puede Vd. incluirme entre dos citas?
Er macht den Schaden wieder gut	Repara el daño
Auf den ersten Blick	A primera vista
Grob geschätzt	A vista de ojo
Jemand(em) die Stirne bieten Sich jemand(em) widersetzen	Hacer frente a alguien
Auf Grund der Disziplin und Arbeit triumphieren	Triunfar a fuerza de disciplina y trabajo
Seinen Einkünften entsprechend leben	Vivir a la altura de sus ingresos
Seine ganzen Einkünfte ausgeben	Gastar toda su renta
Seine Einkünfte überschreiten	Gastar más que su renta
Jemand(en) an jemand(en) verweisen	Mandar alguien a alguien
Es war unmöglich, Sie in den letzten zwei Tagen zu erreichen	Fue imposible comunicar con Vd. durante estos dos últimos días
Ich fürchte, diese Sache kann nicht vor Ende der Woche erledigt werden	Temo que no pueda hacerse antes del fin de la semana
Sich vor Unregelmäßigkeiten blindstellen	Querer ignorar las irregularidades

To play a nasty trick on someone To serve someone a shabby trick	Jouer un sale tour à quelqu'un
To pillage the jewels	Faire main basse sur les bijoux
It's a toss up	C'est un coup de dé
It's touch and go It's on the razor's edge	C'est sur le fil du rasoir C'est tangent
To get the better of someone To outwit someone	Prendre le meilleur sur quelqu'un Damer le pion à quelqu'un
To get the worst of it	Avoir le dessous Tirer le plus mauvais numéro
To be out of place To do not fit in	Être déplacé Détonner
To play straight into the hands of someone	Faire le jeu de quelqu'un
To give the devil his due	Donner à chacun son dû
To be behind the times	Ne pas être de son époque
To sit tight	Ne pas bouger Rester passif
To wait resolutely for someone	Attendre quelqu'un de pied ferme
To drop the substance for the shadow	Lâcher la proie pour l'ombre
To-morrow never comes	Il ne faut pas remettre au lendemain
To bring a thing off To carry a thing through	Mener une affaire à bien
Let the cobbler stick to his last Every one to his trade	A chacun son métier
To take someone au pair	Prendre quelqu'un au pair
To face it out	Faire front jusqu'au bout
To have designs on...	Avoir des vues sur...
He can argue the hind leg off a donkey	Avec son bagou il vendrait de la glace aux Esquimaux

Jemand(em) einen schlechten Streich spielen	Hacerle una mala jugada a alguien
Sich die Juwelen aneignen	Apoderarse de las joyas
Es ist eine reine Glücksfrage	Es cuestión de suerte
Es steht auf des Messers Schneide	Es por los pelos Está en el filo de la navaja
Jemand(en) ausstechen Jemand(em) den Rang ablaufen	Ganarle la partida a alguien
Unterliegen Den schlechsten Teil abbekommen	Llevar la peor parte
Deplaziert sein Fehl am Platze sein	Desentonar No pegar
Jemand(em) in die Hand spielen	Hacer el juego de alguien
Jedem das Seine geben	Dar a cada uno lo que se merece
Nicht zeitgemäß sein Rückständig sein	Ser atrasado No ser de su época
Sich nicht rühren Passiv bleiben	Quedarse quieto
Entschlossen auf jemand(en) warten	Aguardar a alguien a pie firme
Den Spatz in der Hand für den Vogel auf dem Dach fliegen lassen	Dejar lo real por lo ilusorio, lo cierto por lo dudoso
Was Du heute kannst besorgen, verschiebe nicht auf morgen	No hay que dejarlo para mañana
Eine Sache durchführen	Llevar a cabo un asunto
Schuster bleibe bei Deinen Leisten!	A cada uno su labor
Jemand(en) au pair aufnehmen	Tomar a alguien « au pair »
Bis zum Schluß die Stirn bieten	Hacer frente hasta el fin
... im Auge haben Mit... Absichten haben	Tener vistas sobre...
Mit seinem Mundwerk verkauft er den Eskimos Eisschränke	Con su jarabe de pico puede vender refrigeradores a los esquimales

Imprimé en France
par Imprimerie-Reliure Maison Mame - Tours
Dépôt légal n° 7239-9-1978
Collection n° 76
Édition n° 02
✧ 16/4777/5
ISBN 2.01.004134-8